Fritz Kortner hat sowohl als Schauspieler wie auch als Regisseur Theatergeschichte gemacht. Er wurde 1892 als Sohn eines jüdischen Juweliers in Wien geboren, erhielt 1910 sein erstes Engagement in Deutschland, wo er im Laufe der folgenden Jahre an allen bedeutenden Bühnen spielte und seinen Ruf als großer Charakterdarsteller begründete.
Nach Hitlers Machtergreifung verließ er Deutschland und ging mit seiner Frau, der Schauspielerin Johanna Hofer, zunächst nach Wien, dann nach England und schließlich nach Hollywood. Erst 1949 trat er wieder vor ein deutsches Publikum. Die zweite Phase seiner großen Karriere war hauptsächlich von seinen Inszenierungen geprägt. Antikes Drama, Klassik, Moderne, Film und Fernsehen – Kortners Handschrift war unverwechselbar. Als er 1970 starb, verlor das deutsche Theater eine seiner größten Gestalten.

Vollständige Taschenbuchausgabe
Droemersche Verlagsanstalt Th. Knaur Nachf., München
Lizenzausgabe mit freundlicher Genehmigung des
Kindler Verlags, München

Umschlaggestaltung Adolf Bachmann, Reischach
Umschlagfoto Felicitas Timpe
Druck und Bindung Ebner Ulm
Printed in Germany 5 4 3 2 1
ISBN 3-426-02336-9

Fritz Kortner:
Aller Tage Abend

Autobiographie

Knaur®

ISBN 3-426-02336-9 1280

1. Kapitel

Vor dem gewaltsamen Hitlertod war ich aus Deutschland geflohen und kehrte zurück, um viele Jahre dem natürlichen Tode näher.

Da ich die besten Mannesjahre im Exil verbracht hatte, muß ich diese meine Spätjahre zu meinen besten machen. Und siehe da, es geht! »Siehe da!« leitet den Bericht über ein vollzogenes Wunder ein. Und es ist ein Wunder, daß es geht! Denn die Kraft, die ich verfeuere, ist der Zahl meiner Jahre eigentlich nicht mehr zumutbar. Ich habe erst vor wenigen Jahren einen neuen Beruf ergriffen: Ich bin Regisseur geworden. Das ist ein lebensabendverschlingender Beruf. Ich komme kaum mehr dazu, Schauspieler zu sein oder mein drittes, halbgeschriebenes Theaterstück zu vollenden, auch nur Briefe zu schreiben oder die unerläßlich nötigen Gerichtsverfahren durchzuführen. So entgeht mancher Wicht seinem Schicksal.

Es ist der Prozeß der Kraftübertragung im neuen Beruf, der so an meiner Kraft zehrt. Das Aufrütteln der Lethargischen, das Losrütteln aus der Konvention und Konfektion, in denen das nachhitlerische Theater leider so erfolgreich dahinsielt, ist so zermürbend. Der Kampf gegen die Unnatur, die so lange geübt, bis sie dem Ausüber zur Natur geworden zu sein scheint, ist es, was mich oft an den Rand des Aufgebens treibt. Zu diesem Kampf gehörte eigentlich die alleräußerste Kraft des allerbesten Mannesalters. Ich muß mir nun die Zentnerlast dieser Aufgabe so spät im Leben aufbürden, zu einer Zeit, in der ein zwar noch kräftig schlagendes Herz sich tapfer gegen den Verfall um sich herum wehrt, zu einer Zeit, in der zwar mein erprobtes und gut funktionierendes Hirn nicht nur keinen Altersschaden erlitten hat, sondern arbeitsfreudiger geworden zu sein scheint; in einer Zeit, in der jedoch Hören und Sehen mir zwar nicht vergangen – worauf ich Anspruch gehabt hätte –, aber schwächer geworden sind. In einer Zeit, in der nun der unbedenklich, aus heißhungriger Lebenslust Zubeißende zur Vorsicht gemahnt wird: Denn nun sind auch seine Zähne angenagt vom Zahn der Zeit. Hirn und Herz funktionieren wie eh und je, alles um sie herum jedoch ist etwas mürbe und müde geworden. Hirn und Herz wollen es nicht begreifen, daß um den Restbestand meiner Zähne ein entscheidender Endkampf geführt werden muß.

Meine Frau rät mir, zu diesem Zweck zu einem Wiener Zahnarzt zu fahren, zu dem sie aus eigener Erfahrung großes Vertrauen hat. Meine Frau rät! Nichts Entscheidendes in meinem mehr als dreißigjährigen Leben mit ihr ist ohne ihren Rat geschehen. Was gegen ihren Rat und Willen geschah, war nie entscheidend. Ich hätte große Lust, gleich jetzt viel über sie zu berichten: Wie ich sie kennenlernte, wie wir einander näherkamen, wie sie meine Frau wurde und über dreißig Jahre geblieben ist, wie wir Eltern und schließlich Großeltern geworden sind. Die Ökonomie des Erzählens verbietet es zunächst und weist ihr einen späteren Raum in diesem Bericht zu, dort, wo rückblickend mein Leben in seine entscheidenden Phasen getreten sein wird. So muß ich diese einzig bleibende Erscheinung in meinem wechselvollen Dasein jetzt nur ungebührlich flüchtig erwähnen.

Also, auf Hannas Rat flog ich nach Wien. Es war das vierte Mal, daß ich von München, meinem nachhitlerischen Wohnort, nach Wien reiste. Das erste Mal noch als Amerikaner, um an einer künstlerisch dürftigen Veranstaltung aus opportunistischen Paßgründen mitzuwirken. Das zweite Mal, um die österreichische Staatsbürgerschaft wieder zu erlangen und meine im Exil erworbene amerikanische aufzugeben, deren Beibehaltung von Bedingungen abhängig gemacht wurde, die mir nicht mehr erfüllbar und annehmbar erschienen. Das dritte

Mal, um einen Film zu inszenieren, und jetzt, zum viertenmal, um meiner gefährdeten Zähne willen. Vier melancholische Anlässe!
Der Flug München–Wien dauerte eine Stunde. Viel zu schnell für mich, der nur ungern und langsam die enteilende Zeit durch seine Finger läßt. Und gar, wenn es sich um die Reise von einer Welt in die andere handelt, was solch eine Fahrt von einer Stadt zur andern doch bedeutet. Und wenn noch gar die andere Wien ist, meine Heimat.
Dorthin fahre ich seit urdenklichen Zeiten immer wieder. Mit banger Freude und mit schwermütig gedämpfter Erwartung. Ich stehe nicht gut mit Wien. Früher nicht und jetzt schon gar nicht.
Vor Hitler wimmelte es dort von Verwandten und Bekannten, und an der Bahn stand, mit ungestümer Aufregung wartend, immer wieder meine Mutter. Obwohl ich damals, während vieler Jahre, jedes Jahr nach Wien kam – das Drama jedes Wiedersehens stumpfte für sie nicht ab. Auch noch im hohen Alter war es für sie schluchzendes Glück, den an Berlin verlorenen Sohn für ein paar Tage oder auch nur Stunden zu Besuch bei sich in Wien zu haben.
Als ich in der nachhitlerischen Zeit zum erstenmal wieder nach Wien kam, stand sie nicht mehr an der Bahn noch irgend jemand mir Verwandter oder Bekannter. Nur Journalisten und Pressephotographen: daher war die Einsamkeit namenlos.
Es gab nur noch die Erinnerung an meine Mutter, die in New York, das für sie, wie sie zu sagen pflegte, »am Ende der Welt« lag, im Exil starb – nur noch die Erinnerung an das Gewimmel von Verwandten, dem ich damals aus Zeitmangel und Snobismus tunlichst aus dem Weg gegangen war. Sie starben fast alle den Hitlertod. Wie fremd und leer ist diese altvertraute, nun so menschen- und verkehrsreiche Metropole für mich geworden. Eine Stadt verliert ihren Zauber, ja sogar ihre Gemütlichkeit, wenn es keine Verwandten und Bekannten mehr in ihr gibt, denen man gerne ausweicht. Man will sie zwar nicht treffen, aber da müssen sie sein und leben müssen sie! Das ist die

Mindestforderung, meine Zeitgenossen! Nun, da ich ihnen nicht mehr zu begegnen fürchte, fehlen sie mir.
Ich suche die Straßen und Gassen auf, in denen sie wohnten, und denke, vieles nachholend, intensiv an sie und immer wieder an meine Mutter.
Sechs Kinder zu erziehen, unternahm diese resolute, pflichtbesessene Frau, als sie meinen verwitweten Vater heiratete. Zu ihren Großtaten gehörte es, daß sie seine sechs Rangen aufzog, mit erzieherischem Ernst, so wie sie es verstand, mit einer oft schroffen, mürrischen Besorgtheit und einer wohlmeinenden mütterlichen Zucht. Alle sechs Kinder hingen an ihr, die mich, ihren Einzigen, nicht mehr bevorzugte als jede Mutter ihr jüngstes Kind. Meine Stiefgeschwister verwöhnten mich in ganz erstaunlicher Weise, meine Mutter auf ganz natürliche Weise, mein Vater auf ganz unglaubliche Weise. Ich wurde sehr verwöhnt!
Ich hatte lange nicht gewußt, daß meine Geschwister Stiefgeschwister waren, und als ich es erfuhr, weinte ich bitterlich. Ich wollte durchaus »richtige« Geschwister haben, aber keine anderen als meine Stiefgeschwister. Es war nicht der einzige Wunsch, der in meinem Leben unerfüllt geblieben ist. Meine Mutter tröstete mich, indem sie mir erzählte, auch sie sei von einer Stiefmutter großgezogen worden. Sie sagte es nicht, aber ich ahnte, es mußte eine strenge Stiefmutter gewesen sein. Meine Stiefgeschwister wurden von meiner Mutter, ihrer Stiefmutter, nicht stiefmütterlich behandelt, aber von ihrem Vater stiefväterlich, mit der Ungerechtigkeit biblischer Väter. Ihm wurden seine Kinder aus einer ersten, unglücklichen Ehe zu Stiefkindern. So erfuhr ich, was es heißt, Stiefkind zu sein.
Der Begriff »Stief« nistete sich bei mir ein, quälte mich und führte noch ein unterbewußtes Dasein, als alle meine Stiefgeschwister, mit einer einzigen Ausnahme, erfolgreiche Geschäftsleute geworden waren und ich ein erfolgreicher Schauspieler. Fast hatte ich das verdrängte »Stief« im Laufe der Jahre vergessen, bis ich eines grausamen Tages erfuhr, daß es auch Stiefbürger gibt und daß der angehende Landesstiefvater den

physischen Untergang seiner Stiefbürger beschlossen hatte. Und wie er Wort gehalten hat! So kommt es, daß ich, wenn ich jetzt in Wien zu Besuch bin, nur noch die Straßen und Häuser sehe, in denen die Stiefgeschwister und die Stiefbürger wohnten, ihre Geschäfte trieben, ihre Kinder erzogen. Ihnen allen, auch den meisten Kindern und deren Kindern, hatte der Landesstiefvater Hab, Gut und Leben genommen.

Jetzt sitze ich schon lange im Flugzeug. Der elektrische Lichttext flammt auf: »Fasten your belt!« Die Gürtel zuschnüren, heißt das. Die Kehle ist es schon! Immer noch!

Die Maschine beginnt langsam abwärts zu gleiten und wird in wenigen Minuten in Schwechat landen. Um vom Schwechater Flugfeld in einer halbstündigen Autofahrt nach Wien zu gelangen, fährt man lange, lange am Zentralfriedhof vorbei. Dort liegt mein Vater. Kurz nach dem ersten Weltkrieg starb er eines für einen Stiefbürger heute unnatürlich scheinenden natürlichen Todes.

Als ich am nächsten Morgen aus tiefstem Traum durch Telefongeklingel erwachte, wußte ich sekundenlang nicht, wo ich war. Ich war doch nach Berlin geflogen, meiner vorhitlerischen Wahlheimat, dachte ich, in dieses einst hinreißende, jetzt herzzerreißend zerrissene Berlin. Ich war wohl mit dem Gedanken ans Heimfliegen eingeschlafen, und traumwandlerisch ging's nach Berlin.

Am Telefon war der Wiener Zahnarzt. »Ich warte schon eine Stunde auf Sie, Herr Kortner«, sagte er. »Haben Sie denn meine Nachricht im Hotel nicht erhalten?« »Nein«, erwiderte ich, »obwohl ich gestern abend beim Eintreffen mich ausdrücklich danach erkundigte.« Nun gab es keinen Zweifel mehr – ich war in Wien!

Den Mund weit aufgerissen, die Augen spähend auf das Gesicht des mich untersuchenden Zahnarztes gerichtet, saß ich da. Meine Blicke wollten in seinem Gesicht den Befund lesen, bevor er ihn beieinander hatte. Meine leicht außer Rand und Band geratenden Nerven waren schwer zu bändigen. Ich mußte alle irgendwo in mir liegenden Kräfte mobilisieren, um

eine Panik in Schach zu halten. Ich war nämlich auf den Status quo in meinem Munde angewiesen. Der ahnungsvoll befürchtete Verlust von noch mehr als einem Zahn hätte mich um die strategisch unerläßlich notwendigen Brückenköpfe gebracht. Das Arztgesicht blieb gewohnheitsmäßig routiniert unerforschlich. Schließlich schweiften meine ungeduldigen Blicke umher und erspähten über sich die Zahnbohrmaschine, vor der ich mich seit meiner Kindheit fürchtete. Jetzt aber wünschte ich mir sehnlichst, daß sie in Betrieb gesetzt werden und noch so schmerzhaft in meinen Zähnen rumoren möchte. Daß ich diese böse Foltermaschine noch einmal begierig und sehnsuchtsvoll anstarren würde, hatte ich mir auf keinem der vielen Zahnarztstühle, auf denen ich in zwei Kontinenten immer wieder gesessen hatte, vorgestellt. Meine Sehnsucht nach dieser Marter ist verständlich, da die Alternative die Zange war. Ein Schulbeispiel für die Relativität des Glücksgefühls.
Der Arzt hat zwei von den drei Unglückszähnen mit unbewegtem Gesicht untersucht. Jetzt hält er beim dritten. Meine Augen wandern zu seinem Gesicht zurück, das plötzlich, endlich, in einen Ausdruck übergeht. Ich kenne den Ausdruck. Ich hatte ihn Schauspielern vorgeschlagen, wenn Unheil unaufheblich und untheatralisch mitzuteilen gewesen war. Ärzte hingegen halten ihn für einen Schonung kommunizierenden Gesichtsausdruck. Ich, der Theatermann, nicht. »Wollen Sie sich bitte zum Röntgenapparat bemühen«, sagte der Arzt. Er machte mehrere Aufnahmen. Ich dachte während der ganzen Prozedur an seinen Gesichtsausdruck.
Josef Kainz, der große Schauspieler, erfuhr durch solch einen Ausdruck auf dem Gesicht eines Arztes, der dem untersuchenden Konsilium angehörte, sein Schicksal. Er, einer der ersten Nervenschauspieler seiner Zeit, ein Pionier der Entoperung des Ausdrucks am Theater, der Gebärde, der Körperhaltung, des Geistes, der Nerven, lag auf seinem Krankenbett auf der Lauer, um die ihm vorenthaltene Wahrheit über seinen Zustand zu erfahren. Mit seiner seismographischen Nervenreizbarkeit, seinem schnell reagierenden Hirn wußte er, daß sich in den

nächsten Sekunden mimisch in einem Gesicht der ihn untersuchenden Ärzte etwas Entscheidendes abspielen müsse. Und tatsächlich! Einer der Ärzte zog nur für Sekunden die Nase kraus, kniff die Augen zusammen, wie man es tut gegenüber etwas Schrecklichem. Es war ein unterspieltes, gentlemandiskretes: O Gott! Der Arzt glaubte sich natürlich von Kainz ungesehen; der aber hatte den Paravent beiseite geschoben. Wie konnte der Arzt nur! Hatte er ihn denn nie auf der Bühne gesehen? Nie die lauernden, wahrheitssuchenden, todtraurigen Augen des fünfzigjährigen Prinzen gesehen, nie das blitzschnelle Reagieren des alerten Hirns verspürt, nie diese bloßliegenden hautlosen Nerven erlebt, dieses schnell verwundbare Herz?

Hätte er Kainz in dem ganzen Ausmaß seines modernen Sensoriums erkannt, er würde sich vor diesem brechenden Späherauge in acht genommen haben. So erfuhr Josef Kainz seinen bevorstehenden Tod.

Ich bin zunächst besser dran. Bei mir handelt es sich noch nicht um den Tod, nur um den Tod eines Zahnes. Kainz aber wußte, daß er sterben würde. Sicherlich hatte er dann doch noch gehofft. So sind auch die Hellsten unter uns!

Als Kainz aber am nächsten Morgen das Dekret erhielt, das ihn zum Regisseur des k. und k. Hofburgtheaters machte, wichen seine letzten Zweifel. Er wußte, daß ihm diese Berufung, nach der er sich viele Jahre vergeblich gesehnt hatte, nur auf seinem Totenbett zuerkannt werden würde. Er wäre der erste und bisher letzte große, moderne Regisseur des Burgtheaters geworden. – Diese intime Kenntnis von seinem Ende verdanke ich Ferdinand Gregori, meinem Schauspiellehrer.

Ich sitze längst wieder im Zahnarztstuhl. Lautlos betätigen sich Arzt und Assistentin, die Bohrmaschine über mir wird weggedreht, der Arzt beginnt mit der Lokalanästhesie rings um den todgeweihten Zahn. Josef Kainz, dachte ich – und auch sonst denke ich immer wieder an ihn –, während mein Mund anschwoll, hatte die große Theaterära eingeleitet, damals, mit Otto Brahm in Berlin. Er bejahte »Kabale und Liebe«, die der

Meister des Naturalismus kraß inszenierte. Sie wurde verlacht, und doch war sie zukunftsträchtig. Max Reinhardt war davon inspiriert, als er später die Klassiker durchnervte und durchpulste, bis er, der hinreißend an die Sinne Appellierende, von einem um neue Inhalte, um die Klarlegung des Wesentlichen und Geistigen bemühten Theater abgelöst wurde. Es kamen Leopold Jessner, Erich Engel, Erwin Piscator, Jürgen Fehling und endlich – Brecht. Und dann folgte der Absturz. Die Fallhöhe war kaum meßbar. Das Theater, und weitaus Höheres und Wertvolleres, sausten ins Bodenlose; man nannte es: Erhöhung.

»Hat's weh getan?« fragte der Arzt. Er meinte den Zahn, der jetzt draußen war.

Es traf mich schwer. Wie lange wird es dauern, dann muß sicherlich noch der und der andere und noch einer entfernt werden, und das Schreckgespenst der Vergreisung ist dann um ein Stück näher gerückt. Und plötzlich war mir der Stand des Theaters egal, die Trauer um seine entschwundene Berliner Glorie der zwanziger Jahre war weg, mich kümmerte nicht Kapitalismus noch Kommunismus, noch der Warschauer Pakt, noch die Nato, noch der Nahe und der Ferne Osten, mein Sorgengebiet war in diesem Moment reduziert auf eine kleine, blutende Zahnwunde.

Bald saß ich in einem Kaffeehaus und kam aus dem Sinnieren nicht heraus, und die Trostmaschine, die von der Verzweiflung und der Panik zwar zeitweise suspendiert werden kann, setzte erneut ihre Arbeit in mir fort und wird bis zu meinem letzten Atemzug nicht aufhören, sich zu betätigen. Und so denke ich, daß mein jetzt bald einjähriger Enkelsohn Michael eben gerade weint und greint bei den Geburtswehen seiner ersten Zähne – und ich greine und weine um den Tod des einen von den nicht mehr allzu vielen. Es hat etwas unerwartet Beschwichtigendes für mich, daß Michael Zähne kriegt. Die dritte Generation zahnt! Mein Geschlecht, meine Familie, die Gemeinschaft, der ich angehörte, wie immer sie Toleranz oder Haß auch nennen mögen, wird auch im dritten Glied die Zähne zeigen.

Ich hoffe, überlegterweise, Michael, daß es in der Zeit deines Erwachsenseins nicht mehr so viel Entsetzliches geben wird wie in meinen Mannesjahren, worüber ich in ohnmächtiger, schmerzlicher Wut zu oft mit den Zähnen knirschen mußte. Es tat ihnen nicht gut!
Nun sitze ich bereits in einem anderen Café, auf der Terrasse im Hotel Sacher, das Ziehen des Zahnes hinter mir und eine lange Behandlung vor mir. Ich war nun schon ein paar Tage in Wien und öfters in diesem Café gewesen und daher schon zum Stammgast avanciert. Franz, der Ober, bedachte mich mit ganz besonderer Aufmerksamkeit. Ich war das Opfer seines überschwenglichen Kults, den er mit Film- und Theaterleuten sicherlich wahllos treibt. Er betreute mich, der in Ruhe traurig sein wollte, fast pausenlos. Immer wieder brachte er frisches Wasser mit Text. Dann wieder Zeitungen. Eben wieder eine. Die Seite über Theater und Kunst hatte er bereits für mich aufgeschlagen und kommentierte auch die Mitteilungen. Nach einer Weile will er wissen, ob die Frau Gemahlin mitgekommen sei. Das interessiert ihn natürlich nicht wirklich. Es handelt sich um die Anbahnung eines prominent großen Trinkgeldes. Ich war karg mit meinen Antworten, um nicht noch mehr Stichworte für einen Dialog zu bieten, denn ich hätte gern ungestört so vor mich hin gesonnen. Wie weltstädtisch und so ganz ungewohnt verkehrsreich und endlich asphaltiert sind doch die Wiener Straßen geworden! Wie elegant gekleidet waren die Menschen, die um mich herum auf der Terrasse saßen. »Alles Ungarn«, unterbrach mich wieder der Ober und brachte mir eine Abendzeitung. Diese Ungarn, dachte ich, haben eigentlich ein ähnliches Schicksal, wie ich es hatte. Sie sitzen in der Fremde und warten darauf, in die Heimat fahren zu können. Ich konnte es schließlich. Ich kehrte zu meiner Sprache zurück. Ob sie es auch können werden? Die Beantwortung dieser Frage beantwortet auch die Frage nach dem Schicksal der Welt. Denn ich interessiere mich inzwischen wieder für Kapitalismus, Kommunismus, Warschauer Pakt, Nato, für Fernen und Nahen Osten und natürlich für Deutsch-

lands Wiedervereinigung und nicht zuletzt auch für das Schicksal Israels.
»Die Weltpresse, bitte!« singt mein Ober und legt sie mir hin. »Weltpresse« nennt sich in wienerischer Selbstüberschätzung dieses auf Lokales spezialisierte Abendblatt. Warum ärgert mich das? Warum suche ich immer wieder Händel mit den Gepflogenheiten Wiens? Warum duldet es mich nicht auf lange in dieser Stadt, in der ich doch geboren bin, in der ich meine Kinderjahre verbrachte und die doch wieder so hinreißend schön und – wer könnte es leugnen? – so anziehend geworden ist? Warum zieht sie mich nicht an? »Wissen S', Herr Kortner«, sagt mein Quälgeist, »morgen hab' ich Ausgang, da bin ich nicht da, und wenn ich dem Otto noch sooft sag', daß er sich um Ihnen genauso kümmern muß wie ich, ich weiß, er macht's nicht richtig. Wenn S' mir folgen, Herr Kortner, kommen S' morgen gar net her, da hamm S' kein' Ärger mit dem Otto, und übermorgen bin ich wieder da.« Ich freue mich natürlich auf morgen und auf Otto und werde übermorgen nicht kommen. Schon bin ich wieder bereit, Wien daraus einen Strick zu drehen. Pars pro toto, sage ich mir. So sind sie! Schon in der nächsten Sekunde rüge ich mich und sehe ein, wie unsinnig es ist, daß doch schließlich jede Stadt solche belästigenden Eigenheiten hat und daß nicht jede Stadt so schön ist. Aber mir ist nicht wohl dabei, wenn ich mich bei mir für Wien einsetze, wenn ich an meine Objektivität appelliere. Was ist los mit mir? Was ist vorgefallen zwischen Wien und mir? Die unmittelbar zu Ende gegangene politische Ära kann es nicht sein, denn sonst würde es mich auch in Deutschland stören, und dort duldet es mich. Es duldet mich. Aber es duldet mich nicht in Wien. Ist es die Vergötterung eines Theaterspielens, das meiner Vorstellung von Darstellungskunst so diametral entgegengesetzt ist? Ist es die Selbstvergötterung der Spielenden, die mich so aufregt? Ist es die mich bedrängende Nestwärme oder das unwillkürliche Hinabtauchen in die Vergangenheit? Es gibt ja für die jetzt absterbende Generation so viele Vergangenheiten und so wenig Gegenwart und so gar keine

Zukunft. Aber ich meine die früheste Vergangenheit. Die der Vorvergangenheit vorgelagerte, die meiner Kindheit. Liegt dort etwas verborgen, das mein Unterbewußtsein so merkwürdig beunruhigt und so beklemmend aktiviert? Es könnte sein, daß der Ursprung meines Unbehagens, das ich immer wieder in Wien verspüre, weit zurück im Nebel liegt und unter die Bewußtseinsschwelle gekrochen ist. Auf solche Vermutungen würde ich gar nicht kommen, wäre ich nicht ketzerischerweise von Sigmund Freud beeinflußt worden, der in diesem Land, bevor erkannt, schon verworfen wurde. Warum, frage ich mich in meiner aufsässigen Weise, ist der Todestag dieses Genies, Sohn und Bürger dieser Stadt, nach der Befreiung von Hitler in Wien nicht gefeiert worden, wie es doch in aller Welt geschah? Hitlers Feindschaft gegen Freud ist verständlich. Freud erkannte das dunkle Seelentief im Menschen und durchleuchtete es; Hitler das Niedrige im Menschen und mobilisierte es.

Das schmerzstillende Mittel hat nur physisch seine Schuldigkeit getan. Ich lege mich ins Bett und lasse rückblickend die Ereignisse des Tages an mir vorüberziehen. Ich denke, todmüde, Todtrauriges. Überlebe ich den Restbestand meiner Zähne, so bin ich in einer erbärmlichen Situation; überleben diese Zähne mich, so kann ich sozusagen von Glück reden. Dann lese ich, um mich abzulenken, die Zeitung und erfahre, daß Direktor Rott den »Faust« am Burgtheater inszenieren wird. Na, gute Nacht! Ich lösche das Licht aus.

2. Kapitel

Durch die Ritzen der geschlossenen Läden meines stillgelegten, abgedunkelten Bewußtseinsbetriebes dringt das Morgengrauen. Die dumpfe Beklommenheit der Todesnähe jedes Schlafs weicht der nahenden Lebensgefährlichkeit des Tages. Eine nicht definierbare Angst, von der das schlaftrunkene Bewußtsein noch nicht weiß, woher sie stammt und was da kommen wird, um sie zu rechtfertigen, beschleicht mich. Die Ängste sind da und ihre Gründe noch nicht; bis dann die Schwere auf der Brust das Bewußtsein zu einer klaren Stellungnahme zwingt, bei der die bis dahin blinde Angst aus allen Berückungsgründen den gerade herrschenden aussortiert und sich plötzlich Aug' in Aug' mit ihm befindet. Durch diesen Schock werde ich vollwach: Ein neuer Tag der Lebensmühe beginnt.
So wache ich schon seit vielen, vielen Jahren auf. Als Kind mit der Angst, als Judenbub gehänselt zu werden, später dann mit der Angst, meine Haus- und Schularbeiten nicht richtig oder gar nicht gemacht zu haben, mit der Angst, mein Schulschwänzen, meine Neugierde auf das Leben oder mein frühes Frühlingserwachen und später dann meine Liebesbeziehungen zum Theater könnten entdeckt werden. Oder mit der Angst, die in mir aufstieg, seit ich mich als häßlichen Jungen erkennen mußte und die Beaus – in Wien Feschaks genannt – fürchten lernte, oder mit der Beklommenheit, die die Weigerung, mich jugendliche Helden und Liebhaber in der Theaterschule spielen zu lassen, in mir auslöste, und ich, als lodernder Bub, alte Männer darstellen mußte. Mit der Angst, die mich erwischte, als ich das erste Mädchen errungen hatte, das mich so folterte, daß mir die

Strindbergbeziehung als die einzige Lebensform schien; mit der Angst, die ich empfand, als ich zum erstenmal lampenfiebrig die Bühne betrat; mit der Angst, die mich quälte, als ich an meinem Talent und an meiner Karriere zu zweifeln begann, der Angst um meine Karriere, als ich sie gemacht hatte, und der Angst vor jeder neuen Rolle und Aufgabe, die ich immer wieder glaubte nicht meistern zu können. Mit der Angst vor dem Soldatsein, vor dem Krieg, den ich nicht mitkämpfen wollte, mit der Angst vor dem kommenden Hitler, als er Wirklichkeit wurde, mit der Angst, nie wieder zu meiner Sprache zurückkehren zu können; die Angst im Exil um Frau, Mutter, Kinder und Verwandte; die Angst, die mich quält, seitdem ich zurückgekehrt bin und die Entfremdung fühle; die Angst vor dem Berufskampf, vor der Kluft zwischen dem bei meiner Rückkehr angetroffenen Theater und meiner Theaterkonzeption, die Panik des neuen Regisseurs und die Angst vor mir und vor meiner blutsturzartigen Empörung, die die Empörung derer auslöst, die, weil sie für andere Berufe zu faul und unbegabt sind, Schauspieler geworden sind. Die Angst vor dem Dickwerden, dem Altern, vor dem Verlust des Gehörs und der Zähne, die Angst, meine Frau zu überleben, und schließlich die Sterbensangst.

Selbst nach erlebtem Glück, nach Siegen jeder Art, in der Liebe und im Haß, in Gefahr und Elend des Lebens, nach beruflichen Erfolgen erwache ich am Morgen zunächst mit dieser Angst. Nur zaghaft und schüchtern setzen sich Erleichterung und Besänftigung durch.

Gewöhnlich lichtet sich die Finsternis schon, sobald die Existenz meiner Frau mir ins Bewußtsein tritt oder die Erinnerung an ein paar geglückte Probeminuten, oder an die Sekunden, in denen nach Wochen schwerster Arbeit der Durchschnittsschauspieler, dieses Mißgebilde aus falschem Ton, nichtssagender Krampfgebärde, das, Schmerz und Humor falsch münzend, im kellnerhaften Rampendienst den Abonnenten eilfertig bewirtet, wenn ich also solch einem, allseits vom Theater, Film, Rundfunk, Fernsehen begehrten Unhold einen Menschenlaut abgequält, eine Menschengeste abgelistet, abgerungen, abgezwungen hatte, die Freude über eine von mir richtig gesehene Szene und über mein Vermögen, sie in aussagendem Zustand auf der Bühne auszudrücken, der Jubel, einem großen Talent in der Arbeit zu begegnen, das Wunder, zwei gutgeratene Kinder zu haben, die Freude darüber, daß meine Schwiegervaterschaft geglückt ist, und über meine nicht vorausgeahnte, tiefe Verbundenheit mit dem strampelnden, kriechenden, jauchzenden, zornigen und mir gar nicht unähnlichen Enkelsohn und – last not least – das Glück, auf der Welt zu sein und – in diesem Augenblick – die Aussicht auf das Frühstück.

Inzwischen bin ich gebadet und angezogen und freue mich auf den herrlichen Wiener Kaffee im heute franzlosen Café Sacher und bange schon vor dem Rasiertwerden.

»Für Ihren Bart brauchat ma' a scharf's Messa«, sagte mir einmal ein Wiener Raseur, mit deutlichem Vorwurf gegen meine harten Barthaare. Natürlich gibt es auch in Wien Raseure mit exquisit scharfen Rasiermessern. Ich weiß das schon. Nur der Typus des Raseurs, dem sein abgestumpftes Rasiermesser kein Schuldgefühl einflößt, sondern der dem Bart des Kunden die Verantwortung zuschiebt, erscheint mir typisch für die so schwer faßliche Erscheinung des Wieners in dieser an sich schon schwer zu begreifenden Welt.

Ich frühstücke also mit Behagen an einem Tisch im Café Sacher, von dem aus ich die Rückseite der wiedererbauten Oper betrachten kann. Jedes kleinste Steinornament ist dem zerstörten Originalbau nachgeahmt und das Ganze eine minuziöse Replika der alten zerstörten Oper geworden, nach deren Fertigstellung im Jahre 1859 sich ihr Baumeister wegen der abfälligen Äußerungen Sr. Majestät des Kaisers und der schlechten Kritiken in der Presse erschoß. Und nun ist alles wieder mühevoll genauso wiederhergestellt, wie der unselige Baumeister es gesehen und aufgebaut hatte, trotz des Tadels von Kaiser und Kritik. Also, auch Kaiser und Kritiker sind vergänglich. Ich zahle dem schweigenden Otto und gehe zum Rasieren.

Der Raseur, der mich nun so sachkundig und gründlich einseift, hat bestimmt ein scharfes Messer. Seine Tüchtigkeit erwies sich eigentlich schon vor dem Einseifen. Sein prüfender Blick und seine tastende Hand erkannten die unter der Haut versteckte, verkräuselte Borstenhaftigkeit des Haares, das wahrscheinlich im Entwurf Gottes dazu bestimmt war, sich zu einem Prophetenbart auszuwachsen. Er sträubt sich, offenbar ursprungsverbundener, als ich es als Gesamtwesen bin, gegen die Willkür meines schon als Fünfzehnjähriger gefaßten Entschlusses, keinen Prophetenbart zu tragen. Schon deshalb, weil ich doch Schauspieler, ein moderner Mann werden und möglichst nicht zu jüdisch aussehen wollte. Dunkle Kindheitserfahrungen waren für den letzten der Gründe ausschlaggebend.

Fünfzig Jahre hat nun dieser Bart rebelliert, jeden Morgen sein Naturrecht geltend gemacht, indem er dem Rasieren listenreichen, tückischen Widerstand geleistet hat. Das Selbstrasieren hat er mir so gut wie verleidet. Ich lege ungern Hand an ihn. Nur langes, heißes, gesundheitsschädigendes Baden erweicht ihn. Vielleicht lasse ich ihn doch wachsen. Es ist noch nicht aller Tage Abend für meinen Bart. Schauspieler bin ich kaum mehr, ein moderner Mensch kann ich nicht sein, denn den gibt's noch nicht – er muß sich erst durch den betäubenden technischen Fortschritt durchringen –, und vor allem lege ich keinen Wert mehr darauf, unjüdisch auszusehen. Nur sehr, sehr alt würde er mich machen. Denn es würde jetzt ein weißer Prophetenbart sein und kein schwarzer mehr. Ich bin neugierig, wie lange ich deshalb noch zögern werde, ihn wachsen zu lassen.

Der Barbier ist mit dem Einseifen fertig und setzt das Messer an. Es ist scharf. Hut ab vor dem Können dieses Mannes. Er meistert das Haargestrüpp. Allerdings mit sichtbarer Konzentration und unter heutzutage erstaunlicher Benützung des Verstandes. Er muß über Rasieren geradezu nachgedacht haben, um sich zu vervollkommnen. Ich bin überzeugt, daß der sittliche Ernst, mit dem er seinen Beruf ausübt, weitaus größer ist als der des kleine, mittlere und vielfach auch große Rollen spielenden landläufigen Schauspielers, des landesüblichen, des üblichen, übelwollenden, des Üblen. Bestimmt hat sich jener fleißiger und nachdenklicher auf sein Gewerbe vorbereitet als dieser. Wie vieler Sammlung bedarf es, ein so scharfes Instrument zu benutzen, ohne die Haut zu ritzen. Handhabte der Barbier sein Messer auf Grund so unernster Berufsvorbereitung, mit so grober Gedankenlosigkeit und fahrlässiger Konzentrationslosigkeit, so typisch für einen Großteil die Schauspielerei ausübender alter und altgewordener Schulschwänzer und Schlendriane, mein Gesicht wäre so blutüberströmt, wie es sich jene wahrscheinlich wegen meines ihre Indolenz drangsalierenden Berufsernstes ersehnen.

Die Morgenstoppeln meines verhinderten Prophetenbartes weichen, und bald ist mein Gesicht glatt, und alsbald setzt die bergeverrückende Illusionskraft des täglich seit vielen Jahren geübten Selbstbetruges vor dem Spiegel ein. Das sich gewohnheitsmäßig entschärfende Auge beginnt am Spiegelbild so lange mit Routine herumzuretuschieren, bis das Gesicht, unbewußt in die ihm bekannt günstigste Stellung gebracht, faltenloser, weniger schwammig erscheint und schließlich das herumkorrigierende Auge sich selbst in eitler Spiegelfechterei verjüngt und weniger altersvertraut sieht. Von da ist es nur noch ein Katzensprung der Phantasie, sich das noch bartlose Jünglingsgesicht vorzuzaubern.

Was tat und trieb ich als Jüngling in dieser Stadt, an der Schwelle des ersten Rasiertwerdens, so jung, wie ich jetzt für Sekunden im Spiegelbild mir zu erscheinen vermochte, fragte ich mich, als ich mich aus dem Herren- und Damensalon entfernte.

Damals bin ich höchst ungern in die Realschule gegangen, in der ich ein schlechter Schüler war und am Unterricht teilnahmslos vorbeivegetierte. Ich beneidete und bewunderte die guten Schüler, hatte aber nicht die Kraft, es ihnen gleichzutun. Ich war von einem selten aussetzenden schlechten Gewissen wegen Nichtvorbereitetseins geplagt und blieb direktions- und wunschlos für meine Berufszukunft; bis ich eines Abends zum erstenmal Josef Kainz als Franz Moor auf der Bühne des Burgtheaters sah. Schlagartig wurde ich theaterhörig.

Theaterliebeskrank lag ich danach tagelang fiebernd im Bett. Kainz' aufregende Stimme, ihr vergebliches Girren und Werben um die Gunst Amaliens, und nicht die Karls, des Erhörten – auch nicht Amalia selbst erregte meine sich damals gerade räkelnde Liebessehnsucht.

Nur Kainz tat es. Ich brannte. In schneller Folge sah und hörte ich Kainz' Liebesdurst, Ekstasen, Sprechkaskaden, stromschnell, prasselnd, fegend, versengend, alles überrennend, aber immer hirn-, herz- und nervendirigiert, dynamisch, geladen, elektrisierend, das matte Gaslichtchen und die Spiritus- und Petroleumflämmchen seiner Mitspieler bis zur Blendung überspielend; so, wie kurz vorher in den Straßen Wiens, in den Kaffeehäusern, in den Wohnungen das zum erstenmal aufflammende elektrische Licht unsere Augen blinzeln machte. Das Zeitalter der Elektrizität hatte begonnen, und Josef Kainz war sein Sohn, und wir waren durchströmt und angeschlossen durch ihn an den Strom der Zeit. Selbst seine Ruhe war elektrisch geladen, sein Geist sprühte und funkte, seine Rede war Starkstrom, nahm bisweilen schallschnelle Geschwindigkeit an, wenn er zornig, aufrührerisch, liebestoll, jauchzend sich entlud und seine Stimme zu bisher noch nicht gehörten Höhen emporschnellte.

Hier sang ein Genie eine neue Melodie, von den Rhythmen der anbrechenden Zeit durchpulst, ehe sie uns bewußt war. Es wurde so hell wie nie zuvor, wenn er auftrat, und dochtlichtfahl, sobald er abging. Shakespeare, Goethe, Schiller sprach der neue Held erleuchtet und durchleuchtet mit dem neuen Licht einer neuen Ära. Daß ein Mensch elektrisch geladen, dynamisch, funkenschlagend, elektrisierend wirke, diese Terminologie, der Elektrizitätslehre entnommen, wurde neu im übertragenen Sinne angewandt bei dem damals modernen Sprachversuch, Phänomenen wie Josef Kainz gerecht zu werden.

Meine Mitschüler und ich haben ihn niemals näher agieren

sehen und hören als von dem hinteren Stehplatz der vierten Galerie des Burgtheaters. Diese Riesendistanz verwischte die meisten Schauspielergesichter und neutralisierte ihre Persönlichkeit. Zum Operngucker langte es nicht, und er hätte auch nicht der leidenschaftlichen Ruhelosigkeit meines Mitgehens entsprochen. Kainz' Augen brannten über die Rampe, übers Parkett, über vier Galerien hinauf zu uns.

Selbst der große Sonnenthal und der herrliche Baumeister konnten sich unserem Aug', Ohr und Herz nur manchmal mühsam nähern. Von ihrer Altersschwäche konnten wir noch ihre einstige Macht und Kraft ablesen. Die Frauen auf der Bühne, von der vierten Galerie gesehen, hatten aus so weiter Ferne keine erkennbaren Gesichter, nur Körperumrisse und Stimmchen, oft gezierte, manierierte oder penetrant innige, pseudoschmerzvoll mit dem Schmerzenjodler, der, vom italienischen Gesang kommend, sich Eingang bei den Heurigensängern und Burgschauspielern verschafft hatte.

Wir, die Burschen auf der Galerie, hatten keine Lieblingsschauspielerin. Wir konnten ihrer entraten, denn unseretwegen hätte Kainz seine Liebesszenen auch mit einer Strohpuppe spielen können; solange sie weibliche Körperumrisse aufwies, solange seine Stimme sie umgirrte und beschwor und sein Begehren durch seine schlanken Nervenhände nach ihr fieberte, würden wir mit ihm die Strohpuppe lieben und begehren. Die Angebetete blieb, für mich jedenfalls, anonym, gesichtslos, hatte höchstens umrißhaften Körperreiz. So durchströmt war ich von der Voltstärke, daß ich auch dann noch Spannungen akkumulierte, als ich das elektrische Feld, dem ich mich nur schwer entzog, verlassen hatte.

Deshalb standen wir auch an der Bühnentür immer noch im Spannungsbereich von Kainz, oft eine Stunde lang wartend, bis er seine prinzlichen Gewänder abgelegt und – für mich unfaßbar – gewöhnliche Straßenkleider angelegt hatte.

Schließlich öffnete sich die Bühnentür, eine Art Lakai eilte heraus auf eine bereitstehende Equipage zu, riß den Wagenschlag auf und wartete mit gezogener Dienstmütze ehrerbietig.

Wir spalierbildenden Jungen und Mädchen wurden von den Polizisten nach beiden Seiten zurückgestoßen. Ähnliches passierte mir früher einmal in einem Menschenspalier in der Praterhauptallee, an dem der Kaiser vorbeifuhr. Damals rebellierte ich gegen das Zurückgestoßenwerden. Nicht bei Kainz. Er war mein Monarch.

Nun ging die Bühnentür wieder auf, aber es war immer noch nicht Kainz, sondern ein Bühnenportier. Tief seine Mütze zum Gruß für den noch nicht erschienenen Kainz ziehend, trat er beiseite, die Türe offenhaltend. Wenige Minuten danach erschien Kainz.

Den Paletotkragen hochgestellt, ein Taschentuch vor dem Mund, eilte er grüßend in den bereitstehenden Wagen. Wieder waren wir wie von einem elektrischen Schlag getroffen und verstummten. Erst dem sich entfernenden Wagen wagten wir, »Hoch, Kainz!« nachzurufen und mit den Hüten zu winken. Die Mädchen schwenkten ihre Taschentücher. Wir standen noch lange da, mit erhobenen Hüten und Taschentüchern, als der Wagen längst entschwunden war.

Ein angeheiterter Wiener, der die Vorgänge kopfschüttelnd beobachtet hatte, wandte sich an das exaltierteste der Mädchen: »Sie, Fräulein, nehmen S' Ihnen doch so ein' Roßapfel mit nach Haus', den die Pferd' vom Kainz g'rad hingschissen haben! Die sind noch ganz warm.«

Das Mädchen weinte und lief davon, einige Burschen lachten. Wo die Pferde gestanden hatten, lag respektlos ein dampfender Haufen. Ich ahnte etwas von der Spannweite des Lebens.

Noch eine Weile standen Buben und Mädchen verlegen da, dann löste sich der Knäuel Jugend langsam auf. Die Verwegenen unter uns begleiteten Mädchen nach Hause. Ich war noch nicht darunter. Meine Sinne, aufgestöbert, vibrierten und fieberten noch ziellos nach allen Richtungen, sich noch auf kein Einzelwesen konzentrierend.

Mit einem Schulfreund machte ich mich auf den Heimweg durch die Nacht. Die letzte Straßenbahn war schon weg; die »Pferdebahn ohne Pferde«, so hatte mein Vater sie bei mir eingeführt, als das erste elektrisch betriebene Fahrzeug vor gar nicht langer Zeit unweit unserer Wohnung vorbeigefahren war. Zu Hause warteten wahrscheinlich meine überängstliche Mutter und ein über meine Theaternarrheit erzürnter Vater. Und doch konnten wir nicht sofort und schnell und auf dem kürzesten Weg nach Hause gehen.

Wir schlenderten dahin, noch ganz Kainz-infiziert, Kainz-durchwebt und Schiller-trunken, und im Ohr sang es: »Ein Augenblick gelebt im Paradiese, ist nicht zu teuer mit dem Tod bezahlt!« »Komm doch mit, Kleiner!« flüsterte eine andere Zeitstimme, und mit beiden Melodien im Ohr und Gemüt kam ich nach Hause, schlich an dem Schlafzimmer meiner Eltern vorbei in mein Knabenbett und schlief unruhig den zügellosen Schlaf jener Jahre. Von kurvenreichen Körperumrissen träumte ich, von Frauen ohne Gesicht. Wann wird das Gesicht erscheinen? Das erste? Und die Zwischengesichter? Und das Endliche? Wann? Wo?

Neben diesen nächtlichen Traumschwelgereien mit den Kurvenprinzessinnen betrieb ich bald liebesleere, vor dem Äußersten zurückscheuende Geschlechtsflegeleien mit unserem Dienstmädchen und ihren Nachfolgerinnen, mit einer Angestellten in Vaters Geschäft, bis schließlich eine verheiratete Hausschneiderin mir die Scheu vor dem Äußersten nahm. – Davon völlig unabhängig hatte ich auch meinen Tagtraum von einer ebenfalls gesichtslosen Mädchengestalt, der ich zwar im wirklichen Leben, aber unter märchenhaften Umständen, in zauberischen Schauplätzen, einsamen Inseln, in Landschaften, wie ich sie großäugig in den Schaufenstern der Kunsthandlungen besah, eines unvorstellbaren Tages zu begegnen hoffte. Der kalkigweiße Flecken würde Züge annehmen. Welche Züge, welche Augen, welche Haare, was für ein Mund? Und was würde er sagen? Und mit welcher Stimme? Das schweifende Schwärmen und das verborgen Ausschweifende waren zwei Lebensparallelen, die einander nicht berührten. Viel anders verläuft das reife Mannesleben auch nicht. Mein Tagestraummädchen hatte noch keine Stimme. Es gab kein

Gespräch zwischen uns: hätte ich ihr nicht die liebestrunkenen Verse Carlos', Romeos, Tassos, wie ich sie aus dem Munde Kainz' kannte, zuflüstern können, ich wäre stumm geblieben. Auch schon deshalb war ich ihm verfallen. Er war eine Art rhetorischer Liebesbriefsteller für mein Traumleben geworden.

3. Kapitel

Mein wöchentliches Taschengeld reichte damals für *einen* Burgtheaterbesuch auf der vierten Galerie. Mein sonst ungewöhnlich liebevoller, mich verzärtelnder Vater stand meiner Theaterekstase unnachgiebig feindlich gegenüber. Er war ein eruptiver Mann, dessen Zornesausbrüche einen erblassen ließen, und doch war er rührend liebevoll. Er war ein tragischer Fall. Er hatte seinen Beruf verfehlt. Er verabscheute seine Kaufmannstätigkeit. Er war gelernter Uhrmacher, der es zu einem eigenen Geschäft gebracht hatte, in dem er, es fügte sich so, dann vorwiegend mittlere Juwelenartikel verkaufte. Er hatte nicht nur kein Verständnis für Schmuck, er verachtete auch die kleinen Leute, die in seinen Laden kamen, um sich goldene Ringe, Ohrgehänge, Halsketten mit ihren kleinen Ersparnissen einzukaufen. Uhren – und zwar Nickeluhren – tolerierte er. Er war Spartaner. Er kleidete sich unter seinen geldlichen Möglichkeiten. Meine Mutter, seine zweite Frau, verstand ihn nicht. Mich kränkte das, denn ich glaubte, seine Tragik zu erkennen. Sie wollte das Geschäft in die Höhe bringen, es konkurrenzfähig machen. Er wollte lesen. Er baute sich auf dem Schreibtisch im Geschäft einen Wall von Büchern auf, gewissermaßen gegen das Geschäftemachen.
Meine Stiefschwestern und ein Stiefbruder waren nicht mehr im Hause; sie hatten geheiratet – in der Branche – und hatten nun selber Uhren- und Juwelengeschäfte, die bald das meines Vaters überflügelten; auch die nahe Konkurrenz war tüchtiger und erfolgreicher als mein Vater. Meine Mutter, aus echter und wohl auch berechtigter Sorge, haßte seine Bücher, machte ihm

Vorwürfe wegen seiner unduldsamen, ja oft beleidigenden Art, seine Kunden, die unwillkommenen und doch so notwendigen Störenfriede beim Lesen und Sinnieren, zu behandeln. Auf die Vorwürfe reagierte er meistens mit ungestümen, dröhnenden Ausbrüchen, wohl auch in dem Gefühl, daß meine zankende Mutter im Grunde etwas Notwendiges verfocht. Er war ein im tiefsten Wesen verstörter Mann. Seine erste Ehe war, wie ich dann später erfuhr, höchst unglücklich gewesen. Nach all dem Familiengeflüster weiß ich, daß er eine ungetreue Ehefrau hatte und daß er kein seiner Vaterschaft gewisser Mann war. Daher hing er in mürrischer, zorniger, aufbegehrender Weise an seiner zweiten Frau, deren unwandelbare und fleckenlose Treue auch er, der schwergeprüfte Mißtrauische, nicht bezweifelte. Seine lang verdrängte Kindesliebe, das Übermaß seiner altbiblischen Vaterliebe ergoß sich über mich. Die Zärtlichkeit und Liebe, die er seinen Kindern aus erster Ehe vorenthielt, seine durch seine erste Frau schwerverletzte, lang zurückgestaute Liebesfähigkeit, die er nur zu einem geringen Maß meiner Mutter entgegenbrachte, entlud sich nun auf mich, seinem ihm aus dem Gesicht geschnittenen Sohn, von dem er sich, wenn auch nur dumpf, verstanden fühlte, von dem er wußte, daß er auch dann noch, wenngleich zitternd, zu ihm stand, wenn sich die anderen in Angst, Schrecken und Groll vor den ungeheuren Explosionen des vor Wut fast Berstenden abwandten. Ich ging mit ihm durch dick und dünn, ich verstand jede seiner Regungen und hätte so gerne dem sich immer wieder in Konflikten Verstrickenden geholfen. Nur eines verstand ich nicht: seine Lieblosigkeit und Ungerechtigkeit seinen anderen Kindern gegenüber. Es war erst viel später, daß ich den Grund erfuhr. Die Geschichte seiner ersten, unglücklichen Ehe hat man lange vor mir geheimgehalten. Ich hätte sie auch nicht begreifen können. Als ich sie begriff, erfaßte mich seine Tragödie und ich ahnte die Gefährlichkeit jeder Liebesbeziehung. Der Niederschlag dieser Erfahrung war wachsendes Mißtrauen. Die ehebrecherische Hausschneiderin, der ich erlag, hatte es gesät. Ich fühlte mehr Solidarität mit ihrem betrogenen Ehemann als Zuneigung zu ihr. Die Verhätschelung, die mein Vater mir angedeihen ließ, brachte mich oft meinen Stiefgeschwistern gegenüber in Verlegenheit. Er bevorzugte und begünstigte mich von früh bis spät, ohne auch nur den Versuch zu machen, den Schein zu wahren. Natürlich träumte er den guten alten Vatertraum: alles, was ihm versagt blieb, möge der Sohn haben. In meines Vaters Fall hieß das, Gelehrter werden, studieren, Wissenschaftler sein, Doktor, Professor. Die erste Enttäuschung, die ich ihm bereitete, war meine Abneigung zu studieren, meine Indolenz in der Schule. Da er mich aber für ungewöhnlich gescheit hielt, hoffte er, meine Intelligenz würde eines Tages meine Trägheit überwinden. Er tobte nicht, wie er es bei einem solchen Versagen eines der anderen Kinder getan hätte. Er guckte mich nur traurig an und sagte sorgenschwer: »Fritzleben, Fritzleben!« Das Wort »Leben« an einen Vornamen anzuhängen war die jüdische Koseform für »darling« oder »Geliebtes«. – Mein Lieblingsbruder hieß Siegfried. Er war ein sehr eingeschüchterter, geduckter, trauriger, als dumm verschriener Judenjunge, der, allein mit mir, einen schrulligen Verstand und echten Humor enthüllte. An ihm hing ich besonders. Ich habe ihn nie vergessen. – Mein ältester Stiefbruder, mir etwas entrückter, hieß Ignaz. Man hatte damals im jüdischen Bürgertum eine gewisse Vorliebe für diese sehr deutsch klingenden Namen aus der germanischen Heldensage und wählte sie aus Assimilierungsgründen für die Kinder. Wie etwa Josef: Pepi, Marie: Mizzi, Siegfried: Schusi, wurde Ignaz: Nazi in der österreichischen Mundart genannt. Mit ahnungsloser Selbstverständlichkeit riefen wir unseren Bruder: Nazi. – Wenn also mein Vater »Fritzleben« zu mir sagte, war das eine wahrscheinlich unbewußte Opposition gegen die eigentlich erstrebte Assimilation, die er mitmachte, ohne sich damit auseinanderzusetzen. Mein Vater lebte in einem maßvollen Kompromiß zwischen dem allgemeinen, bürgerlichen Leben und den jüdischen Gebräuchen. Am k. und k. Österreichischen hing er orthodox.

Ich weiß nicht, ob er es selber wußte: er war Monarchist und glaubte an die erzieherische Kraft des Militärs und an dessen gehobene Sonderstellung im Staate. Er hatte es zum Feldwebel gebracht, besaß eine hohe Tapferkeitsmedaille für seine offenbar ruhmreiche Beteiligung am Feldzug in Bosnien und in der Herzegowina. Er war ein Meisterschütze. Durch sein autoritatives Äußeres erschien er größer als er war. Er war stämmig, mit Bauchansatz und bärenstark. Sein Gesicht wirkte normalerweise wie eines, das sich nach eben stattgehabtem Ausbruch beruhigt. Er hatte eine Sattelnase und einen gestutzten Schnurrbart unter ihr. Sein mit der Maschine bis auf die Haut geschnittenes Haar war rötlichblond und angegraut. Er hatte noch viel später, als Siebzigjähriger, alle Zähne im Mund; hielt Kopfschmerz, den er nicht kannte, für eine Affektation, eine Hochstapelei. Hochstapelei war sein Lieblingsschimpfwort für jede neu auftauchende Zeiterscheinung. So auch für das elektrische Licht. Sein Laden war der einzige in der großen, von elektrischem Bogenlicht erhellten Geschäftsstraße, der noch außen und innen gasbeleuchtet war. Der Laden war ein unwirscher, mattgrauer Fleck in der Reihe der elektrisch beleuchteten Schaufenster aller anderen Geschäfte. Sein Geschäft, das nie zu voller Blüte gelangt war, ging nun schlecht. Meine unentwegte Mutter führte einen zähen, über viele Monate währenden, der ganzen Familie Schrecken einjagenden Kampf, der oft erst in der Nacht seinen Höhepunkt erreichte. Meine Mutter kämpfte aus Angst vor dem Ruin. Schließlich griff ich auf ihrer Seite in den Kampf ein. »Ich hab' immer gewußt, daß du den Buben auch noch völlig verderben wirst«, waren die Worte, mit denen er den Kampf aufgab. Bald darauf erhellte elektrisches Licht seinen Laden. Er tat so, als ob er einer Modemarotte meiner Mutter nachgegeben, als ob er ihr ein weit über seine Verhältnisse hinausgehendes Schmuckstück oder einen Pelzmantel gekauft hätte, um ihre modischen Hochstaplergelüste zu befriedigen. »Bist du nun glücklich?« fragte er sie nach Wochen ihres Sieges, nachdem sich sein Gesicht entwölkt hatte, und schmunzelte, was sein Versöhntsein mit dem ihm angetanen Unrecht bedeutete.

In diese elektrisch geladene Periode platzte nun meine Theaterbesessenheit und stieß auf den vehementesten Widerstand, den ich bis dahin von meinem Vater erfahren hatte. Er ahnte, daß die Schauspielerei unweigerlich mein Beruf werden würde. Damit sollte sein letzter Traum zerstört sein. Er bäumte sich dagegen auf mit wehem Zorn. Er, der Theater kaum kannte, versuchte den Stand herunterzumachen. »Wer geht schon zum Theater«, schrie er, und antwortete sich selber: »Faulpelze, die nichts lernen wollen, Müßiggänger, die sich zu keinem anderen Beruf eignen, verkommene Subjekte, die ein Lasterleben führen wollen.« Wie zutreffend das für so viele Schauspieler war, wurde mir erst viele Jahre später klar, als ich schon im Beruf stand. – »Werd lieber Straßenfeger!« Mit dieser überraschenden Wendung beschloß er seinen Ausbruch, verließ das Zimmer und krachte die Tür hinter sich zu. Die Szene machte tiefen Eindruck auf mich. Er glaubte, daß ich für die Wissenschaft verloren war und auch, so wie er, einen falschen Beruf ergreifen und, wie er, es sein Leben lang bereuen würde. Mir aber machte die Szene als Szene Eindruck. Ich ahnte, daß hier eine Ausbruchskraft sondergleichen von einem zu klein geführten Leben nicht verbraucht werden konnte, daß die Quelle meines Talents hier lag, daß der, der sich blindwütig gegen diesen Beruf wehrte, der blutmäßige Zeuger dieses Berufes war, daß sein unverbrauchter Lebenskoller mein Theaterkoller wurde, daß sein Blut mein Theaterblut ward und daß das das unabänderliche Gesetz war, nach dem ich angetreten.
Meine Mutter finanzierte mit schlechtem Gewissen und mit banger Sorge, was aus alldem werden würde, insgeheim die steigende Anzahl meiner Burgtheaterbesuche. Sie litt schwer darunter. Sie betrog mit einem größeren moralischen Einsatz, als Treuehalten manchmal fordert. Es bestand ein richtiges Komplicentum zwischen ihr und mir, um meine abendlichen Theaterbesuche meinem Vater gegenüber als etwas anderes hinzustellen. Mein Stiefbruder Siegfried, Schusi genannt, kam uns zu Hilfe. Es wurde meinem Vater vorgetäuscht, Schusi und ich gingen abends ins Kaffeehaus, um Schach zu spielen,

was meinem Vater als Ablenkung vom Theater willkommen war. Der todmüde Siegfried, der im Geschäft meines Vaters als Uhrmacherlehrling arbeitete und zitterte, mußte sich zwei- bis dreimal die Woche bis nach Theaterschluß herumtreiben, um dann mit mir gemeinsam nach Hause zu kommen. Meistens verbrachte er die Abende, ebenfalls von meiner Mutter geheim finanziert, im Kaffeehaus, was er ungern tat. Und tagsüber betrieb er die Uhrmacherei lustlos. Es gab zunächst nichts in seinem kümmerlichen Leben, was er gerne tat. Er hätte aus der für ihn bedrückenden Nähe meines Vaters gebracht werden müssen. Als das geschah, erholte er sich von ihm. Kaum war er auf sich selbst gestellt, wurde er noch ein ganz flottes, munteres Mauerblümchen, ein bescheidener Geschäftsmann, ein guter Ehemann, bis ihn und seine Familie, sie alle, der Hitler holte. Damals aber naschte er an meinem geheimen Theaterabenteuer und meiner unbändigen Lust und meinem Lebenshunger ein bißchen mit. Ins Theater ging er nicht, ließ sich aber die ganze Vorstellung von mir vorspielen. Er beging winzige Veruntreuungen im Geschäft. Den Erlös für Gläsereinsetzen in Uhren steckte er ein, ließ diese Sümmchen mir zukommen, ohne etwas davon selber zu verbrauchen. Damit finanzierte er meine andere große Leidenschaft: das Lesen der »Fackel« von Karl Kraus. Meine Mutter drückte seufzend und immer vorwurfsvoll ihre stets tränennahen Augen zu. Es steckte auch die Spur eines Bestechungsversuches hinter diesem ihrem Komplicentum. Sie war auf meine ungewöhnlich große Liebe zu meinem Vater etwas eifersüchtig. Das schloß keineswegs aus, daß sie ein Zerwürfnis, das sich aus diesem Umstand hätte ergeben können, und überhaupt jedes Zerwürfnis zwischen ihm und mir, tragisch genommen hätte. Auch war sie stolz und glücklich darauf, daß er ihren Einzigen so liebte und dieser Einzige ihn. Mit alldem war sie nicht widersprüchlicher, als es alle Menschen sind. Aber sie quälte sich mit sich herum. Sie wollte in Ruhe, Ordnung und Sauberkeit leben. Das war so schwer zu schaffen in dieser vielköpfigen Familie und mit diesem Mann, der seine anderen Kinder lieblos behandelte, was sie gutzumachen sich verpflichtet fühlte, indem sie die ungepflegten Rangen, mehr als ihnen lieb war, zur Reinlichkeit anhielt und das vernachlässigte Geschäft in die Höhe zu bringen versuchte. Dieses Bemühen unternahm sie gegen ihren am Geschäft uninteressierten, widerborstigen und jähzornigen Mann, der zu seinen sonstigen Zerwürfnissen nun auch noch mit ihr in Konflikt zu geraten im Begriff war. Das alles wollte sie glätten, bereinigen, hier einen Modus vivendi finden. Vielleicht lebte sich ihr psychischer Ordnungswunsch deshalb so besessen im physischen Sauberhalten der Wohnung, des Geschäfts und der Kinder aus. Sie war unentwegt mit Reinemachen beschäftigt. Sie bügelte auch ihre Mädchenerinnerungen aus. Von der Natur nicht allzu hochherzig mit äußeren Reizen ausgestattet, war sie als junges Mädchen im Schatten einer schönen Schwester aufgewachsen, die sie mit großer Selbstzucht gepflegt hatte. Später erzog sie fremde Kinder in einem reichen Haus. Bei alldem war sie ein leidenschaftliches, liebeshungriges, junges und dann älteres Mädchen, bis sie diesen unglücklichen Witwer mit sechs vernachlässigten Kindern heiratete. Er war der erste Mann in ihrem Leben. Da sie zu ihren Frauenreizen kein Zutrauen hatte, wollte sie sich eine Ehebeziehung erarbeiten. Sicherlich waren die sechs schwierigen und schmierigen Kinder eher ein Anreiz als etwas Abschreckendes für sie. Da war sofort etwas zu waschen, säubern, kämmen, in Ordnung zu bringen. Auch eine arg vernachlässigte und deshalb willkommene Wohnung hatte die verstorbene erste Frau meines Vaters hinterlassen, die nicht nur eine schlechte Ehefrau, sondern auch eine schlechte Hausfrau gewesen war, wie mir meine Mutter gern erzählte. Sie wollte auf einem Gebiet brillieren, auf dem die schön gewesene Tote versagt hatte. Sie warb mit einem spiegelblanken Fußboden, durch pausenloses Säubern der Wohnung, durch zwangsweises Waschen und Kämmen ihrer Stiefkinder um die Liebe und Achtung und wohl auch um ein bißchen Zärtlichkeit von diesem verdrossenen, angeschlagenen, brodelnden, tief in sein talmudisches Denken versunkenen Koloß, dem sie, schon vierzigjährig, ein Kind gebar: seinen Fritzleben, der sein Um und Auf und sein Augapfel wurde, wie er sagte.

Ich sehe sie noch, meine gar nicht so schlanke Mutter, eine Bürste an ihren rechten Fuß geschnallt, den linken, schuhlosen Fuß auf einen Flanell-Lappen gestützt, so bürstete sie in einem Sehnsuchts-Paroxysmus nach Glanz, in einem mich als Kind erschreckenden Rase-Tanzschritt, den ohnedies schon spiegelblanken Fußboden noch spiegelblanker. Sie behauptete, er müsse so sein, daß man darauf essen könne.

Nun schwelte neben allen anderen schwer in eine Ordnung zu bringenden Dilemmata ein neuer Konfliktherd: sie unterstützte ihren Buben verräterischerweise nicht nur in seiner Theaterbesessenheit, sondern auch noch in seinem Enthusiasmus für Karl Kraus, den großen Wiener Pamphletisten, der damals die Totschlägerkraft seines vernichtenden Witzes gegen den Journalismus mobilisierte, gegen die »Journaille«, deren ungekröntes Haupt der Chefredakteur der »Neuen Freien Presse«, der offiziösen Wiener Zeitung, war. Dieser Moritz Benedikt war ein Verwandter meiner Mutter, der ihr über den verwandtschaftlichen Grad hinaus dadurch nahestand, daß er als völlig verwaistes Kind von ihren Eltern aufgenommen und mit ihr zusammen wie Bruder und Schwester aufgewachsen war. Die guten Beziehungen zwischen den beiden rissen auch dann nicht ab, als er Chefredakteur und Besitzer der N.F.P. und somit einer der mächtigsten Männer des ehemaligen österreichisch-ungarischen Imperiums geworden war; ein Mann, der, wie man sich zuraunte, das Ohr des Kaisers hatte, mit einer direkten Telefonleitung zum Schönbrunner Schloß. Auf diesen Moritz Benedikt konzentrierte Karl Kraus sein an nichts Dagewesenem meßbares, wortvirtuoses Artilleriefeuer. Ich folgte Karl Kraus blindwütig zum Entsetzen meiner Mutter, der dieses Benedikt-Wort-Massaker wie Ketzerei in den Ohren klang. Später schrieb ich dem Chefredakteur einen aufrührerischen Brief, der mich um ein Legat brachte, das für mich in seinem Testament vorgesehen war.

Mein erstes großes geistiges Dilemma entstand jedoch durch

Karl Kraus' Verachtung und Verhöhnung von Josef Kainz. Etwas später kam dann auch die Kampfansage von Karl Kraus an Sigmund Freud hinzu. Freud war wie Benedikt ein Verwandter meiner Mutter und mir dadurch suspekt. Mit anwachsendem Begreifen jedoch hörte ich auf, ihn aus der Perspektive von Kraus zu sehen, und wunderte mich, im beargwöhnten verwandtschaftlichen Umkreis meiner Mutter ein weltveränderndes Genie zu finden. Erst viel später glaubte ich zu erkennen, daß meine Mutter, um sich den Umständen anzupassen, in denen zu leben sie sich entschlossen hatte, nun meinte, sich versimpeln zu müssen, wobei sie durch so etwas wie eine gewollte oder unbewußte Metamorphose gegangen sein mochte. Der gesellschaftliche Schliff und die Lebensart, wie ihre Schwester sie besaß, waren ihr abhanden gekommen. Französisch zum Beispiel, das sie gelehrt hatte, verstand sie kaum noch. Sie nahm von der ungehobelten Art meines bauernhaften Vaters an, der aus einem Dorf an der ungarischen Grenze als Bub zu Fuß nach Wien gekommen war. Im Falle Freud und, mit der Bühne im Vordergrund meines Lebens, mehr noch in dem Josef Kainz', wurde ich mir meines schmerzlichen und mich treulos dünkenden Gegensatzes zu Karl Kraus bewußt. Diese Zerrissenheit, dieses Aufgespaltetsein, dieses von Ideen, Weltanschauungen, Kunstrichtungen leidenschaftliche Angezogenwerden, um dann an einem gewissen Punkt die Gefolgschaft verweigern zu müssen, bleibt die sich immer wiederholende Konstellation meines Lebens.

Meine Beziehungen zur Schule wurden immer schwieriger. Ich lernte nur noch Monologe auswendig, und meine Theatersucht nahm exzessive Grade an. Alles drängte zur Entscheidung. Die Luft um mich bekam eine wendepunktartige Schärfe. Meine Tagtraumgestalt mit ihrem leeren Gesichtsoval hatte Züge angenommen. Es war nun nicht mehr ein beliebiges Mädchen, sondern Paula S., für die ich den besten Stehplatz auf der 4. Galerie des Burgtheaters erstürmte, erraufte, erlistete in einem Catch-as-catch-can-Kampf. Ihr Gesicht hatte etwas biblisch Ruthhaftes – dunkelbraune Haare und blaue Augen.

Ihre Gestalt zu betrachten wagte ich nicht, also habe ich daran keine Erinnerung. Ich stand neben ihr in berührungsloser Glut auf der Theatergalerie oder ruderte mit ihr in atemloser, scheuer Verzagtheit auf einem der Donauarme im Prater. Die waren von einer den Jungen verzaubernden Schönheit, die eben jetzt das Altersauge überprüft; ihre Schönheit kann auch noch vor ihm bestehen.

Die Farben der Kindheitslandschaften sind nirgends sonst auf der Welt, so schön sie auch immer sein mögen, wieder anzutreffen: das Grün der Wiesen, das Leuchten der Blumen, des Gewässers, der Wege sucht das Auge vergeblich, es wiederholt sich nie irgendwo anders. Sie sind die wahren Landesfarben. Für meine über Jahrzehnte zurückblickende Erinnerung haben sie nichts an Zauber eingebüßt. Ja, sogar das Schwarz-Gelbe der Flagge der österreichischen Monarchie, ein wirklich farbenschöner Kontrast, hat sich so sehr in meiner Erinnerung festgesetzt, als sei er in die Landschaft eingegangen. Es gab später in meinem Leben im Gegensatz zu dieser Kindheitslandschaft die des Mannes: die norddeutsche Heidelandschaft und die Umgebung der Stadt, in der meine Frau geboren wurde: Berlin. Dort kamen auch meine beiden Kinder zur Welt, deren Kindheitslandschaft sich ihrem Gedächtnis nicht einprägte. Sie waren früh Vertriebene. – Ich fahre gerade in einem Fiaker durch den Prater: eine sentimental journey, vom Alterslabyrinth weg – zurück in die Jugendwirrnisse.

Also – auf dem stillen Wasser dieses toten Donauarms gondelte ich einst mit Paula herum, ohne auch nur aus Ängstlichkeit »den Saum ihres Kleides zu berühren«. – O Tage der selbstverschuldeten Unschuld! Dem Wasser blieb Paula treu: sie fuhr ein Jahr später mit einem Schiffskapitän nach Übersee. Vorher hatte ich, um meiner Theaterleidenschaft *und* meiner Schwärmerei für das Mädchen gleichzeitig frönen zu können, einen Theaterverein aus dem Boden gestampft.

Ich dirigiere den Fiaker durch die Praterlandschaft und stelle fest, daß das alte Café an der Ecke noch immer da ist, in dem die Mitglieder des Vereins, theaterfreudige Kommis und Bürofräulein, am Sonntag Proben abhielten. Tatsächlich hatte ich eines Abends auf einer Vereinsbühne als preußischer Leutnant gestanden und der Komtesse – natürlich Paula – eine forsch sein sollende, aber schillerisch klingende Liebeserklärung gemacht. Bei all diesen Unternehmungen war ich auch noch von meinen Schulfreunden, Tontschi Ehrenreich und Hans Freiberger, mit Zähigkeit, großem Verständnis und mit ihren Eltern geklautem Geld unterstützt worden.

Der erste legitime Schritt, der damals zum Schauspielerberuf führte, war eine Prüfung des Anwärters durch den in dieser Beziehung hochangesehenen Professor Ferdinand Gregori, Hofburgschauspieler und Lehrer an der k. u. k. Akademie für Darstellende Künste. Das Prüfungshonorar betrug fünfzehn Kronen. Eine Krone entsprach dem damaligen Wert einer deutschen Mark. Dieser für uns rockefellerhaft hohe Betrag konnte nicht auf reelle Weise beschafft werden, sondern eben nur auf rockefellerhafte. Da die geplante Prüfung nicht nur vor meinem Vater, sondern auch vor meiner Mutter geheimgehalten wurde, kamen als Helfershelfer nur Schusi, Ehrenreich und Freiberger in Frage. Jeder wollte je fünf Kronen beisteuern. Mein Stiefbruder war bereit, nicht nur den Erlös für eingesetzte Uhrengläser, sondern auch den für kleine Reparaturen der Geschäftskasse vorzuenthalten. Mein Vater war bei seiner Leseleidenschaft leicht zu hintergehen, was auch seine erste Frau wohl bemerkt hatte.

Die beiden Freunde legten ihre Taschengelder zusammen, und den Rest beschafften sie durch Versetzen von Silberbesteck aus den Haushalten ihrer Eltern. Sie ließen sich nur je 5 Kronen auszahlen, da wir den vagen Entschluß gefaßt hatten, die Gegenstände wieder auszulösen. Meine beiden Freunde, die ansonsten keineswegs verdorbene, sondern saubere, um einen von Karl Kraus beeinflußten ethischen Lebenswandel bemühte Burschen waren, vergingen sich gegen das Postulat seiner Lebensauffassung, weil sie einer guten Sache zu dienen glaubten. Der Zweck heiligt die Mittel. Dieser als Staatsmoral gültige Standpunkt half ihnen, ihr mahnendes Gewissen in langen

Debatten zum Schweigen zu bringen, nachts, in einem kleinen Café gegenüber der Universität, dem Gebäude, das eigentlich das Sehnsuchtsziel meines Vaters für mich war. Schließlich überzeugten sie einander, daß es auch im Sinne von Karl Kraus verantwortbar sei, den Eltern das nie benutzte Eßbesteck für eine begrenzte Zeit zu entwenden und damit einem Talent, an das sie fiebernd glaubten, den ersten Schritt zu dessen Berufung zu ermöglichen.

Das Prüfungsergebnis bei Professor Gregori überwältigte uns und hätte uns eigentlich in die Lage versetzt, die Eßbestecke sofort wieder einzulösen. Aber wir verjubelten, gewissermaßen hinter Karl Kraus' Rücken, das Geld. Meine beiden Freunde hatten auch das Gefühl, daß, nach einem solchen Prüfungsergebnis, es nur eine Frage von Wochen sei, bis ich in den Besitz von märchenhaften Summen gelangen müßte. Als Ausdruck seiner hohen Zustimmung zu meiner Schauspielerlaufbahn hatte nämlich der Professor die Annahme des Prüfungshonorars verweigert. Er nahm es auch auf sich, an meinen Vater zu schreiben, gegebenenfalls mit ihm zu reden, um ihm die Unerläßlichkeit meiner Berufswahl und die großen Hoffnungen, die er, Gregori, in mich setzte, zu schildern, und wollte so die Einwilligung meines Vaters erreichen. Ich hatte ihn nämlich auf das große Drama, das zwischen meinem Vater und mir bevorstand, aufmerksam gemacht.

Der Brief löste bei meinem Vater eine unerwartete Reaktion aus: Er tobte nicht, sondern wunderte sich, daß jemand, der mit dem Theater zu tun hatte, einen solch hohen Gelehrtentitel führte. Auch die Formulierungen des außerordentlich gebildeten Gregori beeindruckten meinen für solche Dinge empfindsamen Vater. Er zog sich seinen besten Anzug an, ließ sich die Haare schneiden und – was er nicht täglich zu tun pflegte – rasieren. So machte er sich, bleich und erregt, auf den Weg zum Professor. Ich ging mit ihm.

Der Weg dauerte eine halbe Stunde, und es wurde kein Wort gewechselt. Ich wartete zwei Stunden vor dem Haus. Schließlich kam mein Vater. Wir gingen lange stumm nebeneinanderher. Plötzlich blieb er stehen: »Der Mann hat Bücher bis zum Plafond hinauf. Was sind das für Bücher?« »Theaterstücke«, erklärte ich atemlos, »moderne, Klassiker, theaterwissenschaftliche Bücher, belletristische Literatur.« Schließlich sagte ich: »Gregori spielt den Faust am Burgtheater. Um den Faust zu verstehen, muß man viel gelesen haben.« Dann zitierte ich ihm etwas aus dem Faust. Mein Vater hörte mit großer, stiller Aufmerksamkeit zu. Das Gehörte machte sichtlich Eindruck auf ihn. Inzwischen waren wir zu Hause angelangt. Bis dahin hatte mein Vater, wie ich vermutete, vor Goethe den konventionellen Respekt, den der Name Goethe einflößt. Er hatte nichts von ihm gelesen. Er las hauptsächlich im Talmud, im Alten und auch im Neuen Testament, er las alte hebräische Bücher und auch die damals auftauchende neue hebräische Literatur. Er sprach und schrieb hebräisch, wie es damals nur wenige Menschen auf der Welt konnten. Aber der erlauchte Name Goethe, schien mir, war auch in seine abseitige Welt gedrungen. Kaum hatte ich Vaters Ehrfurcht vor dem legendären Nimbus Goethes bemerkt, ahnte ich, hier war mir ein Schirmherr erstanden. Ich nutzte den Augenblick und sagte, keineswegs so naiv als ich tat: »Goethe war auch Theaterdirektor.« Nichts hätte die Institution des Theaters in den Augen meines, von Geist und Gemüt aus den Großen gegenüber ehrerbietigen Vaters so rehabilitieren können wie diese Tatsache. Es stellte sich nun heraus, daß er von Goethe doch etwas wußte. Ich war erstaunt, das mir damals unverständliche Wort Pantheismus aus seinem Munde zu hören. Er bemühte sich gewissenhaft, mir den Begriff zu erklären, und sprach noch immer nicht über meine Schauspielerei. Kaum hatte ich den Begriff Pantheismus erfaßt, als ich meinem Vater die betreffende Stelle im Faust vorlas, die ich bis dahin für Lyrik und nicht für ein Bekenntnis gehalten hatte.

»Wer darf ihn nennen? Und wer bekennen: ich glaub ihn.
Wer empfinden und sich unterwinden zu sagen:
ich glaub ihn nicht?

Der Allumfasser, der Allerhalter, faßt und erhält er nicht
Dich, mich, sich selbst?
Wölbt sich der Himmel nicht da droben?
Liegt die Erde nicht hier unten fest?
Und steigen freundlich blickend
Ewige Sterne nicht herauf?
Schau' ich nicht Aug' in Auge Dir
Und drängt nicht alles
Nach Haupt und Herzen Dir
Und webt in ewigem Geheimnis
Unsichtbar – sichtbar neben dir?
Erfüll davon dein Herz, so groß es ist,
Und wenn du ganz in dem Gefühle selig bist,
Nenn es dann, wie du willst,
Nenn's Glück! Herz! Liebe! Gott!
Ich habe keinen Namen
Dafür! Gefühl ist alles;
Name ist Schall und Rauch,
Umnebelnd Himmelsglut.«

Der Irrtum des Fünfzehnjährigen, diese Stelle für Lyrik gehalten zu haben, war verzeihlich. Unverzeihlich ist es jedoch, daß das Theater heute noch solche Stellen als Lyrik, und noch dazu als Pseudolyrik, mit verlogen geschlossenen Augen und Winselsäuselton zelebriert. Darauf besteht nicht nur eine falsch verstandene Theatertradition, sondern auch die unrevidierte Gymnasiastenkitschseligkeit mancher deutscher Intellektuellen. Sie benutzen das Theater zur Ablagerung ihrer tranigen Gefühlsabsonderungen, die sie mit Höherem tarnen, und dafür muß der Klassikerabend herhalten. Da sitzen sie, die Theaterluft mit ihrem Erinnerungsmief vergiftend, kitschselig, ebenfalls mit geschlossenen Augen, und hören, den Kopf verzückt wiegend, dem trivialen, abgestandenen, hirn- und sinnlosen Gedudel zu. So war es vor dreißig Jahren in Dresden, in Leipzig, und so und nicht anders muß auch heute wieder die altvertraute Melodie abgehaspelt werden, damit einige sich in

ihre wehmutswinselerinnerungsseufzende Pubertätsverzückung zurückversetzen können.
Sie hören ja gar nicht den Faust, sondern hören sich zu, wie sie ihn damals gehört haben. Fausts verzweifelter Schrei nach dem Tod:

»O sähst du, voller Mondenschein,
zum letztenmal auf meine Pein«,

ist Lyrik für sie, weil das Wort »Mond« vorkommt. Sie bestehen darauf, daß der Faust vom Darsteller unverstanden sprechgesungen und ihm von ihnen, heute wie damals unverstanden, zugehört wird.
Mit meinen sechzehn Jahren ahnte ich etwas von dem Unterschied zwischen Lyrik und der Beteuerung, wie lyrisch Lyrik sei. Den Mondromantikern vergeht sie aber angesichts der Mondrakete, deren Reise zum Mond, so vermute ich, die Tonart verändern muß, in welcher dieser herrlich und meist besungene Himmelskörper behandelt wird. Ich bezweifle, daß heute ein gutes lyrisches Gedicht an den Mond noch verfaßt werden kann. Den Sternen ergeht es nicht viel besser. Auch das kosmische Gefühl ist nicht mehr sicher, ob es bleiben kann, was es war. Das Götterreich war von den Griechen einst auf dem Olymp lokalisiert worden. Andere Religionen fanden solche touristisch nicht ernst zu nehmende Höhe ernüchternd, also verlegten sie diese höchste Wohnstätte in den Himmel; nun ist auch der durchforschbar und befahrbar. Das Himmelreich will eben immer höher hinaus. Es rückt immer höher und entschwindet damit menschlichem Begreifen.
Der Pantheismus, den mein Vater in Gesprächen mit einem katholischen Geistlichen kennenlernte, kennt kein Himmelreich. Mit diesem bemerkenswerten Priester unterhielt mein Vater eine jahrelange Freundschaft. Darüber werde ich noch ausführlich berichten, sobald ich in späteren Kapiteln bis zur Kindheit zurückgekehrt sein werde.
Mein Vater las nun tagelang den »Faust«. Er sagte kein Wort

über meine Schauspielerei. Er ließ mich im ungewissen. Sicherlich rang er noch mit einem Entschluß, der so schwer, so lange im Werden war. Er hatte beim Denken und Erwägen die Zeitmaße des vom Alltag nicht sehr Beanspruchten, nicht von ihm Herumgestoßenen, zur Eile nicht Angetriebenen. Wenn der Alltag zudringlich wurde, ihm Zeit abforderte oder ihn gar zur Befassung mit Dingen zwang, die außerhalb seiner Denkwelt lagen, wurde er unduldsam, jähzornig und bekam im Handumdrehen Händel und Krach. Ich nehme für mich in Anspruch, daß ich diese Vorgänge verstand und würdigte, die die anderen nur fürchteten. Ich wußte, daß er erst reden würde, sobald er mit sich ins reine gekommen war. Ihn früher dazu durch Fragen zu veranlassen, war nicht ratsam. Er sollte, während er über mein Geschick nachdachte, ja nicht zornig werden.

4. Kapitel

Ich ging noch in die Schule, jedoch nunmehr ohne jeden Versuch, irgendein Interesse am Unterricht auch nur vorzutäuschen. Der Klasse war ich jetzt interessant geworden: der faule, schlechte Schüler wird Schauspieler und hat die Prüfung bei Gregori glanzvoll bestanden. Freiberger und Ehrenreich hatten, stolz und aufgeregt, meinen Prüfungserfolg ausgeplaudert. Ich war jetzt mit stolzer Gehobenheit faul, während meine frühere Faulheit bedrückend und beschämend war. Selbst Pokorny, Professor der darstellenden Geometrie – ich hatte mich trotz aller Indolenz in die Oberrealschule hinaufgefaulenzt und gemogelt –, sah mich, von dem er wußte, daß er seinen Vorträgen nicht einmal zu folgen sich bemühte, nunmehr mit einer Art Neugierde an. Pokorny trug mit einem inappellablen, sozusagen auf jeden Fall zornigen Gesicht und mit einer strafenden Stimme vor, das schlechte Prüfungsresultat vorwegnehmend. Vielleicht hätte eine nicht so terroristische Stimme, die Erklärungen und Schlüsse im Sprechstakkato wie Maschinengewehrfeuer auf mich eintrommelte, meine Intelligenz, die ja nur faul schlummerte, doch geweckt. Ich glaube, ich war an seinem Tonfall, seiner Gestik, seinem auf Erschrekken berechneten Gehabe bereits berufsmäßig interessiert. Ohne daß er oder ich es wußten, war er das Modell für meinen Geßler, den ich 1920, also etwa fünfzehn Jahre später, in Berlin spielte. Professor Mauler – Mathematiker – mit seinem verkürzten, schwer bewegbaren rechten Arm, seiner vorgebeugten Haltung, war im Gegensatz zum absoluten Tyrannen Pokorny ein hasenfüßiger Mensch. Er diente mir zwanzig Jahre später als Modell für meinen Zar Paul. Chemieprofessor Alto Arche, dessen Namen wir Schüler französisch aussprachen, war ein satanischer Geselle. Glatzköpfig, wie Großadmiral von Tirpitz, hatte er zwei Bärte in einem Gesicht, noch dazu rote. Im Gegensatz zu ihm, der sich um Buffowirkungen bemühte, überließ der Admiral diese seinem Kaiser. Ich benutzte die Erinnerung an ihn vor etwa sechs Jahren als Grundlage für meinen »Rappelkopf«, den ich bei Gründgens in Düsseldorf spielte.

Es ist kein Zufall, daß gerade drei Lehrer sich mir, in einer von der Schule nie geahnten Weise, eingeprägt haben. Wen sonst kann man durch Jahre hin täglich, endlose Schulstunden lang, auf einem Podest herumagieren sehen und beobachten, so daß man Gesten, Stimme, Zähne, Poren, Pickel, Nägel, abgeschabte Anzüge, alles bis zur Übelkeit kennt, ganz besonders, wenn man, wie ich, durch den Lehrstoff nicht sehr abgelenkt wurde.

All diese alpdruckartigen Gestalten, die mir als Prüfende heute noch in schweren Träumen erscheinen und mich durchfallen lassen, hatten offenbar von meinem Erfolg bei Professor Gregori Wind bekommen und schenkten mir, diesem bisher nur mit verächtlichem Wegschauen Gezüchtigten, ihr Interesse. Das entging natürlich meiner schon damals scharfen Beobachtungsfähigkeit nicht und gab mir einen Vorgeschmack von der Interessantheit, ja Magie, die Theaterleute ausüben. Zu meinem ehrlichen inneren Drang kam nun die so erweckte Gier zu gelten, zu imponieren. Ich hatte auch dieses Blut geleckt. Mich gelüstete nach dem Glanz der großen Karriere, dem Obensein. Meine damaligen halluzinatorischen Bilder vom Hinaufgelangen spielten sich auf einer Treppe ab, ein Ausdruckssymbol für den dem Gipfel Zustrebenden und dort oben berauscht Arrivierten, dessen Sturz dann nach unten, in die Tiefe erfolgt. Die Treppe nun wurde 1921 der optische und geistige Mittelpunkt einer großartigen Jessner-Inszenierung. Eine von mir ungelenk gezeichnete Skizze inspirierte Jessner. Mit dieser Erinnerung will ich die einmalige Leistung Jessners nicht schmälern. Hätte ich solch einen Vorschlag etwa Theaterdirektoren

wie Barnowsky, den Rotters oder Saltenburg gemacht, sie hätten abgelehnt oder damit nichts anzufangen gewußt. Jessner aber ergriff die Idee, und er schuf mit mir als Richard III. ein als epochal bezeichnetes Theaterereignis.
Keiner der Protagonisten des Jessner-Theaters hätte vor dem durch Brahmsche und Reinhardtsche Leistungen verwöhnten anspruchsvollen Publikum und der Berliner Presse bestehen können, hätten diese Schauspieler nicht trotz der expressionistischen Rasanz die Tonfälle der menschlichen Intimität und des psychisch so aufschlußreichen Alltags mitschwingen lassen können. Daß wir dazu imstande waren, verdanken wir Brahm und Reinhardt; daß dieser Realismus, obwohl zu einem Furioso gesteigert, erhalten blieb, war das Verdienst Leopold Jessners. Sein Stil, da zeitbedingt, war kurzlebig. Merkwürdigerweise konnte er nur die Schauspieler, die vom Realismus kamen, für seine stilisierten Aufführungen gebrauchen. Die »Nur-Sprecher«, die »Deklamations-Hünen« mit Dolchblicken und Bühnenschwertstimme stieß er ab. Ein Schauspieler namens Clewing besann sich endlich seiner wahren Bestimmung und ging zur Oper; ein anderer, Theodor Becker, ging donnergrollend nach Dresden und entzückte dort den später so bedeutenden Schriftsteller Erich Kästner, der zwar auf bewundernswürdige Weise Hitler Widerstand leistete, aber bis heute der Theodor-Becker-Röhre mit klassischem Profil widerstandslos ausgeliefert ist. In jungen Jahren kann die Suche nach Erlebnissen zu einem Theatereindruck kommen, zu dem die Einbildungskraft des Jugendlichen mehr beigetragen hat als das Dargebotene. Aber hätte Kästner in jenen entscheidenden Jahren des Werdens großes Theater gesehen, er würde heute mehr von der Bühne und die Bühne mehr von ihm haben.
Nun wird jetzt, in unseren Tagen, hie und da der gute alte Expressionismus wieder hervorgeholt. Mit einem Fortissimo in der Stimme, das die Krampfadern in der Wade anschwellen läßt, tobt ein so verführter, oft begabter, in diese Art hinein- und aufgepeitschter Schauspieler auf den hochsubventionierten Bühnen der Stilmagnaten des Ruhrgebiets. Mit kreischendem

Leerlauf, Sinn, Inhalt und Darstellung mit Händen, Füßen und Stimme ausrottend, was dem flüchtigen Betrachter und Beurteiler – und wie selten gibt es andere als flüchtige – als geniales heutiges Theater erscheint, nur weil es das Maschinengetöse der Stahlmagnaten im Ruhrgebiet zu übertönen und zu überrattern trachtet.

Nach solchem Vorgriff in die damals noch dunkel im Schoß der Zeiten ruhende Zukunft, die inzwischen bewegte Vergangenheit geworden ist, muß ich, nach einem momentanen Verweilen in der Gegenwart, wieder zu mir in die Mitvergangenheit des an der Schwelle des Theaterberufs stehenden Jünglings zurückkehren.

Eines Abends also war mein Vater aus dem Geschäft wortlos verschwunden und blieb besorgniserregend viele Stunden weg. Er, der, von woher immer, vor zehn Uhr abends nach Hause eilte, um das »Sperrsechserl« zu sparen, war selbst um elf Uhr noch nicht daheim; das Sperrsechserl hatte der Wiener Hausbewohner dem durch Klingeln herbeizitierten Hausmeister, der das nach zehn Uhr verschlossene Haustor öffnete, zu entrichten. Der Hausmeister, der mürrische Schlaftrunkenheit fingierte, um mehr als das übliche Sechserl zu erlisten, glich einem mittelalterlichen Nachtwächter. Er schlurfte in Pantoffeln herbei, hatte etwas Schlafrockartiges um und hielt eine Laterne in der Hand. Das Gasflurlicht wurde nämlich um zehn Uhr abgedreht. Er entzündete ein dünnes Wachslicht an der dicken Laternenkerze und übergab sie dem Spätkommer. Gegen zwölf Uhr nachts erschien mein Vater mit einem solchen Kerzchen in der Hand, dessen heißes Wachs auf seinen Paletot tropfte. Meine Mutter und mich hatte die Sorge um ihn wachgehalten. Meine reinlichkeitsbeflissene Mutter bemühte sich sofort, die Wachstropfen aus dem Mantel zu entfernen. Vorher gab's noch einen kurzen, mürrischen Dialog zwischen den beiden, da meine Mutter mit ihrer Reinigungsarbeit beginnen wollte, als der Vater den Paletot noch anhatte. Nachdem er ein paarmal im Zimmer auf und ab gegangen war, setzte er sich zu mir und sagte: »Das ist kein Beruf für dich.« Es stellte sich heraus, daß er an diesem Abend im Burgtheater gewesen war und den »Faust« gesehen hatte, den er ja durch die Lektüre schon kannte. »Dafür bist du zu faul – so viel Text erlernst du nie.« Was ihm große Bewunderung abzwang, war also nicht etwa die künstlerische Leistung der Schauspieler, sondern ihr Fleiß, der sie befähigte, so viel Text zu erlernen. »Mit so viel Lernen«, meinte er, »kann man auch Doktor werden.« Der Beruf aber, der so schweres Studium forderte, war nun in seinen Augen so gestiegen, daß er glaubte, ich würde nicht den Fleiß aufbringen, den hohen Anforderungen des Theaters zu entsprechen. »Wie ich dich kenne«, sagte er sorgenvoll, »lernst du nicht genug und bleibst mittendrin stecken. Glaub mir, Fritzleben, das ist zu schwer für dich. Gute Nacht, und geh jetzt schlafen.«

Das klang nach endgültiger Absage. Das Motiv dazu kam völlig überraschend. Seine Verachtung des Berufes war einer hohen Achtung gewichen. Sein Urteil lautete eigentlich: zu faul für den schweren, daher ehrenwerten Beruf.

Einige Monate später bestand ich die Aufnahmeprüfung, die mir den Eintritt in die »Akademie für Darstellende Künste« ermöglichte. Ich hatte der Prüfungskommission, die aus Professor Gregori, einem Mitglied des Burgtheaters und der Lehrerschaft der Akademie bestand, jene Monologe vorgesprochen, die ich nach der denkwürdigen »Faust«-Nacht in rapider Folge mit angespannter Energie und einem bisher nicht mobilisierten Eifer auswendig gelernt hatte, um sie meinem Vater vorzutragen. Er war nicht nur von meinem Fleiß überrascht und beeindruckt, sondern auch von dem »wie der Bub' das macht«! »Woher hat er das nur?« fragte er, von dem ich das Tragische, das Ungestüme und den inneren Tumult hatte, meine Mutter, von der ich die Suada, den Elan und das überfließend Gefühlvolle geerbt haben mochte.

Mein Vater hatte sich inzwischen durch das Lesen von Klassikern, von Theaterstücken und durch Theaterbesuche mit meiner Berufswahl so angefreundet, daß er das Prüfungsresultat vor dem Akademiegebäude stehend abwartete. Ich konnte ihm nicht nur meine Aufnahme berichten, sondern auch die atemberaubende Tatsache, die mir Professor Gregori zugeflüstert hatte: ich würde mit Gewißheit der Empfänger des Burgtheaterstipendiums sein, einer hohen Auszeichnung, die meine Eltern überdies von der Zahlung des ziemlich beträchtlichen Unterrichtsgeldes befreite. Nach dieser Mitteilung gingen wir eine Weile stumm nebeneinander, dann fragte er: »Wer hat das noch gekriegt, so ein Stipendium?« »Niemand sonst«, sagte ich und wußte schon damals, gelassen und ohne Stolz gesagt, war dergleichen am wirksamsten. Daraufhin führte mein Vater mich in ein restaurantartiges Wurstgeschäft und traktierte mich mit Würsteln in Gulaschsauce. Das war um etwa elf Uhr vormittags. Um dreizehn Uhr verschlang ich bereits wieder mit ungeheurem Appetit das ungeheuer kalorienreiche, vitaminarme, nach den heutigen und damaligen Gesundheitsprinzipien völlig sinnlose, aber unvergleichlich herrlich schmeckende Mittagessen, das meine Mutter gekocht hatte. Die Gute hungerte so nach Anerkennung, daß sie meine Verfressenheit als Beifall für ihre Kochkunst nahm. Sie blickte mit Stolz auf ihr hoch auf meinem Teller gehäuftes Essen, dann auf mich – beifallheischend für das Essen –, dann auf die anderen – beifallheischend für ihren so gesund geratenen Jungen. Heute aber, am Tage meines Triumphes, freute sie sich über die Anerkennung des Talentes ihres Sohnes doch noch mehr als über die Größe seines Appetits. Es war ein wirklich großer Tag. Ich aß vierundzwanzig Zwetschgenknödel zum Nachtisch. Vorher hatten wir Kartoffelsuppe, Rindfleisch mit dicker Schwammerlsauce und Kartoffeln.

Ich habe die Erinnerung an die Phasen, die meines Vaters Einstellung zu meiner Berufswahl durchmachte, bis sie Zustimmung geworden war, so minuziös nach all den Einzelheiten durchforscht, weil ich darin ein beachtlich folgerichtiges Beispiel der Sublimierung, der Vergeistigung einer ursprünglich rein emotionellen Reaktion sehe. Wie mein Vater seine wildtobende Abneigung gegen den Theaterberuf und sein tiefsitzendes Vorurteil dagegen überwand, hat eine anerkennende Dankbarkeit für so viel geistiges Bemühen bei mir ausgelöst, wie sie eine Einwilligung aus rein emotionellen Gründen, sagen wir aus bloßer Liebe, nie bewerkstelligt hätte. Angefangen mit dem Brief des Gregori, über dessen Bücherberge hinweg zu Goethes Pantheismus, über die »Faust«-Lektüre und -Aufführung, über tagelanges Nachdenken führte der beschwerliche Weg zu seiner Wandlung. Er hatte eine Gefühlsmasse aufzuarbeiten, die ein erstaunliches Ausmaß von Geisteskraft erforderte. Sicherlich ist diese seine Haltung erzieherisch in meine Arbeit eingegangen, nämlich in meinen unentwegten Versuch, auf der Bühne die Umstände und Zustände zu schaffen, aus denen die Emotion, das Gefühl, dargestellt hervorgeht, statt es teilnahmeschnorrerisch zu beteuern. Vom Gefühl auch noch überwältigt zu werden ist, genau besehen: ein Kampf gegen das Gefühl. Es muß doch, wenn das Wort »überwältigt« gerechtfertigt ist, etwas zu Bewältigendes und dem Gefühl Trotzendes vorhanden sein. Das kann nur Geist, Vernunft, Roheit, Unglaube, Aberglaube, Bigotterie sein, was eben am Ende eines Kampfes überwältigt wird. Die Größe des Widerstandes des Geistes oder der anderen eben genannten Widerstände gegen das brennende Gefühl, die Härte und Zähigkeit des Kampfes dagegen, ist das in allen Phasen Darstellenswerte und nicht der sich selbst genießende Duliöhschluchzer des Burgtheater-Verdi-Schmerzes. »Die Träne quillt, die Erde hat mich wieder« ist, wenn nur schmerzgejodelt, um den wirklichen, erhabenen Sinn gebracht, der die Einsicht bedeutet: der Mensch lehnt sich vergebens auf. Der Mensch findet aus den menschlichen Bezirken und Begrenzungen nicht hinaus, er strebt über sich hinaus und muß zurück zur Erde. Diese Einsicht, die tiefe Resignation, ist zu spielen. Der Schmerz und die Trauer gehen daraus hervor.

Natürlich hatte ich von alldem damals keine Ahnung, als ich Schauspielschüler wurde. Es dauerte nicht lange, bis sich die freundliche Helle, in der ich die paar ersten Wochen verbrachte, plötzlich verfinsterte. Meixner, der den dramaturgischen Unterricht gab, studierte mit uns Schülern Szenenausschnitte ein, die wir mit verteilten Rollen auf der kleinen Klassenbühne zu spielen versuchten. Meixner, ein ehemaliger

Schauspieler, schien ein zwar nüchterner, aber tüchtiger Lehrer zu sein. Es hatte Hand und Fuß, was er uns beibrachte. Wenn er uns Stellen aus den Rollen vorspielte, dachte ich, das ist alles ganz richtig, wie er es macht, nur müßte es mehr als nur richtig sein; es erschien mir aber als Grundlage, von der man abstoßen könnte, hinauf zu den Wipfeln und hinunter zu den Wurzeln der Szene. Ich hatte bisher eigentlich nur Burgtheateraufführungen gesehen. Im Grunde hatte ich noch keine »Aufführung« erlebt, sondern nur die großen Schauspieler beachtet: Sonnenthal, Baumeister und vor und über allen Kainz. Aber ein Zusammenspiel hatte ich nicht beobachtet. Sicherlich gab es davon nur das unerläßliche Existenzminimum. Auch fehlt mir jede Erinnerung an Dekorationen, die bestimmt sehr üppig waren. Nun aber, da ich selber auf der Versuchsbühne agierte, keimte das Bedürfnis, ja ein Drang nach beidem. Ich fing an, ohne dazu angeregt zu werden, auf den Text des Partners zu reagieren. »Sie sind ein begabtes Jingel«, rief Meixner aus, als er einen solchen Versuch wahrnahm. »Jingel« war dem wienerisch-jüdischen Jargon entnommen und hatte im Munde eines Nichtjuden etwas Deklassierendes, etwas zahm Antisemitisches. Dieses durch das ironische »Jingel« geschmälerte Lob wurde mir zuteil, als ich den alten Walter Fürst in der großen Melchthalszene aus dem »Wilhelm Tell« probierte. Den Melchthal selbst ließ mich Meixner nicht spielen, obwohl er wußte, daß ich danach brannte. Es war eine Anerkennung meines Talents, aber eine Aberkennung meiner unterschiedslosen Vollgültigkeit. Sechs minderbegabte Schreihälse hatten mir die Schillersche Schmerzensarie: »Blinder, alter Vater, Du kannst den Tag der Freiheit nicht mehr sehen, Du sollst ihn hören« ins Ohr gebrüllt. Der Sechzehnjährige mußte sich das als alter Walter Fürst immer wieder anhören. Mir blutete das Herz. Ich hatte es zu Hause meinem Vater, meiner Mutter, Ehrenreich und Freiberger vorgetobt. Nicht allen zusammen, sondern jedem einzeln, denn ich konnte gar nicht oft genug das Schicksal des geblendeten Vater Melchthal schluchzen, beben und Rache schwören.

Mein Vater, zutiefst erschüttert, mahnte: »Reg dich nicht so auf, Fritzleben!« Meine Mutter, tränenden Auges, brachte die Möbel, die ich zum Szenengebrauch zurechtgerückt hatte, wieder ordnungsgemäß auf ihre Plätze und polierte die dadurch etwas verkratzten Fußbodenstellen mit ihrem immer paraten Flanell-Lappen wieder glatt. Ehrenreich meinte: »Wie der Kainz.« Freiberger, strenger in seinem Urteil, verwies ihn: »Mach ihn nicht verrückt, du Trottel. Er überschreit sich ja – aber das Zeug zu einem Kainz hat er.«
So ermutigt, entschloß ich mich, von Meixner zu verlangen, den Melchthal spielen zu dürfen. Ich war einfach nicht mehr aufzuhalten. Ich will nicht Schauspieler werden, sagte ich mir, um den Walter Fürst und dergleichen zu spielen. Ehrlich gesagt, ich wollte auch den Kollegen, vor allem aber den Schauspielschülerinnen imponieren. Ich war bis dahin nicht besonders beachtet worden; andere Burschen jedenfalls mehr. Einmal wurde ich schon durchbebt von dem Hochgefühl, den Mädchen Eindruck gemacht zu haben, und zwar als der wilde, schwarze Prinz von Marokko in der Kästchenszene aus dem »Kaufmann von Venedig«. Besonders eines der Mädchen betrachtete mich mit beruflichem Respekt.
Als ich nun meinen Vorsatz ausführte und Meixner drängte, mich den Melchthal spielen zu lassen, sagte er: »Mit dem Ponim können Sie nie den Melchthal spielen, mit dem Ponim sollten Sie überhaupt nicht zum Theater gehen. In einer Bank oder einem Geschäft spielt das keine Rolle.« »Ponim« war ebenfalls dem Wienerisch-Jüdischen entnommen, es ist das hebräische Wort für »Gesicht«. Diese Worte waren betäubend schmerzlich. Es war ganz still geworden in der Klasse, aber der Unterricht nahm, über mich, den ins Herz Getroffenen, hinweg, seinen Fortgang. Ich wagte bis zum Ende der Stunde nicht, meinen gesenkten Blick zu heben. Dann hörte ich das Stühlerücken der aufbrechenden Mitschüler, ihr diesmal gedämpftes Schwatzen, ich hörte Meixner »Auf Wiedersehen« sagen, und ich hörte die Tür immer wieder hinter den weggehenden Schülern ins Schloß fallen. Schließlich schienen alle fort zu

sein. Ich saß noch immer, aus dem Paradies vertrieben, wie festgenietet, bewegungslos auf meinem Schmerzensstuhl. Dann hörte ich jemanden auf mich zukommen und sagen: »Machen Sie sich nix draus, Sie sind ja der Nachfolger von Kainz und von Bassermann.« Es war dasselbe Mädchen. Lilith. Ein Schicksalsnachmittag: Sie wurde der erste weibliche Gefährte in meinem jungen Leben. Sie suchte es zu beherrschen, sie quälte mich, spornte mich fanatisch an, vergällte meine Anfängerjahre, förderte mich, war abwechselnd klug und bestialisch, schürte meine Eifersucht, war selbst bis zum Exzeß eifersüchtig, brachte mich in Gegensatz zu meiner Mutter und allen anderen, außer meinem Vater, quälte mich wegen meiner Häßlichkeit und trieb mich bis zum Größenwahn. An einem Tag brüstete sie sich vieler Liebesbeziehungen vor der Verbindung mit mir, um am nächsten mich als den barbarischen Räuber ihrer Unschuld zu beschimpfen. Diese Beziehung hätte einen reifen, abgebrühten Weiberkenner zu einem Nervenzusammenbruch bringen können. Bei mir führte sie durch meine Jungmännerjahre hindurch zum schleichenden Nervenzusammenbruch. Viele Jahre später trennten wir uns. Sie jedoch versuchte immer wieder, sogar während und nach ihren beiden Ehen, in mein Leben nicht als Frau, aber als Mentor einzubrechen. Sie brachte mir die Furcht vor den Frauen bei, ein unbezähmbares Mißtrauen ihnen gegenüber, und eine scheinbar unheilbare Angst vor der Ehe, die dann von meiner Frau gebannt wurde. Diese besänftigte und beruhigte den arg Verstörten und verwies schließlich den Weibsteufel aus den Bezirken unseres Lebens. Ich aber hatte mir schon als Anfänger durch diese Erfahrung dumpf die Eignung für den damals auftauchenden Strindberg erworben, unter dessen Einfluß jenes Mädchen stand.

Mein Vater war aus allen Wolken gefallen, als ich nach tage-, nächtelangem Schweigen und Tränen ihm endlich den Grund meiner Verzweiflung mitteilte. Nun, bei aller Verhätschelung, mit der mein Vater meine Knabenzeit durchwärmte, war er keineswegs gegen meine Fehler und Unzulänglichkeiten blind.

So machten meine Faulheit, mein Hang zum üppigen Leben, mein fast geckenhaftes Gelüste nach schönen Anzügen und schönen Krawatten ihm große Sorgen. Manchmal hielt er mich sogar für gefährdet, doch immer tröstete er sich mit meiner außerhalb der Schulfächer bekundeten Intelligenz und seine nun durch Gregori und das Burgtheaterstipendium bestätigte Ahnung, daß etwas Überdurchschnittliches in mir stecke, eine besondere Begabung, auch wenn er sich eine andere Art von Begabung gewünscht hätte. In pessimistischen Stunden – und er hatte deren viele – bezweifelte er auch diese meine Vorzüge. Eines aber stand für ihn fest und war über jeden Zweifel erhaben: schön war sein Fritzleben! Und nun dieses Meixnersche Attentat auf diese stolze Gewißheit. Er war womöglich noch schwerer getroffen als ich. Keineswegs wurde er über meine Schönheit unsicher, aber über Meixners Vollsinnigkeit. »Der Mann«, meinte mein Vater, »hat keine Augen im Kopf und ist ein – Rosche.« Rosche ist das hebräische Wort für Bösewicht, das in den wienerisch-jüdischen Jargon übernommen wurde, der es anstelle von Antisemit gebraucht. Damit setzte die Mundart Bösewicht mit Antisemit gleich, eine fast biedermeierhafte Verharmlosung des Typus. Dieses Wort Rosche hatte mein Vater schon einmal bei einem schicksalsschweren Ereignis viele Jahre vorher, in meiner frühen Kindheit, gebraucht. Diesem Ereignis bin ich, seit ich diesen Bericht schreibe, auf der Spur, ohne daß meine Erinnerung sich seiner schon ganz bemächtigt hätte. Die Konturen beginnen sich im Nebel des Vergessenen und Verdrängten abzuzeichnen. Soviel weiß ich aber, jene noch verschwommenen Erinnerungsfetzen, die sich so schwer zu einem erzählbaren Ganzen fügen wollen, haben damit zu tun, daß es mich auch heute noch in Wien nicht lange duldet. Da das Zurückgleiten in die frühen Kindheitstage so unerwartet Längstvergessenes mir wieder zum Greifen nah gebracht hat, werden sich auch die jetzt verbleibenden Erinnerungslücken noch füllen.

Es kam zum Melchthal und zur Besiegung des Meixnerschen Widerstandes. Indessen konnte der offenbar durch die Vehemenz der Darbietung aufgescheuchte Meixner es sich dann doch nicht verkneifen, in sein sachlich uneingeschränktes, ja enthusiastisches Lob noch die Wörter »Ponim« und »Jingel« »humorig« einzubauen. Fraglos war er nun von meiner Zukunft am Theater überzeugt. Ebenso fraglos war es aber auch, daß er lieber unüberzeugt geblieben wäre. Ich wünschte, ich wäre im Laufe meiner Karriere keinem schlimmeren Gegner begegnet.

Ich war nun der unbestrittene Primus der Klasse. Mein unentwegter Kainz-Fanatismus blieb bestehen, obwohl mir Lilith entweder sagte, ich sei mindestens so gut, wenn nicht gar besser als er, oder sie fand mich so scheusälig, daß sie mir prophezeite – damals schon den Strindbergschen Kampf der Geschlechter mit mir ausfechtend –, meine Karriere würde am Abscheu des weiblichen Publikums scheitern. Wegen meines, milde gesagt, bizarren Äußeren bekam ich schließlich um so schneller einen Komplex, als ich durch Freud bereits den Begriff zu verstehen begonnen hatte. Von dem triftigen, ja tragischen Grund, den ich für die Komplexbildung hatte, gab es in mir auch eine Art Entgegenkommen diesem Zustand gegenüber, als ob er mir gar nicht unwillkommen wäre. Sicherlich ahnte ich, daß es etwas interessant Darstellbarwertes war, dieses psychische Phänomen, das ich in mir bei aller Qual neuartig und schmerzvoll erregend auskostete.

Und dann erlebte ich, der ich bis dahin nur Burgtheater gesehen hatte, dessen Regisseure die rangältesten Schauspieler waren, das subtilste Zusammenspiel eines Eliteensembles. Unter der Wucht dieses Ereignisses zerstoben meine bisherigen Theaterbegriffe, stürzten Autoritäten von ihrem Sockel, und eine Erleuchtung, die, wie ich heute weiß, von Lebensdauer war, ging in mir auf. Ich sah »Gespenster« in der Aufführung des Brahmschen Lessingtheaters. Wenige Minuten nach Aufgehen des Vorhangs sprang der nie bisher erlebte Begriff »Regie« in mein Bewußtsein, packte mich und ließ mich nicht mehr los. Ich sah und hörte und verschlang Albert Bassermann, der den Oswald spielte. Unter der Magie Oskar Sauers spürte und erlebte, zitterte und bangte ich um das mütterlichste, wärmste Frauengeschöpf, in dessen Mutterschoß sich ausweinen zu dürfen mir eine hohe Gnade schien, nach dem ich mich sehnte, nun eben, wie ein Kind nach der Mutter. Und dieser Albert Bassermann! Er spielte alle meine Ängste, meine Komplexe, alles von mir bis dahin Erlebte und Erlittene. Er schluchzte so erbarmungswürdig unser aller Jugendangst, unser aller Neurose seiner Lehmann-Mutter in den breiten Schoß. Wie hautnah war das alles und doch so allgemein gültig. Nie hatte ich solche Verfinsterung durch das Schicksal, solche Bedrohtheit, solches Ausgesetztsein des Menschen begriffen und erlitten. Den Bann, in den wir geschlagen wurden, hatte das Wiener Publikum auch in der Annäherung bisher noch nicht erlebt. Als Kammerherrn Alvings Asyl brannte, sprang das Publikum panikergriffen von den Sitzen und strebte den Ausgängen zu. Es dauerte Minuten, bis die Fluchtpanik als Reaktion auf die vorhergegangene Aufgepeitschtheit beschwichtigt werden konnte. Engstrand und Regine, wie lebensnah und über unser Leben aussagend waren sie. Eine tiefe Verbeugung heute noch vor Immanuel Reicher und Ida Orloff. Welcher junge Mann des anbrechenden, auf ihn niederprasselnden technologischen Zeitalters würde nicht seinen wirren, erschreckten Kopf in den Lehmann-Mutterschoß legen und seine Zeitangst ausschluchzen wollen wie Bassermann. Dieses Bassermann-Schluchzen war ungeheuerlich in jeder Beziehung. Nie vorher hätte sich ein Schauspieler gestattet, so viel Zeit dafür zu beanspruchen. Nach einer kurzen Besänftigung brach es immer wieder erneut los, immer kreatürlicher werdend, immer haltloser, immer mehr innere Dämme einreißend. Der ganze Körper schluchzte, der im Schoß vergrabene Kopf, als wollte er dort hinein, zurück, woher er kam. Von seinen zuckenden Schultern bis in seine Beine ging dieser Schluchzkatarakt. Als auch die Brutwärme der Lehmann seinem Elend keine Linderung geben konnte, stand er auf, ging nach hinten zu einer Tür und heulte die Tür an, an die er seine Stirn schlug wie an die Klagemauer. Das ist nun etwa fünfzig Jahre her, und ich weiß es noch so genau. Ich weiß auch noch, daß ich nachts durch die Wiener Straßen fieberte und mir die Stadt vorzustellen versuchte, in der solches Theater gereift war. Wie schaute es aus, dieses Berlin, dessen Kasernenhof-Dialekt ich aus Witzen kannte, in denen gewöhnlich ein gefühlvoller Wiener einem kalten, hochnäsigen, unverschämten Geschäftsreisenden mit Leutnantsgeschnarr eine humorige, gemütvolle Abfuhr erteilte. Und nun diese Menschen auf der Bühne! Das Berlinische der Mutter Lehmann ist jedes Sohnes Muttersprache. So eine Frau entsteht nicht aus dem Nichts. So etwas wächst nicht heran, ohne daß es Modelle dafür gibt, sagte ich mir; das gibt es also in jenem fremden, für mich damals amerikafernen Berlin, gegen dessen sprichwörtliche Herzenskälte jedem warmblütigen Wiener das ebenfalls sprichwörtliche goldene Herz revoltierte. Schauermärchen hatte man mir erzählt: Dort gäbe es keine Mehlspeisen, nur Süßspeisen. Der Sarkasmus, mit dem ein aus Berlin heimkehrender Wiener das Wort »Süßspeisen« aussprach, ließ mich Mehlspeisenfresser vor einem auch nur vorgestellten Besuch dieser genußfeindlichen Riesenschnodderstadt erschauern. Auch kein richtiges Beinfleisch gäbe es dort, die Schnitzel würden in einer Sauce serviert, und Semmeln, die Schrippen hießen, wären ungenießbar, und Knödel, die »Klöße« hießen, blieben einem im Halse stecken, ihren Blümchenkaffee müsse man sofort wieder ausspucken und zu einem wabbligen Berliner Pudding hätte ein Wiener gesagt: Zittre nicht, ich fress' dich nicht! Und diese genußleeren, kalten Arbeitstiere, die jenes Berlin bevölkerten – aus ihrer Mitte soll dieses Menschentheater gewachsen sein? Die Stadt, die dieses Theater hervorbrachte, kann so nicht sein. Wo es solches Theater gibt, dorthin gehöre ich, entschied ich bei Morgengrauen. Verflogen waren alle Ambitionen, k. u. k. Hofschauspieler zu werden. Menschendarsteller wie diese Brahm-Schauspieler wollte ich sein. Ein Gefühl von Abschiednehmen überkam mich, als ich am Burgtheater vorbeikam. Damals glaubte ich, Lilith würde unabänderlich mit mir durchs Leben gehen, ahnte nicht, wie völlig Berlin Zentrum, Betätigungsstätte,

Wahlheimat werden sollte, wie ich dort heimfinden, mich verwurzeln, mich der Stadt mit Haut und Haar verschreiben, mit Hirn und Herz mich unkündbar ihr verdingen, in ihr meine Frau finden würde, mit der ich viele, viele Jahre später die »Gespenster« inszenierte, weil ich in ihr ein dusehaftes Wesen gefunden hatte, das noch mädchenhaft und schon mütterlich war, und eine Alving wurde, zarter, geistiger als die Lehmann und nicht so voller Brutwärme, wie die Lehmann sie hatte, aber fühlbar bereit, Schmerz und Tod dem Sohne abzunehmen. Ich ahnte damals nicht, daß ich mit dem höchst liebevoll verehrten Albert Bassermann auf dem zu jener Zeit noch königlichen, dann aber republikanischen Theater stehen, als sein gültiger Partner, Kollege und unfreiwilliger Konkurrent äußerst rühmlich anerkannt werden würde.

Wie war ich, der ich jetzt die Straßen meiner Heimat durchwanderte, heimatlich angezogen von jenem fernen, fremden, geheimnisvollen, unvorstellbaren, unbekannten Berlin! Wie hätte der im Morgengrauen durch die Straßen Wiens wandernde Sechzehnjährige, der Österreichs Wesen und Tradition, mehr als ihm bewußt, in sich aufgenommen hatte, ja der geradezu damit imprägniert war, ahnen können, daß ihm ein herrlicher, steiler Aufstieg im preußischen Berlin beschieden war und daß er dann, verwachsen mit dieser chauvinistisch geliebten, berückenden Stadt, eines Tages die Lebensstränge, die ihn an sie nabelten, würde zerschneiden und sie angesichts der Massenmorddrohung eines unausdenkbaren Österreichers würde fluchtartig verlassen müssen. Dieser Lands-Mann, der nie Mann geworden – für ihn ist das Land verantwortlich zu machen, das ihn hervorbrachte. Gleich der Lehmann wächst so etwas nicht aus dem Nichts. So etwas hat Vorgänger und sinkt als Typus bei fortschreitender Zeit von Stufe zu Stufe bis zu diesem Untermenschen herab. Er war der Endpunkt einer Entwicklung. Heute weiß ich, ich bin so einem Vorstadium als Kind begegnet. Auch die Umstände, wann, wie und wo das geschah, gewinnen an Deutlichkeit. Daß solche Hitlervorstadien in Österreich ungestraft ihr Unwesen treiben durften, ja sogar im Schutze mancher Institutionen standen und in ihren rassenverbrecherischen Instinkten ermuntert wurden, ist mein unaustilgbares Kindheitserlebnis, an dem ich, wo ich auch war, schwer trug. Besonders schwer aber bis zum heutigen Tag in Österreich. Die erste Begegnung mit den sich schon in meiner Kindheit abzeichnenden Rohlingen, den Judenmord im viehischen Auge, fand eben in Wien statt. Andere erbebten davor woanders. Ich in Österreich. Auch in Deutschland, selbst in Berlin – dort allerdings am wenigsten – gab es Vorstadien, über die Entwicklung bis zum Endprodukt. Aber als Kind hatte ich sie in Wien erlebt. Natürlich gab es auch in Wien Toleranzregungen des liberalen Bürgertums und der aufstrebenden Arbeiterpartei. Aber die tiefe Wunde, die der Antisemitismus dem Kinde schlug, heilte nicht unter dem Pflaster, das der Fortschritt über sie klebte.

Nicht das Burgtheaterstipendium, das mir in generöser Unvoreingenommenheit gewährt wurde, noch andere Manifestationen des Wollens zur Vermenschlichung konnten mich je wieder beruhigen, der ich mit Kinderaugen in Bestienaugen sah. Als ich dann viel, viel später von einem Hitler aus Österreich hörte, war ich wenig überrascht. Eine Ahnung fand ihre grausige Bestätigung. Ich bin von meinen Erinnerungen aus meiner Anfängerzeit als Schauspieler und ihren lebensbejahenden und so erregenden Ereignissen zu angefüllt, um jetzt schon in den düsteren, lebensfeindlichen Erinnerungsschacht, in dem der große Kindheitsschreck tief versenkt liegt, hinabzusteigen und ihn an das nicht allzu helle Tageslicht von heute hinaufzubefördern. Aber es bleibt nicht erspart.

Sehr bald nach dieser aufwühlenden, aus meiner Entwicklung nicht wegzudenkenden Brahmschen »Gespenster«-Inszenierung ging ich zur Burgtheateraufführung dieses Stückes. Nun hatte ich ja bei den Berlinern Zusammenleben erlebt, mitgelebt. Nichts davon im Burgtheater! Die Schauspieler sprachen zueinander über eine tiefe Kluft hinweg. Brahms Schauspieler waren Menschen in Greifweite und Hautnähe, mit dem Menschenlaut der Stunde begabt; der Rhythmus ihres Herzschlags wurde der unsrige, die wir, Eindringlingen gleich, im Hause Alving, indiskret, hinter einem Möbelstück gewissermaßen versteckt, die intimen Vorgänge belauschten und wie durch eine Türspalte beobachten konnten. Wüßten die Menschen, die da im Zimmer der Frau Alving ihre Tragödie lebten, daß Fremde sie beobachteten, sie würden, so schien es meiner überhitzten Phantasie, betroffen schweigen und verschwinden. Die Burgtheateraufführung war aus Marmor. Selbst mein geliebter Kainz kam gegen die Marmorkälte der gedämpften Klassizismen seiner Mutter, von Hedwig Bleibtreu gespielt, nicht auf. Sie gab sich spürbare Mühe, die Standardsteigerungsrhetorik der Burg, die sie souverän und klangvoll beherrschte, mit dem Ibsendämpfer zu sordinieren. Das war die einzige Konzession, die ihr das sie behelligende moderne Theater abzwang. Die totale Umstellung, das Selbstvergessen, das unerläßlich gewesen wäre, das mit angehaltenem Atem Hineinhorchen in einen neuen Dramatiker und durch das so Erlauschte die Darstellungsmittel neu zu beleben, dieses Goethesche »Stirb und Werde« brachte sie nicht auf. Und der Unveränderbarkeit der Bleibtreu ist das Burgtheater bis auf den heutigen Tag treu geblieben. Mir schien dieser Stil schon damals verbraucht, überlebt, womit ich – pietätvoll dem Hause meiner ersten Theatererinnerungen gegenüber – über diese zarte Andeutung meiner Meinung nicht hinausgehen will. Die Bleibtreu heiratete Max Paulsen, der nur nebenamtlich Schauspieler und Lehrer an der Akademie war. Sein Hauptinteresse galt der Kriegswissenschaft. Er las nur ungern Theaterstücke, wie er uns, seinen Schülern, sagte, aber sein Lesehunger für Werke über Strategie war nicht zu stillen. Daß er und die Bleibtreu zu einer ehelichen Gemeinschaft zusammenfanden, schien mir eine Naturgegebenheit. Im Schoße der Bleibtreu hätte ich meinen Jugendschmerz nicht ausweinen mögen. Ich hatte das Gefühl, diese Calpurnia werde den Oswald erst wieder schätzen, wenn er an der Front gekämpft und eine Tapferkeitsmedaille erworben haben würde. Ja, wenn sein krankes Hirn die Folge eines Kopfschusses gewesen wäre, Mutter Bleibtreus Panzerherz,

vor menschlichen Appellen abgeschirmt, wäre vielleicht gefühldurchlässig geworden.
Ich bin von der jüngst vergangenen Zeit und der vergehenden Gegenwart so magisch angezogen, daß ich immer wieder aus den Jünglingstagen ausbreche. Aber zurück zu ihnen.
Als ich diese neunundvierzig Jahre zurückliegende »Gespenster«-Aufführung verließ, hatte Kainz bei mir seine erste Niederlage erlitten. Er war aufrührerisch modern im Klassiker; und im Zeitstück – klassisch. Bassermann hatte mich eben überwältigt. Seine geborstene Stimme war der heisere Ruf der Stunde, seine gebrochene Männlichkeit der Alpdruck, der auf ihm lastete; seine seelische Tiefenforschung war die Röntgendurchleuchtung des dargestellten Bruders von heute, war der Theaterausdruck dessen, was mit Sigmund Freud in der Wissenschaft anhub.
Otto Brahm befreite mich aus meiner jugendlich beschränkten Einstellung zu Theater und Umwelt. Ein Klassikerabend war für mich, wenn ich es mir überlege, eine Aneinanderreihung großer Darstellungsmomente gewesen. Was zwischen diesen Höhepunkten lag, was sie herbeiführte, dem begegnete ich nur mit einem vagen, stumpfen Hinhören, wie vorher in der Schule dem Unterricht. Die Frage, ob der Held im Recht sei, beschäftigte mich nicht. Daß er Teil eines Ganzen ist, eines Theaterstückes, eines Vorgangs, erregend und erschütternd, wie es bis dahin nur die Stretta für mich war, das hatte mein jugendlich dösendes Kunstempfinden noch nicht zur Kenntnis genommen. Ich war völlig teilnahmslos jenem Teil der Aufführung gegenüber, in dem der Star nicht paradierte. Wenn er auftrat, riß er mich aus meinem Halbschlaf, in den ich immer wieder während seiner Abwesenheit verfiel.
Erst die Brahmsche »Gespenster«-Aufführung öffnete mir Augen und Ohren, Hirn und Gemüt für das Drama an sich und seine Gesamtdarstellung, und sie erweckte mein literarisches Interesse. Bis dahin hatte mich zum Beispiel Kainz' Tantris in Ernst Harts »Tantris der Narr«, eine pseudo-tragische Mache, eine poetische Doublee-Kostbarkeit mit Sprachperlen solcher

Art, ebenso – wenn nicht gar mehr – gepackt als Tasso, dessen Sprache nicht so duliöh- und schlagerhaft eingängig war wie die des Tantris. Nicht daß ich in meinem Urteil ein schlechtes literarisches Niveau gehabt hätte, ich hatte noch gar keines. Ich war stück-taub und -blind. Die Zeit war vorüber, in der ich dem Elan und der Ausbruchskraft, der Vehemenz und der rhetorischen Steigerung um ihrer selbst willen erlag, ohne Beachtung der sie auslösenden Anlässe. Ich fing an, hellhörig zu werden für die Echtheit der Beweggründe, ich wurde kritisch, und die erwachende Skepsis machte mich empfindlich gegen die Wehleidigkeit, die sich als Schmerz präsentierte, und ich wurde begierig zu erfahren, welcher Art die bewegenden Kräfte waren, die eine Rebellion – die eines einzelnen oder vieler –, für deren Stoßkraft ich so empfänglich war, auslösten. Brahm brachte mich um den Sumpfgenuß des unverbindlichen Schmerzes und um die träge Lust der rührseligen Anteilnahme, also um den Kunstdunst, der so viele ein Leben lang umnebelt.

Auge und Ohr klammerten sich nicht mehr nur an den Hauptdarsteller. Es war, als ob ein Scheinwerfer sich gedreht hätte und ich plötzlich Menschen erblickte, die immer verschwommen im Dunkel gestanden hatten und nun Gestalt annahmen. Ich begriff und belächelte einen Pastor Manders, ich lachte über Engstrand. Ich wollte mehr davon. Dieses Bedürfnis führte mich in die Vorstadttheater Wiens, die ich, blöder Burgtheatereleve, der ich war, infiziert durch den Überheblichkeitsdünkel des Burgtheatermilieus, bisher kaum besucht hatte.

5. Kapitel

All diese Erinnerungen aus dem Kreuz und Quer des Halbdunkels verdanke ich der Zahnbehandlung in Wien. Mit offenem Mund schweifen die Gedanken ungebändigter umher als mit geschlossenem. Der sorgt für Ordnung. Ich komme von einer solchen Behandlung und schlendere, meiner Erinnerung folgend, vom Opernring, an der Oper vorbei, nach dem Vierten Bezirk hin und mache halt vor dem Theater an der Wien, in dem ich als Junge, mit zwei noch unbeschädigten Zahnreihen, auf der Galerie gestanden hatte. Wiewohl es sonst nicht viel an mir schön zu finden gab, so waren doch meine Zähne Gegenstand häufiger Bewunderung meiner Verwandten.
In dem Theater wird heute, wie mir ein Portier erklärte, nicht mehr gespielt, obwohl es im Krieg fast unversehrt geblieben war und bis vor kurzem als Obdach der damals noch nicht wiederaufgebauten Oper diente. Dieses altehrwürdige, keineswegs bedrohlich baufällige Theater – eher noch rüstige, verglichen mit meinen Zähnen – sei nun Gegenstand eines Erbschaftsstreites, dessen Ausgang entscheiden werde, ob es niedergerissen, in ein Kino verwandelt oder restauriert werden würde. Ein Trinkgeld bahnte mir den Weg in den Zuschauerraum, den ich seit meinen Jugendjahren nicht betreten hatte. Gelegentlich fanden Theatergastspiele hier statt, eigentlich war es ein Operettentheater. Mizzi Günther, die ich in der »Lustigen Witwe« kurz nach deren Uraufführung sah, trug ihr Scherflein dazu bei, mich für Frauenreize auf der Bühne empfänglicher zu machen. Sie war mollert und tanzte leichtfüßig und beschwingt. An eine Matinee des Raimundschen »Verschwender« mußte

ich denken, in der ich Girardi zum erstenmal sah. »Der Verschwender« und mehr noch der Rappelkopf in »Alpenkönig und Menschenfeind« sind komisch und rührend geheilte Schizophreniekranke, wiewohl Raimund gewiß nie etwas über Bewußtseinsspaltung gehört hatte. Die Stücke haben Untertöne von Melancholie und Verzweiflung, überdeckt mit Liebreiz und Heiterkeit. An das Hobellied im »Verschwender«:

»Zeigt sich der Tod einst mit Verlaub
Und zupft mich: Brüderl, kumm,
Da stell' ich mich im Anfang taub,
Und schau' mich gar nicht um.
Doch sagt er: Lieber Valentin,
Mach keine Umständ', geh!
Da leg' ich meinen Hobel hin
Und sag' der Welt ade!«

erinnere ich mich jetzt, wo es langsam aller Tage Abend wird, immer deutlicher und wehmütiger. Als Junge habe ich ahnungsvoll geschluchzt.

Im Josefstädter-Theater sah ich damals Girardi und den jungen Max Pallenberg zusammen in einem roh, aber amüsant zusammengezimmerten Schwank »Immer obenauf«. Neben den umwerfenden Humorexzessen Pallenbergs spielte sich die Tragödie des alternden Girardi ab, der, mit seinem schwarzumränderten Humor, noch nicht bereit schien, den Hobel hinzulegen, sondern schwer um seinen Sonnenplatz kämpfte und von der anstürmenden Jugend in der Person des Pallenberg bedrängt und am Ende verdrängt wurde.

Schließlich tauchte das Reinhardt-Gastspiel in ebendiesem Theater aus meinem Gedächtnis-Speicher auf. An Camilla Eibenschütz erinnerte ich mich zuerst, wiewohl ich gar nicht weiß, ob und wie gut sie als Ophelia war. Doch weiß ich, daß ich sie bezaubernd fand, daß es mir für Hamlet-Moissi doppelt tragisch erschien, gerade diese Ophelia nicht in die Arme nehmen zu können und sich der Leidenschaft völlig zu überlassen.

Es hätte zwar dem Stück eine andere Wendung gegeben, aber mein sechzehnjähriger Wunsch nach Liebesglück machte auch vor »Hamlet« nicht halt. Schon daß sie blond war, war ein erleuchtender Kontrast zu Liliths Schwärze. Blond leuchtete mir zum erstenmal ein. Meine Empfänglichkeit für die Bühnenweiblichkeit war erschlossen. Mizzi Günther, die lustige Witwe, und Camilla Eibenschütz, die traurige Braut, haben ihren Anteil daran.

Daß man rücktastend zu einer Jahrzehnte zuvor erlebten, zunächst nur schemenhaft erinnerten »Hamlet«-Aufführung etwas Sinnlich-Warmes verspürt, liegt nicht nur an dem Liebreiz der Mädchengestalt, die dieses Gefühl auslöste, sondern an Reinhardts sinnbetörender Theaterwelt.

Bis zum Aufgehen des Vorhangs hatte ich damals geglaubt, das Theaterstück »Hamlet« wäre nur ein antiquiertes Vehikel für einen großen Protagonisten, für die blendenden Gaben etwa des Kainzschen Genies. Mit meinen angesprochnen und bald angespannten Sinnen erkannte ich im Laufe dieses denkwürdigen Abends die Dimension des ganzen Dramas und begriff, daß die andern Personen keine Staffage für den Helden, sondern gleich ihm Lebewesen sind, die mit ihm in Konflikt geraten, deren Interessen sich mit den seinen tragisch und schuldvoll verstricken und zwangsweise zu dem blutigen Ausgang führen.

Ich wußte auch nach diesem Reinhardt-Abend, daß das Theater nicht auf eine nicht existierende Anzahl schauspielerischer Genies angewiesen ist, sondern daß der Lebensodem den Darstellern der Figuren auch durch den Regisseur eingeblasen werden kann.

Wieso kam es, daß es erst Max Reinhardts bedurfte, mir dafür die Augen zu öffnen? Ich war doch nicht nur auf die Burgtheateraufführungen der Klassiker angewiesen. Ich hatte sie auch gelesen. Aber weder eröffneten sich mir bei der Lektüre Shakespeares Stücke noch die andern Klassiker. Überhaupt kein Stück. Ich konnte mit meinen sechzehn Jahren nicht lesen, das heißt das Gesehene nicht in Vorstellung umsetzen. Meine

Phantasie und mein Intellekt schliefen noch. Ich war kein aufgeweckter Junge. Ich war noch völlig auf das Theater angewiesen, auf dessen Transformation ins Sichtbare, Hörbare. Das Burgtheater erfüllte diese Aufgabe schlecht, und so hielt ich die Klassiker für veraltet, wie es die Aufführungen dieses Theaters während meiner Jünglingsjahre waren. Da jedoch Kainz und ein paar andere Schauspieler mich in ihren Höhepunkten aufweckten und hinrissen, schrieb ich alle Lichtblicke ihnen zu und nichts dem Stück. So blöde war ich; ein verdöster Junge! In meiner Kindheit hielten alle – außer meinem Vater – mich für zurückgeblieben. Aber ich war nur benommen, nicht wirklich zurückgeblieben.

Und später, in meinem künstlerischen Leben, wurde mein »Intellekt« von den Kunstdunstmystikern, die den Verstand als kunstfeindlich und zersetzend ausmerzen wollten, angeprangert.

Reinhardt konnte in seiner »Hamlet«-Inszenierung des Kainzschen Genies entraten. Daß Moissi weder das geistige Format noch die Hochspannung Josef Kainz' hatte, war als ein Fehlen kaum fühlbar, da die Menschen und Vorgänge um Hamlet plastischer als bisher in den Vordergrund rückten, womit dem Hamletdarsteller manche Last abgenommen wurde. Moissi, dieser heiß bejubelte, viel geschmähte Berliner Publikumsliebling, war das bezaubernd klingende Instrument, auf dem Reinhardt spielte. Moissi war nicht bahnbrechend, wie der damals schon kränkelnde Kainz, in dessen Marathonläuferspuren Moissi elegisch langsam, melancholisch, traumwandlerisch, gelegentlich auch kindlich nachdenklich, säumigen Schrittes wandelte wie »Hans der Träumer«, der nicht zu sein Hamlet sich sein ganzes kurzes Leben lang abquälte. Moissi sprach in einem melodiösen Tongefälle, das nichts mit falscher Deklamation oder Heldenpathos zu tun hatte, wie seine Verächter uns glauben machen wollen. Er war ein Italiener aus Triest, das in seiner Kindheit zur österreichisch-ungarischen Monarchie gehört hatte. Seine Sprache schien eine viele Menschen und auch mich berückende Tonfallsynthese aus dem österreichischen und italienischen Singsang. Moissi war die romantisierte Taschenausgabe von Kainz. Dieser Singsang konnte mißfallen, wenn er auf unfreundliche Ohren stieß, und in Berlin gab es preußische Ohren, die das südlich Mandolinenhafte behelligte. Aber die große Mehrheit des deutschen Theaterpublikums war in das ihm Wesensfremde, ja ihm Entgegengesetzte vernarrt.

Ich traute meinen Augen nicht, als ich Paul Wegeners, dieses Exoten, auf der Bühne ansichtig wurde. Wegener wirkte auf meine noch jugendliche Wahrnehmungsfähigkeit wie ein Koloß. Überdimensional waren Wildheit, Gang und Gebaren. Das Exotische seiner äußeren Erscheinung frappierte mich, der ich an die Standard-Burgtheater-Gestalten gewöhnt war.

Später dann mißtraute ich Wegeners Gigantomanie, entdeckte, daß in der von einem Zwerchfellhochstand deformierten Brust ein zagendes Menschenherz schlug, daß in dem pseudomongolen Kopf ein brillantes Hirn waltete und daß dieser Golem ein Menschennebbich war wie wir alle, wie sehr wir uns auch aufplustern. Wenn sich Hirn und Herz gegen die Maskerade des Überkraftkerls durchsetzten, erreichte Wegener den Status der Großen.

Ich habe später in fünfzehnter Besetzung bei Reinhardt den Laertes gespielt und Wegener aus nächster Nähe beobachtet. Der Claudius gehörte zu den Rollen, in denen Wegener sich in aufgesetzter Asiatenunheimlichkeit erging und an Echtheit verlor. Damit verlor er viel, und wir mit ihm.

Wie weit ich mich inzwischen von der Reinhardt-Wegenerschen Interpretation entfernt hatte, wurde mir erst 1957 – also fast ein halbes Jahrhundert später – vollends klar, als ich den »Hamlet« in Berlin inszenierte. Da bemühte ich mich, die Erinnerungen an Wegener, die Martin Held, der Claudius meiner Aufführung, noch deutlich in sich trug, völlig auszutilgen, nämlich das nichts als Diabolische, das Schurkische, dem keine Gegenkraft entgegenwirkt. Das in jedem Menschen vor sich gehende Wechselspiel der Triebe aber muß erkennbar dargestellt werden.

Ich befasse mich heute als Regisseur mit diesem Kampf der Impulse innerhalb ein und desselben Menschen. Selbstverständlich gibt es eine A-priori-Kräfteverteilung zugunsten des einen oder des anderen Triebes. Ins Schauspielerische übertragen heißt das, das Gute hat kein Gesicht für sich allein und das Böse auch nicht. Die Teufelsfratze ist kein Menschengesicht und das Engelsangesicht auch keines. Wie im Sport die Tafel den Verlauf des Matches anzeigt, so muß der Stand des Turniers zwischen den Trieben vom Gesicht des Schauspielers ablesbar sein. Der sich stetig verändernde Ausdruck spiegelt die wechselvolle innere Kampflage. Verrät das Gesicht nichts von diesem Duell, bietet es nur Gutes oder Böses an, so heißt das, im Innern wird der Kampf der Impulse nicht ausgetragen. Das schwarz-weiße Bös-oder-Gut-Theater ist ein Theater der falschen Aussage. Es entkörpert das Gute, weil es den Schatten des Bösen unterschlägt, das Böse, weil es die Aufhellung, die das Gute auch noch in der Niederlage hinterläßt, durchzuschimmern verhindert. Martin Held, dieser ganz ungewöhnliche Schauspieler in diesen mageren Jahren des Theaters, führte das in Sprache und Gesicht bis zur Vollendung, während der Wegenersche Claudius plakathaft schurkisch war, wiewohl seine Diktion, oft subtil und geistreich, schon etwas von diesem inneren Duell ahnen ließ.
Der Schauspieler aber, der zur selben Zeit am Burgtheater den Claudius spielte, Max Devrient, war nur äußerlich hoheitsvoll, metallisch bühnenköniglich, das Gesicht, burgtheater-standesbewußt, blieb ansonsten und rechtens leer, da es keinen inneren Vorgang gab, den es hätte widerspiegeln können. Was zum Ausdruck kam, war die übertriebene Vorstellung von der Würde des Hauses und die Servilität der Burgtheaterauffassung, die jedem König in jedem Stück huldigt und Reverenz erweist, auch wenn es einer war, »der lächeln kann und immer wieder lächeln und doch ein Schurke sein«. Was focht es Max Devrient an, daß Claudius ein Schurke war? Er saß auf dem Burgtheaterthron, umgeben von der Kapuzinergruftatmosphäre der Burgtheateretikette, für die auch noch der schur-

kischste Monarch ein Gesalbter des Herrn bleibt, ein Abkömmling einer königlichen Dynastie, ein den Habsburgern Ebenbürtiger. Devrients Claudius kam gesalbt mit dem Burgtheateröl daher, war ein öliger Abkomme aus der Popanz-Dynastie des Hauses, eine jener Gestalten, die immer wie in einer Prozession einherschreiten, auch wenn sie allein sind, deren Kronen-Haupt sich königlich hält, wenn auch gerade ohne Krone, deren jede noch so profane Geste von getragener Hoftheater-Majestät ist. Das Sprachgepränge wird nie durch einen Menschenlaut profaniert, nie wird der König zum Menschen gekrönt. Es gilt als lobenswerte, magische Fähigkeit des Schauspielers, sich in verschiedene, höchst unterschiedliche Menschentypen glaubwürdig zu verwandeln. Der Durchschnitts-Burgschauspieler besitzt ebenfalls eine erstaunliche Wandlungsfähigkeit. Er verwandelt nämlich sich, ein normales Lebewesen aus Fleisch und Blut, mit Herz, Hirn und Nerven auf der Bühne so gründlich, daß ihm nichts Menschliches mehr anhaftet. Die gottgegebenen Funktionen und Ausdrucksmöglichkeiten werden vollkommen lahmgelegt und nehmen die Künstlichkeit und die Bewegungsart etwa von gravitätischen Prothesen an, die nicht hirn-, herz- und nervendirigiert sind, sondern vom Geist des Hauses, der über dem Schnürboden thront.

Im Gegensatz zu diesen Durchschnitts-Burgtheaterlingen standen die noch verbliebenen Großen des einstigen Ensembles. Das wirkliche Verständnis für sie ging mir erst spät auf. In Sonnenthals, wenn auch zu tränenreicher Stimme lag der Klang des Schmerzes der nie sich beruhigenden, nie sich völlig ausweinenden Menschen. Wenn Sonnenthals Wallenstein dem sich von ihm abwendenden Max Piccolomini vor dem bewegten:

»Max, du kannst mich nicht verlassen!
Es kann nicht sein, ich mag's und will's nicht glauben,
Daß mich der Max verlassen kann.«

ermunternd zum »das Leben leichter nehmen«, ja burschikos, ganz unklassisch, unburgtheaterhaft auf die Schulter schlug, so lag darin schon eine Ahnung des künftigen Theaters. Sonnenthal war ein Budapester Judenjunge gewesen, wurde deutscher Schauspieler, erklomm die Höhen des Ruhms, wurde geadelt und für den Adel tonangebend in Kleidung und Gehaben.
Burgtheaterschauspieler werden im Laufe der Jahre einander ähnlich. Uniforme Ausdrucksmittel formen ein Einheitsgesicht. Nur verbissener Widerstand schützt davor. Einigen gelang er.
Bernhard Baumeister war der um den Burgtheaterton Unbekümmertste. Er war norddeutsch, karg, leise, unbeirrbar, störrisch und starrköpfig. Eine unsichtbare Wand, an der sich die andern die Köpfe wundstießen. Er hätte besser in das Reinhardt-Ensemble gepaßt als in das des Burgtheaters.
Der ortientalische Gegentypus zum norddeutschen Baumeister war der ebenfalls unrhetorische Rudolf Schildkraut, der zum gastierenden Reinhardt-Ensemble gehörte. Er war ein zu kurz geratener Riese mit hervorquellenden Basedowaugen, von einer einschüchternden Stämmigkeit des quadratischen Körpers. Er wirkte, trotz seiner Kleinheit, so kolossal und exotisch, wie Wegener es zu sein vorgab. Das Publikum schmunzelte über die unbeirrbar witzige Dämlichkeit seines Totengräbers im »Hamlet«.
Wie durchschüttelt war ich ein paar Abende später von seinem Shylock, den ich auch noch nicht vergessen hatte, als ich ihn ganz anders spielte. Shylock hatte keine böse Regung in der Darstellung dieses levantinischen Urjuden. Er war so lange ein weicher Dulder des ihm zugefügten Unrechts, bis er unerträglich geworden war und Schildkraut furchterregend ausbrach. In seiner Brachialgewalt und Wüstenwildheit, etwas bis dahin in Wien nicht Erlebtem, bleibt er ein Monument der Schauspielkunst, dem gegenüber die neuesten Shylockversuche – meiner gehört auch schon der Vergangenheit an – geradezu salonhaft wirken.
Von heute aus gesehen war die gesamte Reinhardtsche Aufführung gesellschaftsunkritisch. Alle waren bezaubernd, lustig,

übermütig, charmant, melancholisch; und Shylock ein trauriger, bedauerlicher, aber auch herzgewinnender Einzelfall. Wir wissen es heute besser. Es ist schlimmer. Keiner unter ihnen ist viel besser als der andere. Der geldlose Bassanio ist bedenkenlos bereit, eine ihm unbekannte Frau zu heiraten, von der er nur weiß, daß sie »reich und schön« ist. Geldgier und zügellose, diebische Lebenslust lassen die Venezianer dem Shylock Tochter und Dukaten rauben. Sie heißen ihn »Wucherer« und sind unbekümmerte, charmante Nutznießer des Mißstandes, daß damals jeder andere als dieser verhaßt machende Erwerb dem Volk der Bibel untersagt war. Die Intoleranz dem Juden gegenüber macht Shylock erst zum Shylock. Doch wirft der Glanz der vom Leben Begünstigten ein freundliches Licht auf ihr Vergehn. Es war viel amüsant Tänzerisches in der Aufführung, aber der Tanz ums Goldene Kalb wurde von Reinhardt nicht inszeniert. Er übersah ihn, doch ist er nun nicht mehr zu übersehen. Er beherrscht und bedroht unser Leben.

Es war spät am Nachmittag, als ich – wieder als Fünfundsechzigjähriger – das Theatergebäude verließ und auf der Wiedener Hauptstraße des heutigen Wien stand. Dann schlenderte ich den Weg zurück zum Hotel. Keinem dieser Großen bin ich nach meiner Rückkehr aus Hollywood wieder begegnet. Keiner dieser Zeit lebt mehr. Nur den sterbenskranken greisen Wegener traf ich noch kurz vor seinem Tod in Berlin.

Wir Emigranten in Hollywood hatten Wegener, als wir von seiner schweren Krankheit erfuhren, eine Kur in der Schweiz ermöglicht. Es war unser Tribut an ihn für seine Haltung in der Nazizeit. Als ich ihn wiedersah, war er ein vom Tode gezeichneter Mann, mit wieder einer jungen Ehefrau, die vierte oder fünfte, ich weiß es nicht mehr genau. Er war nur physisch siech geworden, geistig noch gut beieinander. Ich brachte ihm warme Unterwäsche, Wein und Zigarren. Er empfing sie mit königlicher Geste in seinem nur halb zerstörten Haus, das mit asiatischen Kunstschätzen noch immer gefüllt war, von denen er sich auch in der Not nicht zu trennen vermochte; keinen der vielen Buddhaköpfe war er bereit für ein Päckchen »Player's« zu veräußern, für Zigarren oder Butter. Er hat mit List und Beharrlichkeit dafür gesorgt, daß kein Hitlerabbild dieses museale Haus verunzierte. Dafür brachte ich ihm, als ich ihn besuchte, meine Huldigung dar. Ich erinnere mich noch genau der Worte, mit denen er schmunzelnd das Pathos der Situation aufzuheben sich bemühte. Er sagte: »Die Nazis haben mir den Spaß am Antisemitismus verdorben.«

Ich habe ihn seitdem nicht wiedergesehen. Er starb. Ich denke noch oft und immer wieder an ihn, wenn ich mit den nicht unbeträchtlichen Rest- und Neubeständen des Antisemitismus zu tun habe. Nun, die Nazis sind weg, und der Spaß ist wieder da.

Wie ich dem schwerfälligen Greis gegenübersaß, der, schon halb siech, immer noch aus einer Flasche an seinem Krankenstuhl stetig trank, gedachte ich des rüstigen Zechers, der immer von einem Kreis von trinkfesten Leuten umgeben war. Einer davon hieß Berisch. Er war ein lebenslustiger Berliner, und sein Berlinern amüsierte Wegener immer wieder. Berisch lachte über seine eigenen Witze unbändig, wobei seine Goldplomben sichtbar wurden. Berisch war nicht arisch. Das Lachen verging ihm in jenen Hitlerjahren, und das Gold wurde aus seinen Zähnen gerissen zur Stützung der deutschen Währung. Er endete als einer der sechs Millionen.

Immer wieder unterläuft mir solch ein Vorgriff in die damals noch versiegelte Zukunft, die heute schon Vergangenheit geworden ist. Eine merkwürdige Vergangenheit. Eine, die nicht vergehen will, nicht gestaltlos werden will, nicht weichen und bleichen will nach Art alles Vergänglichen, sondern in der Gegenwart noch gegenwärtig ist; sie bedrängt und ihr schwer zu schaffen macht, dieser reichen, armen Gegenwart, die die Vergangenheit nicht loswerden kann und von der Zukunft apokalyptisch bedroht ist.

Nach meiner Zahnbehandlung – am nächsten Tag –, die nun langsam zu Ende ging, beschloß ich, die Aufführung von Tolstois »Lebendem Leichnam« zu besuchen. Ein paar Tage zuvor hatte ich eine so lähmend lebensleere Aufführung von

»Kabale und Liebe« im Burgtheater gesehen, daß ich keine Lust hatte, den Abend wieder dort zu verbringen.
Ich hatte noch die herrliche Reinhardt-Aufführung des Tolstoischen Fragments »Der lebende Leichnam« in Erinnerung mit Moissi als Fedja. Nun sollte ich Karl Paryla in dieser Rolle in seiner eigenen Inszenierung des Stückes sehen. Die Regie von Paryla bannte mich schon nach den ersten Sätzen. Paryla selber verblüffte mich. War Moissi das unschuldige, jesuhafte Opfer der ihn umgebenden feindlichen Lebensumstände, so spielte Paryla auch die im Wesen Fedjas begründete Schuld. Er war mürrisch, mit sich zerfallen, war aus seiner Welt geflohen in die andere, zu der er dann auch nicht gehörte. Er stand zwischen beiden Welten. Das ergriff mich. Wie romantisch, zauberhaft und verlockend war das Zigeunermilieu bei Reinhardt gewesen. Paryla jedoch enthüllte auch noch dessen Schäbigkeit und Kümmerlichkeit. Es war für mich ein überraschendes Erlebnis, einer so grundrichtigen Darstellung eines Mitmenschen zu begegnen. Die Aufführung war artistisch nicht so meisterhaft und formvollendet inszeniert wie die Reinhardtsche. Auch gab es in ihr nicht die großen, lebensvollen Schauspielerleistungen wie die der Lucie Höflich, des Eduard von Winterstein, der Johanna Terwin und Rosa Bertens. Parylas Aufführung hatte jedoch für mich die große Bedeutung, auf heute bezogen zu sein.

6. Kapitel

Die erlebten Theatergastspiele waren der entscheidende Unterricht für mich gewesen. Meine Ausbildung erfolgte zwar in Wien, aber im wesentlichen durch die großen Berliner Theatermänner Brahm und Reinhardt.

Die Theaterschulzeit stand unter dem Druck meiner Beziehung zu Lilith. Obwohl äußerst gefallsüchtig, verschlagen und kokett, war sie blindwütig eifersüchtig auf den seinerseits Eifersüchtigen.

Dem Meixner, dem unverblümten Schmäher meines Äußeren, verdanke ich nur wenig als Schauspieler, dafür aber das schwer zu überwindende Bewußtwerden meiner Häßlichkeit. Lilith sorgte dafür, daß dieser Druck nicht von mir wiche. Eigentlich hätte mir die Eroberung eines so reizvollen und auch umworbenen Mädchens, wie sie es war, Erleichterung bringen und mir begreiflich machen müssen, daß ich nicht nur abstoßende Qualitäten haben könne. Sicherlich ist mir solch ein Gedanke auch aufgestiegen, aber Lilith bewirkte, daß er nicht Überzeugung werden konnte. Sie machte mich glauben, alle unsere Mitschülerinnen fänden unsere Beziehung ihrer unwürdig; sie verlachten sie, weil sie mit einem so häßlichen Jungen ginge. Das einzig Versöhnliche an mir wäre mein Talent, im übrigen wäre ihre Beziehung zu mir eine ihr selbst unerklärliche, sicherlich nur kurze Episode in ihrem Leben. Zudem gab es auch noch jemanden in ihrem Leben, den Mann ihrer bewegten Träume, den sie mir aufreizend, schonungslos beschrieb. Für gewöhnlich ähnelte er einem Mann, auf den mich eifersüchtig zu machen sie sich tags zuvor ausgiebig und raffiniert bemüht hatte. Ich hielt nicht lange still. Meine rohesten Instinkte waren bald entfesselt. Daß ich berserkerhaft eifersüchtig wurde, war begreiflich. Sie legte es darauf an und war außer sich, wenn es eintrat. Wieso aber war sie eifersüchtig und wutschnaubend? Ich hatte ihr wirklich keinen Anlaß gegeben. Als mein von ihr schwer verwundetes Ego, mein ramponierter Mannesstolz, mein gedemütigtes Hahnentum Trost und Bestätigung suchte und fand, und zwar bei den angeblichen Spötterinnen, ging die eigentliche Strindbergiade erst los. Der Verzweiflungsschritt zu den anderen Mädchen war in dem Augenblick gemacht, als ich, nach einem mörderischen Krach mit Lilith, auf der Schulbühne eine Szene gespielt hatte und nicht, wie üblich, mein erster Zustimmung heischender Blick ihr galt, sondern den betreffenden Mitschülerinnen. Da bemerkte ich – und es prägte sich unvergeßlich in mein Bewußtsein ein – die gar nicht spöttischen Blicke der Mädchen. Ich nahm sie zur Kenntnis. Der Hochverrat, den ich bald darauf an Lilith beging, bestand darin, daß ich im geheimen mit den Mädchen Rollenstudium trieb, etwas, was Lilith als ihr ausschließliches Recht betrachtete. Nun war sie völlig entfesselt.

So angeschlagen betrat ich Bühne und Leben. Jahrzehnte später, 1948 in München, stellte Maria Wimmer meine schmerzvoll erlittene Kenntnis dieses Frauentyps in meiner Inszenierung von Strindbergs »Vater« dar. In der Zusammenarbeit mit der Wimmer wurde verdrängt und vergessen Gewesenes zu einer für mich unvergeßbaren Lebensgestalt.

Auch Hans Christian Blech, der den Arzt spielte, erregte sofort mein allergrößtes Interesse. Er ist blond und macht kein Aufhebens davon. Er hält das für eine Haarfarbe. Er hat große blaue Augen und blitzt nicht damit. Hitlers Krieg und Frieden steht ihm ins Gesicht geschrieben. Ich ahnte, hier wächst ein Trauriger, Angeschlagener zur Größe empor.

Meine Vater-Figur hatte wohl ihre Wurzeln in meiner Strindbergzeit mit Lilith. Ich strebte weg von ihr und schaffte es nicht. Hatte ich doch damals noch nicht begriffen, daß das Abstoßende stärker sein muß als das Anziehende. Der Befreiungsstoß

erfolgt erst dann, wenn das Abstoßende einen Überschuß an Schleuderkraft gegenüber der Anziehungskraft erreicht hat. Anziehung und Abstoßung sind die selten aussetzenden Triebkräfte, welche die Beziehungskontrahenten in Bewegung halten. Das Drama entsteht nicht etwa dadurch, daß dieses Kräftespiel stattfindet. Solange im Spannungsfeld der Beziehungs-Kontroverse auf das Auseinanderstreben die Anziehung erfolgt, die stärker bleibt oder sogar nur die Balance hält, spielt sich das Drama der guten, glücklichen Beziehung ab, das erst zur Tragödie wird, wenn der Magnet der Anziehung, kraftlos geworden, versagt und der Gegenkraft das Feld freigibt. Dann erst ist der Losstrebende seinem freiwaltenden, durch keine Anziehung mehr gehemmten Befreiungswillen überlassen, wenn nicht gar schon die Anziehung in der Richtung auf einen neuen Partner diesen Prozeß unterstützt und beschleunigt. Oder er verbleibt innerhalb einer halb erschöpften Beziehung aus Rücksicht, Schonung oder unter dem Einfluß von äußeren Umständen. Dann setzt das Drama der Stagnation, die schlachtenmüde Resignation ein, mitunter auch eine Beziehung unter anderen, leidenschaftslosen Voraussetzungen.
In Amerika, wo man alles für lehrbar und erlernbar hält, wird auch das Schreiben von Theaterstücken gelehrt und – natürlich nicht erlernt. Der Unterricht stützt sich auf gewisse Grundregeln, die durch für Amerika typische, simplifizierende Analysen aus dem überkommenen Dramengut bezogen werden. Mögen diese Regeln tatsächlich die wahren Dramatiker geleitet haben, die aus ihren Werken herausdestillierten Erkenntnisse machen jedoch den nur Ambitionierten keineswegs zu einem Bühnenschriftsteller.
Nach diesen Regeln besteht das Drama unter allen Umständen aus drei Akten, auch wenn es in noch so viele Bilder zerfällt. Nach etwa zwei Dritteln der Bilderfolge ist der zweite Akt zu Ende, nämlich dort, wo das Liebespaar von den feindlichen Umständen endgültig, oder scheinbar endgültig, auseinandergerissen wird. Dem dritten Akt bleibt es überlassen, die Hindernisse aus dem Wege zu räumen oder das Unwiderrufliche zu

erhärten. Die Schwierigkeiten, die den Liebenden das Zusammenleben erst schwer und dann unmöglich machen, müssen aus der neben der Liebeshandlung laufenden Haupthandlung stammen oder wenn die Liebe das Hauptthema ist, aus der Nebenhandlung.

Soweit die amerikanischen Richtlinien. Sie stimmen prinzipiell – bis zu einem gewissen Zeitpunkt – für die Entwicklung des Liebesdramas. Der von außen einbrechende, feindliche Ansturm auf die Verbindung der beiden Liebenden entfacht deren empörten Widerstand, erhöht die Liebesglut, macht sie zu Partnern, schmiedet sie zu Verbündeten zusammen, denen der Kampf um das Zusammenbleiben ein Kampf um Leben und Tod ist. So in Dramen wie »Romeo und Julia« und »Kabale und Liebe«.

Anders aber ist das Bild, wenn die Bedrohung des Paares aus der Psyche kommt. Es besteht kaum Gefahr für das Leben der Liebenden, wohl aber für ihre Liebe, denn der Kampf richtet sich nicht gegen den äußeren Feind, sondern wird gegeneinander geführt. Zu dieser Gattung gehören Werben und Abstoßen im Hamlet-Ophelia-Vorgang; der Kampf zwischen »Herodes und Mariamne« in Hebbels Tragödie; gehören die Strindberg-Dramen, bei denen der eine Liebeskontrahent sogar die Feinde des andern mobilisiert und sich mit ihnen verbündet.

Meine Beziehung zu Lilith war von beiden bedroht. Der innere Zerfall wurde aufgehalten durch den Ansturm meiner Mutter, gegen den wir uns gemeinsam stellten.

Der komplexe Schauspieler wird – anders als der eingleisige – Anziehung und auch Gegenbewegung, ob diese nun von der Außenwelt oder aus seiner inneren herrühren, darzustellen versuchen. In einer solchen Situation befand ich mich, als ich auf unserer Schauspielschulbühne eine große Szene probierte, die für die Abschlußprüfung des ersten Schuljahres ausgewählt worden war und in Form einer öffentlichen Aufführung vor sich gehen sollte. Es war eine sogenannte Liebhaberrolle eines etwa fünfunddreißigjährigen Mannes, gefangen in leidenschaft-

licher Liebesverstrickung. Auf dem hochtheatralisch gedachten Höhepunkt des Gefühlswirrwarrs hatte ich zu der Signora zu sagen: »Ich liebe dich.« Ich scheute wie ein Reitpferd vor einem Hindernis. Gregori, der diese Szene einstudierte, begriff meine Schwierigkeiten nicht. Dabei hatte Gregori ein weitgehendes Verständnis für meine Begabung, in deren Einschätzung er mit der darin maßlosen Lilith übereinstimmte. Er betrachtete mein Werden und die Art, wie ich eine Szene entwickelte, mit fachmännischem, ja mit neugierigem Interesse und mit einer etwas herablassenden, schulterklopfenden, nicht ganz neidlosen Bewunderung, eine Haltung, die mir manchmal Verlegenheit bereitete, aber überwiegend Balsam war für mein durch Meixner arg geschundenes Selbstbewußtsein. Mein Schirmherr Gregori war kein großer Schauspieler, nur manchmal, in leise komischen Figuren, ein guter. Er aber spielte den Faust am Burgtheater neben Kainz als Mephisto! Schlimmeres konnte ihm in meinen Augen nicht passieren. Ich litt für ihn und für mich. Denn die hohe Anerkennung, die mir Gregori zuteil werden ließ, wäre für mich noch eindrucksvoller gewesen, wäre sie von einem großen Schauspieler gekommen. Kainz respektierte den Gregori seiner hohen Bildung wegen und bestand auf ihm als Faust, weil er Angst und Abscheu vor den damals zur Verfügung stehenden Heldenhohlköpfen hatte, die, wie er glaubte, gehirnmäßig der Gedankenwelt Goethes nicht gewachsen gewesen waren. Kainz irrte in seiner Wahl. Eher hätte er einen der Stimmbandathleten neben sich dulden sollen, als den sich gegen Gott und Irdisches aufbäumenden Faust zu einem so winzigen Aufbäumlein werden zu lassen.
Leider fehlte Gregori auch die wirkliche Regiebegabung. Und weil er weder ein großer Schauspieler noch ein großer Regisseur, also in keinem Sinne ein dominierender Theatermann war, erging an ihn der Ruf, Leiter eines großen deutschen Theaters zu werden. An dieser Praxis hat sich bis heute wenig geändert.
Gregori wurde Intendant des Mannheimer Hof- und Nationaltheaters und engagierte mich für die nächste Saison. Als wir die d'Annunzio-Szene einstudierten, war er schon mein angehender

Chef. Die neue Würde kam auch in seinem Verhalten zu mir zum Ausdruck. Bisher hatte er es beim Einstudieren einer Szene vermieden, mich dadurch zu korrigieren, daß er mir den in Frage kommenden Moment vorspielte, was er bei anderen immer wieder tat. Bei solchen Gelegenheiten ging er die paar Stufen, die zu dem Bühnchen führten, hinauf und zeigte nun dem Schüler oder der Schülerin, wie die beanstandete Szene richtig gespielt werden müsse. Er tat es sichtlich gerne, aber falsch, nach meiner Meinung, die ja inzwischen durch Brahm und Reinhardt anspruchsvoll und unbeirrbar, ja intransigent geworden war. Es kostete mich Zurückhaltung, wenn er, mich zwar ungeschoren lassend, meinem Partner zeigte, wie man eine Stelle in der Szene leidenschaftlicher, gefühlvoller, inniger ausdrücke. Bei solchen Anlässen stand ich ihm ganz nah, so nahe, wie ich noch nie einem wirklichen Schauspieler gekommen war. Ich konnte jede seiner Regungen oft aus nur weniger Zentimeter Entfernung beobachten. Und ich beobachtete scharf, mit Augen, mit Ohren, die inzwischen Zusehen und Zuhören gelernt hatten. Dabei stand der Mann so oft neben Kainz auf der Bühne. Warum lernte er nicht von diesem Großen? Warum nichts von Bassermann? Von all den Schauspielern Brahms und Reinhardts? Er war doch in beider Gastvorstellungen gewesen. Ich hatte ihn dort gesehen und in den Pausen getroffen. Er äußerte sich, wie mir schien, geflissentlich nicht. Er blickte mokant! Wieso hatte derart Wahres, unwiderlegbar zentral Richtiges, Kreatürliches sein tremolierendes Gefühlsgesabber nicht ein für allemal zum Schweigen gebracht? Warum lernte mein Lehrer denn nicht mehr? Wieso bemerkte er es nicht, daß ich ihm entrutscht war und jenen, ihm so diametral Entgegengesetzten nachstrebte? Viel später, während des Mannheimer Engagements, auf einem Maskenball – es war Fasching –, traf ich ihn, mit einer Papiermütze auf dem Kopf, würdevoll alkoholisiert und redselig. Da erfuhr ich, wie es in solch einem Zukurzgekommenen ausschaut. Kainz hielt er zwar für den Größten, sich jedoch für größer als jene, die ich für groß hielt. Er war mir als ein Einsichtiger erschienen, der sich seiner Begrenzung bewußt war und schwer an ihr trug. Nichts davon! Er hielt sich für verkannt. Sein vor dem Selbsterkennen bangendes Ego und seine Urteilsfähigkeit desertierten und verkrochen sich hinter dem Scheingrund, das nur auf Sinnenreize reagierende Wiener Publikum hätte eine tiefe Abneigung gegen das Geistige, es sei dem derb Sinnlichen ausgeliefert. Wie konnte er nur die Augen davor verschließen, daß Kainz von dem gleichen Publikum bejubelt, ja vergöttert wurde?! Und war es doch gerade Kainz, der den Denkvorgang, das Dramatisch-Geistige so sprühend, funkenschlagend spielte, das Publikum damit mindestens ebenso elektrisierend wie mit seinen tollkühnen Gefühlskaskaden. Und gerade als Mephisto, neben dem Gregori als Faust auf der Bühne stand, bewies Kainz, daß es sich hier um den Sieg eines brillanten Kopfes, um den Triumph des Geistigen handelte, das wie der Blitz in den träg werdenden Gefühlsmief der Wiener Bürger einschlug. Dann klagte Gregori die Wiener Presse an, die ihm, dem Reichsdeutschen, aufsässig war. Wieso übersah er, daß die Presse auch Kainz angriff, den wahrhaft Großen? Als ob Presseangriffe den Durchbruch des Außerordentlichen je hätten verhindern können! Wenn sie das vermöchten, dann gäbe es nicht Reinhardt, nicht Bassermann, nicht Brecht, um nur ein paar von den Pressezielscheiben zu nennen. Gregori bezog aus seiner falschen Selbsteinschätzung ein ihn erhebendes Selbstbewußtsein und das schmerzlich bewegende Gefühl, verkannt zu sein. Der Selbstbetrug verschaffte seinem Leben Spannungen und Erregungen, das bei schonungslosem Selbsterkennen öde und in trauriger Monotonie verlaufen wäre. Solchen Selbstbetrug nannte Ibsen »die Lebenslüge«.

Heute weiß ich, was ich damals nicht wußte: kein Mensch kann ganz ohne Selbstbetrug auskommen. Der Selbstretusche kann keiner völlig entraten. Niemand erträgt sich, so wie er ist. Auch in Becketts »Warten auf Godot« gibt es dieses kindliche, verbissene, lächerliche Aufrechterhalten der Lebensillusion. Alle Enttäuschungen, die bitterste, ausweglosesté Lebensnot bewirken nicht, daß die beiden Tramps, diese Stehaufmännchen der Hoffnung, ihr Warten auf Godot aufgeben. Selten ist ein Stück, auch von Aufgeschlossenen, so mißverstanden und verkannt worden. »Godot« hat keine Handlung, doch handelt es sich um uns Schlemihle der Schöpfung, um unser Handeln und Wandeln.

Brecht enthüllt den Selbstbetrüger »Puntila« zur Anprangerung der gemeingefährlichen Lügen dieses Mannes. Puntila spricht von Liebe zur Heimat und meint Amüsement und Geselligkeit. Seine Furcht vor Untergebenen gibt er als Kameradschaft aus. Er gehört zu denen, die gegebenenfalls »Heil« schreien und Unheil bedeuten.

Das d'Annunzio-Stück, das ich in der Theaterschule probierte, war, soweit ich es in Erinnerung habe, zu verlogen, um Lügen aufdecken zu können. Man konnte von ihm auf den Autor schließen, der sich selbst glauben machte, ein Erwählter zu sein. Als ich auf dem Bühnchen der Theaterschule, von dem Talmi-Stück unabhängig, den wahren Ausdruck suchte und nicht finden konnte, ahnte ich nicht, wie oft in meinem Beruf ein echtes Stück unwahr gespielt, aber auch das unechte wahr wird durch große, über den Inhalt hinausführende Schauspielkunst. Die Duse, die den unechten d'Annunzio liebte, konnte seine und andere Machwerke wahr und zum unvergeßbaren Erlebnis werden lassen. Später konnte es Elisabeth Bergner. Ich bemühte mich damals gerade darum.

Ein angehender Hofschauspieler war ich, der sich ahnungsvoll gegen die Hoftheaterei wehrte. Mein Engagement nach Mannheim machte auf meinen Vater einen tiefen Eindruck; für meine Mutter bedeutete es vorwiegend, daß der Bub nun in die Welt ging, die sie als hart kennengelernt hatte. Das Verleihungsdokument des Burgtheaterstipendiums enthielt die Klausel, der Empfänger dieser wohltätigen Auszeichnung müsse sein erstes Engagementsjahr dem Burgtheater verschreiben. So stolz mein Vater auf das Mannheimer Engagement war, so kränkend empfand er den Verzicht, den die Direktion des Burgtheaters aussprach. Dabei ahnte mein Vater nicht, wie endgültig dieser Verzicht des Burgtheaters auf mich werden und daß mein damaliges Ansuchen um Lösung auf Lebensdauer gelten sollte. Wir blieben unvereinbare, ja einander ausschließende Kontrahenten. Ich begann schon damals gegen die hochsubventionierte Lethargie, gegen den Burgtheaterton zu rebellieren, als ich »ich liebe dich« nicht über die Lippen bringen konnte, obwohl ich mich gerade in der Verstrickung meiner ersten, ernsten Liebesbeziehung befand. Auch darin wurde es in meinem Leben wendepunktartig. Denn das Engagement nach Mannheim versetzte mich jählings in die Lage des Abschiednehmens, der Trennung von meinem ungestümen Strindbergmädchen.

Anfang September mußte ich nach Mannheim auf die große, wirkliche Bühne, und jetzt war es Sommeranfang 1909, und ich stand auf der kleinen Schulbühne, verlegen um den wahren Ausdruck für Liebesgefühl ringend, im Sturm und Drang einer zerrütteten Jugendliebe. – Gregori, der angehende Intendant und Chef, änderte sein Verhalten mir gegenüber. Hatte er bis dahin mich mit höchster Anerkennung geradezu verwöhnt, mich behutsam, ja geradezu respektvoll behandelt, mich geflissentlich immer wieder ausgezeichnet, so wurde er nun dem von ihm durch ein Engagement so allerhöchst Ausgezeichneten gegenüber etwas handfester im Umgang. Bis dahin hatte Gregori nie etwas vorgespielt, um mein Spiel zu korrigieren. Nun, als künftiger Chef, wurde er – offenbar prophylaktisch – direktoral. Am deutlichsten wurde seine veränderte Einstellung an jenem kritischen Probennachmittag, wo ich wieder, wie schon öfter, bei dem »ich liebe dich« wie ein Pferd vor der Hürde scheute. Nicht, daß ich es falsch sagte, ich sagte es überhaupt nicht. Sobald ich zu der Stelle kam, hielt ich inne, wurde verlegen und schwieg. Bisher hatte Gregori duldsam gelächelt und es hingenommen, wenn ich versicherte, das nächste Mal würde ich es versuchen. An jenem Nachmittag aber bestand er unwirsch darauf, daß ich nun endlich meine Scheu überwände und keine »Fisimatenten« machen sollte. – Das Wort war neu für mich. Wie würde es da erst bei den wirklichen Proben in Mannheim werden, da könnte ich mir solche Mucken nicht leisten, dazu hätte man keine Zeit! Keine Zeit! Und noch heute habe ich mich von solchen Mucken nicht befreit, und der große Konfliktgrund ist geblieben: für solche Störungen gibt es keine Zeit.

Um also das Verfahren abzukürzen, bestieg Gregori das kleine Bühnchen, wo ich blutübergossen vor meiner Partnerin stand, der Dame meines gequälten Rollenherzens, die sich an meiner Rollenliebe vergangen hatte und der ich, mich gegen sie wehrend und aufbäumend, dennoch demütig ergeben blieb. Gregori stellte sich dieser Dame gegenüber, aber nicht frontal, sondern den rechten Fuß etwas vor den linken gestellt, sein Gesicht nur halb ihr, halb dem Publikum zugewandt. Es ist die Beinstellung der Sänger, die den Kontakt mit Orchester und Dirigenten nicht verlieren wollen – und doch auch den Angesungenen nicht gänzlich aus den Augen verlieren dürfen. Mir mißfiel diese Beinstellung, die auch den Oberkörper in eine schräge, krampfhafte Haltung zwingt. Er ist doch kein Sänger, dachte ich. Warum sieht er sie nicht voll und ganz an, unbekümmert um das Publikum? Wem macht er eigentlich die Liebeserklärung, der Signora oder dem Publikum? Die Körperhaltung des Gregori, die ja typisch für Liebe ausdrücken wollende konventionelle Schauspieler ist, wirbt mehr um die Gunst des Publikums als um die Liebe der jeweiligen Herzensdame. Diese Grundhaltung nimmt der Schauspielerkommis, nie den Dienst am Kunden vergessend, in jeder Situation ein, in der er Erregung auszudrücken hat. Ein Kainz tat das nie! Auch nicht Moissi! Schon gar nicht Bassermann! Aber jeder Hofschauspieler nahm sie ein, auch die Liebhaber und Helden des Wiener Deutschen Volkstheaters. Es ist die Erregungs-Beteuerungsstellung des konventionellen Theaters, das, bei Umgehung des mühevollen, nur durch Einsatz von Hirn, Nerv, Erlebnis, Vision zu entdeckenden Ausdrucks, nur um den Eindruck aufs Publikum ängstlich oder dummdreist bemüht ist. Gregori schloß natürlich auch noch die Augen, zog die Luft hörbar durch die Nase – es sollte das gedämpfte Erregungsschnauben der Sinnenlust sein. So, die Hände zu Fäusten

verkrampft, tremolieren alle Gregoris auf allen Bühnen das jeweilige »ich liebe dich« mit einer Kostümstimme, die, aus keinem Menscheninnern kommend, über kunstseidene Stimmbänder streichend in den Plüschmund gelangt. Es ist der unausrottbare, unveränderbare, alle Großen des Theaters, die gegen ihn vorgegangen sind, überlebende Balz- und Erregungslaut aus dem Kostüm-Fundus. So deutlich war mir das damals noch nicht wie jetzt, wo eine ergänzende, lange Erfahrung den Eindruck von damals auf eine trauervolle Weise erhärtet. Das schaumschlagende Gebaren und Tremolo-Getöne schien mir schon damals veraltet, siech, todeswürdig. Es lebt heute noch. Ich kämpfe immer noch dagegen, wahrscheinlich vergebens. Da ich so wenige Kampfgenossen mehr habe – Brecht ist tot, Erich Engel grollt mit dem Westen und will auch nicht mehr so recht, Fehling hat es krank gemacht, und Gründgens findet sich damit ab.
»Also, bitte, machen Sie das nach«, sagte Gregori zu mir. Ich fühlte auch in diesem Moment, daß ich dem Mann, der sich so für mich einsetzte, Dank schuldete. Ich kam dieser moralischen Verpflichtung nicht nach und blieb den Dank schuldig. Ich sah in Gregori, zumindest in diesen Augenblicken, aber auch sonst bedrückend oft, den Mann, der sich gegen den wahren Ausdruck versündigte, einen Komplicen der viel zu kompakten Majorität der Fälscher, der Gefühlskoofmichs, der hirn- und nerventrägen Arbeitssaboteure, der beinstellenden Boykotteure aller Schritte nach oben, jener Denkdrückeberger, die schönsprecherisch ihre Hohlheit verhehlen und versichern, wie tiefbebend sie fühlen; die beteuern, statt darzustellen, die am liebsten in zigeunerprimashafter Verzückung über die Rampe ins Parkett stiegen und gleich den Ungargeigern, das Glühauge vom simulierten Bühnenfeuer erhitzt, von Sitz zu Sitz gingen. – Und das wurde mir von Gregori abverlangt. Ich weigerte mich höflich, meinen Feindesblick senkend, also doch verbergend. »Ich kann das nicht«, sagte ich, mit schon damals schwerem Atem. Der Intendant in Gregori ließ ihn sagen: »Weil Sie nicht wollen. – Also wird's? Nun, machen Sie, schnell!« fügte

er lauter hinzu. Ein Intendant muß eben Zeitgefühl haben. »Also los!« herrschte er mich an. Es muß etwas in meinem Blick gewesen sein, das ihn ausweichen ließ. »Lassen wir's auf morgen.« Damit ging er – eiliger als sonst – vom Bühnchen in den Lehrsaal. Erst nach einer beträchtlichen Weile konnte ich sagen: »Ich danke schön.« Meine Blicke suchten Lilith, die hochrot unter den Mitschülern stand, alle aufgescheucht durch den sensationellen Zwischenfall. In Liliths Augen funkelte es. Nach Unterrichtsschluß, in der sofort zwischen ihr und mir heftig einsetzenden Debatte, fand sie, daß ich mich subaltern verhalten hätte. Ich hätte Gregori nicht gestatten dürfen, mir die Szene vorzuspielen. Es war klar, ich entsprach nicht ihrem Wunschbild von einem alle anderen Regungen in die Winde schlagenden Teufelskerl von einem Draufgänger. Ich war tief verletzt und holte bei ihr alles nach, was ich ihrer Meinung nach dem Gregori gegenüber versäumt hatte. Es krachte zwischen uns vom abendlichen Stadtzentrum bis an den nächtlichen Stadtrand, wo sie bei ihrer Mutter wohnte. Zwar war das Streitthema erschöpft, aber längst noch nicht ihre von mir aufgepeitschte, grelle, blindwütige Hysterie. – Nun wurde es wirklich strindbergisch. »Natürlich kannst du nicht sagen: ›ich liebe dich‹, denn du bist ja des Gefühls nicht fähig. Da stehst du, wie der Ochs am Berg. Wie sollst du wissen, wie man so etwas sagt, wenn du das Gefühl nicht kennst«, schrie sie vor ihrem Haustor. »Dann zeig mir doch, wie ich's machen soll, du kalte, böse, empfindungsleere Bestie, du! Wie kannst du nur behaupten, ich bin des Gefühls nicht fähig, wo ich mich deinetwegen mit meiner Mutter überworfen habe, sie kränke, sie in den Tod treibe!« Ich war sicherlich unerträglich theatralisch. Das Wort Mutter verschlug mir sogar die Stimme burgtheaterhaft. Ich war nun einmal in die Melodie geraten. Meine Wut, meine Verzweiflung waren echt, doch es klang, als ob ich nur zum Teil der Angeschrienen und zum Teil einem imaginären Publikum zugewandt gewesen wäre, den einen Opernfuß sängerhaft einen Schritt vor den anderen gestellt. Was war das? Das Leben ahmte die Bühne nach und die echte Erregung die

Bühnenerregung? Das geschieht vielfach. Das Leben orientiert sich an dem, was sein Abbild sein sollte. Der falsche Ton der Bühne schleicht sich ins Leben ein und klingt daher auf der Bühne wie echt. Ich muß auf der Hut sein, dachte ich mir, sonst schleicht sich der verhaßte und verbannte Tonfall auch noch in meinen Beruf ein. Ich war wütend auf mich, daß es mir eben im Leben passiert war.
»Mach kein Theater«, sagte die hellhörige Teufelin und hatte recht, was meine Wut nur noch steigerte. Bisher fühlte ich mich unangreifbar im Recht, setzte mich aber durch den falschen Ton ins Unrecht und bot nun eine arge Blöße. Lilith sah sie blitzschnell und stach zu. »Du Komödiant!« rief sie. Der Geist Strindbergs hatte uns erfaßt, und wir tobten in seinem gestörten Sinne gegeneinander. Schließlich schrie Lilith etwas Lächerliches gegen meine Mutter, wartete meine Reaktion nicht ab, verschwand eiligst durch das Haustor und schlug es mir vor der Nase zu.
Vielleicht ist es besser so. Das ist endlich das Ende. In ein paar Wochen geht es nach Mannheim ins Engagement. Dann müssen wir uns sowieso trennen. Sie mußte noch in der Theaterschule bleiben, die ich vor dem Studienablauf ausnahmsweise verlassen durfte. Oben, im ersten Stock, wurde das Fenster aufgerissen; Lilith kniete sich auf das Fensterbrett, beugte sich so weit heraus, daß ich den beabsichtigten Eindruck haben mußte, sie stürze sich aufs Pflaster, und schrie mir zu: »Fahr nur nach Mannheim und laß mich hier allein. Du treibst mich ja geradezu einem anderen Mann in die Arme!« Das traf! Das saß! Ich schrie zurück: »Du willst mich, wie alle Strindbergweiber, ruinieren. Auch meinen Beruf. Nimm so viele andere Männer, wie du willst. Ich will dich nie wiedersehen. Schluß, du Luder!« Eines Mannes Stimme, dicht bei mir, sagte: »Wann S' jetzt net weggehn, verhaft' ich Sie wegen nächtlicher Ruhestörung.« Es war ein Polizist. Lilith verschwand vom Fenster. Ich wankte zu Fuß nach Hause, wo ich spät ankam, da ich kein Geld für eine Droschke hatte und die letzte Straßenbahn mitten im Krach, also mehrere Stunden vor seinem Ende, abgefahren

war. Zu Hause erwartete mich meine Mutter in völliger Auflösung.
Sie haßte Lilith grenzenlos. Wegen dieser Beziehung kam es zwischen meiner besessen liebenden Mutter und mir zu den ernstesten und lärmendsten Konflikten. Mein Vater hielt sich abseits. Er wußte, daß dagegen kein Kraut gewachsen ist. Er wußte es aus seiner ersten Ehe mit einer liebesunwürdigen Frau, deren Tod einer zerrütteten Beziehung ein Ende bereitet hatte. Nun, den Ausgang vorwegnehmend: nicht der Tod eines der beiden Liebeskontrahenten hat unserer Liebesquälerei ein Ende bereitet, sondern das langsame Sterben unserer Liebesempfindung. Das Bündnis, das nur durch Tod ein Ende finden kann, bin ich erst später eingegangen, als ich – nach einer nie bedauerten Übergangsbeziehung – im Moabiter Standesamt in Berlin Hanna heiratete. Trauzeugen waren Erich Engel, dem ich verbunden, nahe und dankbar bleibe, wo immer er sich gerade politisch und ideologisch-geographisch befinden mag, und Sonja Okun. Über deren Tod im Konzentrationslager weint meine Hanna immer noch. Das kurze Leben dieser so wunderbar heiteren Jüdin war ein tieftrauriges Martyrium. So starb sie auch. Da es an höchster Stelle versäumt wurde, spreche ich sie heilig.
Meine Mutter war der Meinung, daß Lilith, die in ihren Augen eine Hexe war, mich zugrunde richten würde. Aber vorher werde sie, meine Mutter, das Scheusal umbringen. Mit ihren eigenen Händen! Meine Mutter hatte eine Neigung fürs Hochdramatische. Wahrscheinlich kämpfte sie so frenetisch um meine Befreiung, weil sie den Schaden fürchtete, den die Verstrindbergung meiner jungen Jahre mir zufügen konnte. »Schwör mir, daß du sie nicht mit nach Mannheim nimmst.« »Ich nehm' sie nicht mit«, sagte ich müde und abgekämpft. »Schwör bei meinem Leben«, schrie sie, unbekümmert um meines Vaters Schlaf. »Das kann ich nicht«, erwiderte ich. »Ja, warum denn nicht, um Gottes Himmels willen?« Ich hob meine Hände, drehte die Handflächen nach oben, hob die Hände höher und nach Sekunden langsam mit gedehntem Ruck noch höher, ließ

sie dann resigniert sinken und sagte tonlos, einfach: »Ich liebe sie.« Und ich wußte, noch ehe die Hände unten waren: das war die Geste für die Stelle »ich liebe dich«. Morgen auf der Probe werde ich sie dem Gregori vorführen. Meine Mutter weinte, und ich schlief auf dem Stuhl ein.

Was wird Gregori sagen zu meiner Gebärde, zum Spiel meiner Hände, zum Tonfall des dem Schicksal des Liebens sich Ergebenden? Gregori bewährte sich wieder einmal. Er setzte sich mit einem Ruck über den Prestigeverlust hinweg, den das so radikale Abweichen von seinem mir vorgespielten Vorschlag bedeutete. Er vergaß alles Chefige, er war der alte, der objektiv Fördernde. Er baute sich eine kleine Eselsbrücke, indem er sagte, sein Vorschlag wäre praktischer gewesen, den er als Lehrer nicht nur mir, sondern auch den anderen Schülern demonstriert und zum Gebrauch empfohlen hätte. Meine Auffassung wäre die mir gemäße, der eigenwillige Ausdruck eines Überdurchschnittlichen, der den inneren Zustand des darzustellenden Menschen in seiner jeweiligen Lage sucht, findet, intuitiv darauf stößt oder scheitert. Der Ausdrucksskala des Gebrauchstheaters könne er sich nicht bedienen. »Sie werden es schwer haben, junger Mann«, sagte er. Lilith jedoch machte mir hinterher wieder Vorwürfe: es sei kränkend und beleidigend für sie, daß ich mit einer Gebärde schmerzlicher Resignation und ohne Glücksgefühl in der Stimme »ich liebe dich« gesagt hätte. –

Als ich im Frühjahr 1958, in Italien, meiner Frau diese Erinnerungsfetzen in einer vagen, noch nicht adaptierten Zusammenfassung erzählte, merkte ich an ihrem Ausdruck, daß sie die detaillierte Schilderung eines so intensiven Liebeserlebnisses, aus so frühen Jahren und schon so lange begraben, nicht gut ertrug. Im Geiste hob ich beide Hände hoch. Es war die Gebärde des müdegekämpften Kriegers, der sich gefangen gibt, die Gebärde des unconditional surrender. – Auch eine Liebesgebärde für die Bühne. Eine ungewöhnliche für das nicht existierende, ungewöhnliche Theater.

7. Kapitel

Hatte ich damals auf der Schulbühne der Wiener Theaterakademie, als Gregori begann, sich mir gegenüber bereits als Intendant zu gebärden, eine Ahnung vom Theaterbetrieb in der Provinz bekommen, so wurde ich nun in Mannheim mit seinem ganzen Ungeist konfrontiert. Wir verhaßten uns ineinander im Augenblick des Kennenlernens. Das war 1910, also vor dem ersten Weltkrieg, zu einer Zeit, in der es noch eingestandenermaßen »Hoftheater« gab. Die deutsche Revolution, auf keinem Gebiet durchgreifend, schaffte das Hoftheater nie wirklich und gänzlich ab. Sie änderte nur die Bezeichnung. An wenigen Stellen geschah vorübergehend wirklich Revolutionäres, Bahnbrechendes, Atem- und Geist-Befreiendes. Im großen und ganzen überlebte das Hoftheater die Dynastien. Das Lebendigste am Mannheimer Hoftheater war die Erinnerung an Friedrich von Schiller. Es stand noch das heute zerbombte Gebäude, in dem die Uraufführung der »Räuber« stattgefunden hatte. Zu Schillers Zeiten brauchte man nur eine Woche Proben für jene Aufführung. Der Sturm dieses atemberaubenden Stückes fegte, als er zum erstenmal losbrach, über jene eilig gezimmerte Aufführung hinweg. Das heutige Betriebstheater braucht für eine ähnliche, mit etwas Hysterie modern aufgetakelte Vorstellung drei bis fünf Wochen. Womit wird eigentlich so viel Zeit vertan? Solche Abziehbilder-Aufführungen, bei denen es sich doch nur um die Wiederholung von immer gleichen Tönen, Gebärden und Stellungen handelt, unbekümmert um die sehr verschiedenen textlichen Grundlagen, müßten doch schneller zustande kommen können. Viel Zeit wird auf den glatten Ablauf verwendet, der durch mechanisches, ständiges Durchlaufenlassen des ganzen Stückes erreicht wird. Dieses äußere Tempo wird in der uneingestandenen Hoffnung erturnt, daß die Ausdrucksarmut und die Fehler in der Geschwindigkeit nicht festgestellt werden können. Die flüchtige Aufführung muß schleunigst entkommen, will sie nicht wegen Fälschung und Unterschlagung gefaßt werden. Und es gelingt ihr meistens, denn der flüchtige Betrachter hat es selber eilig. Er will die letzte Elektrische erreichen und der Kritiker seinen Schreibtisch.

Öfter als zuvor besuchte ich in Mannheim die Oper. Ich erkannte den Nachteil des üblichen Sprechtheaters der Oper gegenüber, die als großes Wirkungselement Musik hat. Sie überträgt sich unmittelbar. Sie umgarnt die Sinne. Das gesprochene Wort, spröder und karger, verführt nicht, es hat die geistige Kontrolle zu passieren. Muß es doch nicht nur Emotionelles, sondern auch Gedankliches und Gleichnishaftes kommunizieren. Provinzklassikeraufführungen aber übernehmen den Darstellungsstil der Oper – jedoch ohne Musik. Sie bieten die notenlose, der Oper nachgeahmte, ranzige Deklamations-»Melodie« und ihr Gebaren feil.

Schon nach den ersten Proben – ich hatte in »Käthchen von Heilbronn« einen ungestümen Ritter zu spielen – fiel mir der Zeitmangel auf, unter dessen Druck Gregori, der Regisseur, und mehr oder weniger alle Beteiligten standen. Und doch dauerte es vier Wochen, bis diese putzige, butzenscheibige und hohlklirrende, stapfschrittige, guck-guck-neckische und ach-ach-innige Vorstellung zustande kam. Das Gebaren, das Gregori mir vergeblich für das »ich liebe dich« vorgeschlagen hatte, setzte er voll und ganz bei Käthchen und Strahl durch, deren Innigkeit sich mir auf den Magen legte.

Innigkeit kommt von innen, will ans Licht und erscheint erst durch einen Widerstand filtriert in Gesicht und Gehaben. Die Transparenz, die Durchlässigkeit des Gesichtes, ist eines der Attribute großer Schauspieler. Weder Innigkeit noch irgend etwas sonst entsteht durch äußeres Beben, Vibrieren und

Augenschließen anläßlich von vage erfaßten Gefühlstexten. Die Ausdrucksschablone ist entwertet; mag sie einstens sogar aus einem künstlerischen Erlebnis hervorgegangen sein; sie darf nicht leichtfertig wiederholt werden. Das künstlerische Erlebnis lebt nicht in zweiter Hand. Es gibt keine Gebraucht-Erlebnisse, wie Gebrauchtwaren. Es gibt keinen second-hand-Ausdruck. Jede menschliche Regung, erblickt sie das Licht der Probe, ist erst unbeholfen, später gelenkiger und wird schließlich eine Form finden, die sich zum Ausdruck prägt und, über die Rampe gehend, zum Eindruck wird.

»Komm, näher, näher, noch näher, ganz nahe« hatte ich dem Sinn nach einmal einer Bühnengeliebten zu sagen. Der Regiemechaniker, bereits ein späterer »Gregori«, stellte das Mädchen und mich weit auseinander und ließ es gefühlsbühnenfeierlich bei jedem »näher« ein paar Schritte auf mich zuschreiten. Mich ergriff ein Unbehagen bei diesem Mißgriff. Die Szene wurde schließlich folgendermaßen gespielt:

Wir standen von Anfang an nah beieinander. Und bei jedem »näher« kam sie um Zentimeter näher, und als es kein Näherkommen mehr gab, sagte ich »noch näher«. Und ich gebrauchte nicht das mir vom Regisseur vorgeschlagene Stimmvibrato.

Wenn Herodes liebesbesitzgierig Mariamne in einem Phantasieexzeß vorschlägt, bei der Nachricht von seinem Schlachtentod Selbstmord zu begehen, wirbt er ekstatisch für die Annahme dieses Angebots. Er steigert sich bis zu der Stelle:

»... ich stell' mir das so vor,
Als letzter Hauch zum letzten Hauch zu mischen,
Das wär' freiwill'gen Todes wert, das hieße
Jenseits des Grabes, wo das Grauen wohnt,
Noch ein Entzücken finden.«

Wenn nicht bei aller Ekstase doch noch der erkennbare Verabredungs- und Rendezvous-Tonfall und das Genießerische mitklingt, bleibt die Ekstase leer, denn erst die Annäherung an einen Lebenstonfall unterstreicht die Absurdität dieser Maßlosigkeit und macht sie für den Zuhörer mitempfindbar.

Jetzt konnte ich die Hersteller der Ausdrucksfertigware, die ich bisher nur von der vierten Galerie des Burgtheaters her kannte, ganz in der Nähe, als Mitspielender, als unfreiwillig Mitschuldiger, bei der Gefühlsmanipulation in flagranti erwischen. Diese Standard-Erregung wird überall und bei allen Rollen angewandt, bei Strahl, bei Käthchen, bei Romeo und Julia, Ferdinand und Luise, Faust und Gretchen und so weiter; in Mannheim, Wien, Frankfurt, Leipzig, Hamburg, Hannover, Linz, Bremen, Graz, Husum und Salzburg. Dieses Verfahren hat den fragwürdigen Vorzug, für Mann und Jüngling, Frau und Mädchen anwendbar zu sein, für mit Erregung zu versehende Sätze von Shakespeare, Goethe, Schiller, Sudermann, Hofmannsthal, Strindberg, Zuckmayer, Sardou, Anouilh und Hebbel, ob in Prosa, ob in Vers, in kurzer oder langer Rede, im Monolog oder Dialog, allein oder in der Anwesenheit vieler auf der Bühne, die während der Prozedur, wie lange sie auch dauern mag, in ausdrucksloser Bedeutendheit zu verharren haben. Sobald das Ziel erreicht ist – und es ist schnell geschehen –, gilt die Aufführung für »premierenreif«, festspielwürdig und exportfähig.

Unversehens fließen mir bei Betrachtung jenes Theaterbetriebs das Damals und das Heute zusammen. Sie sind sich auch zum Verwechseln ähnlich, wenn man von stilistischem Drumherum absieht.

Meine Opposition gegen das, was auf jenen Mannheimer Proben getrieben wurde, war sicherlich von meinem Gesicht ablesbar. Gregori vermied tunlichst, es zu sehen. Er war muffig-herrisch. Vom Betrieb gedrängt, trieb und drängte er seine Schauspieler. Leeres und Hohles blieben unangefochten. Gestaltungsversuche hingegen wurden, da zeitraubend und glättebedrohend, nieder- und flachgebügelt. Zur Reife gelangt, wären sie ein das Falsche um sie herum enthüllender Maßstab geworden.

In der Antrittsrede des Intendanten noch als Nachfolger von

Kainz eingeführt, ward ich bald eine Last, unter der Gregori zu stöhnen begann. Er hatte mich aber keineswegs schon aufgegeben, obwohl es ihm das Leben erleichtert hätte. Der öffentliche Vergleich mit Kainz hatte böses Blut gemacht, mein ungeschicktes Verhalten den Lebens- und Bühnenroutiniers gegenüber wurde als Überheblichkeit ausgelegt – ich hatte mich nur den weniger abweisenden Statisten vorgestellt, die ersten Fächer scheu vermeidend –, meine tastenden Gestaltungsversuche wurden belächelt und, gar nicht versteckt, bewitzelt. Natürlich gab's auch ein paar Mitleidige, vielleicht auch Verstehende. Aber es gab niemanden, dem ich mich hätte anschließen mögen, und keinen, der mich dazu ermuntert hätte. Ich wurde panisch scheu vor lauter Einsamkeit, und eines düsteren Tages saß ich nach einem umständlichen und einschüchternden Anmeldungsprozeß dem Intendanten gegenüber und verlangte meine sofortige Entlassung. Er war noch nicht soweit. Er hatte noch Durchsetzabsichten. In dieser Unterredung fand er für Minuten zurück zu seiner ursprünglichen Haltung mir gegenüber. Er bot mir den Horatio an, den ich neben Kainz spielen sollte, der zu einem baldigen Hamlet-Gastspiel erwartet wurde, und den »wilden Heinrich« in der bevorstehenden Uraufführung der Hans von Gumppenbergischen »Waldschnepfe«, in der die »schwarze Hanne« Maria Orska sein würde, eine Anfängerin, die Gregori ebenfalls aus Wien, wo sie seine Privatschülerin gewesen war, mitgebracht hatte und die er für ungewöhnlich begabt und anziehend hielt. Ich schlug den wilden Heinrich und die bizarr-schöne Orska als Partnerin aus. Ich wollte heim. »Sie wollen zu Ihrem Mädchen«, sagte Gregori im Tonfall eines den Angeklagten überführenden Staatsanwaltes. Da schwieg ich. Die Entfernung und viele Wochen der Trennung hatten sie zu glorifizieren begonnen. Gregori verweigerte mir die Entlassung. Ich war trostlos.
Nachmittags saß ich manchmal im Café Rumpelmayer. Warum konnte ich in diesem Lokal, das ja unleugbar ein Kaffeehaus war und als solches dem Wiener Typus irgendwie ähneln mußte, doch nicht heimisch werden? Abgesehen von den ver-

schiedenen Abweichungen, wie Wandbekleidung, Aufstellung der Tische, Kleidung der Kellner, fehlten mir vor allem die marmornen Tischplatten des Wiener Kaffeehauses. Bei den warmen, hübschen Decken, die hier unwienerisch die Tische zierten, fröstelte ich, während mich die bloße Erinnerung an den kalten Grabsteinmarmor der österreichischen Kaffeehaustische erwärmte. Der »Bäckerei« stand ich von vorneherein skeptisch gegenüber, weil sie hierorts nicht nur »Kuchen« hieß, sondern weil die Mannheimer Mundart, ihren unerforschlichen Gesetzen gemäß, das Schluß-»n« unterschlägt. Der »Kuche« ist einem Wiener Gaumen nicht zumutbar. Auch der Kaffee machte mir zu schaffen, der den Gaumen enttäuschte und zudem das Ohr beleidigte. Ich hatte schon gerüchtweise gehört, daß man in Deutschland nicht die zweite, sondern die erste Silbe des »Kaffee« betone. Doch hatte ich das für üble Nachrede gehalten. Ich mußte mich zu meinem Leidwesen überzeugen, daß tatsächlich »Káffe« gesagt wurde. Es ward mir wehmütig klar, daß der Wiener eine tragische Figur wird, sobald er seine Kaffeehauswelt verläßt; und doch habe ich den Rest meines Lebens diese Erkenntnis nicht beachtet. Damals aber wünschte ich mich zurück in den Qualm und Kaffeegeruch meines Stammcafés.

Ein wienerisch gesprochener Satz scheuchte mich aus meiner Meditation auf: Am Nebentisch, mit dem Rücken zu mir, saß ein rothaariges Mädchen im Gespräch mit Maria Orska. Von Haar und Tonfall angezogen, ging ich in die gegenüberliegende Telefonzelle, um in der Gegeneinstellung das Gesicht betrachten zu können. Ich war verdutzt. Für Sekunden dachte ich, Lilith wäre unangemeldet gekommen. Da stand das Mädchen auf und kam auf mich zu. Sie blieb vor der Glastür stehen und wartete offensichtlich auf das Ende meines Gespräches. Ich aber, mit dem Hörer in der Hand, ließ mir Zeit und konnte sie en face in Großaufnahme betrachten. Um mein Verweilen in der Zelle zu legitimieren, bewegte ich meine Lippen in fingiertem Telefongespräch. Ihre Augen waren nicht braun wie die Liliths, sondern grün und funkelten mich ungeduldig an. Weil das Warten ihr zu lang wurde oder mein Blick sie irritierte, begann sie auf und ab zu gehen. Ich konnte sie trotzdem im Auge behalten: ihr Gang war beunruhigend. An der Glastür haltend, klopfte sie. Ihr Nasenrücken war schmaler als der Liliths. Ich tat so, als ob ich weiterspräche, bis sie die Tür aufriß und etwas Unliebenswürdiges sagte. Die Stimme klang mir vertraut. Ich überließ ihr die Zelle. – Um diesen für mich erstaunlichen Stimmklang nochmals zu hören, öffnete ich nach einer Weile die Tür, um neuerdings einen Wortwechsel zu provozieren. Wieder mutete mich der Tonfall wie schon Gehörtes an.

Neugierig geworden, ging ich an den Tisch der Orska und erfuhr von ihr, daß die Widerspenstige aus Wien stamme und schon zwei Jahre am Mannheimer Theater mittlere Rollen spiele. Die Orska, der nie entging, was immer sich zwischen Mann und Frau anspinnt, fragte mit der ihr eigenen wehmutsvollen Bosheit, wie es meiner Wiener Freundin ginge. »Jetzt können Sie telefonieren«, unterbrach uns das vom Telefonieren kommende Mädchen und nahm ihren alten Platz ein. Wieder kam mir die Stimme bekannt vor. Ich setzte mich unaufgefordert. Während meine Blicke auf ihr ruhten, ging mein Gedächtnis auf die Suche; denn die anfangs wahrgenommene Ähnlichkeit mit Lilith war weniger groß als die mit einem nun in der Erinnerung auftauchenden dritten Frauengesicht. Die Stimme der vor mit Sitzenden klang wie die der anderen, die nun immer mehr Gestalt annahm durch das wirkungsbedachte Hände- und Lippenspiel, das verwirrende Senken und Aufschlagen der Lider, durch das bald ungewollt laszive, bald anmutsvoll und verspielt flirtbereite Gebaren meines Gegenübers.

Im letzten Theaterschuljahr in Wien hatte ich oft im Burgtheater nach dem Operngucker gegriffen, um jene dritte, an die mich jetzt mein Gegenüber mahnte, näher heranzuholen: so sah ich nahe das ganz unburgtheaterhafte, sündig reizvolle Gesicht der Lotte Witt, der sich anzugleichen nicht nur Lilith, sondern auch meiner neuen Bekanntschaft mit verblüffendem Erfolg gelungen war. Es ist gar nichts Ungewöhnliches für junge Schauspielerinnen, sich einem Bühnenideal, dem sie sich noch dazu wesensverwandt fühlen, bis zur Selbstaufgabe nachzuformen. Die beiden der Witt Angeglichenen glichen auch einander in dem Klang der Stimme zum Verwechseln. Während ich also Lilith II betrachtete, ging mir erst auf, daß ich wohl auch Lilith I nur stellvertretend für Lotte Witt akzeptiert hatte. Wahrscheinlich war meine Verliebtheit, meine begehrliche Opernguckerei Lilith I nicht entgangen. Sie hatte, mit ihrem von ihr bewunderten Vorbild konkurrierend, sich in dieses verwandelt. Sie war schließlich ein geglücktes Plagiat, ein leibhaftiges Surrogat geworden.

Am nächsten Morgen saß ich im dunklen Zuschauerraum, um Lilith II, die eine Szene probierte, zu beobachten. Wieder zog mich Lotte Witt in der Verkörperung dieser jungen Schauspielerin an, die mit deren gurrender Stimme und erregendem Hüftgang meine Sinne erhitzte. Lilith II war die leibhaftigere Witt als die leiblich nicht ganz so attraktive Lilith I. An Lilith II brauchte ich noch weniger zu retuschieren, bis ich die Witt vor mir und mit mir hatte. Der neuen Lilith schauspielerische Unzulänglichkeit war nicht reizvermindernd. Nach Probenschluß erwartete ich sie und gab ihr einen wohlgezielten Rat für ihre Rolle. Bald trafen wir uns unverabredet im Café. Ich sprach eindrucksbeflissen über ihre Rolle, bis ich ihr schließlich anbot, sie mit ihr durchzuarbeiten. So wurde auch sie, wie einst Lilith I, Objekt für meine früh nach Betätigung drängende Regiebegabung, in deren Abhängigkeit sie zusehends geriet. Schließlich wurden wir unzertrennlich, sozusagen bei Tag und Nacht. Bald wohnten wir zusammen. Es dauerte nicht lange, bis ich mich fragte, ob die Original-Witt auch von so aufrührerischer Strindberghaftigkeit gewesen sein mochte wie Lilith II, die sich als noch vehementerer und listenreicherer Quälgeist als Lilith I erwies und noch bestrickender war.

Lilith I hatte ihre Prophezeiung wahrgemacht, ich würde sie einem Manne in die Arme treiben, falls ich sie in Wien zurückließe. Meine Lilith II mußte dafür büßen. Ich plagte sie mit wilden Vorwürfen über die Unzuverlässigkeit von Mädchen lilithscher Art. Meine wortreich lärmende, sich steigernde Entrüstung ließ den Gedanken an meine eigene Treulosigkeit erst gar nicht aufkommen. Früh übt sich, was ein Mann werden will. Mir kam es gar nicht zu Bewußtsein, daß ich tatsächlich das Mädchen in Wien verlassen hatte und nun mit den drei Witts, der echten, der Wiener und der Mannheimer Ausgabe, im Konkubinat lebte. Ich hatte einen Strindbergschen Traumharem, in dem die physisch Nahe am realsten war. Die Lilith II wußte längst von mir, daß ich sie mit Lilith I identifizierte. Sie fühlte sich auch solidarisch mit jener und empfand Angriffe auf jene als auf sie selbst gerichtet. Sie verteidigte leidenschaftlich den treulosen Abfall der in Wien Verbliebenen, als ob sie ihn selbst begangen hätte. Darin erblickte ich hinwiederum ihre in Bereitschaft liegende Veranlagung zur Treulosigkeit. Nach einer Weile gebärdete ich mich in blindwütiger Eifersucht, als ob sie diese Untreue schon begangen hätte. Ich hatte ihr im Lauf der Zeit viel von dem mich so aufreizenden Verhalten der Lilith I erzählt. Nun mag dieses von ihr übernommen worden sein, oder es entstammte ihrem eigenen Naturell. Wie immer, die beiden Liliths kämpften mit den gleichen Waffen der Qual und der Lust und wurden so für mich zu einem Geschöpf.

Zum Hamlet-Gastspiel von Kainz kam es nicht. Er war gestorben. Ich trauere heute mehr um ihn als damals. Damals kam ich nicht dazu. Ich hatte alle Hände voll zu tun, Lilith von den vielen Fenstersimsen der viel zu teuren Wohnung, in der wir viel zu oft tobten, zurückzureißen. Zwischen diesen vergeblichen Selbstmordversuchen probierte ich den »wilden Heinrich« mit einem schwer angeschlagenen Gregori als Regisseur, den man uns, die beiden im Konkubinat lebenden Jugendlichen, behördlicherseits zum Vorwurf gemacht hatte. Mit dem Strick, den man ihm unseretwegen drehte, schien Gregori sich langsam, aber sicher erhängen zu wollen.

Wurde ich bei meinem ersten Auftreten in »Käthchen von Heilbronn« als polternder Ritter nur von der Presse in einer für die kleine Rolle unverhältnismäßig ausführlichen Weise verhöhnt, so heimste ich in der Uraufführung der »Waldschnepfe« auch die pfeifende Ablehnung des mitspielenden Publikums ein. Die Zeitungen vernichteten das Stück, die Orska und mich. Der Hauptkritiker, der mit H. S. zeichnete, Hermann Sinsheimer, forderte unser aller zwangsweise Rückbeförderung nach Wien. Gregoris Stellung war erschüttert. Mein Vater telegrafierte: »H. S. soll der Schlag treffen.«

Meine Mannheimer Finanzlage glich meinem künstlerischen Erfolge. Nachdem ich Gage und Vaters Zuschüsse zum Fenster hinausgeworfen hatte, gab es schließlich keine Akontozahlung des Theaters und keinen Zuschuß meines empörten Vaters mehr. Es fand ein dramatischer Telegrammwechsel zwischen ihm und mir statt, von mir durch den Verkauf eines Anzuges aus meiner »fürstlichen« Garderobe, wie meine Mutter sie schlicht nannte, finanziert. Meine Eltern hatten mich tatsächlich großzügig ausgestattet.

Ich forderte immer dringender Geld, wurde immer frenetischer, und schließlich, mit meinem Anzugserlös am Ende, telegrafierte ich kurz und dramatisch: »Hunger!« Mein Vater schoß telegrafisch zurück: »Kannst telegrafieren bis Draht platzt.« Das Geld kam dann doch – sogar telegrafisch – um einen ratlosen Tag später.

So in eins verschmolzen waren die beiden Liliths, daß ich wähnte, Lilith I setze ihre Wiener Taktik, mein Selbstbewußtsein, meinen Hahnenstolz zu unterminieren, in Mannheim fort. Sie legte die herabsetzenden Bemerkungen über mich ihrer Freundin Orska in den Mund, deren Einfluß mir unheilvoll zu werden schien. Konnte man ihr doch ansehen, daß Männerraub ihr Trachten war, im Leben wie auf der Bühne. Später eroberte sie Berlin im Sturm, wie man im übertreibenden Theaterjargon sagt. Sie wurde das erotische Ideal, der Inbegriff der Sündhaftigkeit und brachte es durch Bett und Bühne zu einer früh beendeten Berühmtheit. Noch zu dicklich für eine solche Karriere, bereitete sie sich in Mannheim schon für die fetten Jahre zukünftiger Schlankheit vor. Sie suchte Lilith für ihre Lebensauffassung zu gewinnen, riet ihr, diesen häßlichen finanzschwachen Jungen, also mich, aufzugeben und nach in jeder Hinsicht Lohnenderem Umschau zu halten. Meine psychisch rauflustige, nicht nur gelegentlich seelische Händel suchende Brachial-Mimose teilte mir mit hinterhältiger Offenheit mit, daß sie den Orskaschen Kurs unverzüglich einzuschlagen beschlossen habe. Eine Trennung hatte zwar nichts wirklich Erschreckendes für mich, aber ich wollte sie nicht erdulden, sondern gegebenenfalls vollziehen. In einem idyllischen Ausflugsort bei Mannheim kam es über diese Angelegenheit zu einem mörderischen Krach. Am nächsten Morgen erfuhr ich, daß ich eine Vorstellung versäumt hätte, gesucht wurde und daß mein Verschwinden meinen Eltern telegrafisch mitgeteilt worden war.

Unsere ohnehin schon gefährdete Beziehung wäre wohl zu Ende gegangen, hätten die darauffolgenden Ereignisse sie nicht wieder zusammengeleimt. Am nächsten Morgen stand meine Mutter unangekündigt in unserer Mannheimer Wohnung. Die Angst über mein Verschwinden, das aufregende Abenteuer der weiten Reise, die erstmalige lange Trennung von mir, das für sie unter so »tragischen« Umständen stattfindende Wiedersehn brachten meine Mutter um den Rest ihrer ohnehin leicht versagenden Zurückhaltung. Mit der Verantwortung für unser nun von ihr entdecktes Zusammenleben belastete sie ausschließlich Lilith. Das vernichtende Urteil ward gefällt, ehe die Angeklagte zu Worte kam. Wahrscheinlich spürte ihr mütterlicher Instinkt, wie damals in Wien so auch jetzt wieder, die zerrüttende Wirkung solcher Art Geschöpfe auf mich. Sicher hatte sie gehofft, daß ich nach Lilith I eine Zeitlang ohne ernste Bindung auskommen oder an einen total anders gearteten Typus geraten würde. »Haargenau dasselbe Luder«, stellte sie fest, und ohne besondere Adjustierung, ohne psychologische Umstellung konnte sie gegen Lilith II vorgehen, als ob sie ihren Kampf gegen Lilith I fortsetzte.

Meine Mutter zog in ein nahe liegendes Hotel, und ich, wieder zum Schulbuben geworden, wartete beklommen auf ihre weiteren Schritte.

Das Verhalten des Mädchens war ganz anders, als ich es erwartet hatte. Mit mir allein geblieben, begann sie bitterlich zu weinen und, gegen ihre Art, kämpfte sie nicht zurück. Was ging in ihr vor?
Ich wäre vielleicht meiner Mutter ein Bundesgenosse geworden im Kampf um meine eigene Befreiung aus dieser lebenswidrigen Gemeinschaft, würde meine Mutter bedachter und schonungsvoller vorgegangen sein. So aber wurde ich in die Verteidigung des zu mitleidlos attackierten Mädchens gedrängt. Ich kämpfte mit einer eigentlich ungewollten Ritterlichkeit für die Erhaltung eines Zustandes, den ich im Grunde beenden wollte. Hatten wir doch für unsere Zerwürfnisse Überstunden verbraucht, die wir immer mehr unseren Liebes- und Arbeitsstunden entziehen mußten.
Die in der neuen Beziehung fortgesetzte alte, beide summa summarum zwei Jahre dauernd, verleidete mir die Liliths. Mit der Abkehr von ihnen stellte sich auch ein Strindberg-Überdruß ein. Kein Zweifel, daß unser beider Gemüter von der Lektüre seiner Bücher besessen und angefressen waren. Als wäre er für mein konfliktverseuchtes Liebesleben verantwortlich, wandte ich mich so weitgehend von ihm ab, daß ich für die nächsten zehn Jahre mir immer wieder vorgeschlagene Strindberg-Rollen ablehnte. Mich beschäftigte andere Literatur, eine weniger vom Kampf der Geschlechter beherrschte, eine, in der die Frau dem Manne Kraft und Zeit läßt, sich mit den Kontrahenten der Umwelt auseinanderzusetzen: Tolstois Dramen über die »Finsternisse« der menschlichen Gesellschaft, Ibsens staatsanwaltliche, in Theaterakten geschriebene Anklage gegen das Bürgertum und vor allem jene sittenrichterlichen, gesellschaftliche Mißstände anprangernden Stücke des damaligen zornigen jungen Mannes Gerhart Hauptmann.
Trennung von Lilith, deren zeitweises Verreisen, die Aufgabe der gemeinsamen zu teuren Wohnung und meine Übersiedlung in ein meiner Finanzlage entsprechendes möbliertes Zimmer waren der Inhalt des mütterlichen Ultimatums. Sie werde sich auch, sagte meine Mutter in einer Besprechung, der Lilith

fernblieb, wenn nötig, behördlicher Unterstützung versichern. Falls ihre Bedingungen nicht erfüllt würden, sei das telegrafisch gesandte Geld das unwiderruflich letzte. Sie hatte alle Beträge addiert und nannte die Summe in der neuen Kronenwährung. Aus einem Gulden waren zwei Kronen geworden, ein Umstand, den meine Lear-hafte Mutter dramatisch ausschlachtete. Sie konnte mir nun die wirksamere Zahl von zweitausend statt tausend ins Gesicht schleudern. Mein Vater und sie seien bisher zu schwach und nachgiebig gewesen. Sie werde von nun an hart sein und auch meinen Vater vor Rückfällen in seine sündhafte Nachgiebigkeit zu schützen wissen, und – immer gerührter werdend – erzählte sie, wie die letzte Geldsendung zustande gekommen war. Mein Ein-Wort-Telegramm hatte meines Vaters Wut entfacht, die sich auf einen gerade anwesenden Kunden entlud, der den Preis für eine goldene Uhr herunterhandeln wollte. Der fürchterlich Angeschriene schrie zurück, worauf meine Mutter ihn anschrie und dann die weibliche Begleitung des Kunden meine Mutter. Es kam nicht zum Verkauf der Uhr. »Nicht einen Heller schick' ich dem Jungen«, rief mein Vater und verließ das Geschäft. Meine Mutter beschloß zum erstenmal, sich an dieses Wort zu halten. Mit bangem Herzen meinetwegen und einem guten Gewissen meinem Vater gegenüber legte sie sich ins Bett und konnte nicht schlafen. Auch mein Vater konnte es nicht. Er hatte seit dem Verdikt kein Wort mehr gesprochen. Gegen vier Uhr morgens, nachdem er immer wieder aufgestanden war, die Nachttischkerze angezündet, lange zum Fenster hinausgeschaut und sich wieder hingelegt hatte, fragte er schließlich: »Hast du dem Buben das Geld geschickt?« Meine Mutter verneinte. »Du bist eine Rabenmutter!« sagte er, stand auf, ging zur Post und sandte das Geld telegrafisch. Er hatte sich darauf verlassen, daß meine Mutter es hinter seinem Rücken schicken würde, wie sie es sonst tat, was er offenbar ahnte oder gar wußte. Das war mein Vater.

Meine Mutter beherrschte die Szene mit ihrem echten, urmütterlichen Zorn, mit der Liebe und ihrem blindwütigen medeahaften Haß gegen die neue Lilith. Nicht der Inhalt des Ultimatums erregte meinen Widerstand, sondern Ton, Gebärde und Suada meiner Mutter beleidigten meine Ausdrucksempfindlichkeit. Meine Mutter hatte zuviel Theater gesehen. Im Gegensatz zu meinem Vater war sie schon in früher Jugend eine eifrige Theaterbesucherin gewesen. Mein Vater wollte sich mit seinen Ausbrüchen befreien und ähnelte darin Rudolf Schildkraut, diesem Stück »Wüstenleben« auf der europäischen Bühne. Meine Mutter hingegen, ebenfalls echt bewegt und befreiungsbedürftig, wollte auch noch wirken wie die Charlotte Wolter des alten Burgtheaters, das noch am Wiener Ballhausplatz stand, in dem die wirklich große Märchenwelt des Burgtheaters einst erglänzte. – Davon hatte ich leider nichts mehr gesehen. Nicht einmal das ehrwürdige, schlichte Gebäude, in dem die Burgtheaterriesen Mitterwurzer, Sonnenthal, Lewinsky, Robert, die Wolter, die Hohenfels oft zusammen in einem Stück auftraten. Aus der Riesenzeit drang der Wolterschrei noch in ehrfürchtigen Berichten in meine Kindheit. Dieser sagenhafte Schrei war wohl der große Jugendeindruck meiner Mutter gewesen, und auf ihn hatte offenbar ihr aufschreibereites Innenleben leidenschaftlich reagiert. Mama wollte mich nicht nur von dem Mädchen mit echtem, mütterlichem Einsatz befreien, sie wollte sich auch mein Mitgefühl für ihre eigene Tragik erweinen. Ihr Mitleid mit sich selbst war unüberhörbar. Ich weiß nicht, wie ich zum originalen Wolterschrei gestanden hätte. Das Echo, das er in meiner Mutter fand, beleidigte mich und provozierte Widerstand, Aufsässigkeit und das Versiegen der immer wieder aufsteigenden Bereitschaft, auf sie zu hören. In den nicht enden wollenden Szenen sagte sie eines Tages: »Ja, wenn du dich so einem netten, bescheidenen, braven Mädchen wie der Orska anschließen würdest, dagegen hätte ich bestimmt nichts.« Was war geschehen? Die Orska hatte sich während der wenigen Tage, die meine Mutter in Mannheim war, schon an sie herangemacht, und die beiden hatten eine groteske Freundschaft geschlossen. Meine alternde, solide Mutter und diese irisierende, bezaubernd verlogene, geborene Verführerin! Was muß sie meiner Mutter vorgespielt haben! Wie ahnungslos war meine

Mutter. Nun wollte die Orska keineswegs etwa über meine Mutter sich an mich heranmachen. Ich glaube, ihr Hauptmotiv war ihre Spiellust. Sie, die spätere Virtuosin der Betörung, übte, sich einspielend, wie der Klavierspieler seine Etüden. Sie erprobte ihr nicht zu sättigendes Bedürfnis, geliebt und beliebt zu sein auch an dieser desperaten, ihr in ihrer Not bestimmt gleichgültigen Frau. Auch wollte sie Lilith II, ihrer guten Freundin, einen bösen Streich spielen, ihr schaden, ohne sich zu nutzen, eine reine l'art pour l'art-Aktion. Übrigens leugnete sie die Hetze gegen mich. Es ist durchaus möglich, daß diese von Lilith erfunden war, aber es war ebenso möglich, daß die Orska all das Scheußliche doch gesagt hatte und nun ableugnete. Beiden jungen Damen war beides und alles zuzutrauen. Sie brauchten Aufregung, emotionellen Wirrwarr, und Mannheim war langweilig.

Ich war erst achtzehn, als mir dieser Einblick in das innere Getriebe der Zauberteufelsgeschöpfe beschieden war. Der Keim zu der Sehnsucht nach dem gegenteiligen Typus, dem ganz anderen, dürfte wohl in jenen Tagen in mich gepflanzt worden sein. Ich fing an, mit noch verbundenen Augen nach ihm zu tasten. Es gab solch ein Mädchen, es war in Berlin für mich geboren. Nur wußte ich's nicht. Es sollte noch eine lange Weile dauern, bis wir im Zickzack, auf Irrwegen, in verkehrten Richtungen uns bereits auf dem Weg zueinander befanden und schließlich stolpernd aufeinanderstießen. Aber das war noch lange hin.

Als wir drei, Mutter, Lilith und ich, schon kampfmüde waren, griff Gregori ein: Lilith müsse weichen, ihr Bleiben würde ihn seine Stellung kosten: die moralische Entrüstung behördlicherseits sei zu groß und könne nur durch ihren Weggang besänftigt werden. Lilith leistete keinen Widerstand, sie war sichtlich angegriffen, blaß und von Übelkeiten geplagt. Vielleicht war es auch für sie eine Lockung, ohne mich zu sein, in der fremden, großen Stadt Berlin, wohin sie wollte. Das war die Bedingung. Nach Berlin! Meine Mutter verpflichtete sich, diesen Aufenthalt vorläufig zu finanzieren.

Lilith fuhr nach Berlin, meine Mutter zurück nach Wien, ich zog in ein nettes, möbliertes Zimmer in der Wohnung eines Orchestermitglieds der Mannheimer Oper. Ich atmete auf.
So blind und taub wie ich, junger Egozentriker, der nicht über sich und sein Ergehen hinaussah, waren wohl die meisten, auch die Erwachsenen. Blind und taub für alle Warnsignale, alle Sinne manisch auf Vorteil, Vergnügen, Genuß und Übervorteilen gerichtet, bewegten wir uns unaufhaltsam dem entgegen, was dann der erste Weltkrieg genannt wurde, der sich hinwiederum nur als Pionier für den zweiten erwies, während der zweite uns in die Nähe des dritten gebracht hatte, an dessen Rand wir uns häuslich niederlassen, es uns nun gemütlich machen, unsere zerbombten Häuser aufbauen, unsere Kirchen, Banken, Bethäuser und Lebensversicherungsgesellschaften.
Zwei Jahre vor Ausbruch meines offenen Kampfes gegen falsche Provinztöne und -gebärden, die das Mannheimer Hof- und Nationaltheater seit Generationen okkupiert hielten, ohne daß ihnen jemand den Kampf angesagt und das Theater aus der schmachvollen Knechtschaft befreit hätte, beschloß die k. u. k. österreichische Regierung, das okkupierte Serbien und die Herzegowina dem österreichisch-ungarischen Kaiserreich einzuverleiben. Damit war die Ursache für den ersten Weltkrieg gegeben und wartete nunmehr nur noch auf den auslösenden Anlaß. Was kümmerte mich, mit meiner Theater- und Strindberg-Leidenschaft voll beschäftigt, eine so entlegene Affäre wie die Vergewaltigung Serbiens? Wie sollte ich ahnen, jetzt, wo ich gegen das Betriebstheater zu Felde zog, daß man mir vier Jahre später die Waffen für die endgültige Unterwerfung Serbiens in die Hand zu drücken versuchen würde? Die Hand umkrampfte jetzt eine Pergamentrolle, die ich als Schreiber Davison auf der »Maria-Stuart«-Probe Königin Elisabeth überreichte, wobei ich sie beschwor, das Todesurteil gegen Maria zurückzuziehen.
Gregori verlangte von mir, das aufgerüttelte Schreibergewissen durch den Schnaube-Talmi-Aufruhr, das Preßluft-Aufbauschtrara und -bum-bum darzustellen, aus dem für jeden Zweck und

Anlaß vorhandenen Klischeearsenal des Hoftheaters. Die Geste der Selbstanfeuerung ständig wiederholend, beteuert der Schauspieler dem Publikum immer wieder, daß es dem Menschen, den er darstellen sollte, ganz schrecklich schlecht gehe. Dieser Aufreger ist gewissermaßen ein Bote der nicht verkörperten Person. Er berichtet, wie bedauernswert die Lage des von ihm nicht dargestellten Menschen sei. Der Bote des die Maria versengend liebenden Mortimer mußte genau die gleichen Gebärden produzieren wie ich als Schreiber Davison. Eigentlich alle. Es war eine Ansammlung von Boten, die über den Zustand der handelnden Personen nur aufgeregt berichteten. Der Theaterabonnent akzeptiert den Boten für die Person. So ist das dramatische Boten-Betriebstheater entstanden. Die Menschen aber erscheinen nur, wenn sie verkörpert werden. Das gelingt ausschließlich dem außerordentlichen Theater, auf dem sich nach langen Geburtswehen die Menschwerdung vollzieht. Dahin drängte es in mir ahnungsvoll. Ich wollte – noch unbewußt – verkörpern und sollte ein Bote sein. Zwischen Gregori und mir knisterte es vor Auflehnung und Unterdrükkung. Der Ausbruch des Konflikts war kaum noch zu verhindern. Für mich ganz überraschend griff die Orska in mein Schicksal ein. Es war etwa sechs Uhr, als sie eines Morgens bei mir im Zimmer erschien, um mir mitzuteilen, daß ihr Onkel, der Geheime Kommissionsrat Frankfurter, der sagenumwobene Vertreter aller Großen des deutschen Theaters und der internationalen Oper, in etwa einer Stunde, aus Paris kommend, eintreffen werde. Ich solle mich sofort anziehen und ihn mit ihr zusammen von der Bahn abholen. Das wäre für einen Unbekannten die einzige Möglichkeit, an den Vielbeschäftigten heranzukommen. Sie werde ihren Einfluß auf ihren Onkel für mich verwenden. Ich passe nicht in ein Provinztheater. »Sie gehören nach Berlin. Ich warte unten auf Sie.« Das alles vollzog sich sachlich und unpersönlich.

Es klappte! Frankfurter war offenbar ein reicher Mann, verdiente viel Geld und lebte auf großem Fuß. Ich tat meinen ersten Blick in diese Welt. Er stieg mit seinem exquisiten Groß-

weltgepäck in einem Zwei-Zimmer-Appartement des an sich schon ehrfurchtgebietend teuren Hotels ab. Wir frühstückten opulent zu dritt. Schließlich sagte er: »Schön sind Sie gerade nicht. Aber bei Reinhardt sind alle mies. Da gehören Sie hin.« Er hob den Hörer ab und verlangte Berlin, Deutsches Theater, mit einer Selbstverständlichkeit, als ob die Menschheit seit Adam Ferngespräche geführt hätte. Ich sollte zum erstenmal einem beiwohnen. Auch Ham and Eggs hatte ich vorher noch nie zum Frühstück gehabt. Mich beeindruckte das alles mächtig. Betrachtete doch mein Vater ein gekochtes Ei am frühen Morgen als Hochstapelei. Berlin meldete sich, und Frankfurter sprach mit einem Vertreter Reinhardts. Zuerst über das von ihm gemanagte, bevorstehende Gastspiel des Reinhardt-Ensembles in Rußland. Städte und Daten wurden genannt. Mir benahm's den Atem. Da war sie, die große Welt. Ich fühlte, etwas feierlich gehoben, daß ich sie an diesem ereignisreichen Morgen betreten hatte. Schließlich erwähnte Frankfurter meinen Namen. Er mußte ihn buchstabieren. Noch! dachte ich, durch all das dreist geworden. Eines Tages werde ich auch an internationalen Tourneen teilnehmen, so wohnen und Ferngespräche führen. Frankfurter sagte äußerst Schmeichelhaftes über mein Talent. »Hab' ich ihm geschrieben«, flüsterte die Orska mir zu. »Sie sollen, sobald Sie können, nach Berlin kommen und sich vorher ansagen. Sie werden Max vorsprechen.« Das war Reinhardt. So wurde er von seinem Kreis genannt. Ich bekam auch ein Glas Sekt. Frankfurter hatte im Schlafwagen schlecht geschlafen und in Paris und Rom zu wenig. Er brauchte Stimulans. Dann wurde noch einmal Sekt eingeschenkt. Schließlich verabschiedete ich mich. Ich hatte trotz des ersten Sektschwipses das Gefühl, ich müsse Onkel und Nichte allein lassen. Es war auch Zeit, auf die Probe zu gehen. So unglaubwürdig und paradox diese Orska in allen Lebensäußerungen war, dem Beruf gegenüber war sie offenbar geradlinig. Ihr Interesse für mein Talent war echt. Was sie an Aufrichtigkeit besaß, gehörte ausschließlich dem Theater.
Ich will zugeben, daß ich durch die Ereignisse des turbulenten

Morgens um einiges kämpferischer und unnachgiebiger geworden war, als es die Situation an jenem Probenvormittag rechtfertigte. Nun wollte ich nicht nur dem Davison zu einer Menschengestalt verhelfen, mich drängte es jetzt ungestüm von hier fort, nach Berlin, wo es Reinhardt in Reichweite gab und den allerdings schon müde gewordenen Brahm und schließlich Lilith. Ein paar Tage später war es soweit. Gregori brüllte mich an, da ich unbeirrbar und verstockt die Szene immer wieder unterbrach mit zeitraubendem Suchen nach dem Ausdruck des von fürchterlicher Gewissensangst geplagten Davison. Hinterher, in einer messerscharfen Unterredung, sprach ich Gregori unverhüllt mein Mißtrauen in seine künstlerische Kompetenz aus. Das führte pfeilgerade zur Trennung. Wir kamen überein, den mehrjährigen Vertrag aufzuheben. Bis zum Ende der laufenden Spielzeit mußte ich ausharren. Einen mehrtägigen Urlaub nach Berlin, um Reinhardt vorzusprechen, ließ Gregori sich auch noch abringen.

8. Kapitel

Ich fuhr die Nacht durch in die große Theatermetropole, nach der es mich seit jener »Gespenster«-Aufführung des Brahm-Ensembles in Wien zog. Erregung und Erwartung waren fieberhaft, als ich in die 3. Klasse des D-Zuges stieg. Kaum hatte ich mich auf die Holzbank gesetzt, als ich auch schon anfing, auf die Ankunft zu warten, auf den sicherlich atemraubenden Anblick der im Frühlicht auftauchenden Berliner Vorstadthäuser.

Am Morgen jedoch mußte ich vom Schaffner am Anhalter Bahnhof wachgerüttelt werden. Schlaftrunken verließ ich den schon leeren Waggon. So schlief ich damals! Heute ist das natürlich anders. Ich schlafe viel weniger, und irgendeine Erregung bringt mich um den wenigen Schlaf. Fest und tief schlafe ich jedoch heute als Zuschauer im Theater und Kino bei allem nicht Außerordentlichen. Also, alles in allem leide ich nicht an Schlafmangel. Ginge ich öfter ins Theater und Kino, ich würde die Zeit verschlafen.

Die Einfahrt in die Stadt, die Höchstspannung der letzten Ankunftsminuten hatte ich versäumt. Schläfrig stand ich den eiligen Berlinern am Bahnhofsperron im Wege. Wach wurde ich erst, als ich der blassen Lilith gegenübersaß. Sie weinte, als sie mir mitteilte, sie würde nun nicht mehr lange leben, denn bei der Geburt des Kindes, das sie trüge, würde sie sterben. – Mir »blieb die Spucke weg«. Die Serie der Ersterlebnisse schien kein Ende zu nehmen. Die Mannheimer Übelkeiten rührten also daher und wohl auch ihr gesteigertes Furioso. Jetzt saß sie da, ein Häuflein weinendes Unglück und Ratlosigkeit. Das ist

doch noch keine Mutter, sagte ich mir. Und ich doch kein Vater. – Her mit meinem Vater! Ich telegrafierte ihm.
Meine Ankunft in Berlin hatte ich dem Deutschen Theater telegrafiert. Ich telegrafierte eigentlich schon recht viel. Nun rief ich im Vorzimmer der Pension – »Diele« nennt man das in Berlin –, in der Lilith wohnte, das Deutsche Theater an. Das Berlinisch, das jetzt an mein Ohr schlug, angefangen vom Telefonfräulein, bis ich das entsprechende Büro des Deutschen Theaters hatte, amüsierte mich trotz meiner Seelennot. Morgen um zwölf würde der Herr Professor mich empfangen. Es war um zwölf Uhr, ich erinnere mich genau. Das alles erlebte ich mit leerem Magen. Ich hatte noch nicht gefrühstückt. Trotz aller Bedrückung meldete sich mein damals unter gar keinen Umständen unterdrückbarer Hunger. Nur wußte ich nicht, wie ich es ausdrücken soll, ohne die schwermütige Stimmung ungebührlich zu stören. – Ich sagte, ich müsse mein Gepäck vom Bahnhof holen, und ging. Die Pension lag in der Uhlandstraße in Charlottenburg. Auf den nahen Kurfürstendamm stieß ich, ohne es zu beabsichtigen. Damals war er noch mehr Wohn- als Geschäftsstraße. Aber breit war er wie heute und so bevölkert, wie er es heute nicht mehr ist. Auf daß er es wieder werde! Wie ich das herbeiwünsche, für die Berliner, für Deutschland, für Europa! Wenn ich's noch erleben soll – und ich möchte es so gerne –, dann muß die Weltgeschichte schnell machen und andere heranlassen, die Weltgeschichte machen. Amen!
Der Kurfürstendamm war noch im Werden, von der Elektrischen emsig befahren, von zweideckigen Autobussen durchrattert und von einem Automobilverkehr durchtobt, der mir Wiener, aus Mannheim kommend, neuyorkerisch erschien. Kaffeehäuser gab es auch schon. Ich ging in eines. Es war befremdend. Wieder so ganz anders als das Wiener Kaffeehaus. Es sah aus wie ein Nachtlokal am Morgen. Es fehlte die Morgenfrische und Würze eines Wiener Kaffeehauses, das Bürgerliche, Solide. Das moderne Berliner Café war übernächtig, wollte auch architektonisch und mit seiner Einrichtung zu hoch hinaus. Ich glaube, ich hatte Sehnsucht nach

Wien in diesem Berliner Café. Und gar erst, als ich einen Schluck vom Kaffee hinter mir hatte. Auch die Schrippen und Knüppel und die gesalzene Butter stimmten mich wehmütig. Dann kletterte ich auf das obere Verdeck eines Autobusses und fuhr zum Anhalter Bahnhof, von wo ich mit einem Taxi zur Pension gefahren und noch zu verschlafen und eingeschüchtert war, um Berlin zu sehen. Warum ich mein Gepäck in der Aufbewahrung abgegeben hatte, war nicht ganz klar. War es nur Verdöstheit oder der uneingestandene Wunsch, mit Lilith nicht wieder unter einem Dach zu wohnen? Aber unter den veränderten Umständen beschloß ich nun, ein Zimmer in der Pension in der Uhlandstraße zu nehmen.
Jetzt, oben auf dem Bus, hatte ich einen herrlichen Blick auf die schnell wechselnden Bilder. Eine Crescendo-Stadt! Schön war sie nicht auf den ersten Blick. Am Nollendorfplatz tobte die Untergrundbahn aus der Erde heraus und empor und wurde zur Hochbahn, und in der Nähe des Gleisdreiecks fuhr sie einfach mitten durch die Mauer eines Wohnhauses. So war Berlin! Ein wegweisendes Erlebnis. Bei der Gepäckaufbewahrung mußte ich warten, denn der Streit zweier Berliner hemmte den Ablauf. Sie zankten darum, wer von beiden eher dran war. Der eine war ein lauter Kesser mit wattierten Schultern. Der andere hatte das, was man eine Berliner Schnauze nennt. »Geben Sie nicht an wie 'ne offne Selters«, kam wie nichts aus seinem Mund und dann: »Ick hole Ihn'n die Watte aus'm Anzuch, dann sin Se die längste Zeit Amerikaner gewesen.« – Das schlug bei mir ein! Ich vernarrte mich lebenslänglich in eine Mundart, die von Humor, Formulierungskraft strotzte, die durch eine Situation wie der Blitz fuhr, die mit einem Zungenstich Aufgeblähtes aufpikt, so daß die Blähluft entweicht und der Angegriffene dann wie »bestellt und nich abjeholt« dasteht. Der Berliner Zungenschlag schnalzt, knallt, schlägt zu und trifft zielsicher alles Großgetue und Kraftmeierische. Wenn der Berliner sagt: »Ick hau' dir gegen die Wand, daß du auf der anderen Seite als Relief erscheinst«, so will er den Gegner auf dessen wirkliches Maß reduzieren, aber

gleichzeitig macht er sich über die eigene Kraftprotzerei lustig. Wenn während des zweiten Weltkrieges der Hitler auf dem Plakat mit seinem drohend vorgereckten Zeigefinger der vorgestreckten Hand, den Betrachter aufspießend, mahnend feierlich fragte: »Und was tust du für dein Land?« – ein Berliner als Antwort kritzelte: »Ick zittre«, dann gebührt diesem unbekannten Berliner ein Erinnerungsmal wie dem Unbekannten Soldaten.

Am nächsten Tag machte ich mich schon lange vor zwölf Uhr, der für mein Vorsprechen vereinbarten Stunde, auf den Weg ins Deutsche Theater. Ich fuhr vom Bahnhof Zoo mit der Stadtbahn los, stieg aber schon am Bahnhof Bellevue aus, ging zu Fuß durch die parkartigen, waldigen Anlagen, die Alleen des Tiergartens, setzte mich auf eine Bank und guckte Rasen, Sträucher und Bäume an. Es war nicht das Grün der Heimat, es waren nicht die Farben Österreichs, nicht meine Landesfarben. Und keine Kastanienbäume! Fremd! Sogar der Kies knirschte anders. Mannheim hatte ich nur flüchtig betrachtet. Nicht für eine Sekunde dachte ich daran, mich auf seine Farben einzulassen. So intim wollte ich gar nicht mit jener Stadt werden. Sie war eine Durchgangsstation. Hier spürte ich, diese Fremde soll meine Heimat werden. Unbewußt fing ich an, sie zu prüfen, sie aufs Korn zu nehmen. Alles fremd! Selbst die Form der Bank, auf der ich saß. Wie ganz anders als im Prater, im Volksgarten, Stadtpark und Augarten, in denen ich Fußball spielte, Hirschkäfer jagte und mädchensüchtig abends bei Militärkapellen-Musik herumstrich – dann zu zweit in den dunklen Alleen voll von Liebesgier und Angst vor den Wächtern. Ob hier auch Liebespaare in der Dämmerung herumgehen, -sitzen, liegen? Die vielen Reiter und Reiterinnen auf den Reitwegen schienen mir zu sehnsuchtslos stramm, steifer als die österreichischen, saloppen, flirtenden Reiter, die ich in der Hauptallee am frühen Prater-Morgen, schulschwänzend, begaffte, Ausschau haltend nach dem Leben, und wo ich mich, liebesbereit, in den Morgen, ins Frühlicht, ins Grün des unvergeßlichen Zuhausehimmels verliebte. – Das schwebte vor meinen Augen, als sie auf das fremde Grün guckten, auf die fremden Bäume und Sträucher. »Vaterlandshimmel, Vaterlandserde«, sagt Karl Moor, und als Bühnenanweisung schrieb das Schiller-Genie vor: Er kniet hin und küßt den Boden. – Es fehlte nur noch ein Schritt zur totalen Rührseligkeit. Vielleicht hatte ich ihn auch schon gemacht. Jedenfalls trocknete ich meine Augen und beschloß, Reinhardt diesen Monolog des Karl vorzusprechen. Nicht nur den Franz Moor! Und über der wiederauftauchenden Gewißheit, den Karl nie spielen zu dürfen, weil ich ja wie Franz aussah, vergoß ich heißere Tränen als vorhin aus Heimweh! Wie kindisch, dachte ich. Und dabei soll ich Vater werden.

Ich stand auf, machte mich auf den Weg und war bald am Brandenburger Tor angelangt. Schon während der letzten Minute verengte sich mir die Brust, und es wurde drumherum klamm: Ich hatte Angst vor dem Vorsprechen, und ein zunehmendes Schwänzbedürfnis machte sich breit. Trotzdem schlug ich den erfragten Weg zum Deutschen Theater ein. In einer Art Panik ging ich auf mein Ziel los, sah nicht rechts noch links, nicht »Unter den Linden«, die zum erstenmal zu sehen ein lange gehegter Traum gewesen war. Ich sah nur Reinhardt vor mir, wie ich ihn von Fotos aus Zeitungen und Ansichtskarten kannte. In Gedanken desertierte ich auf Schritt und Tritt, und doch steuerte ich auf die Schumannstraße los, auf Max Reinhardt zu, den großen Mann des deutschen Theaters, dem ich in einer Viertelstunde gegenüberstehen und vor dem ich mich zu bewähren haben würde, wenn ich nicht doch noch davonlief.

Ich lief nicht davon, sondern beschleunigte sogar meine Schritte, damit ich ja nicht zu spät käme. Im Davonlaufen lief ich hin. Ich schlotterte Energie ladend weiter, sah kaum die fremden Straßen, sah bald einen alten Vorhof, einen unpompösen Theaterbau, ging durch Glastüren, über eine rotbelegte Treppe und wurde schließlich in ein Zimmer gebracht und zum Setzen und Warten von jemand Weißhaarigem aufgefordert, der wie ein alter Herrschaftsdiener aussah und Briefe kuvertierte.

Die Marken, die er aufklebte, befeuchtete er nicht mit der Zunge, sondern an einer für mich neuen Vorrichtung. Ich sah ihm bei dieser monotonen Beschäftigung mit blödem Interesse zu. Schließlich klingelte das Telefon, der alte Hofbeamte antwortete: »Um zwölf Uhr ist Vorsprechen. Rufen Sie um eins an.« Ich atmete tief und sah mich im Raum um. So könnte auch ein Zimmer im Liechtensteinpalais in Wien ausgesehen haben. Es stand im 9. Bezirk, in der Alserbachstraße, deren Seitengasse die Marktgasse war, in der ich im Haus 1a geboren bin. Dort trieb ich mich als ganz junger Schulbub herum und warf neugierige Blicke auf die vornehm verhängten großen Fenster des Palais, die keinen Einblick gestatteten. Ich hatte den Eindruck, daß ich jetzt in einem solchen Raum antichambrierte. An der Wand, mir gegenüber, hing ein venezianischer Spiegel. Ich machte mich an ihn heran, besah mich und beschloß, doch nicht den Karl Moor vorzusprechen.
Dann betrat ein kleiner, sofort als nervös erkennbarer Herr das Zimmer, wandte sich mir zu und sagte: »Kommen Sie mit, Holländer heiß' ich.« Ich wußte, Holländer war der Stabschef im Theaterbereich Seiner Majestät. Wir gingen in den anstoßenden Raum, der gar nicht büro-, sondern salonhaft eingerichtet war. Wie, weiß ich nicht mehr, obwohl ich ruhiger geworden war und unbändig neugierig und gespannt. Es befanden sich dort zwei miteinander flüsternde Herren, die meinen Gruß höflich erwiderten. Keiner davon war Reinhardt. Dann ging die gegenüberliegende Tür auf, ein Herr kam geschaftelhuberisch heraus und sagte zu Holländer, der nun mit den beiden Herren tuschelte: »Sie sollen kommen«, worauf Holländer sofort das Flüstergespräch abbrach und stolpernd in den nächsten Raum eilte. »Metzel«, sagte der zuletzt Eingetretene zu mir und konnte mich gleich nicht leiden. »Kortner«, sagte ich, mich verneigend und seine Abneigung erwidernd. Die beiden anderen Herren waren Baron von Gersdorff und Graf Üxküll. Das waren keine von einem Wiener Kellner zwecks höherem Trinkgeld in den Adelsstand erhobene Kaffeehausgäste, sondern richtige altpreußische Aristokraten, wie ich

dann von dem redselig protzenden Metzel erfuhr, und sie gehörten zu Reinhardts Stab.
Nun ging die Tür auf: Professor Reinhardt kam herein, hinter ihm Holländer und ein zweiter Herr, deutlich nicht preußischer Adel, sondern ein rückengebeugter, bärtiger Sohn eines viel älteren Stammes. »Kahane«, sagte er mit einem prüfenden Blick auf mich. Die beiden Aristokraten waren eilig aufgestanden, der Professor stand jetzt hinter seinem Schreibtisch, die andern um ihn herum. Er hatte eine Blume im Knopfloch, war vornehm gekleidet wie die beiden Aristokraten. Ich hatte damals ein fast geckenhaftes Interesse für Kleidung. Reinhardt war ungnädig. Metzel hatte etwas falsch gemacht, was, war nicht zu erkennen. Reinhardt sprach nicht wienerisch, aber mit österreichischem Tonfall. Sehr unbeflissen langsam. So viel Zeit, selbst im Ärger, läßt sich nur ein höchst souveräner Mann. Es unterlief ihm keine jähe Geste, keine eilige Wendung des Kopfes. Die großen Augen waren die eines unablässig Beobachtenden. Er drückte, jetzt schon zum zweitenmal, mit der Zunge seine rechte Wange nach außen, seine Blicke glitten von Metzel weg und dann zur Decke. Deutlich ein Ausdruck seines Mißfallens. Keiner sagte etwas. »Wissen Sie schon, meine Herren, was passiert ist?« fragte er die beiden Aristokraten, und seine Augen richteten sich langsam auf sie und blickten eine Nuance fragend, mit einer Spur Neugierde und mit einer hochmütig strafenden ärgerlichen Ironie. Bevor die gemessenen Aristokraten antworten konnten, sagte Metzel: »Die Herren sind im Bilde.« Ein Blick Reinhardts wies ihn zurecht. Er hatte ungefragt gesprochen. So müßte man den König Philipp spielen. Einer der beiden Aristokraten sagte: »Ich werde beim Kronprinzen vorstellig werden.« Im Zusammenhang mit Philipp dachte ich an Carlos. Schließlich waren wir doch in einem Theaterbüro, das nur dem Ansehen nach der Audienzraum eines Monarchen war. Es stellte sich heraus, daß der deutsche Kronprinz gemeint war und daß dessen Intervention von den anwesenden Herren gesucht, von Reinhardt aber erwartet wurde. »Man sollte es nicht für möglich halten. Im

20. Jahrhundert!« sprach er mit nur angedeuteter Entrüstung. »Die Beamten sagen bei allem Respekt, sie können die Vorschriften nicht außer acht lassen. Es handelt sich um ein altes Gesetz«, sagte Üxküll oder Gersdorff. »Wenn es sich um ein Gesetz handelt, dann kann auch der Kronprinz nichts machen«, meinte Reinhardt, deutlich verstimmt, daß es überhaupt notwendig geworden war, zu seinen Gunsten zu intervenieren, wo doch so oft zugunsten anderer bei ihm interveniert wurde. »Der Kronprinz könnte sich an den Zaren wenden«, meinte Gersdorff oder Üxküll. »Na, meinetwegen«, sagte Reinhardt, somit in Stimme und Ausdruck dem Kronprinzen gewissermaßen die Erlaubnis erteilend, sich für ihn zu verwenden und dem Zaren eine Gelegenheit gebend, ihm, Reinhardt, gefällig zu sein. Die Aristokraten waren entlassen. Holländer, Kahane, Metzel blieben. Ich hatte die ganze Zeit im Hintergrund des Raumes gestanden. Ob Reinhardt mich überhaupt schon bemerkt hatte, weiß ich nicht mehr. Reinhardt ging ans Fenster, blickte ziemlich lange hinaus, kam zurück, setzte sich hinter den Schreibtisch und sagte zu mir: »Also legen Sie los.« Holländer und Kahane setzten sich, ich trat vor.

Die Erinnerungen an die Vorgänge vor und nach und vom Vorsprechen selbst sind völlig intakt geblieben. Ich wurde engagiert. Schon nachdem ich einen Monolog des Franz Moor gesprochen hatte. Ich war nicht glücklich über meine Leistung. Mein noch kleines, mühsam erworbenes Vermögen, jenen, den inneren und äußeren Zustand erhellenden, unaufheblichen, oft nur hinhuschenden, für keinen anderen Lebensmoment der Gestalt und für keine andere Gestalt anwendbaren Ausdruck herauszubringen, hatte vor meinem, mich in diesem Augenblick anwidernden Talentunflat kapituliert. Reinhardt erwartete von einem so jungen Menschen auch im positiven Fall nichts als nur Talentfülle. Alles andere würde dann in der Arbeit von ihm kommen. Es kam ja auch bei mir von ihm, von seinen Aufführungen in Wien. Ich versuchte das zu erklären. Schon die Bemühung eines jungen Schauspielers, über die Roheit der Begabung hinaus aus eigenem ins Differenzierte,

Subtile aufzusteigen, erstaunte ihn. Er beobachtete mich mit nicht geringem Interesse und immer leicht belustigt. Manchmal behielt er beim Hinhören und Hinsehen den genießerischen Mund ein wenig offen, wie ein aufmerksames Kind. Nichts ihm Vergleichbares war mir bisher begegnet.

Lustvoll belustigt war Reinhardts Teilnahme. Etwas von seinem Belustigtsein galt wohl auch meinem Aufzug, der viel zu feierlich war. Cutaway mit gestreifter Hose, eine Plastronkrawatte, die den Westenausschnitt bedeckte wie die eines Reiters und in der eine Perle steckte. Den Westenausschnitt säumte ein weißer Pikeestreifen ein. Alte Hofräte trugen sich so bei halboffiziellen Anlässen. Aber mit tobsüchtigem Gehaben und Umsichschlagen eines indianerhaften Jungen ging das schlecht zusammen. »Können Sie etwas vom Karl auswendig?« Siehe da! Welche Intuition! Von solcher Einfühlungsgabe getragen, sprach ich den Karl-Monolog; schon tobte ich als Karl. »Was können Sie noch?« fragte er, immer wieder lüstern, nachdem ich bereits Stellen aus Melchthal, Tell, Posa, Uriel Acosta mit besserem Gelingen vorgesprochen hatte. Dann klingelte das Telefon, Reinhardt wurde endgültig abgelenkt. »Führen Sie ihn zu meinem Bruder zum Vertrag machen«, sagte Reinhardt, dann zu mir sich wendend, »Sie gehen mit auf die russische Tournee, dann kann der Danegger hier weiterspielen.« Metzel nahm einen Block heraus und fragte mit viel zu großem Gebärdenaufwand: »Wie war doch der Name?«; er schrieb ihn auf. »Geburtsort?« Ich sagte: »Wien.« »Konfession?« – »Dieser Metzel!« lachte Reinhardt, und mit einem Blick auf mich: »Da fragt er noch!« »Dann haben wir die gleichen Einreiseschwierigkeiten«, warf Metzel ein. »Dann wird sich eben der Kronprinz nicht nur für mich, sondern auch für den jungen Mann bemühen«, sagte Reinhardt. Er gab mir die Hand und ging, von Holländer und Kahane gefolgt. Kaum war Reinhardt aus dem Zimmer, fing Metzel an, über die Plage zu stöhnen, die ihm diese Tournee bereitete. Und jetzt kam, völlig unerwartet, diese Schwierigkeit mit der Einreise und noch dazu im letzten Moment. Wer konnte ahnen, daß es irgendwo in der Welt solche Bestimmungen gäbe. Juden wird der Aufenthalt in St. Petersburg nur unter ganz gewissen Bedingungen und nach lange vorausgegangenen Gesuchen eventuell gestattet. Wie sollte er, Metzel, vermuten, daß irgendwo auf der Welt eine so barbarische Gesetzgebung existiert und von einer bösartigen Beamtenschaft in der feindseligsten Weise buchstäblich in Anwendung gebracht wird? So was gibt es eben nur in Rußland, bei diesen Asiaten. In der Tat, dachte ich, ist es möglich, daß Reinhardt irgendwo auf der Welt als etwas anderes als ein Genie betrachtet wird?

Der Vertrag mit Edmund Reinhardt wurde schnell besprochen und angefertigt. Mir war die Rolle eines der greisen Chorführer in »König Ödipus« zugedacht. Der Vertrag sollte mit unserer Abreise nach Rußland, also in drei Tagen, beginnen. Ich unterzeichnete. Ob ich die Mannheimer Verpflichtung, bis zum Ende der Saison dort auszuharren, in diesem erregenden Moment vergessen oder verdrängt hatte, weiß ich nicht mehr.

In der Pension fand ich ein Telegramm vor, das meinen Vater für den nächsten Morgen ankündigte. Liliths Verfassung war desolat. Ich hatte Mitleid mit ihr. Eben hatte ich einen mich bestimmt vorwärtsbringenden Erfolg bei Reinhardt gehabt und ging so abenteuerlichen Ereignissen wie der Rußlandreise entgegen. Und sie lag in ihrem miserablen Zustand da und konnte an ihre eigene Karriere nicht einmal denken, überhaupt nicht an die Zukunft. Ich zog vor, von der bevorstehenden Rußlandreise zunächst nichts zu sagen. Auch meinen Erfolg bei Reinhardt schilderte ich viel weniger beträchtlich, als er war. Mir schien das zartfühlender. Daß das Vorsprechen durch die Orska initiiert worden war, verschwieg ich. Ich hielt das für ratsam. Die sonst so wache, hellhörige Lilith fragte nicht viel. Jede Frau in diesem Zustand ist gegen äußere Begebenheiten abgeschirmt. Sogar Lilith. Eines aber konnte ich mir nicht versagen zu erzählen: Reinhardt hatte mich aufgefordert, den Karl Moor vorzusprechen. Demnach erschien ich ihm nicht so häßlich, wie Lilith mir erzählt hatte, daß andere Mädchen mich fänden.

Frankfurter hatte recht, fiel mir dann ein, als ich das Erlebte einzuordnen begann: Die meisten Reinhardt-Schauspieler sehen nach den herrschenden Schönheitsbegriffen nicht gut aus. Und doch gefielen sie mir, die Gesichter der Wegener, Moissi, Schildkraut, Durieux, Eysoldt, Höflich. Sie gefielen mir besser als die als schön geltenden. Viel später begriff ich, daß diese Gesichter in einem andern Sinn schön waren und daß es so etwas wie ein neues Gesicht gibt, daß jede Zeit ihr Gesicht hat, nicht nur im übertragenen, sondern auch im wörtlichen Sinn, daß der eben noch herrschende Schönheitsbegriff, für die Großstadt abgetakelt, nur noch in der Provinz Maßstab bleibt und daß mein Gesicht mir in Berlin nicht hinderlich sein werde. Helene Thimig, in ihrem ersten Engagement am Berliner Königlichen Schauspielhaus, hatte mit ihrem gotischen Gesicht Beschäftigungsschwierigkeiten, weil sie nach wilhelminischem Geschmacksideal als häßlich empfunden wurde. Marlene Dietrich, vor ihrem Durchbruch, sollte in einem Film umbesetzt werden, weil man sie nicht fotografieren zu können glaubte. Die ästhetischen Begriffe des deutschen Films hinkten der Zeit nach, waren provinziell. Der andersartige, daher befremdliche Schnitt des Dietrichschen Gesichts tat dann viel zur Neuorientierung des Schönheitssinnes. Das Publikum verliebte sich in sie und verhalf der Schauspielerin zu ihrer erstaunlichen Karriere. Schließlich nahmen Schaufensterpuppen und Modejournale ihr Gesicht zum Vorbild.

Der erste, der die Züge unserer Zeit trug, war Josef Kainz. Das Gesicht dieses Frühverstorbenen schlug eine Bresche ins Althergebrachte für den Fortschritt. Ein nachdrängendes, üppiges Theaterleben ließ die Erinnerung an ihn schon verblassen. So schnell geht das, registrierte ich, vergaß es aber bald, der großen Trauer noch unfähig, und schlich mich aus der Pension. Dann schnupperte ich den Kurfürstendamm ab, von der fulminant-scheußlichen Gedächtniskirche bis zur Halenseer Brücke, im mitternächtigen Menschengewoge ein noch völlig Unbekannter.

Am nächsten Morgen war mein Vater da, und ich saß mit ihm in einem Zimmer des Hotel Excelsior, gegenüber dem Anhalter Bahnhof. Er hatte zwei Reisetaschen mit. In der einen waren Reiseutensilien untergebracht, in der anderen hausgemachte Eßvorräte aus Wien. Nicht etwa übriggebliebener Reiseproviant, sondern Mahlzeiten für die drei Tage, die er zu bleiben gedachte: kalte Schnitzel, Gänsebraten und Faschiertes (»falscher Hase«). Auch Butter hatte er mit, da die Berliner gesalzen und daher für einen Wiener ungenießbar war. Von einem Laib Wiener Hausbrot schnitt er sich und mir dicke Scheiben ab und strich Butter auf mit einem Küchenmesser, von dem ich gerührt wußte, daß es Mutters Kredenz entnommen war. Auch Salz hatte er nicht vergessen. Ich schlug vor, Kaffee zu bestellen. »Das Berliner G'schlader trink' ich nicht«, sagte er. »Bestell einen Mokka«, erwiderte ich. »Ich bin kein Hochstapler«, sagte er verweisend.

Völlig überraschend war seine Reaktion auf den Zustand Liliths, den ich im Telegramm angedeutet hatte. Er hatte die Andeutung um so leichter begriffen, als für ihn nur das Natürliche geschehen war. Kein Wort des Vorwurfs kam über seine Lippen. Er hatte sich auf der langen Nachtfahrt 3. Klasse nicht nur mit dem Gedanken abgefunden, daß in wenigen Monaten ein Kind von mir auf der Welt sein werde, sondern er wollte es haben, es zu sich nehmen, es aufziehen! Er sei neugierig, das Mädchen kennenzulernen. Von der Schilderung meiner Mutter habe er viel abgeschrieben. »Ich fand auch die erste nicht so arg«, sagte er. Das Mädel brauche sich überhaupt nicht um das Kind zu kümmern – und »du schon gar nicht« –, sagte er und sah mich an, seinen keineswegs erwachsenen Buben, der, durch die Möglichkeit einer Vaterschaft überrumpelt und erschreckt, seinen Vater herbeitelegrafiert hatte. »Wenn nur das Mädel keine Dummheit macht. Ich werde mit ihr reden. – So, jetzt iß deine Schnitzel. Die drei sind für dich von der Mama. Für sie hat sie mir keines mitgegeben. Du kennst doch Mama. Wir bringen dem Mädel die unpanierten mit – die sind leichter – ich hab' der Mama gesagt, auf der Reise möcht' ich was Leichtes. – Ich glaub' aber, sie wußte, für wen sie sind.«

Zwei Tage lang lernte er Lilith kennen. Sie freundeten sich an.

Er war bezaubernd zu ihr und sie erstaunlich warm zu ihm. Es gab nur eine kurze Krise zwischen den beiden. In einem Café hatte sie sich Bouillon mit Ei bestellt und nicht berührt. Das nahm er ihr übel. »Bestellt sich eine Bouillon mit Ei und läßt sie stehen.« Er meinte, sagte es aber aus Schonung nicht: Wenn man schon bestellt, nur um was zu bestellen, dann doch etwas Billigeres, zum Beispiel Bouillon ohne Ei.

Als ich am dritten Tag nach Rußland fahren mußte, war mein Vater seiner Sache sicher. Er würde ein Enkelkind haben. Es wurde beschlossen, daß Lilith, die, weicher geworden, meine Rußland-Reise milde hinnahm, mit ihm nach Wien fahren werde. – Mein Vater ging am letzten Tag allein in ein Café. Es war das nicht mehr existierende Café Bauer in der jetzt kaum mehr vorhandenen Friedrichstraße an der Ecke Unter den Linden. Dort döste er ein, wie er es im Wiener Café zu tun pflegte, als Kiebitz bei einer Kartenpartie. Das ging in Wien ohne weiteres. Nicht in Berlin! Er wurde streng wachgerüttelt. »Die Stadt sieht mich nie wieder«, grollte er. – Dann trennten wir uns. Sie sah ihn nie wieder.

Nach Mannheim schrieb ich einen Expreßbrief, in dem ich um meine sofortige Entlassung bat, da mir psychisch eine Rückkehr nicht mehr möglich war.

Der Deutsche Kronprinz hatte mit Erfolg zugunsten Reinhardts und eines Unbekannten interveniert. Als Max Reinhardt zweiundzwanzig Jahre später aus Deutschland fliehen mußte, intervenierte der Kronprinz für sich bei Hitler. Der englische Kronprinz machte Hitler seine Aufwartung. Als König mußte er dann abdanken, aber nicht deshalb, sondern weil er eine Frau liebte, die nicht standesgemäß war. Das war die Mesalliance!

Allzu lange darf man sich nicht aus der immer gefährlichen Gegenwart wegstehlen, nur für kurze Aufenthalte schleicht man in die Vergangenheit zurück, in der einem ja nichts mehr passieren kann. Die diktatorische Gegenwart jedoch befiehlt einen zurück, zurück ins Erleben, ins noch Gegenwärtige, in das sich anbahnende Zukünftige.

9. Kapitel

Etwa vierzig Jahre nach diesen Berliner Vorgängen klingelte das Telefon in Wien im Hotel Sacher. Ich war wieder da. Immer noch wegen der leidigen Zahngeschichte. Der Besucher, der telefonisch angemeldet wurde, war ein weit entfernter Verwandter. Er hatte das Konzentrationslager als Halbtoter überlebt, wie durch ein Wunder. Wenn man von Wunder und Überleben sprechen kann, angesichts dessen, was da ins Zimmer trat. Die vierzig Jahre, die vergangen sind, seit ich meine Reise nach Rußland angetreten hatte, enthalten wohl die längste Totenliste aller Zeiten. Sie verzeichnet die Millionenziffer aus dem ersten Weltkrieg, aus Hitlers Krieg und Frieden, Stalins Menschenopfer für ein neues Leben, die der zerfallenden Imperien zur Erhaltung des alten und die durch das moderne Leben im Frieden angereicherte Zahl derer, die eines natürlichen Todes zu früh starben.
Der Zar, an den der Deutsche Kronprinz sich gewandt hatte wegen der Einreise Reinhardts plus Anhängsel nach Rußland, wurde von den Revolutionären 1918 ermordet. 1943 starb Max Reinhardt, der Tod fand ihn im Exil, denn inzwischen hatte Deutschland sich so verändert, daß die Ausreise aus diesem Land für unsereinen ein Ziel und ein Glücksfall geworden war. Nur wenige wagten es, einigen dazu zu verhelfen. Am unentwegtesten die darin unvergleichliche Käthe Dorsch. Für die Hunderttausende intervenierte niemand. Sie kamen um. Wie, daran werden wir durch die nachhinkenden Massenmordprozesse immer wieder erschauernd erinnert. Mein Vater starb nach dem ersten Weltkrieg, sein Kaiser vor ihm; Kaiser

Wilhelm im Exil, nach dem von ihm verlorenen ersten Weltkrieg; sein charakterarmer Sohn war kein Kronprinz mehr, als er starb, sondern eine Exexistenz. Meine Mutter starb in Amerika. – Und jetzt klopft ein Überlebender aus dem Konzentrationslager an meine Tür, und was da hereinkommt, lebt nicht mehr wirklich. Das Gerippe braucht Kleider, sagt es, schüttet sein Herz aus und erzählt so, daß ich mir die Ohren zuhalten möchte. Ich helfe, so gut ich kann, heißt die Phrase, deren ich mich bediene. Ich tue, was ich kann, heißt entphrast, ich tue so wenig, daß ich es nicht ernsthaft spüre, und gerade genug, daß sich damit mein leicht zu beschwichtigendes Gewissen beruhigt. Vielleicht kriege ich mich dazu, darüber hinauszugehen. Ich merke, wie ich mich abzuschirmen beginne gegen zuviel Teilnahme, wie ich nicht ungerne abschweife in meinen Gedanken und seine Sprechweise mehr höre als den grausigen Inhalt, als ich mir sage, daß der Gespenst-Darsteller in meiner »Hamlet«-Inszenierung in Berlin richtig von mir geführt worden war, als ich ihm einen Tonfall beigebracht hatte, wie den dieses Besuchers, der nicht von der Straße gekommen sein konnte, sondern, wie jener Geist, aus dem Grabe. Wie lechzte ich, aus der Sargatmosphäre ins Leben zurückzufinden, wie erlöst war ich, als das Telefon klingelte, mein Gespräch aus München kam, als ich meine Frau hörte, die mir vor allem über meinen Enkel berichtete, der sich wohl befand und sich seines Lebens freute. Und wir alle hängen am Leben und wollen, daß noch etwas da ist von uns, wenn wir nicht mehr leben. Besonders wir in unserer Jugend schon Bedrohten, wir zum Verfolgtsein Auserwählten, die wir gerade noch überlebt haben, wir immer Lebensbedrohten, die, nun alt geworden, mit klammernder Zärtlichkeit an unserem jüngsten Leben hängen. Daher stammt wohl der altjüdische Liebesbrauch, an den Namen des geliebten Wesens »leben« zu hängen. Mein Vater nannte mich Fritzleben. Er war schon alt damals, als er Lilith um das Enkelkind anbettelte. Er wollte einen Enkel, ein Kind von mir noch erleben. Jetzt begreife ich ihn, jetzt, mehr als vierzig Jahre später, ihn, den für mich lebendignahsten aller Toten, deren Tod ich erlebte. Sein Wunsch ist unerfüllt geblieben. Lilith hatte das Kind nicht austragen können. Sie war zu schwach gewesen und verlor es. Dieser Ausgang machte sie traurig. Sie hatte sich doch ernstlich an den Gedanken gewöhnt, Mutter zu werden. So lautete jedenfalls ihre Nachricht, die mich damals in Moskau erreichte. Soweit ich mich erinnere, blieb ich stumpf. Mein Vater war bitter enttäuscht und tieftraurig, schrieb meine Mutter, die mir auch über die Beilegung der Vertragskatastrophe berichtete. Mein schwergeplagter, unbeirrbar guter Vater hatte einen Bittgang zum Mannheimer Oberbürgermeister machen müssen, um die drohende Kontraktbruchserklärung abzuwenden. Ich atmete auf. Ein Hüsteln holte mich aus der Vergangenheit, in die ich geflüchtet war, zurück in die Gegenwart. Mein Gespenst sagte, es wolle nicht länger stören, es müsse gehen. Hätte es nicht am nächsten Tag wieder angerufen, ich würde gedacht haben, es wäre nicht nach Hause, sondern ins Grab zurückgekehrt, oder es wäre mir nur erschienen. Allein geblieben, war ich erdrückend allein. Mir wurde angst und bange. Jedes vom Tod umschauerte Wort, alles, was ich je ersterbend auf der Bühne gesagt hatte, alles ans Vergängliche Mahnende, Gelesenes oder Erfahrenes, kreiste mich ein. Man überlebt den Tod, wenn etwas von der Lebensarbeit bleibt.

Von der Leistung am Theater bleibt nichts. Sie ist, wie keine andere, vergänglich. Also will man das Geleistete, solange es lebt, erhalten. Der Theaterbetrieb von heute aber erschwert nicht nur ihr Entstehen, er verkürzt auch die der zustande gekommenen Aufführung innewohnende Lebensdauer. Die schwergeplagte Leitung schneidet den Lebensfaden der Vorstellung ab, meistens, weil bald nach der Premiere die betriebsamen Schauspieler in andere Verpflichtungen enteilen. Manches unliebe Mal ist jedoch Konfusion, Wurschtigkeit oder gar die erfolgsneidische Willkür des Chefs die Todesursache der zu früh aus dem Theaterleben ausgeschiedenen Aufführung.

Das Theaterspiel ist der Schriftstellerei, der Malerei, dem Komponieren, dem Bildhauern als Kunstgattung unterlegen. Eben dadurch, daß es nichts Bleibendes schafft. Eine Aufführung, aus so vielen Körpern bestehend, ist unkörperlich, zwar im Glücksfall ein Ganzes, aber nie ganz bleibend, gefallend, verfallend, zerfallend. Nach Schluß jeder Vorstellung löst sie sich in ihre Bestandteile auf, fährt nach allen Richtungen per Auto, Straßenbahn, Fahrrad nach Haus, kommt dann noch öfter wieder angefahren, später weniger oft, schließlich gar nicht mehr; sie ist gestorben, und in absehbarer Zukunft sterben alle daran Beteiligten, nichts bleibt übrig als einiger Zuschauer Erinnerung an sie. Dann sterben auch die Zuschauer. Alles, was da war und lebte, ist vergangen. Theater ist ein Sinnbild der Vergänglichkeit. Das kommt daher, daß, wie in keiner anderen Kunstform, der lebendige Mensch, der so sterblich ist, als Kunstmittel verwendet wird. Unsterblich kann die Kunst erst dort werden, wo er als Ausdrucksmittel physisch ausgeschaltet ist. Darum schmerzt es doppelt, wenn die kurze Lebensdauer einer Aufführung willkürlich oder durch Mangel an Organisation noch verkürzt wird. Darüber gerate ich immer wieder in Schwierigkeiten mit den Leitern des heutigen Schnell-Theaters. Mit ihnen gerät auch jeder Regisseur in Konflikt, der die für eine wahrhafte Aufführung unerläßliche Werdezeit beansprucht. Schon als Anfänger in der Provinz stieß ich auf die betriebsame Verständnislosigkeit, die so viel Zwist in meine späten Arbeitsjahre bringen sollte. Schon Gregori in Mannheim sah die Institution seines Provinztheaters aus den Fugen gehen bei meinem Anfänger-Versuch, ein Lebewesen entstehen zu lassen. Damals erlebte ich den ersten Angriff des Betriebstheaters auf das keimende Leben. Seitdem führe ich einen Kampf mit dem Betriebstheater, hoffend, hoping against hope, für das außerordentliche Theater doch noch eine mich überdauernde Bresche zu schlagen, auch während der nun einsetzenden Endrunde. Jetzt, wo es aller Tage Abend wird, bleiben die Augen immer noch auf die Bühne gerichtet in Liebe zu den Berufenen, in Haß und Abscheu gegen ihre Verunglimpfer und nicht schielend auf die über sie Schreibenden. Doch bin ich voller Dankbarkeit gegen sie, wenn sie auch nur einmal das Gute loben und sogar – es kommt vor – das deutlich beherrschende Schlechte tadeln. Man darf nicht verzweifeln. Auch das Publikum boykottiert nicht das Gute; das Schlechte, ihm so viel vertrauter, beklatscht es etwas herzlicher. Aber: auch das Gute hat seine Chance! Oft im Kampf fange ich meine Entrüstung ein, bevor sie Ausbruch werden kann, und zwinge sie, sich in einem Satz zu äußern. So entstehen meine viel zuviel bemerkten Bemerkungen. Manchmal werden Krach und Zwist metaphysisch. Er liegt, wie der Volksmund sagt, in der Luft. Meine Frau merkt das schon am frühen Morgen und fragt: »Was hast du denn?« »Ich weiß es noch nicht«, sagte ich einmal in einem der zahlreichen selbstironischen Momente.

Die elektronischen Musiker sind imstande, einen Ton zu produzieren, der, obwohl für das Ohr nicht wahrnehmbar, die Nerven beunruhigt, an ihnen zerrt, bis sie reißen, und das Opfer an den Rand der Verzweiflung treibt. Solche Töne, in der Luft von einem Ariel intoniert, entfachen mich zum Sturm, ohne Ursache, ohne erkennbaren Sinn.

Hätten wir doch eine der großen Aufführungen der Vergangenheit irgendwie konservieren können, so daß die gegenwärtige Generation nicht darauf angewiesen wäre zu lesen, was darüber geschrieben wurde oder auf das, was heute in Salzburg von dem, was nie groß war und aus der Niedergangszeit Reinhardts stammt, übriggeblieben ist. Könnte das Theaterpublikum heute Reinhardts »Clavigo«, sein »Wetterleuchten«, seinen »Don Carlos«, die besten seiner Shakespeare-Aufführungen sehen, seine Verkleinerer, seine an ihm gewachsenen Nachfolger, die nun seine Verdienste schmälern, würden der üblen Nachrede, des noch rückwirkenden Neides überführt werden. Auf jener Rußland-Tournee sah ich Reinhardt zum erstenmal an der Arbeit. Der Auftrieb war für mich jungen Schauspieler enorm. Von einem besorgten Provinzroutinier war ich übergangslos in die Arbeitssphäre eines sich voll auslebenden, sich nicht und sonst nichts schonenden Genies geraten. Schon auf der Fahrt in das Rußland von 1911 geriet ich in seine unmittelbare Nähe. Auch im Zuge ruhte und rastete er nicht. Er korrigierte und feilte an Moissi herum, der in Moskau zum erstenmal den Ödipus spielen würde. Eine wochenlange Probenarbeit in Berlin war dem vorangegangen, wo den Ödipus Wegener gespielt hatte, der aus mir damals unerklärlichen Gründen nicht nach Rußland mitgenommen wurde. Auch mit mir, der ich Chorführer war, arbeitete Reinhardt.

Die Fahrt glich einer Reise in ein früheres Jahrhundert und einen anderen Kontinent. Sie ging durch baum- und häuserlose, menschenleere Steppen, durch Schnee und Eis. Marktflecken, Dörfchen und Städtchen tauchten alle paar Stunden auf. Fabriken waren kaum zu sehen. Noch vor kurzem hatte ich staunend vor denen des Ruhrgebietes gestanden. Dreißig Jahre später benahmen mir die ungleich größeren Industrien in Amerika den Atem. Ihre Forschungen und Erfindungen, das aus dem Boden gestampfte Rüstungswunder Amerikas würde nach seinem Eintritt in den zweiten Weltkrieg dessen Ausgang schließlich entscheiden. Und jenes Amerika mußte während des Krieges dem ausgebluteten, maschinenarmen Rußland Tanks, Flugzeuge, Lastautos liefern, technisches Personal schicken, um dort Bestandteile zusammenzusetzen, und in dem technisch zurückgebliebenen, an Ingenieuren, Mechanikern, Wissenschaftlern armen Land Leute eiligst abrichten, damit die Maschinen bedient und benutzt werden konnten. Wie kindlich ungeschickt und ungeschult stellten sich die Russen an, hieß es in den Berichten. Ich hatte ja mit eigenen, allerdings achtzehnjährigen Augen gesehen, wie hoffnungslos zurückgeblieben dieses ungeheure Land war. In den russischen Städten waren wir auf Schritt und Tritt armseligen, zerlumpten, frierenden, unterernährten Analphabeten mit Fuselgeruch, mit pockennarbigen, frostverbeulten, krätzigen Hungergesichtern begegnet. Auf Schnee, Eis, Matsch und Kot, vor Heiligenbildern und Kirchenportalen lagen sie, die Frierenden, in Lumpen, Bettelgebete stammelnd; auf den Knien rutschend, die Stirn auf den Boden schlagend, flehten sie abwechselnd den kalten Winterhimmel und Vorübergehende um die Wundergabe Brot an. Die Gerissenen unter ihnen wandten sich an die Passanten, die reinen Toren aber bettelten Gott um Brot an, da die Erde, diese große, weite russische Erde keines für sie hatte. Heutzutage haben sie Brot und dürfen Gott nicht dafür danken, nur denen, die an seiner Stelle walten.

Ich lese, höre und kann es nicht glauben, daß dieses rückständigste aller Länder Großindustrien in Riesenstädten mit Riesenuniversitäten, Versuchsanstalten und Schulen, eine 3-Millionen-Armee, eine Unterseebootflotte, eine Kriegsmarine, Flugzeuggeschwader und, o Gott, die Atomkenntnis, die Atomphysiker, die Atombombe und einen noch nie dagewesenen Generationsnachschub an Studenten besitzt. Die Sowjets mordeten, verbannten Millionen, die ihren Zielen im Wege standen, sie verhängten einen Zwang über ein ganzes Volk, so schaurig blutig, daß kein Zeitgenosse es vergessen und verwinden kann. Sie erpreßten die Kenntnis des Alphabets mit Kugel und Kerker. Die junge Generation schwamm im Blut der alten, als sie sich an die Fibel machte und ihr die Bibel, die sie nicht lesen konnte, aus der Hand geschlagen wurde. Mit Tritten in den Nitschewo-Hintern jagte man sie in die Schulen, in die niedrigen, in die höheren, und schließlich umfaßte die Alma mater, das Hochhaus des Wissens, Tausende über Tausende. Andere erzählen mir, es sei die wissenshungrige Masse der Bauern und Arbeiter, die aus der Verdumpfung ans Studium herangelassen wurde und sich als unverbraucht und hochbegabt erwies. Das Volk darbte; und Schulen, Universitäten, Lehranstalten, Bibliotheken wurden gebaut und Waffen erzeugt. Als stärkste wird sich das Wissen erweisen. Stalin bediente sich des Todes ohne Erbarmen. Lern oder stirb! hieß es. Die Überlebenden lernten. Nun wissen sie mehr als der Lehrer, dessen Karzer Sibirien oder das Grab war. Stalins Lebensform war für die Analphabeten geschaffen und nur von ihnen ertragbar. Die Wissenden werden wissen, wie sie sich eine Menschenwelt schaffen werden, in der sie wissen und leben dürfen. Auch Chruschtschows Welt ist noch nicht die ihre. – Nur mit großer Sorge blickt ein unlösbar in der west-

lichen Welt Verwurzelter, wie ich, auf seinen Westen, da jeder dem Reichsein nachjapst; jeder will seinen Teil vom Wirtschaftswunder schnappen, dem alles zuströmt, alt und jung. Detail, Engros und Schachern wurden eine Wissenschaft, auf den Börsen aber spekuliert die Jugend, verliert ihre besten Gaben und Jahre. Walter Lippmann, Amerikas führender Journalist, schrieb kürzlich: Das Erschreckende, Bestürzende ist nicht nur die sowjetische Technisierung und das Bildungswunder, sondern unsere, des Westens Unfähigkeit, auch nur temporär auf Genüsse und Vergnügungen zu verzichten, wo wir es doch mit einem todernsten, sich kasteienden, zu allem bereiten Todfeind zu tun haben.
Und hinter dem Brandenburger Tor beginnt das neue Rußland. Ich hatte noch über Eydtkuhnen, den äußersten Punkt des einstigen Ostpreußens, gemußt, um nach Rußland zu gelangen. Jetzt brauche ich nur ins Deutsche Theater, einstens Max Reinhardts königlichen Besitz, zu gehen und bin an der Westgrenze Sowjetrußlands angelangt, das die Weltmachtträume der Zaren zu erfüllen sich anschickt. Ich sah noch die Städte jenes Zarenreichs und sehe sie noch in der Erinnerung, verschwimmend und ineinanderfließend. Die Hauptstraßen von Moskau, St. Petersburg, heute Leningrad, kann ich mir zurückrufen und mich darin ergehen. Schneidend kalt war mir damals in einem dünnen Frühjahrsmantel und zu dünnen Schuhen. Meinen Wintermantel hatte ich in Mannheim versetzt, und für gefütterte Schuhe reichten die Diäten nicht. Breiderhoff, ein hünenhafter Rheinländer, der Teiresiasspieler, lieh mir seinen Sommerpaletot, den seine Frau, eine Schwägerin Moissis – um eine Dienerin der Jokaste zu spielen, kam sie mit – vorsorglich eingepackt hatte; auch ein Paar seiner mir viel zu großen Stiefel liehen sie mir. Der freibleibende Raum zwischen Fuß und Leder wurde mit vielen Paaren übereinandergezogener Socken ausgefüllt. So stapfte ich durch die Haupt- und Geschäftsstraßen, die mich ziemlich europäisch anmuteten. Viel Luxus, eine niegesehene Brillantenpracht in den Juwelierschaufenstern. Damen und Herren in pelzgefüttertem Schuh-

werk, in Pelzmänteln und Pelzhüten und Pelzmützen und Pelzmuffs. Sie kamen in ihren Troikas angefahren, gingen nur ein paar Schritt zu Fuß, um ihre Einkäufe zu machen oder in einem der Traum-Imbiß-Delikatessen-Kaviar-Lokale zu verschwinden. Ein einziges Mal ging ich in eine solche von Brillanten funkelnde Wärmestube der Reichen. Es dauerte Tage, bis ich den Mut dazu aufgebracht hatte, nicht nur wegen der Preise, sondern wegen der einschüchternden Pracht. Es brauchte kein Zettel angeschlagen zu werden mit der Aufschrift: Dem Proletariat und dem Mittelstand ist der Eintritt nicht gestattet. Diese Lokale waren von einer sich jedem Unberufenen strengstens und stillschweigend einprägenden Exklusivität. Aber ein so unbezähmbar aufs große Leben neugieriger, luxusgieriger Junge wie ich überwand seine Scheu und setzte sich pochenden Herzens über das wortlose Eintrittsverbot für Minderbemittelte hinweg. In solchen Lokalen ißt und trinkt man nicht, sondern verzehrt und schlürft. Also ich verzehrte drei winzige Sandwiches und schlürfte einen Aperitif, die Eß- und Trinketikette schielend beobachtend und kopierend. Ich hatte meine Tagesdiäten verschlürft und verzehrt und plante, im Hinausgehen Haltung bewahrend, meinen ersten Pumpversuch. Verließ man die Hauptstraße und ging nur durch einige, immer weniger europäisch, weniger reich anmutende Seitenstraßen, gelangte man bald zu Gäßchen mit baufälligen Holzhäuschen. Dabei erinnerte ich mich an meine ersten russischen Bekannten, die ich in Wien kennengelernt hatte. Erst jetzt, vor jenen Holzbaracken, fielen sie mir ein. Sie waren nicht nur die ersten Russen, sondern die ersten politischen Flüchtlinge, die ich kennengelernt hatte – ein Schauspieler-Ehepaar, das nach Wien geflohen war, um den Verfolgungen der russischen Geheimpolizei zu entgehen. Er war ein dicker, blonder Vierzigjähriger, sie eine zarte Blondine, erheblich jünger als er. Sie waren leibhaftige Revolutionäre, ein Menschentypus, den ich bis dahin nur vom Hörensagen gekannt hatte. Beide hatten sich politisch, antizaristisch betätigt. Angesichts des Bettelelends in jenem gotterbärmlichen Viertel und beim Anblick der

Jammergestalten vor den vielen Kirchen und Heiligenbildern geriet auch ich in den Zustand von Empörung, in dem sie geheimbündlerisch zusammenfanden, um eine Befreiung von jener zum Himmel schreienden Armut, der der üppigste Reichtum so aufreizend nah benachbart war, eines Tages mit Gewalt zu erzwingen. Ich war durch solche, nie vorher gesehene Armut – die in Wien war ihr nicht vergleichbar – aufgestört und empört, verfiel aber, als ich in die Luxusstraßen zurückgekehrt war, wiederum deren Zauber. Beide Welten kannte ich nur vom Ansehen. Die eine empörte mich, nach der anderen sehnte ich mich. Dabei blieb es, mit Schwankungen nach der einen und der anderen Seite, fast ein Leben lang. Jetzt, im Altwerden, hat sich die Sehnsucht gelegt, nicht aber die Empörung. Obwohl ich im Lauf meiner Karriere sowohl Unterdrücker als auch Unterdrückte spielte, galt ich als Revolutionär. Diese Bezeichnung verdiente ich eigentlich nicht, denn Gerechtigkeit, für die ich sogar meine Stellung aufs Spiel gesetzt habe, ist mehr ein menschliches als ein politisches Motiv. Meine revolutionären Impulse hatten kein anderes Medium als die Bühne, die sie verschlang. Ich erlitt den Bühnentod eines Aufrührers und den Attentattod eines Zaren. Beides brachte mir viel Anerkennung und Geld. Mit den Gagen für Unterdrücker und Unterdrückte kaufte ich mir manchen Luxus. Im Leben hatte ich, glaube ich, was man eine offene Hand nennt, die sich einmal, angesichts der unzähligen erhobenen, zur Faust ballte.
In Amerika wurde es anders. Die Bühne war mir entzogen, und ich wechselte auf andere Aktionsfelder hinüber. Meine politischen Energien lagen brach und begannen, sich mit anwachsender Leidenschaft an der Roosevelt-Politik der sozialen Evolution zu beteiligen. In der großen Geschichtsstunde, zu der mir das Exil geworden war, schien mir das vor unsern Augen sich abspielende Drama der Machtkämpfe derer, die sich befugt fühlen, unsere Ordnung zu erhalten oder umzustürzen, so atemraubend, daß mir daneben die Bühne und ihre dramatische Literatur dünn und blaß vorkamen. Wie langweilig war alles Dargestellte gegen das tobende Drama der

Zeit, in das wir unmittelbar einbezogen waren. Hatte man in der Periode, die dieser vorangegangen war, über Mangel an Stoffen geklagt, so schien diese so geschehensreiche Zeitspanne die nächsten Jahrhunderte mit Dramenstoffen zu versehen. Doch waren sie noch heißes Leben, das man nicht anfassen konnte. Erst aus einer Jahre später gewonnenen Distanz wird eine aus dem Strahlungsbereich dieser Hitze gerückte Generation sich nicht mehr die Finger verbrennen, wenn sie unsere, dann vergangene Zeit dramatisch anpacken wird. Ich hatte früher kaum recht wahrgenommen, wenn es bei Shakespeare hieß, ein König, ein Fürst oder ein Bürger habe »nach Frankreich« fliehen müssen. Wie wurde darüber hinweggespielt und hinweginszeniert. Der Flüchtling trat in einem anderen Kostüm, in einer andern Dekoration wieder auf und mimte weiter. Nun weiß ich, was Flucht, Exil, Lebensangst und Angst ums Leben bedeuten. Die, wie es schien, nicht enden wollenden Shakespeareschlachten, die früher immer als aufführungsstörend empfunden worden waren, wurden nun wirklichkeitsnah. Erschöpfte, verendende Soldaten, denen, die in unsern Schlachten fielen, zum Verwechseln ähnliche »arme Hunde«, waren die Krieger darin, und durchaus so darstellbar.

Wir hatten geglaubt, die Machtergreifung Richards III. oder die Macbeths, die Kämpfe um Julius Caesar hinterließen für unser modernes Empfinden zuviel Tote. Wir haben umgelernt. Die bisher ungesehene Substanz des Stückes kann nicht mit alten Bühnenmitteln dargestellt werden. Der Kriegsschrecken, der in uns allen steckt, verträgt kein animiertes Sprach- und Schlachtengetöse. Geschehenes und drohendes Grauen müssen einem Darsteller die Stimme verschlagen. Die noch nicht verblaßte Erinnerung an Stalingrad liegt auf der heutigen Darstellung der Schlacht bei Philippi im »Julius Caesar«. Karl Valentin wurde auf einer Probe, auf der als Krieger verkleidete Statisten über die Bühne geschickt wurden, gefragt, wie Soldaten im Krieg eigentlich aussehen müßten. »Bleich sans', Angst hams'«, sagte Valentin. Darauf wurden die Statistengesichter weiß geschminkt. Den er beriet, war Brecht.

Persönliches Leid, von der Dampfwalze der Umwälzungen verdrängt, steht eingeschüchtert in der Ecke. Seine Stimme geht im öffentlichen Lärm unter. Leise kann es sich eher Gehör verschaffen. Es darf sich nicht aufspielen, wie es das einst tat. Es muß sich kurz und bündig fassen.
Das alles geht mir durch den Kopf, nun jene Periode so unerwartet deutlich vor mir auftaucht. Sogar die winzige Wohnung der russischen Flüchtlinge seh' ich noch vor mir, die mit Hilfe meines Vaters und meiner Schulfreunde Freiberger und Ehrenreich gemietet worden war. Entbehrliches hatte man aus den jeweiligen Familien zusammengetragen.
Um die beiden herum bildete sich bald ein kleiner Kreis junger Leute. Johannes Guter hieß er – sie Maria Leiko. Er erzählte höchst dramatisch radebrechend, sie schenkte meistens schweigend aus einem von einem Trödler erstandenen Samowar Tee ein. Ich war bei ihnen kein Stammgast. Zwar interessierte ich mich für das russische Bohemien-Milieu, hörte auch mit Anteilnahme den Schilderungen von Geheimzusammenkünften, vom Verwischen von Spuren, Verschwinden, Auftauchen in anderen Städten unter anderen Namen, von der Bedrohung durch die Ochrana und von der Angst vor Sibirien, vom Bombenmachen und von Attentaten, geplanten und ausgeführten, zu. Aber ich wurde nicht recht warm. Ich weiß nicht mehr, warum ich das Paar und seine Ziele beargwöhnte. Vielleicht ahnte ich, daß aus ihm einmal ein Filmregisseur in Berlin und aus ihr ein Filmhalbstar werden würde. Vielleicht muß man für Attentate schlechte Filme in Kauf nehmen. Aber ein schlechter Film ist ein Attentat auf mich. Die Verhunzung des Geschmacks, die Verkleisterung der Gehirne, das Verseichen der Begriffe vom Leben, das Sacharin-Glyzerin-Schluchzen, das Plakatgrübchen-Grins-Glück aus verlogenen Anlässen, all das lähmt die eingeborenen Abwehrinstinkte gegen Falsches und ist Helfershelfer aller Massenvergiftung. Im totalitären Staat müssen die Filme in diktierter Weise verlogen sein, in der Demokratie dürfen sie in jeder Weise sein. Zuwiderhandelnde werden in der einen Staatsform eingesperrt, in der andern ausgesperrt.

Daß die beiden Emigranten nach einem Jahr Sprechunterricht immer noch nicht ihren Akzent verloren hatten, fand ich unerträglich stur und ungelenk, ihre Wortverzerrungen, ihr absurder Satzbau beleidigten mein Ohr. – Wie konnte ich ahnen, daß mich als reifen Mann ein gleiches Sprachschicksal befallen, daß ich eines Tages sprach-los dastehen und jahrelang Englisch so malträtieren würde wie die beiden Russenflüchtlinge Deutsch. Aber das war noch lange hin, eine unbekannte Galgenfrist trennte mich von jenem dunkeln Zukunftsdatum. Und davon war mein Gemüt noch unangekränkelt, als ich jung und arbeitsfreudig auf Reinhardts Probe stand.
Mir als Chorführer oblag es, meine Chorgruppe stimmlich zu führen, meine Solosätze, ohne Versuch, einen alten Mann zu charakterisieren, mit voller Stimme in einem gezogen rhythmischen Sington, der, fanatisch immer höher ansteigend, den Höhepunkt des Dramas signalisierte. Die kleineren Sätze hatte ich innerhalb der Chorgruppe zu sprechen, für meine Arie durfte ich einige Stufen der hohen Treppe, die zum Palast des Ödipus führte, auf einen Stab gestützt, einen langen Greisenbart im Bubengesicht, hinaufgehen, mich umwenden und nun, dem Publikum zugekehrt, loslegen. Damit war ich der Starchorführer und von Profe, Fiebag, von Niemetz und Wilhelmi beneidet. Auch um die Zustimmung, die mir von Reinhardt zuteil wurde. Die ließ mich hoffen, daß ich bald ausführlichere Gelegenheit haben würde, mich zu betätigen. Ich brannte darauf, von Reinhardt geführt, eine größere, ja eine große Rolle zu spielen. Als Greisenführer jedoch fügte ich mich – ich glaube, verständnisvoll – ein. Begriff ich doch schnell, daß aus solch einer Masse – es kam noch das Volk von Theben dazu, in meiner Erinnerung Hunderte von Menschen – der einzelne sich kaum als Individuum herausheben durfte, daß die Masse, dem Tausendfüßler gleich, ein Körper war, wobei ein Fuß unter den tausend die eigene Person war, und daß von diesem Gesichtspunkt die Bewegungen wirken mußten, als kämen sie von einem Lebewesen, um so mehr, als die Masse von einer Einheitsmeinung, einer Einheitserregung erfaßt war: Daher

war der Einheitsgestus, die Ausdrucksentsprechung, also der geeignete Stil, die vom Stückinnern kommende legitime Stilisierung, und nicht eine äußerliche, sich der Aufmerksamkeit der Presse empfehlende »Choreographie«.
Reinhardt hatte sich in den dramatischen Elan der russischen Studenten verliebt, aus denen sich das Volk von Theben zusammensetzte. Wenn diese Jugend in Empörung und Auflehnung losstürmte, brüllte, tobte, so war das nicht nur der slawische Elan, wie wir damals Ahnungslosen glaubten, sondern der Ausdruck einer schon durchpolitisierten, revolutionsbereiten Jugend. Reinhardt war in seinem Element. Er entfachte sie immer mehr, die sein Entzücken über sie mit stürmischer Begeisterung für ihn erwiderten. Er war entflammt und wußte zu entflammen. Zum Entsetzen seines mehrköpfigen Stabs konzentrierte er sich auf den wenigen Proben – er hatte eine Woche an Ort und Stelle zur Verfügung – auf die Massenszenen. Moissi schien zu kurz zu kommen.
In Berlin war Ödipus mit Wegener in einer langanhaltenden Erfolgsserie gespielt worden. Die Vorstellung stand also. Nur Moissi, das Volk und ich waren neu. Mit Moissi war schon wochenlang in Berlin probiert worden, hinter dem Rücken Wegeners, dem man erst kurz vor der Abreise die Umbesetzung mit Moissi mitgeteilt hatte. Die ihm damit zugefügte Wunde verheilte nie. Was Moissi betraf, schien Reinhardt seiner Sache ganz gewiß zu sein. Auch die Reisetage waren ja Probentage im Zug geworden, über die russische Steppe rollende deutsche Theaterproben. Reinhardt erschien seiner Umgebung wie ein Hasardeur. »Er setzt den Erfolg aufs Spiel wegen ein paar Nuancen«, jammerte Metzel, die Null. Proben im Kostüm, eine Durchlaufmöglichkeit des ganzen Stückes, Beleuchtungsproben, technische Proben, all das stand noch aus. Jetzt, zwei Tage vor der Premiere, mußten auch die Nächte herhalten. Abendproben bis zwölf Uhr nachts hatten wir schon hinter uns. An jenem Abend verbrachte Reinhardt die Zeit von sechs Uhr abends bis zwölf Uhr nachts mit den zehn Dienerinnen der Jokaste, von denen vier aus Berlin mitgekommen waren. Der

Rest bestand aus Russinnen, die etwas Deutsch radebrechten. Für diese Probe war eine Stunde vorgesehen gewesen, da die Szene von einem Hilfsregisseur nach den Anweisungen Reinhardts vorprobiert worden war. Um sechs Uhr begann man, um zehn Uhr brach eine der Berliner Schauspielerinnen, die die Selbstverstümmelung des Königs in einer langen dramatischen Erzählung zu berichten hatte, zusammen. Reinhardt, in seiner Gestaltungsmanie durch nichts aufzuhalten, schenkte dem Umstand keinerlei Aufmerksamkeit, sondern ordnete an, durch die entstandene Verzögerung ungeduldig geworden, daß dann eben die X an Stelle der Y weiterproben solle. War es, weil die X den langen Text nicht auswendig konnte oder weil sie für die Erzählung nicht den großen Atem hatte – was immer der Grund gewesen sein mochte, Reinhardt inszenierte die Szene völlig um, und zu meiner staunenden, unvergessenen Bewunderung wurde sie entschieden besser. Er verteilte den Bericht unter die zehn Frauen. Die erste sagte einige Zeilen, dann konnte sie aus Entsetzen vor dem Erlebten und noch zu Berichtenden nicht weiter und mußte sich, schwach geworden, auf eine Treppenstufe niederlassen. Die zweite berichtete weiter, kam aber auch nur um einige Zeilen im Schreckensbericht voran, als eine dritte darüber ohnmächtig wurde. War Reinhardt von der faktischen Ohnmacht der Schauspielerin inspiriert worden? Dann fuhr eine vierte fort, bis schließlich alle zehn einander nicht mehr zu Wort kommen ließen und von der Lust am Erzählen befallen die Sätze gewissermaßen einander aus dem Munde rissen. Es wurde ein Inferno des Schreckens – und Mitternacht. »Und jetzt kommt Moissi dran«, sagte Reinhardt, »und Frau Y kann morgen nach Berlin zurückfahren. Sie wird hier nicht mehr gebraucht. Und Dworsky soll mit der Beleuchtung beginnen – während ich probiere –, also möglichst geräuschlos.« Wir verließen um sechs Uhr früh die Probe. Ein älterer russischer Baron oder Graf wohnte mit seiner viel jüngeren Frau und seiner Tochter aus erster Ehe diesen Probenexzessen staunend bei. Der Alte lud uns alle zum Frühstück ein. Er nannte ein bestimmtes

Lokal, den frühmorgendlichen Sammelplatz der Nachtbummler. Seine Frau wäre schon nach Hause gefahren, hieß es. Auch Moissi würde nicht sein Frühstücksgast sein. Der alte Aristokrat war ein vertrauensvoller Gatte. Ich aber unterhielt mich angelegentlich mit seiner Tochter aus erster Ehe. Auch ein vertrauensvoller Vater schien er zu sein.

Am nächsten Tag und dann am Premierentag waren alle kopflos. Reinhardt ließ das Stück noch immer nicht ohne Unterbrechung ablaufen. Gregori und seinesgleichen hätten schon Tage zuvor sich von den Warnungen, Verzweiflungsgebärden der Mitarbeiter bewegen lassen, nun nur mehr die Sorge um einen glatten, reibungslosen technischen Ablauf walten zu lassen. Nicht aber Reinhardt! Bis zur allerletzten Sekunde der Generalprobe blieb er still versessen, um die Reinheit des Ausdrucks, des Tonfalls und jeder Nuance bemüht, ohne die der schönste Ablauf leerläuft. Spätere Erfahrungen belehrten mich, daß der Große unter den Regisseuren – wie wenigen begegnete ich, der ich alle traf! –, daß dieser seltene, eigenmächtige Mann der Beauftragte seiner inneren Vorstellungen und ihr Zwangsvollstrecker war, keine anderen Gesetze als die ihren achtete, auch nicht die Gebote eines nahen Vorstellungstermins, bis die inneren Vorstellungen ganz nach außen durchgesetzt eine Vorstellung geworden waren, die nun beginnen konnte. Ich mußte jedoch einsehen lernen, auch dieses Ziel, wie jedes, wird nur in der Annäherung erreicht.

Reinhardt wich nicht eher, bis die ersten Zuschauer hereingelassen werden mußten. Sie kamen im Frack, Smoking, großen Toiletten in der vornehm gelassenen Zurückhaltung des Weltstadtpublikums. Ich, schon in meinem Kostüm, beobachtete sie voller Neugierde von einem versteckten Winkel aus. – Zwei Stunden später, am Schluß der Aufführung, waren sie behext, eine trunkene Menge, die gemeinsam mit der Galeriejugend, die von oben schließlich die Stufen herabgestürzt kam, raste und durch die Eingänge zur Rampe drängte. Ganz wie vorher das wildgewordene Volk von Theben in Verzweiflung und Aufruhr die Palaststufen erklommen hatte, so stürmte nun in Begeisterung und Jubel das Premierenpublikum im Frack und Smoking, in großen Abendkleidern und, in Russenhemden, Studenten und Studentinnen hinauf. Ich mußte immer wieder Reinhardt ansehen. Er blieb ruhig und doch bewegt. Moissi freute sich wie ein Kind und wollte sich vorschnell verbeugen. Reinhardt hielt ihn bei der Hand zurück, behielt sie ein Weilchen in der seinen. Dann klopfte er Moissi väterlich auf den Rücken und schob ihn schließlich hinaus, wo ihn ein Orkan jubelnder, verliebter Zustimmung umtobte. Alle Mitwirkenden hatten schon ihren Applausanteil strahlend einkassiert. Nur Reinhardt noch nicht. Immer wieder die Schauspieler. Plötzlich sang das Applaus-Tollhaus seinen Namen. Er wartete noch das Crescendo ab, dann trat er langsam vor das Publikum, stand ruhig dort, lange, ohne sich zu verbeugen. Dann erst, vor dem Abgehn, neigte er den Kopf. Ich dachte, kindisch wie ich war, der blöde Zar wird sich ärgern und die russischen Gesetzmacher ebenfalls, die Reinhardt die Einreise nicht gewähren wollten. Die haben eben mit unserem Deutschland nicht gerechnet, das ihm gleich durch seinen Gesandten einen Lorbeerkranz überreichen wird, der schon bereitlag und auf dessen Schleife in goldenen Buchstaben zu lesen war: »Dem Pionier der deutschen Kunst.« Mir wurde ganz warm im kalten Rußland. Und auf dem Theatergebäude wehte die deutsche Flagge für Reinhardt und seine Leute. Ein nie gekanntes Glücksgefühl überkam mich: In jenem herrlichen, freien Deutschland will ich leben und es lieben. Was war das doch für ein Erdenparadies, in dem sich der Kronprinz selbst um die Einreise in das noch mittelalterliche Rußland für den von ihm verehrten Max Reinhardt und einen andern, allseits unbekannten jungen Juden bemühte, der entschlossen war, ein deutscher Schauspieler zu werden und eines nahen Abends in Berlin aufzutreten, nicht als greiser Chorführer, sondern in einer großen Rolle, von Max Reinhardt geführt. Und wenn ich ein großer Schauspieler sein werde, dann werde ich ohne Intervention nach Rußland reisen können, denn dann wird die Revolution den Umsturz herbeigeführt haben, und jeder wird ein- und ausreisen können, wie er will. Und Deutschland wird dann noch freier sein, als es schon jetzt ist. Die Weltgeschichte lag klar vor mir. Die machte mir keine Sorgen. An diesem applausfreudigen Abend applaudierte ich der Welt. Gleich werde ich an der großen Premierenfeier teilnehmen, werde fremde, exotische Gerichte essen und Sekt trinken und die Tochter des Russen wiedersehn, und sie wird ein wunderschönes Kleid anhaben, und mein Hotelportier war bestechlich, wie ich hörte. Ich spürte die Hitze des Lebens – in der eiskalten Winternacht. So ging's von Stadt zu Stadt bis Odessa, dann auch noch nach Kiew und Kischinew. In einer der beiden Städte wurde mir eine Mauer gezeigt, an der eine schauerlich große Zahl Juden erschossen worden war. Ich stand plötzlich bestürzt davor, der Übermut verging mir. Scheu und allein schlich ich ins Getto. Das erste hatte ich kurz vorher in Warschau gesehen. Ich floß nicht von Mitgefühl und Bruderliebe über, wie ich von mir erwartet hatte und wie ich es für meine Pflicht hielt. Ich scheute vor diesen mittelalterlichen Gestalten in langen Kaftans, mit ihren mich grotesk anmutenden gedrehten Locken an beiden Gesichtsseiten und langen Bärten, zurück, auch vor ihren Frauen mit Perücken anstelle eigener Haare. Über die toten Juden erschrak ich, mit den lebenden wußte ich nichts anzufangen. Ich habe umgelernt. Mein Assimilierungsprozeß hatte mich zu weit von ihnen entfernt. Ich, der ich mich doch gerade Deutschland mit Haut und Haaren verschrieben, war dem Getto und seinen Bräuchen weltenweit entrückt. Ich war um die Schönheit der deutschen Sprache bemüht, von ihrer Verstümmelung erschreckt, erschreckt von jeder absoluten Zugehörigkeit zum Judentum, befremdet durch seine modernste Form, den damals sich regenden Zionismus; darin stimmte ich Karl Kraus zu, der in Theodor Herzl einen utopischen Narren und hochstapelnden Journalisten der Wiener »Neuen Freien Presse« sah. Zurück nach Deutschland wollte ich und tiefer in seine Sprache, in seine Kunst, seine Kultur und Zivilisation.

10. Kapitel

In Kiel, nach meiner ersten Seefahrt, betrat ich wieder deutschen Boden. Die Woche Proben mit Reinhardt waren die ersten glücklichen, ergiebigen, nachwirkenden Arbeitstage während meiner Anfangszeit am Deutschen Theater. – Was war das auch für eine moralische Zucht! Festtage waren jene Wochentage, da sie erfüllte Arbeitstage waren. Meine ganze Person war in Anspruch genommen worden. Keine genossenschaftliche Verfügung existierte damals, die den Schauspieler durch Begrenzung der Arbeitszeit davor schützte, sich in rastloser Arbeit zu vervollkommnen. Wenn sie existierte, Reinhardt und seine Schauspieler ignorierten sie. Wenn man nicht im Beruf das Leben sieht – zumindest als junger Mensch –, sondern nur vom Beruf leben will, dann ist man im Theaterberuf, zu dem man schließlich berufen sein muß, ein Unberufener. Das Leben der Arbeiter hingegen beginnt nach ihrer Arbeit. In den Büros, Werkstätten, Fabriken ist die begrenzte Arbeitszeit durchaus berechtigt, der Kampf darum ein legitimer. Im Theater, wo Arbeitszeit gleichzeitig Lernzeit ist, müssen andere Gesetze gefunden und eingehalten werden. Die Arbeiter, die Angestellten im bürgerlichen Leben sind nach ihrer Lehrlingszeit ausgebildet, und zu ihrer erlernten Fertigkeit kommt dann im Laufe der Zeit Routine, von ihrer natürlichen Eignung und Geschicklichkeit abgesehen. Der Schauspieler muß sich vor Routine und Geschicklichkeit bewahren, darf sich aber auch nicht auf seine natürliche Eignung verlassen. Das in den offiziellen Theaterschulen und in Anfängerjahren Erlernbare ist äußerst begrenzt. Der Anfänger lernt das fragwürdige Bühnensprechen, ein bißchen Fechten und Tanzen und ach, Rollen. Seine Lehrer sind meistens selber Unbelehrbare. Den kreatürlichen Ausdruck, um den es zuerst und zuletzt geht, lernt man vom großen Theatermann, Schauspieler oder Regisseur, vom kleinen Kind und von großen und kleinen Tieren; nicht aber in den Theaterschulen! Und auch nicht vom Betriebstheater, das sich von den Theaterschulen hauptsächlich dadurch unterscheidet, daß die Theaterschüler bezahlt werden und nicht mehr zahlen müssen. Der mehrfache Besuch einer außerordentlichen Aufführung kann instruktiv sein, wenn der Aspirant die Gabe besitzt oder sie entwickelt, das Minuziöse, Unaufhebliche, die nie aussetzende Wechselwirkung von Können und blutdurchströmtem Wahren und immer schärfer werdenden Sinnen zu erkennen, also aktiv zuzuhören und zuzusehen, und nicht genießerisch passiv. Der Theaterbesuch des Aspiranten ist Arbeit. Auch der Kaffeehausbesuch. Jeder Besuch jeder Stätte, wo Leben zu hören und zu sehen ist. Wird er im Theater durch die Leistung aus seiner Aktivität in widerstandslose Passivität gedrängt und es läuft ihm kalt über den Rücken oder es wird ihm warm ums Herz oder die Tränen fließen ihm, dann hat er entweder die Übermacht des höchst seltenen großen Theaters erlebt oder aber er ist seiner Wahllosigkeit, seinem Mangel an Unterscheidungsvermögen zum Opfer gefallen. Er tut gut daran, das zu analysieren. Ich denke dabei an den Schauspieler Oscar Werner, der ein Schulbeispiel ist für schlechte Schulung. Wenn er schon nicht als Hamlet Denkkraft und Geist zu entwickeln vermag, so müßte ihm doch von irgend jemandem klargemacht werden, daß Hamlet kein unbesonnen Rasender ist, sondern ein tief in sich verstrickter Kampfunlustiger mit einer in der dramatischen Literatur einmaligen Einstellung zur Waffe, die er zuerst und zunächst als Selbstmordinstrument betrachtet und die er ganz unheldisch und unrasend erst am Ende zum Mord zu zücken vermag. Hätte der hochbegabte, tiefgesunkene Oscar Werner das Glück gehabt, einem Max Reinhardt zu begegnen und sich ihm anvertraut, »er hätte sich höchst königlich bewährt«.

Nehmen wir an, dieser Werner geriete in die Hände eines großen Regisseurs, dann würden Wochen vergehen mit Heilversuchen, mit dem Bemühen, ihn aus seiner Gefühlsepilepsie zu erlösen. Der Betriebsarrangeur jedoch akzeptiert den jeweiligen Werner, wie er ist, das heißt, wie Gott ihn nicht geschaffen hat, und kann so den Vorstellungslieferungstermin einhalten. Wie soll der ernsthafte Regisseur gegen diese Schmutzkonkurrenz aufkommen? Heute kaum mehr. Damals ging es gerade noch. Damals gab's noch Mäzene. Gab es das reiche Bürgertum, das bereit war, Reinhardts oft verschwenderisches Genie zu finanzieren.

Rückblickend weiß ich, daß diese Rußlandreise der Anfang von Reinhardts Expansionsperiode war, sein verhängnisvoller Drang, sich zu internationalisieren, das heißt nicht ein Anziehungspunkt für das internationale Theaterpublikum zu bleiben, sondern diesem Publikum nachzureisen. – Ich war ahnungslos in den Anfang des Endes seiner Konzentration auf Berlin geraten. Was ich da aber noch sehen und lernen konnte, erwies sich als das Fundament, auf dem ich später aufbaute. Als bleibender Eindruck und zur Nacheiferung anspornend erwies sich Reinhardts unbegrenzte Arbeitskraft und -lust. Die andern haben, mit schlauem Selbstbetrug, die Grenze ihres Arbeitsvermögens unter allerlei windigen Gesundheitsrücksichten so niedrig angesetzt, daß die Schwänz-Terminologie die Arbeit bereits als Anstrengung, die Anstrengung aber als Überanstrengung und die Arbeitsstunden als Überstunden bezeichnet.

Ich hatte eine kurze Woche Reinhardtscher Probenanspannung erleben dürfen. Sie bestätigte meine frühe Ahnung, daß so viel Hingabe der unerläßliche Tribut sei, den das Außerordentliche fordert. Diese acht Moskauer Probentage gestatteten mir einen kurzen Einblick in die Werkstätte eines Erlesenen. Viel zu kurz für meine erwachende Arbeitsfreude.

Die abrupt einsetzende Probenlosigkeit mit Müßiggang und Völlerei als Folge war ein harter Kontrast, an den ich mich gemächlich und genießerisch zu gewöhnen begann. Schon nach der Premiere in Moskau hatten wir plötzlich den ganzen Tag Zeit, sie zu vertreiben und, nach der Vorstellung, sie zu verbummeln. Ich geriet immer mehr in Schulden. Die geglückte Bestechung des Hotelportiers riß mich noch mehr hinein. Breiderhoff hatte mir schon fünfzig Mark geliehen, und bedrückende Akontozahlungen waren die Folgen meiner leichtsinnigen Genußsucht, die nur durch eine mich völlig in Anspruch nehmende Arbeit, durch Phantasie und den Körper überfordernde Anstrengung in Schach zu halten gewesen wäre. Bei Reinhardt hatte die Sinnenlust ihre große Zeit. Sie stand im Zenit. Keine Gewissens-, keine Kriegs-, keine Lebensangst bedrückte sie. Sie hatte die Vorherrschaft. Es wäre unrichtig, von Zügellosigkeit zu sprechen, denn es fehlte das Bewußtsein von Zügeln. Es herrschte die Temperatur, die Sinnenfreudigkeit erzeugte. Man sprach ohne viel Entrüstung über Affären. Diese waren aber kein Objekt für Zeitungsschreiber, für Publicity, um das Interesse für irgendeinen Darsteller in die Höhe zu treiben. Zu religiösen, ethischen, politisch-sozialen Themen verhielten sich Reinhardts Inszenierungen wie die Malereien der italienischen Hochrenaissance zum Geist der Askese, der Entsagung des Christentums. Man wiegte sich in einem Gefühl heute nicht vorstellbarer Sicherheit. Die letzten drei Kriege lagen vierzig Jahre und mehr zurück. Als aber dann nach dem verlorenen Weltkrieg ein völliger Zusammenbruch die Menschen zu entwurzeln schien, der Mensch sein Innerstes nach außen kehrte und neue Perspektiven sich auftaten, politische und weltanschauliche, verlor Reinhardt den Boden unter den Füßen.

In Kiel gab es eine Menge für mich neuartige Lokale. Am Hafen, wo ich zum erstenmal Riesenkriegsschiffe sah und bewundernd davor erschrak, gab es Kneipen und Bumslokale. Damals galt es, mehr als heute, eine gigantische Physik, eine Leben verschlingende, Weiber verbrauchende und Männer besiegende, eine unbändige, chaotische Kraft-Kean-Genie-Natur sich und anderen vorzutäuschen. Es war nur noch die Attitüde der Sexualgefräßigkeit, nur noch die hohle Geste, der

Punch des zerschlagenen Boxers mit der weichen Birne. Mit fünfzig Jahren siechte so ein Gigantomane mit Wasser in den Füßen, mit nichts mehr im Kopf oder einem Herzinfarkt dahin. Es stellt sich heraus, daß nicht das Leben, sondern das Nachtleben verschlungen wurde, nicht Weiber, sondern Nutten verbraucht und die besiegten Männer hinter der Leiche des Riesen einhergingen. Natürlich weiß ich, wieviel Angst hinter all dem Brimborium steckte. Besonders beim Schauspieler. Berufsangst und immer wieder aufsteigender Berufswiderwille, die er im Alkohol ersäuft. Wie der Alkohol die Selbstkritik aufhebt, wie toll man sich vorkommt, wie der Alkoholnebel einem am Probenmorgen über die Hürde hilft, irgendeine vorgeschriebene Leidenschaft nüchtern zu probieren, wie er über die Premierenangst hinweggaukelt, über die Textangst, ich weiß es aus Erfahrung. Denn eine Zeitlang exzedierte ich auch und ergab mich dieser Selbstbetäubung. – Paul Wegener, der nun in Kiel wieder den Ödipus spielte – Moissi war von Rußland nach Berlin zurückgefahren –, war solch ein Chaotiker mit vorsätzlichem Unmaß. Er wurde für den Abend erwartet und von den in Kneipen hockenden, tratschenden und klatschenden Schauspielern diskutiert. Anekdoten über ihn wurden erzählt. Er war gerade wieder in die und die Affäre verwickelt und lag wieder in Scheidung. Das war das vom Schauspieler Lux eben aus Berlin mitgebrachte Neueste. Lux war gekommen, um den Chorführer, den in Rußland von Niemetz gespielt hatte, zu übernehmen. Von Niemetz war durch ein Betriebsversehen aus Rußland nach Kiel geschickt worden. Lux war ein gerade im Berliner Spielplan entbehrliches Mitglied des Deutschen Theaters. Von Niemetz war als Aushilfskraft für eine kurze Frist, die nun abgelaufen war, von Reinhardt geholt worden. Eine Sparmaßnahme des anschwellenden Betriebs, meinte Metzel, der für das schwerwiegende Betriebsversehen Verantwortliche. Es wurde entschieden, von Niemetz fährt nach Berlin, Lux spielt. Von Niemetz war empört. Er würde erst morgen fahren und sich den Klimbim, so nannte er plötzlich die Reinhardt-Inszenierung, als Zuschauer ansehen. Er liebe

Wegener, der ja auch, wie er, von den Gebrüdern Reinhardt nach Strich und Faden hereingelegt worden sei. Die Brüder hätten eben ihre Lieblinge. Lux, seinem Aussehen nach Jude, war um ein Nuancechen begabter als der gleichfalls nicht sehr begabte von Niemetz. Lux, ein auch im Zorn leiser Murmler, fragte kampfansagerisch: »Was meinen Sie damit?« »Raten Sie mal«, erwiderte scharf der Reserveoffizier von Niemetz, stand auf, zahlte giftig und verließ energisch das Lokal. Mir war unbehaglich zumute. Lux entpuppte sich als Nichtjude ungarischer Herkunft und als ein militanter Pazifist. Er kannte die Herstellungskosten der Riesenschlachtschiffe, die vor Kiel lagen. Er operierte überhaupt mit Zahlen, Ziffern und Statistiken, damals bei mir, dem für Posa-hafte Argumente eher Zugänglichen, ein unpopuläres Material. Lux war in seine Sache verbissen, jedoch ohne forensische Begabung. Er murmelte seine Parolen mit kaum geöffnetem Mund. Später kam ich darauf, daß er bei seinen staatsanklägerischen Enthüllungen seine schlechten Zähne nicht zeigen wollte. – Wir saßen bis knapp zum Vorstellungsbeginn in der Kneipe. Lux trank keinen Alkohol, die andern zuviel, ich, mit überquellenden Augen, meinen ersten Steinhäger.

Ich war gespannt, Wegener als Ödipus zu sehen. Sein Erscheinen war provokant. – Ich sträubte mich zunächst gegen ihn, während Moissi mich sofort für sich eingenommen hatte. Wegener war deutlich bemüht, sich sogleich als tollen Kerl zu etablieren. Moissi war von graziöser, scheuer Herrscherwürde, Wegener von auftrumpfender. Moissi bangte vor dem Schicksal, Wegener forderte es heraus. Moissi wußte, die Götter sind stärker als er, Wegener hatte sich eine Chance gegen sie ausgerechnet. Moissi hatte die Mannbarkeit des Jünglings und einen Kinderglauben an die Götter, Wegener war ein Menschen und Götter verachtender, zu knapp geratener Riese mit einem Nervenknacks. Moissi wandte ein rehäugiges Angstgesicht, hielt den Kopf hin für den Schlag von oben, Wegener reckte einen Buddhakopf dem Zeus entgegen. Ein vermessener Gottrivale ließ sich auf einen Zweikampf ein. Hier erreichte

Paul Wegener den Status der Großen. Moissi war für die Frauen wie Ödipus für eine Mutter Jokaste Sohn und Liebesgefährte. Mit Wegener erlebten sie eine Strindbergehe und dürsteten, wie Hebbels Judith, nach seinem Kopf. Als sie vom Schicksal gefällt wurden, erwiesen sich beide, Wegener und Moissi, als große Menschendarsteller, denn sie waren arme Hunde. – Der Schlußbeifall war enorm. Ich ging eindrucksüberladen in die Garderobe, wo wir Chorführer uns umzogen. Wir schminkten uns schweigend ab. Nach einer Weile ging die Tür auf, Wegener stand vor uns. Wir standen alle auf. »Wer von euch hat den großen Satz gesprochen?« – »Ich«, gestand ich. Wegener sah mich an, hob den Zeigefinger seiner Hand – in zwei aufeinanderfolgenden ruckartigen Bewegungen nach oben, mir mimisch damit hohe Anerkennung aussprechend, dazu blies er ein wenig Luft durch die zusammengepreßten Lippen, wodurch ein kleines Geräusch produziert wurde, wie es ein Weinkenner von sich gibt nach einer Kostprobe von besonders gutem und echtem Wein. Ich fühlte mich geradezu süffig. Dann sagte er, mir die Hand reichend: »Wegener« – »Kortner«, sagte ich mit einer tiefen Verbeugung, seine dargebotene Hand fassend.

Wegener ging und ließ die Chorführer mit gemischten Gefühlen zurück. Kein Zweifel, sie neideten mir sein Lob. Ich stieg um Beträchtliches in meiner Achtung. Das war eine unerwartete, ungesuchte hohe Bestätigung für den immer wieder an sich Zweifelnden. Ich wußte, auch in Momenten der Depression, daß ich überdurchschnittlich begabt war. Meine Begabung war nicht mehr Gegenstand meines Zweifels. – Aber jene schwer definierbare Aura – ohne die man bei noch so großem Talent kein wahrhaft großer Schauspieler ist –, besitze ich die? Jene selbsttätige Autorität, die sich den anderen mitteilt, ohne jedes Hinzutun? Ich meine jenes Fluidum, das andere spüren, wenn die Person von eigener, nicht verliehener Autorität bloß ein Zimmer betritt oder auf der Bühne erscheint? Ich hatte in den letzten Wochen dreimal auch im privaten Verkehr Persönlichkeit erlebt: Reinhardt, Moissi, Wegener. Eine Persönlichkeit ist der Rangoberste ohne Rang, der Befehlshaber ohne Amt und Exekutive, der Chef dem Chef gegenüber. Gehöre ich zu den Erlesenen, angesichts derer Leute vorgefaßte Entschlüsse nicht ausführen und vorbereitete Angriffe unterlassen, dem Gespräch eine andere als die geplante Richtung geben? Ist man jemand, bei dem sich der Gesprächspartner, der Zuhörer einen Ruck geben muß, um sich als Gleichberechtigter durchzusetzen, was doch nicht gelingt? Ist man jemand, der absichtslos des anderen Gleichgewicht stört und seine Gleichberechtigung waffenlos in Frage stellt? In Gedanken darüber war ich auf die nächtliche Straße gelangt und beschloß, noch ein bißchen allein spazierenzugehen, bevor ich die anderen, wie verabredet, im Wirtshaus treffe. Wegener war doch so grundverschieden vom Moissi. In dem einen Fall war ich aufsässig und suchte kritisch Gründe für diese Regung, im andern empfand ich sofort Teilnahme, war gleich zu Moissis Gunsten bestochen und bereit, Fehler zu übersehen. Wie leicht hat es doch so ein Herzensdieb wie Moissi, und wie schwer wird es dem zunächst verstimmenden Wegener gemacht, dem man sich verschließt, gegen den man sich wehrt. Wie schnell ist der Sieg des einen und wie schwer der des anderen errungen. War es vielleicht dieser prinzipielle Unterschied, der Reinhardt bewogen hatte, Moissi zu mobilisieren, als es galt, ein fremdes Publikum im Handstreich zu erobern, während eines kurzen Gastspiels? Zu Hause in Berlin hatte ein Mann wie Wegener Zeit, langsam die Widerstände zu überwinden und in zähem Ringen das Publikum zu erobern. Nicht in einem Blitzkrieg. Metzel, den ich nach der Ursache der Umbesetzung gefragt hatte, gab einen ganz anderen Grund an. Reinhardt, behauptete er, hätte sich gegen Wegener entschieden, weil er so slawisch-asiatisch aussähe, ein den Russen zu vertrauter Typus wäre, während Moissi italienisch wirke und für Slawen den Reiz des absolut Fremden habe. Mir scheint meine Vermutung zutreffender zu sein als Metzels Gewißheit. Die beiden Möglichkeiten brauchten einander auch nicht auszuschließen. Sie könnten sich sogar ergänzen. Merkwürdig so ein Kopf wie der des Reinhardt, in dem Unwägbares vielleicht über Wägbares obsiegt und plump gedeutet oder verdächtigt wird. Im Wirtshaus hatte sich auch von Niemetz eingefunden und war in einen galligen Disput mit Lux verwickelt. Er zöge den deutschen Wegener dem italienischen Moissi vor, und Reinhardt wäre ebenfalls ein Fremdkörper im deutschen Theaterleben, und das Berliner Publikum und die Presse wären zu gemischt, um deutsch zu reagieren. Und das Reinhardt-Theater sei ein Geschäftsunternehmen, die Reinhardts Geschäftemacher. »Warum subventioniert der Staat das Deutsche Theater nicht?« fragte Lux und beantwortete selber die Frage: »Weil er sein Geld in Schlachtschiffe steckt!« »Sie Sozi!« schrie von Niemetz. »Sie Reaktionär«, schrie Lux leise und argumentierte etwa so: »Die Schlachtschiffe sind nur dazu da, die Unternehmer zu schützen. Da Sie, Herr von Niemetz, für die Schlachtschiffe sind, sind Sie für die Unternehmer. Also haben Sie kein Recht, sich gegen das Unternehmertum zu wenden! Nur weil in diesem Fall der Unternehmer Jude ist.« »Weshalb Sie ihn beschützen«, warf von Niemetz scharf ein. »Ich bin kein Jude, sondern Ungar«, sagte Lux, bleich vor Wut. »Dann gehen Sie deutsche Angelegenheiten einen Dreck an! Gute Nacht!« Er stand auf und setzte sich an einen anderen Tisch. Das hatte alles nur so auf mich eingehämmert. Vom Theater ganz in Beschlag genommen, kam dieser Wortwechsel für mich aus heiterem Himmel. Ich hielt die beiden für untypische Narren. Den einen für einen gehässigen, den anderen für einen wohlmeinenden. Aber es begann mich doch zu beschäftigen.

Plötzlich kam von Niemetz zurück, offenbar war ihm das richtige Argument erst jetzt eingefallen: »Wir Deutsche sind gegen die englische Hegemonie – daher brauchen wir Schlachtschiffe.« – »Ich bin für ein ›Vereinigtes Europa‹. Da braucht keiner Schlachtschiffe.« In meinem Kopf schwirrte es.

11. Kapitel

In Berlin führte ich das Leben des möblierten Herrn. Ich mietete in der Uhlandstraße, in der Nähe der Pension, in der ich zuerst gewohnt hatte, ein unwirtliches Zimmer bei einer unwirschen Wirtin, mit Badezimmerbenutzung und Zahnbürstenwirrwarr. Dort habe ich mir meinen Komplex gegen Mitbenutzung geholt. Ein mir damals sicherlich noch nicht bewußtes Sehnen nach schönem Wohnen mag in der miesen, sturmfreien Bude so früh zu keimen begonnen haben. Für mich stand es fest: jedes Zusammenleben mit irgendeinem Lebewesen ist eine selbstauferlegte Folter. Ein nicht mehr als gelegentliches nachmittägiges Beisammensein schien mir die Lebenslösung. Das eheähnliche Leben mit Lilith hatte mich zutiefst erschreckt. Ich war im Grunde froh, daß es sich finanziell nicht ermöglichen ließ, für den Rest der Saison – inzwischen war es schon Frühsommer geworden – Lilith nach Berlin kommen zu lassen. In den nahen Sommerferien würde ich sie in Wien treffen. Inzwischen bummelte ich – im Theater schlecht und, wie mir schien, unziemlich beschäftigt – in Berlin herum. Vielleicht war ich an meiner Hanna damals auf irgendeiner Berliner Straße vorbeigegangen. Schließlich lebte sie ja dort, und ich durchzog die Stadt kreuz und quer. Daß ich an ihr fremd vorübergegangen sein mag und ich sie nicht schon als Schulmädel als meine Frau erkannt haben sollte, erscheint mir ebenso schwer begreiflich wie die nachweisbare Tatsache, daß ich sie überhaupt nicht einmal gekannt hatte. Sicher waren wir später noch blind aneinander vorbeigelaufen. Wieso erkannte ich die Unbekannte nicht unter den vier Millionen, wieso ging ich nicht auf sie zu und fragte, was ich sie auch heute noch immer wieder frage: »Wo steckst du denn die ganze Zeit – warum läßt du mich so lange warten?« Vielleicht hätte sie mir in jener Traumbegegnung damals die noch heute gültige Antwort gegeben: »Ich habe meine Handtasche zu Hause vergessen, mußte zu Fuß zurückgehen. Als ich vor der Wohnung stand, merkte ich, daß ich nicht aufschließen konnte, weil ja die Schlüssel in der Tasche sind und mir niemand aufsperren kann, da alle aus sind, was ich vergessen hatte. Und nun regnet's. Und ich habe meinen Schirm in der Elektrischen stehenlassen, von der ich eiligst abgesprungen bin, weil ich ja kein Geld bei mir hatte, das ja auch in der Tasche ist. Aber morgen bringe ich das Fahrgeld auf die Endstation. Mein Vater würde sonst zürnen. Schließlich bin ich doch ein Stückchen mit der Bahn gefahren.« Und ich hätte damals die mir noch heute geläufige Antwort gegeben: »Vergiß aber nicht, die Tasche mitzunehmen. Und bring den Schirm mit, falls er dort abgegeben wurde. Vergiß ihn nicht! Vergiß alles, aber vergiß mich nicht.« Aber nichts dergleichen geschah. Ist es doch Wunder genug, daß man schließlich und endlich sich zueinander durchtappte in der Konfusion und dem Chaos des Lebensverkehrs, ohne Wegweiser und Lichtsignale.

Inzwischen bestaunte ich Glanz und Glorie von Berlin W. Übel beleumundet wegen seiner schlecht angezogenen und plumpen Frauen, ohne Chic, überraschte mich Berlin mit der Widerlegung dieses Rufs. Die Frauen und Mädchen waren schlank, hübsch und gut angezogen. Das Karl-Kraus-Wort, Wien hat so lange die besten Kipferl, bis Berlin bessere hat, ließ sich auch auf dieses so lebenswichtige Gebiet übertragen. – Das Berliner Essen machte mir noch Sorgen. Ich kam nicht recht zum Genuß. Das lag wohl auch daran, daß ich meist in billige und nur ganz selten in ein besseres Lokal ging. Der Wiener in der Fremde hat aber seine ganz besonderen Schwierigkeiten, sich mit der Landesküche anzufreunden. Er irrt in den Straßen umher, den heimatlichen Gulaschgeruch noch in der Nase, den Knödelgeschmack noch im Munde und sucht, wie ein weinendes Kind seine Mutter, Essen, das der Sehnsuchtserinnerung entspricht. Dem Gulasch- und Knödelgaumen mundet nichts sonst. Gegen die Knödelerinnerung setzt sich nichts schnell durch. Wie lange hat es gedauert, mindestens ein Jahr, das Trauerjahr um die entschwundene Wiener Mehlspeis', bis mein Gaumen überhaupt aufnahmebereit war für den Geschmack Berliner Gerichte. Dann aber biß ich zu. Eines Tages hatte ich die Voreingenommenheit meines Gaumens überwunden und schmeckte, wie Fremdes gut schmecken kann und dann nicht mehr fremd ist. Es war die erste Überwindung des national Beschränkenden. Mein Gaumen machte nur den Anfang, Hirn und Herz folgten mit Abstand. Ich fing an, die Häßlichkeit Berlins schön zu finden. Sie war heutiger, lebensnaher als die museal schönen Straßen berühmt schöner Städte. Und die Affen – und alle die eingesperrten Tiere im Berliner Zoo glichen denen in Schönbrunn in Wien aufs Haar. Und Potsdam schüchterte mich ein wie jeder historieumwehte Platz. Das alte Berlin kannte ich bald so genau wie die alten Gassen Wiens, an denen ich wie ein Kind an der Mutterbrust hing und nun, ein schon lang Entwöhnter, längst nicht mehr von ihr Gestillter, noch hänge. – Belegte Stullen, Bratheringe, Buletten, Würste und das Gratisbrot bei Aschinger verdrängten die Erinnerung an Extra-, Pariser- und Dürrewurst und Schinken vom Weißhappel am Petersplatz. Sogar die herrlichen koscheren Würstchen in den vielen Piowatifilialen in Wien. Schließlich überwand ich auch noch das Abschreckende der Namen von Ausflugsorten wie Hundekehle und Schlachtensee und suchte sie auf, gewöhnte mich an die reizkarge, berglose Weite der schon zum Meer abflachenden Heide, ohne das Lusthaus im Prater, das Krapfenwadl, Heiligenkreuz, den Semmering, die Rax und den Schneeberg bis zum heutigen Tag zu vergessen.

Auch noch heute schleiche ich mich in Österreich ein, das ich, ein dort nicht gerne Gesehener, immer wieder gerne sehe. – Gerade eben, wo ich nach Wien, meiner ramponierten Zähne wegen, öfter komme, genieße ich mit den alten Augen, die so viel von der Welt gesehen haben, den Zauber dieser Stadt und ihrer oft schon zu geschäftstüchtigen Umgebung. Und wenn es Abend wird und es soweit ist, ins Theater zu gehen, geh' ich in keines. Weder als Zuschauer noch als Ausübender. Ich bin eben ein Genießer!

Damals in Berlin ging ich ins Theater! Leider zu selten als Ausübender, oft aber als faszinierter Zuschauer. Was ich, meistens aushilfsweise, spielen durfte, ist nicht erwähnenswert. Die sogenannten Umbesetzungsproben wurden aufreizend lieblos und unbegabt von irgendeinem um Reinhardt herumwimmelnden Schmarotzer heruntergehudelt. Natürlich verhielt ich mich zu solchen nichtskönnenden Gagendieben unbotmäßig. Ich war enttäuscht und erbittert, daß sich solches Ungeziefer in das Haus des Großen eingeschlichen hatte und er nicht nach dem Wanzenvertilger rief. Selbst ein Hofstaat dürfte sich nicht so zusammensetzen. Hofschranzen sind schon schlimm genug, nun gar erst Hofwanzen. Es gab einige dieser Sorte. Es gelang mir, in Rekordzeit, in pausenlosen Attacken, sie mir zu Feinden zu machen. An einer Feindschaft lag mir besonders, ihrer versicherte ich mich zuerst. Es war der Angesehenste unter ihnen, hatte Reinhardts Ohr und die sentimentale Zuneigung zum ehemaligen Schulfreund. Ihm bei solch einer Umbesetzungsprobe wegen seiner fahrlässigen Art, auf Reinhardts Intentionen nicht einzugehen, sondern sie zu verschmieren, meine durch keinerlei Opportunismus gemäßigte Meinung zu sagen hielt ich für meine Ehrenpflicht und für ein Gebot des Gewissens. Nun, ich belächle nicht mit Altersüberheblichkeit diesen Jünglingseifer. Ich halte ihn in Ehren und aufrecht. Erst wenn jener Eifer mich verlassen haben wird, werde ich mich als alt geworden bekennen und meine Leistungsunfähigkeit anmelden und jenen Alters-Ehrensold, den mir die Stadt Berlin in so großzügiger Weise zugesprochen hat, in Anspruch nehmen. Reinhardt war nur ganz selten ansprechbar. Er ließ mich durch seine Leute auf später vertrösten. – Ich durchschaute das Prinzip, nach dem gehandelt wurde. Junge, talentierte Leute, von überall herangeholt, wurden für die kleinen

Rollen eingesetzt und nicht alte, verbrauchte Provinzschauspieler. Natürlich wurden Schlachtberichte, ein paar hitzige Sätze ausdrucksreicher von einem glühenden, unverdorbenen Anfänger gesprochen als von einem alten ausgeleierten, von seinem Provinztheater kaum mehr oder nur in zeitraubender Arbeit zu befreienden Schmieristen, der obendrein noch teurer war. – Obwohl ich objektiv Verständnis für solches Vorgehen aufbrachte, empörte es mich subjektiv als Opfer. Gebunden durch meine Bewunderung für Reinhardt, ließ ich mich vertrösten, spielte ab und zu aushilfsweise und lustlos den Valentin im »Faust«, den Laertes im »Hamlet«, kam als Bote mit einem Schlachtbericht auf die Bühne getobt, focht, in Rüstungen steckend, manche Shakespeare-Schlacht mit Schild und Schwert und einem hitzigen Kampfsatz und sprach immer wieder meinen Chorführer im »Ödipus«. Ich trieb mich in Kneipen herum, lernte Schauspieler kennen, verbrachte trinkend und krakeelend Nächte mit ihnen, saß bei Bergemann, einer Kellerkneipe in der Schumannstraße, wo man zu allen Zeiten des Tages und bis spät in die Nacht hinein Schauspieler traf, wo man Essen und Trinken anschreiben lassen konnte und einen Bogen um das Lokal machte, nachdem man zu lange die Schulden hatte anstehen lassen, und wo vor allem Josef Danegger herumhockte. Von dem war ich auf ganz merkwürdige Weise angezogen. Obwohl vieles an ihm mich abstieß – er wusch sich kaum, war oft, von der Zimmerwirtin hinausgeschmissen, obdachlos, schlief in der Theatergarderobe oder beim alten Bergemann, der eine brummige Vorliebe für ihn hatte, ließ sich selten rasieren, nie die langen und filzigen Haare schneiden; er spielte Karten und Billard, war witzig und intelligent, als Schauspieler hochbegabt, hatte einen guten Karl-Moor-Kopf, eine prachtvolle Stimme, ein hinreißendes Temperament, war aufnahmefähig für Reinhardts Regie und war trotz allem kein großer Schauspieler und würde auch keiner werden! Denn ihm fehlte jene undefinierbare Aura, jenes Unfaßbare, das zu interpretieren auch Goethe mißlang, der mit dem Satz »höchstes Glück der Erdenkinder ist doch die Persönlichkeit«

den Begriff nicht definierte, sondern vor ihm kapitulierte. Nichtsdestoweniger war ich im Banne dieses langhaarigen Wüstlings. Seine bravouröse Fähigkeit, alle Schauspieler, ob es nun die der Reinhardt-Bühne oder des Burgtheaters waren, verblüffend nachzuahmen, mag zum Teil meine Gefolgschaft erklären. Er spielte die große Audienzszene zwischen Philipp und Posa, indem er abwechselnd Bassermann und Moissi in Ton, Gang, Nuance wie ein Zauberkünstler im Varieté nachahmend vor einem erstehen ließ.

Bassermann, der inzwischen von Brahm zu Reinhardt herübergewechselt hatte, spielte nun die großen klassischen Rollen mit einem nie zuvor gekannten Realismus. Reinhardt wagte mit ihm mehr als bisher mit irgendeinem andern seiner wahrhaft großen Bühnenbeherrscher. So war gerade eben Bassermanns Philipp der heißumstrittene Mittelpunkt der Reinhardtschen »Carlos«-Inszenierung. Moissi als Posa wurde von der Presse nur bedingt anerkannt. Harry Walden, der bis dahin Berliner Bonvivant in Boulevardstücken, vor allem ein herzenbrechender Prinz in »Alt-Heidelberg« gewesen war, spielte den Don Carlos. Wegener mit der Philipp-Sehnsucht im Herzen spielte den Alba. Es war ein rasender Publikumserfolg, in dem die Presseeinwände untergingen. – Danegger kopierte die ganze Besetzung. Als Bassermann in einem Interview freimütig zugab, Friedrich Mitterwurzers Philipp hätte den seinen inspiriert, führte uns Danegger Mitterwurzer vor, den er, älter als ich, noch gesehen hatte. Sonnenthal als Philipp und Lewinsky als Großinquisitor zauberte er eines Nachts in dem Berliner Kellerlokal vor. Gegen Barzahlung konnte man derartige Kopien bestellen. Für seine Bierzeche bot er mir die paradoxe Zusammenstellung von Bassermanns Philipp und Kainz' Carlos. Kaum hatte mir Bassermanns Othello den Atem verschlagen, gaukelte Danegger ihn mir mit allen genialen Einzelheiten vor. Ich konnte noch an der Kopie das Original bestaunen und von ihm lernen. Wie für Berufene von der Art Bassermanns die Bühne das Abbild des Lebens war, aus dem er visionär schöpfte, so war es für Danegger die Bühne, von der er schöpfte, die das

Abbild des Lebens für ihn war und nicht das Leben. – Ich soff mit Danegger große Pilsener abwechselnd mit Steinhäger, bis zum Erbrechen. Die Gefahr des Abrutschens, des Versumpfens wurde nächtlich größer. Auch meine Schulden. Danegger, der alle Pumpquellen im Umkreis erschöpft hatte, stiftete mich, den noch verhältnismäßig Kreditfähigen, an, jene Leute anzupumpen, an die er, Danegger, sich nicht mehr heranwagte. Meine russischen Schulden an Breiderhoff hatte ich brav abbezahlt. Die Pumpversuche fielen mir äußerst schwer. Danegger mußte mir die entsprechenden Texte beibringen. Ich war auch nur mäßig erfolgreich. Da Danegger in Berlin einen der Chorführer spielte, wurden wir schon dadurch unzertrennlich. Eines Abends während der Vorstellung war ich überrascht, Profe, ebenfalls einen Chorführer, Daneggers großen Solosatz sprechen zu hören, obwohl Danegger mitspielte. Hinterher erklärte mir Danegger, er hätte dem mäßig begabten, etepeteten Profe, der aus vermögendem Hause stammte, jenen Satz für 5 Mark verkauft, das heißt, er, Danegger, schulde ihm 10 Mark, von denen nun 5 Mark als abbezahlt galten. Er würde ihm den Satz noch einmal überlassen und könne dann Profe erneut anpumpen. Profe aber pumpte nichts mehr, sondern schlug vor, jedesmal 3 Mark für den Satz zu bezahlen. So kam es, daß Danegger nie wieder den Satz sprach. Schließlich bot sich noch ein Satzkäufer an, dem Danegger seine übrigen Sätze verkaufte. Mir bot Profe für meinen großen Satz, mit dem ich die Aufmerksamkeit Wegeners erweckt hatte, 5 Mark für jede Vorstellung. Nach schwerem Ringen und unter großem wirtschaftlichem Druck und bei fortschreitender Verkommenheit ging ich auf den Handel ein. Schließlich verkaufte ich – gleich Danegger – alle meine Sätze. Eine Zeitlang machten Danegger und ich noch im Chor mit. Dann aber kamen wir nur noch vor Beginn der Vorstellung in die Garderobe, tätigten den Sätzeverkauf, trieben die Preise hoch und zogen ab. Es war das einzige Mal in meinem Leben, daß ich mich als Unternehmer betätigte. Erst nach einer ganzen Weile kam man uns drauf. Reinhardt war außerstande, sein Amüsement zu verbergen.

Wir kamen mit einer milden Strafe davon, mußten die Sätze aber wieder selber sprechen.
Dann wurden wir für die Sommerfestspiele als Erinnyen nach München geschickt. Reinhardt studierte dort die »Orestie« und gleichzeitig »Die schöne Helena« mit der Jeritza und dem gerade entdeckten Max Pallenberg als Menelaus ein. Reinhardt schwelgte einfallsträchtig auf den Helena-Proben und mühte sich lustlos mit der »Orestie« ab, die den »Ödipus«-Erfolg ablösen und wiederholen sollte, aber nicht wollte. Ich sah Reinhardt in der Kopie seiner selbst sich quälen, verzagen und versagen. – Der Großbetrieb ist nicht für die Großen.
München, das ich zum erstenmal sah, schien mir eine Sommer-Ferien-Fest-Stadt, bunt, trachtenfreudig, ungeheuer Berlin-fern und Wien-nah. Der Föhn, heute als Bewohner dieser Stadt mein Leben abkürzend, entfachte damals zwischen Danegger und mir einen tobsüchtigen Streit nach einer Hofbräu-Schwabing-Nacht, die am Hauptbahnhof in den Morgen überging. Volltrunken behauptete Danegger, ich wäre im Grunde nicht satisfaktionsfähig. In mir, ebenfalls Blödgesoffenem, erwachten Offiziers-Ehrbegriffe. Ich pochte auf mein Einjährigenrecht, das mich gegebenenfalls zum Offiziersanwärter machen würde. Danegger höhnte. In mir bäumte sich alles auf. Ich wollte unbedingt meine Satisfaktionsfähigkeit beweisen. Was nicht alles der Föhn und Volltrunkenheit aus einem machen! Zwei Münchener gerieten darüber, wer von uns beiden eigentlich recht hatte, in eine Rauferei. Nachmittags gingen Danegger und ich, wiedervereinigt, ins Ungererbad. Danegger wurde zwangsweise abgeseift und gebraust, ehe er ins Bassin durfte. Währenddem beobachtete ich im Nichtschwimmerabteil des Bassins einen Herrn – als solcher war er auch kleiderlos agnoszierbar –, der, das Wasser nur bis zu den Hüften, unbeweglich stand und dachte. Er faszinierte mich, ehe ich wußte, daß es Frank Wedekind war. Danegger und er kannten einander. Jetzt erst, nun ich ihn in der Erinnerung im Schwimmbad wiedersehe, fällt mir ein, daß ich als Fünfzehnjähriger bei einer »Frühlings-Erwachen«-Aufführung vor Erregung ohnmächtig

weggetragen werden mußte. Der kalte Schauer von damals und der von der »Erdgeist«-Aufführung ein Jahr später kroch wieder über meinen nackten Rücken, als ich dem Dichter im kalten Wasser eingeschüchtert und wortlos gegenüberstand. Jene Aufführung des von der Zensur verbotenen Stückes hatte, in Umgehung des Verbots, vor geladenen Gästen stattgefunden, von Karl Kraus in Wien veranstaltet. Ich war keiner der Geladenen. Ich hatte mich eingeschlichen. Kraus' Sätze, die er im Zusammenhang mit der Aufführung später schrieb, bringe ich mir immer gerne in Erinnerung: »Durch Grobheit macht sich ein Regisseur nicht immer einer Ehrenbeleidigung schuldig. Manchmal begeht er eine Kraftübertragung. Die produktive Grobheit fördert bei den Schauspielern die Weiblichkeit zutage, die unproduktive vermännlicht sie; jene packt die Natur, diese nur das Ehrgefühl. Vor einer Lulu, die keine Funken geben wollte, nahm ein Regisseur die Tonart des Jack the Ripper an und es glückte.« Wir gingen dann noch mit Wedekind durch die Stadt. Ich hatte noch immer kein Wort gesprochen. Wedekind blieb unvermutet bei einer Litfaßsäule stehen und betrachtete ein Ausstellungsplakat: »Die Frau im Haus und Beruf.« Plötzlich sagte er unvermutet scharf zu uns: »Das muß man mitgemacht haben.« Dann ging er kurz grüßend weg. Abends waren wir Erinnyen frei, da die Generalprobe von »Die schöne Helena« stattfand. Nur ein umrißhaftes Schimmern von etwas waghalsig Sinnesfreudigem, unbändig Komischem und rührend Humorigem erhielt sich über die vielen, vielen Jahre. Einen Augenblick der Aufführung hingegen sehe ich klar vor mir. Menelaus-Pallenberg überraschte Helena mit Paris in flagranti. Er sah dem Kosen der beiden lange unbemerkt zu, mit dem wehen Blick des ins Herz Getroffenen, um seine Männerwürde Betrogenen. Dann, sich besinnend, daß es sich im Grunde um etwas Frivol-Lustiges handle, wandte er sich zu einem beiseite: »Die Frau im Haus und Beruf.« Später fügten sich die Episoden des Tages zusammen. Zwei Männer vom Range Wedekind und Pallenberg führten Klage gegen die Frau, mit einem heiteren und einem nassen Auge.

Bald ging die kurze Münchner Festspiel-Saison zu Ende. Ich verlebte einen liebesarmen Spätsommer mit Lilith und dann – gibt's Erinnerungslücken. Ich weiß nicht mehr, wie ich wieder nach Berlin kam, wo ich dort wohnte. Dem rückgewandten Auge fließen Straßen und möblierte Zimmer ineinander: Kant-, Mommsen-, Wilmersdorfer, Grolmann- und wie sie alle hießen, die möblierten Wirtinnen-Straßen von Berlin W.

Lilith hatte ein Engagement an einem kleinen Theater in Österreich angenommen, und sie spielte große Rollen. Unsere Beziehung fing an abzubröckeln, sie brach nicht sofort zusammen, sondern hielt noch notdürftig und schleppte sich mit verglimmendem Reiz und wachsend aufsässiger Gereiztheit eine Zeitlang hin. Sie und ich waren für eine andere Paarung fällig, strebten halbwissend danach. Ich suchte und versuchte und wurde durch nichts, das ich gefunden, gebunden. Was Lilith wirklich tat, wußte ich nicht. Ich lernte sie nie kennen. Der Hauptteil ihres Wesens blieb mir fremd und verschlossen. Und eine Fremde ist keine Gefährtin. Wie die Häuserreihen mit meinen möblierten Zimmern zu einem wirren, verblichenen, kaleidoskopisch unbeständigen Farbengerinnsel zusammengelaufen sind, so sind auch die paar Mädchengesichter jener Zeit ein verwaschenes, im einzelnen nicht mehr erkennbares Gesamtgesicht geworden. Eines trägt noch vage, mühsam erinnerte Züge. Es gehörte einer jungen Schauspielerin, die wegen ihrer Unverführbarkeit von den prominenten Roués belächelt und als zeitraubend aufgegeben worden war. Aus wahrscheinlich gerade sich ergänzenden Tag- und Nacht-Träumen, im Blindekuh-Spiel der Beziehungen, glitten wir zueinander. Die war nun wieder ganz ohne Geheimnis. Blieben andere, vorsätzlich durch Lüge und Maske, nach Jahren unkenntlich, war diese in wenigen Tagen ein aufgeschlagenes Büchlein mit auch nicht einem Siegel. Aufrichtig, offen, nichts absichtlich verbergend und doch unergründlich, scheint meine nur noch nicht bewußte Forderung von damals gewesen zu sein.

Eines öden Morgens zog sich die graue Fadigkeit jener gefühlsverarmten und berufsdürren Tage zu einem Alarmdunkel zusammen. Eine nichts Gutes verheißende, lakonische, befehlshaberische Postkarte forderte mich auf, am nächsten Morgen um zehn Uhr auf der Arrangierprobe für »Jedermann« von Hofmannsthal zu erscheinen. – Salzburg lag damals noch in dem unbehelligten Zauber seiner Weltabgeschiedenheit, nichts ahnend von seiner Schicksalsverbundenheit mit dem Stück, das im Berliner Zirkus Schumann zur Aufführung gelangen sollte. Niemandem kam es in den Sinn, daß aus der feenhaft schönen Märchenstadt Salzburg eine Schönheitskönigin werden sollte, eine Miß Salzburg, die den ersten Preis unter den berühmten Sehenswürdigkeiten Europas gewinnen, daß aus einer erlesenen Schönheit eine sich feilbietende werden, aus dem ehrwürdigen Bischofssitz ein Barock-Rummelplatz entstehen würde. Der Zug der Zeit! Wohin rast er? Mein alter, nie erfüllter, asozialer Instinkt, selten Schönes für mich allein haben zu wollen, sollte erschrecken angesichts der bikontinentalen Freiermassen. Aus der Weltentrücktheit sollte Salzburg mitten in die Weltverrücktheit hineingerissen werden und aufrücken in die höchsten Reihen der Devisenspender für den österreichischen Finanzhaushalt. Der Salzburger Dom war damals ein wunderschöner Bau, der nur der Erbauung diente und noch keine weltberühmte Theaterkulisse abgab, wie der damals schon berühmte Wolfgangsee durch das »Weiße Rössel«. An jenem Probenmorgen in Berlin machten wir uns dran, diesen Dom seiner weltlichen Bestimmung zuzuführen. Ich war widerwillig bei der Sache, nicht etwa aus religiöser Scheu oder Andacht, sondern aus meinem gekränkten Berufsstolz, da ich zu jenen Trägern kleiner Rollen gehörte, die als Gäste mit Jedermann tafelten, tranken und schließlich mit ihren Damen Reigen tanzen mußten. Bei der Ausübung dieser Funktion sah ich sicherlich eher wie ein zur Blutrache Entschlossener als wie ein lustig tafelnder, genußfreudiger Schlemmer aus. Zwar wurde mir ein längerer Satz anvertraut, der aber das Kraut auch nicht fett machte.

Mein an Rebellion grenzender Widerstand gegen das Röllchen

am Anfang der Probe wurde von Reinhardts Suggestion spielerisch und vorspielend bezwungen. In meinem möblierten Zimmer, ich war auf dem Weg nach Haus in mich gegangen, fragte ich mich ernsthaft, ob mein Darstellungsvermögen reichen werde, den von Reinhardt haargenau aufgezeigten Typus eines am Reichtum eines andern schmarotzenden Säufers zu treffen, ohne Reinhardt mechanisch zu kopieren. Immer wieder amüsierte mich die Gestalt, die Reinhardt auf der Probe anhand des Vierzeilers, den ich zu sprechen hatte, mit kühnen Strichen entworfen hatte. Dieser Alkoholschwamm war bald ein mir Bekannter, ein amüsanter Kumpan, etwa einer, den ich in den Bier- und Steinhäger-Nächten mit Danegger getroffen haben konnte – oder gar getroffen hatte. Gegen Abend war der Kerl ein alter Bekannter von mir, den zu spielen ich durchaus imstande war, solange ich mir selber lange und ausführliche Texte zurechtmachte. Sowie ich aber den Mann innerhalb des Vierzeilers, also in knapper Zeit, fassen wollte, entschlüpfte er mir. Erst bis ich, über die nur naturalistische Kleinmalerei hinaus, die charakterisierende und zugleich übermittelnde Geste fand, gelang es – bei Morgengrauen. Zu meiner Überraschung war ich bei Ton und Geste wieder angelangt, die Reinhardt mir vorgespielt und die ich über dem lebendigen Charakter, den er damit schuf, vergessen hatte. Ich war über die in meiner Vorstellung nunmehr existierende Gestalt zu den gleichen Ausdrucksmitteln gekommen.
Leider konnte ich Reinhardt den Erfolg meiner schweren Arbeit, mein so unbedingtes Eingehen auf seinen Vorschlag, meine Selbständigwerdung in den nächsten Wochen nicht zeigen, denn die Einstudierung dessen, was Reinhardt angab, lag in den plumpen Händen eines Vertreters. Die Pflege und das Gedeihen des Reinhardtschen Regieguts, sofern es Jedermanns Tafelrunde betraf, waren einem schlechten Verwalter anvertraut. Es war jener odiöse Schulfreund, mir von allen Satelliten Reinhardts am hassenswertesten, weil er Reinhardt in der oberflächlichsten, geistungetreuesten Weise, nur äußerlich diensteifrig, umkreiste. Er war ein anmaßender, gewissen-

loser, unbedenklich seinen Vorteil suchender Feigling, der Held hieß. Er begriff den Sinn der Reinhardtschen Forderungen nicht, überhörte die Intimität des den Typus und den Zustand erhellenden Tonfalles, den Reinhardt so bezwingend jedem der Jedermannschen Gäste vorzumachen imstande war. Ich merkte mir nicht nur Ausdruck, Tonfall, die Nuance des Lachens, der Fröhlichkeit, der Ausgelassenheit, Beschwipstheit, die Reinhardt mir vorspielte, sondern auch seine grandios gemimten Vorschläge für die andern. Es war nämlich das nicht nur charakteristische Benehmen jener darzustellenden Menschen, sondern das Zusammenfassende, zwar darstellende, aber darüber hinaus kommunikative Gebaren, das die realistische Darstellung überträgt. Die realistische Verlebendigung, durch die aufschlußreiche Geste verstärkt, ergibt den Darstellungsstil. Was Reinhardt auf jener ersten Probe angestrebt hatte, war die Abschaffung des stereotypen Lustigkeitseinheitstons und -gestus und die Kreierung variierter, lebensechter Lächerlichkeiten, mit seinem allumfassenden Humor gesehen, beobachtet oder erahnt. Held, zu dickhäutig, augen- und ohrenlos allen das Genie bedrängenden Lebensgestalten gegenüber, nivellierte, hob die Unterschiede auf, verplattete den Humor in Theaterlustigkeit und Bühneneinheitsklamauk, wie es heute noch von den Barnowskys, in der Großstadt und bis in die kleinste Provinz hinunter, von den Regieschustern über einen Leisten geschlagen wird. Es konnte nach alledem nur eine Frage von Tagen sein, wann der schon züngelnde Krach in hellen Flammen ausbrechen würde. Als ich dann auch noch erfuhr, daß Held die unter ihm arbeitenden jungen Schauspieler nötigte, bei ihm Privatunterricht gegen Honorar zu nehmen, schwollen meine Wut und meine Enthüllungsbegierde dem Explosionspunkt entgegen. Vielleicht schürte gedrosselter Spieltrieb, gefesselte Sehnsucht nach der großen Szene auch noch das Feuer. Auf einer schon premierennahen Hauptprobe, der einige dem Theater nahestehende Zuschauer, Schauspieler des Reinhardt-Ensembles, beiwohnten, die aus Interesse für Reinhardts Regieexperimente in den Zirkus gekommen waren, ging's los! Die Probe verlief in großer Stille und mit spürbarer Spannung aller Zuschauenden. Nun kam die Szene dran, in der die Tafelrunde Jedermanns zeigen sollte, was sie nach wochenlanger Dressur zu leisten imstande wäre. Alles ging beglückend schief. Reinhardt war enttäuscht, unterbrach immerfort. Der stets um seine Stellung bangende Held stand bleich, mit roten Ohren in der Kulisse, von dort uns giftig anzischelnd, uns korporativ beschimpfend. Als ich nahe genug an ihm mit meiner Tischdame vorbeitanzte, konnte ich das unflätige Geschimpfe verstehen: »Idiotengesellschaft, schwachsinnige Deppenbande.« – Man muß, um das Aufsehenerregende meines, diesen Zurufen folgenden Verhaltens ermessen zu können, wissen, wie unausdenkbar unmöglich und welch beispielloser Verstoß gegen das Probenritual es war, eine Reinhardt-Probe zu unterbrechen. Das war das ausschließliche Prärogativ des Meisters. – Ich, zum Äußersten entschlossen, alle Gebote des Hauses ignorierend, hörte zu tanzen auf, ließ meine Tanzpartnerin einfach stehen und ging, wortlos, die Stufen, die von dem Podest, auf dem die lange Tafel Jedermanns stand, in die Arena führten, hinunter.

Zunächst geschah nichts. Das Regiepult Reinhardts stand dem Podest gegenüber, am weit entfernten andern Ende der Arena. Die Stufen und die halbe Arena hatte ich bereits hinter mich gebracht, ein wenig das lautlose Aufsehen, in das ich den Stab und die Zuschauer durch meinen Aufbruch versetzte, genießend. Sicherlich fühlten sie sich sensationiert, wie die erschreckten und zugleich lästerlich animierten Zeugen eines Sakrilegs. Ich hatte schon fast den Arena-Ausgang erreicht, als Reinhardt mit einer ruhigen Irrenarzt-Stimme sagte: »Ja, sind Sie denn wahnsinnig geworden? Oder sind Sie sonstwie krank?« »Ich bin weder krank noch wahnsinnig, Herr Professor« – um das ruhig und eindrucksvoll zu sagen, war ich stehengeblieben –, »mein Verbleiben hier auf der Probe ist unmöglich geworden. Ich möchte jetzt sofort weggehen, da ich um keinen Preis eine Szene machen will«, log ich, denn alles in mir drängte gerade danach. Und ich machte sie! Ich spielte

Marquis Posa mit eigenem und mit von Lux in den vergangenen Wochen injiziertem Text. Während ich loslegte, überredete ich mich zu einem politischen Radikalismus, der die Folge meiner Rhetorik war und nicht umgekehrt. Echt und profund war jedoch mein Abscheu vor Held, den ich schonungslos formulierte. Echt war mein künstlerischer Protest, mein Zorn über die Aufweichung des Reinhardtschen Nervenglanzes, seiner mutterwitzigen Intellektualität in eine vulgäre Hoppsa-Juchheißa-Lustigkeits-Theaterei. Meine Trauer über diese Lustigkeit war ehrlich und mit meinem Wesen zutiefst verbunden. Der sozialkritische Angriff auf das Unternehmertum im allgemeinen und auf die geschäftliche Leitung des Deutschen Theaters im besonderen machte vor Reinhardt selbst respektvoll halt, den ich, als geschäftlich nicht verantwortlich, freisprach. Das war eine Wirkung seiner Person. Man gab seinem Bruder, Holländer, Kahane die Schuld an den Mißständen an seinem Theater, nie ihm. Mein Ausbruch war ein Gemisch von mit Schiller durchtränktem Idealismus, erlauschter Zeitkritik von links und dem kindlichen Glauben an die Abstellbarkeit von Übelständen durch deren Enthüllung und Hinweis auf ihre Unsittlichkeit. Daß das Interesse an der Bekämpfung des Bösen auf den geschäftstüchtigen Widerstand der Interessenten stößt und so erlahmt, daß der Ausgleich das menschliche Los, der Modus vivendi aller Kämpfe ist, blieb mir Schiller-Infiziertem lange verborgen. Reinhardt hatte meiner leidenschaftlichen, vom Bewußtsein des hohen Ethos meiner Anklage und ihrer Wirksamkeit getragenen Suada erstaunlich unbeleidigt, ja geradezu interessiert zugehört. Wieder mit halboffenem Kindermund und neugierig beobachtenden Augen, und wieder etwas belustigt. Ich liebte diesen Ausdruck; dieses Gesicht faszinierte mich noch im Streit. Die aufsteigende Wallung aber überschrie ich: »Die Machenschaften Ihres Unternehmens würden mit dem Bürgerlichen Gesetzbuch in Konflikt geraten, spielten sie sich in einem normalen bürgerlichen Geschäftsbetrieb ab. Es werden junge Talente unter Vorspiegelung falscher Tatsachen hierhergelockt und als Statisten mißbraucht.«

Diese Behauptung war nicht ganz stichhaltig und ungerecht gerade aus meinem Munde, der ich doch so Entscheidendes von Reinhardt in solcher »erniedrigenden« Position gelernt hatte. Ich war eben daran, etwas in diesem Sinne Berichtigendes zu sagen, als Holländer mir zuflüsterte: »Sie reden sich um Ihren Kopf.« Diese Bemerkung brachte mich um den guten Vorsatz und zur Raserei. Ich verbiß mich in diese Redensart, die ja deutlich aus einer längst toten politischen Vergangenheit stammte, in der noch die Köpfe Wagemutiger rollten, ich zog nun Schlüsse auf die im Theaterbereich Reinhardts herrschende Tyrannei, geißelte das kriecherische Vasallentum seiner Umgebung, verstieg mich schließlich zu der Formulierung, jener Held verlöre in der frischen Luft jede Besinnung, da er als Afterbewohner Reinhardts an ihren Ozongehalt nicht mehr gewohnt sei. Reinhardt wurde keineswegs böse, er sah eher animiert aus. Schließlich wollte Held sich unserer Gruppe nähern. Reinhardt rief ihm mit einem Blick auf mich zu: »Bleiben Sie, wo Sie sind! Kommen Sie ihm nicht nahe!« Dann kreischte Held aus der Ferne: Keiner von den jungen Leuten fühle sich durch seine Äußerung gekränkt. Nur ausgerechnet Kortner. »Ich frage Sie alle«, damit wandte er sich an die dreißig bis vierzig jungen Schauspieler beiderlei Geschlechts: »Fühlen Sie sich durch meine Bemerkung von vorhin beleidigt?« – »Aber keineswegs«, sagte ein Mädchen. »Wir kennen doch Herrn Held«, sagte ein jugendlicher Held. »Man kann doch nicht jedes Wort auf die Goldwaage legen« und so weiter. Held schrie triumphierend: »Na, bitte!« Worauf ich, nun wirklich zutiefst empört, sagte: »Dann muß ich dringend um meine sofortige Entlassung bitten. Ich kann mich gar nicht schnell genug aus diesem Milieu entfernen. Wenn ich bliebe, dann könnte ich vielleicht auch so herunterkommen, daß ich mich wegen solcher Beschimpfungen nicht mehr entrüste.« »Recht haben Sie, junger Mann«, rief eine Stimme aus dem Zuschauerraum. Es war die von mir geliebteste, ergreifendste, wohllautendste, es war die heisere Stimme reinster Menschlichkeit, die Albert Bassermanns. Er hatte sich von seinem Sitz erhoben und rief der Gruppe junger Leute zu: »Schämen Sie sich, Ihren Kollegen so im Stich zu lassen!« Reinhardt blickte nun, die Situation auskostend, nicht ohne genießerische Bewunderung auf Albert Bassermann. Damit hatte die wirksame Szene eine unerwartet hohe Steigerung erfahren. Ich hatte keine Gelegenheit, Bassermann zu danken. Er ging sofort nach seiner Intervention weg.

Reinhardt befreite mich von der Mitwirkung an Jedermanns Tafelrunde als Zeichen seines Verständnisses für den Ernst meines Dilemmas. Fast tat es mir ein bißchen leid, ihm nicht doch noch vorführen zu können, wie weit- und tiefgehend ich ihn verstanden hatte. – Aber als ich am nächsten Morgen zu erwachen begonnen hatte und die allmorgendliche Gemütsbeklemmung der entspannenden Tatsache, nicht mehr auf die »Jedermann«-Proben gehen zu müssen, wich, fing ich an zu begreifen, daß mein Erleichtertsein nicht nur der Befreiung von Held, sondern auch der vom Stück galt. Irgend etwas in mir, über das ich mir damals keine Rechenschaft geben konnte, sträubte sich gegen die Wirkung, die das Stück anstrebte, und ich beargwöhnte seine Gültigkeit und Aufrichtigkeit. Jenen Argwohn des jungen Mannes verstehe ich heute noch recht gut, ja besser, als er sich verstand, der damals ahnte und nicht wußte. Jenes unartikulierte Mißtrauen und jene dumpfe Auflehnung und dämmernde Skepsis gegen das, was da als Gottes Gericht angeboten wurde, kann ich, durch Alter aufgeklärter, nicht abgeklärter, als Altvertrauter des jungen Mannes nun zu klären versuchen.

Ich erinnere mich eines Märchens, das mich als Kind viel beschäftigt hatte. Es handelt von einem reichen, hartherzigen Mann, der, um einen zudringlichen Bettler zu vertreiben, in Ermangelung eines harten Gegenstandes mit einem Laib Brot nach ihm wirft, den der Bettler, davonlaufend, mitnimmt. Dann hat der reiche Mann einen Traum vom Jüngsten Gericht. Er sieht eine Waage, auf der seine schlechten Handlungen die eine Waagschale zu Boden ziehen. Auf die andere wird – als einzige gute Tat – dieser Laib Brot gelegt, der das Gleichgewicht fast

herstellt. Die Auslegung ist nicht gerecht, aber sie ist weise, denn sie bewirkt die Läuterung des Hartherzigen, der in sich geht und ein hilfsbereiter Mann wird bis an sein seliges Ende. »Jedermann« aber wird nicht zugemutet, seine Bekehrung unter Beweis zu stellen. Er kommt gleich in den Himmel. Es ist das Stück der komfortablen Gewissensbesänftigung.
»Jedermann« ist reich wie wenige und gewiß nicht jedermann. Er ist vom Schicksal verwöhnt, was nicht jedermanns Schicksal ist. Verständlich ist hingegen das bange Gefühl, nicht als guter Christ gelebt zu haben, das den sterbenden »Jedermann« überkommt. Das müßte eigentlich jedermanns Erkenntnis sein am Ende seiner Tage. »Jedermann« lebt schwelgerisch, ein um die Not des Nächsten, der eigentlich jedermann ist, sündhaft unbekümmertes Leben. Nach einer theaterwirksamen Reueapotheose geht er, ohne daß er seine verbale Reue in die Tat umgesetzt hätte, in den Himmel ein.
Hier erfahren die aus aller Welt zu dieser Vorstellung herbeigeeilten Millionäre, eher geht ein Reicher in den Himmel ein als ein Kamel durch ein Nadelöhr. Und die nicht reich sind, aber hoffen und streben, es zu werden – was jedermanns Sache ist –, erfahren von Hofmannsthal, daß jeder getrost es auf jede Weise werden kann; der Ablaß ist ihm gewiß, wenn er nur im letzten Akt so klangvoll bereut wie Moissi oder einer der ihm als »Jedermann« nachgefolgten Publikumslieblinge. »Mir werden schon kan Richter brauchen«, sagt man in Wien. – Hofmannsthals »Jedermann« ist die stückgewordene österreichische Sehnsucht nach keinem Richter, zumindest keinem irdischen, in der Hoffnung, es sich mit dem Höchsten irgendwie richten zu können.
Der Richter von Zalamea verfolgt den Übeltäter im Sinne des Höchsten Richters. Das Unrecht wird bestraft. Am Schluß des Stückes, als Deus ex machina, erscheint noch der Mensch in Gestalt des Königs. Kein happy ending, aber ein gutes Ende im Sinne des Menschen, der um seine Würde gekämpft hat gegen das anmaßende Unrecht Bevorzugter. Calderons Gott ist der eines wahrhaft großen Dichters - Hofmannsthals der eines Eklektikers.

Schon in ihren frühesten Regungen bemühte sich die dramatische Kunst um die Spürbar- und Erkennbarmachung, also um die Verkörperlichung einer höheren Instanz, der der irrende Mensch verantwortlich ist, die ihn richtet und straft. Orest wurde noch von den Erinnyen wegen seiner Blutschuld gejagt – »bis zu den Schatten und geben ihn auch dort nicht frei«. Eine furiose Heerschar von Schreck- und Rachegestalten rüttelt, schüttelt Orests Schuldgefühl wach. Orest wird in den Wahnsinn getrieben.

In den Mysterienspielen jagen nicht mehr eine Vielzahl von Furien den schuldigen Menschen, wie zur Zeit der Vielgötterei, sondern die Personifikationen von Gut und Böse ringen um seine Seele. Der Mensch beteiligt sich am Kampf um den Menschen. Das menschliche Gewissen hat ein Mitbestimmungsrecht erhalten. Im »Hamlet« erzählt Horatio, nachdem der Geist ihm und den Wachen erschienen war:

»... Der letzte König,
Er, dessen Bild uns eben jetzt erschienen,
... schlug diesen Fortinbras,
Der laut dem untersiegelten Vertrag,
Bekräftiget durch Recht und Rittersitte,
Mit seinem Leben alle Länderei'n,
So er besaß, verwirkte an den Sieger!«

Horatio spricht später »von diesem Treiben und Gewühl im Lande« als Folge der Aufrüstungen des jungen Fortinbras, um die Länder zurückzugewinnen, die ihm entrissen wurden. Wenn der Geist sich Hamlet eröffnet, spricht er von dem an ihm verübten Mord, sagt aber auch:

»... zu fasten in der Glut,
bis die Verbrechen meiner Zeitlichkeit
hinweggeläutert sind.«

In diesem nicht auszuschöpfenden Stück gibt es niemals nur einen Gesichtspunkt: Es ist nicht nur der ungesühnte Mord, es ist auch die Schuld an einem freventlich geführten Krieg, die Hamlets Vater auf seinem Gewissen hat und die ihn nicht ruhen läßt.

Das nun vom Geist seines toten Vaters aufgerüttelte Gewissen Hamlets stört das Gewissen des verbrecherischen Königs auf, überführt ihn durch die inszenierte Wiedergabe des begangenen Mordes. Hamlet zwingt den König in die Knie zum verspäteten Gebet. Claudius aber kann nicht beten. Gott bleibt inappellabel. Hamlet ist sein Delegierter. Sein Gewissen ist zum Strafvollzug an einem anderen aufgerufen. Er zaudert. Der Konflikt, in den er gestellt wird, lautet: Soll er der blutige Rächer am Mörder seines Vaters werden, dem Verführer seiner Mutter und damit dem Vernichter seines Liebeslebens, dem Verderber der Sittlichkeit am Hofe und im Staate? Soll Hamlet Blut vergießen, weil etwas »faul im Staate Dänemark« ist? Damit berührt das Stück die Gewissensfrage unserer heutigen Existenz. Das Gewissen wird als eine im Menschen wohnende sittliche Kraft angenommen, die ansprechbar ist und entflammt werden kann. Der Mensch hat eine lange Strecke zurückgelegt, bis er den Weg in sich hinein gefunden hat.

Es könnte sein, daß zu einer Zeit, da mir in meiner Beziehung zu Reinhardt nichts als meine Verehrung für ihn bewußt war, bereits die Abzweigung meines Weges von dem seinen begonnen hatte. In der Unterredung mit ihm erwähnte ich nichts von meinen aufsteigenden Bedenken gegen »Jedermann«, aber die Begegnung mit dem Stück ließ mich ahnen, daß es gottesfürchtiger sein kann, mit dem *Herrn* zu hadern, ja ihn zu bezweifeln, als ihn zu verkitschen. Reinhardt hatte meinen Affront am Tage zuvor begriffen, er hatte auch Verständnis für den Schuß Wirkungslust, der in meinem Auftritt enthalten war. Meine gesellschaftskritische Deklamation hing er etwas niedriger. Erstaunlicherweise warb er, wenn auch grandseigneurhaft unbemüht, um mein Verständnis. Das Deutsche Theater wäre ein Privattheater und lebe von seinen Einnahmen.

Sein Spielplan bestünde ausschließlich aus Klassikern und Werken der hohen Literatur. Seine Inszenierungen verschlängen mehr Geld als die Ausstattungsrevuen im »Wintergarten«. Selbst die ausverkauften Häuser, die er mit seinen Klassikerinszenierungen erziele, brächten nicht, was sie kosteten. Die Zuschüsse seiner Mäzene deckten das Defizit. Jeder Börsensturz, jede politische Unruhe und Wirtschaftskrise bedrohten sein Theater. Die Forderungen der Gewerkschaften, die eine politische Macht zu werden drohten, mahnten seine Geldgeber zur Vorsicht und verknappten ihre Freigebigkeit. So müsse er nach neuen Einnahmequellen suchen. Die international verständliche Pantomime sei der Ausweg. Solche, dem internationalen Publikumsgeschmack entgegenkommende Attraktionen sollten seine echten, hochzielenden Inszenierungen subventionieren. – Reinhardt war ernstlich und aufrichtig willens, an seinem Theater Raum für mich zu schaffen. Die Jedermannszene hatte dem Kontakt zwischen ihm und mir neues Leben gegeben. Er versuchte, er plante – die Umstände jedoch waren diesem Vorhaben nicht günstig. Meine Hoffnungen waren einzig an seine Person geheftet. Da erfuhr ich, daß Reinhardt mit »Sumurun« auf ein Jahr auf Tournee gehen werde. Bedurfte meine Jugendabneigung gegen »Jedermann« der Erklärungen des Alterfahrenen, für die Monstershows »Mirakel« und »Sumurun« reichte mein jugendliches Ausdeutungsvermögen. Ich fand sie zum Kotzen und sah mich durch Reinhardts Abreise im Stich gelassen. »Ja, wenn Sie nicht warten wollen!« sagte er gekränkt. Ich wollte nicht warten. In mir waren zu viele Eindrücke aufgespeichert, die zum Ausdruck drängten. Ich mußte spielen. Konnte es nicht bei Reinhardt sein, dann anderswo. Ohne irgend etwas in der Hand zu haben, löste ich meinen Vertrag und fuhr nach Wien.

12. Kapitel

Eine eigenwillige, nicht erkennbare, zielsichere Führung meines Geschicks verhinderte meinen Durchbruch in Berlin bis zum Kriegszusammenbruch. In diesem Licht sind sogar meine berüchtigten Kräche, die gewesenen und die noch kamen, mit denen ich mir alle Theater zu verrammeln schien, sinnvoll. Damals hatte ich schon eine tastende, kindlich unbestimmte Ahnung von dem, was meine mir nicht bewußte Art von dem Bühnenstil der Theater vor dem ersten Weltkrieg unterschied. Der überwältigende Eindruck, den ich von Reinhardt auf seinen Proben erhielt, wurde oft durch die vollendete Aufführung abgeschwächt. Wie herrlich viele der Aufführungen auch waren, der Probeneindruck war immer noch stärker. Es war, als ob ein Einblick, den man gewonnen, eine Erkenntnis, die aufgeleuchtet hatte, durch zuviel Draperien verhängt worden wäre, als ob, was bloßgelegt, durch Kostüm, Puder, Schminke, eine Dekoration, die die Sinne der Zuschauer ablenkend in Anspruch nahm, gemildert und entschärft worden wäre.
Erst als man nach dem verlorenen ersten Weltkrieg den ganzen Ballast abwarf und ohne Beschönigungsversuch wissen wollte, wie die Menschheit unter allen Verkleidungen aussieht, waren mir Tür und Tor geöffnet.
Ein wieder Gestrandeter, erreichte ich mit knapper Not das Elternhaus. Mein Vater nahm den nun zweiten vorzeitigen Abbruch meines Engagements mit größerer Sorge hin, als ich erwartet hatte. Er hatte begriffen, daß ich bei einem künstlerisch unzulänglichen Manne wie Gregori nicht aushalten konnte. Nun sollte er auch noch begreifen, daß ich mit dem

von mir so hochverehrten Reinhardt nicht auszukommen vermochte. Von allen Gründen, die ich zu meiner Verteidigung anführte, überzeugte ihn die Schilderung von Reinhardts Expansionssucht, sein hochstaplerischer Versuch, seine Gaben zu internationalisieren und zu kommerzialisieren. Dabei unterlief es mir, daß ich den ökonomischen Druck, unter dem Reinhardt handelte, die Zwangslage, in der er sich, wie er sagte, befand, etwas bagatellisierte und meine Vermutung, Reinhardt handle zum größeren Teil aus Ruhm- und Geldsucht, als Faktum hinstellte. Ich spekulierte richtig auf die in meinem Vater tiefsitzende Abneigung gegen Großmannssucht, sein unverbrüchliches Festhalten am Bescheidenen, Einfachen und unaufheblich Echten. So erlistete ich sein verzeihendes Verstehen.

Ich lebte also wieder zu Hause, bekam etwas Taschengeld, sah mir Wien mit neuen Augen an, sah den gesteigerten Luxus der Innenstadt, das Aufblühen der Außenbezirke, die um vieles vergrößerten Juwelen-Geschäfte meiner verheirateten Stiefschwester und das meines Stiefbruders Nazi (!), neben denen der unveränderte, eher etwas reduzierte Laden meines Vaters schlechte Figur machte. Mein Stiefbruder Schusi war noch immer im Geschäft meines Vaters lustlos tätig. Er und meine Mutter waren über meines Vaters Geschäftslage ernsthaft beunruhigt. Beide beklagten sich über seine Starrköpfigkeit, mit der er sich weigerte, mit der Konkurrenz Schritt zu halten. Der Geschäftsgang war merklich schlechter geworden, während die Konkurrenz und auch die Geschäfte meiner Stiefgeschwister florierten. Sie alle renovierten ihre Läden, schafften sich einen größeren Warenvorrat an, konnten eine reichere Auswahl anbieten, auch kostbarere Schmuckstücke, wie es der gesteigerten Kaufkraft des Wiener Kleinbürgertums und der Arbeiterschaft entsprach. Die rührige, immer größer werdende österreichische Arbeiterpartei erzielte im Kampfe mit den Arbeitgebern höhere Löhne. Der Arbeitnehmer war zum Kunden avanciert. Er kaufte Kleider, Wäsche, Einrichtungsgegenstände und auch bescheidenen Schmuck. Die kleinen Geschäftsleute, bei denen der Arbeiter einkaufte, avancierten ihrerseits vom Kunden zum besseren Kunden. Meines Vaters Unvermögen, ein Geschäft zu führen, hatte es zuwege gebracht, inmitten einer allgemeinen Prosperität, sich in eine Geschäftskrise zu manövrieren. Da wanderten Kunden zur verlockenderen Konkurrenz ab. – Meine Mutter und Schusi versprachen sich viel von meinem Einfluß auf meinen Vater. Also sprach ich mit ihm und erreichte nichts. Er wetterte gegen den Hochstaplerzug der Zeit, über die beängstigende Großmannssucht des geschäftetreibenden Bürgertums. Der reinste Übermut sei die Vergrößerungsmode. Die Welt sei meschugge geworden, es gäbe keine Solidität mehr, nur Schaumschlägerei. So was sei noch nie gut ausgegangen. »Von guten Zeiten soll man sich nicht den Kopf verdrehen lassen, dann verliert man ihn nicht in schlechten. Und die kommen! Von Reinhardt läufst du weg, weil er hochstapelt, und mich willst du dazu überreden. Was falsch ist für Reinhardt, ist falsch für uns alle.« – Dabei litt er sichtlich unter den Sorgen. Und ich lag ihm auch wieder auf der Tasche. Lilith war zwar noch in ihrem Grazer Engagement, würde aber auch in ein paar Wochen, nach dem Saisonende – es war jetzt März – in Wien unterhaltsbedürftig auftauchen. Und weit und breit keine Engagementsaussichten für mich! Die Theater in Wien liefen auf Hochtouren, hatten feste Ensembles, und die Saison ging langsam zur Neige. So wurde ich Stammgast im Café Central.

Die allgemeine Renovierungslust erfaßte auch die Wiener Cafétiers, die natürlich ebenfalls Nutznießer des wirtschaftlichen Aufschwungs waren. Der nun mehr verdienende Arbeiter, bisher Besucher der Stehbierhallen und Schnapsbutiken, drang in die Lokale, die bisher vom Kleinbürger okkupiert waren, während der nun wohlbestalltere Kleinbürger aus den kleinen Wirtshäusern und den Kleincafés – Tschecherl im Volksmund genannt – in den Restaurants und großen Cafés des Bürgertums Einlaß fand. Zwischen gutbürgerlichem Restaurant und kleinem Wirtshaus lag noch als Übergangsstation die sogenannte Schwemme, ein von dem – mit weißgedeckten Tischen versehenen – Hauptlokal abgetrennter kleiner Raum mit bunten Tischtüchern, in dem zu billigeren Preisen serviert wurde. Der so durch eine nicht standesgemäße Gesellschaft schockierte Bürger I. Klasse zog in die Ringstraßen-Cafés und in die der inneren Stadt ein. Die Elitegäste dieser Lokale mußten sich nun mit diesen Eindringlingen abfinden. Diese Elite setzte sich zusammen aus Männern der Börse und der Finanz, Kommerzienräten, kaiserlichen Räten, Geheimräten, den Herren von und zu, ererbter oder gekaufter Baronie, aus Karten- und Billardspielern, Rennplatzbesuchern und Buchmachern, Anwälten, Ärzten, mit dem ganzen Kreuz und Quer des Beziehungsdurcheinanders. Die Ehefrau, befreundet mit der Freundin ihres Mannes, schmollt mit ihrem Freund am Fensterplatz. Am Tisch daneben sitzt eine Dame, die noch nicht den Ehemann ihrer Freundin zum Freund hat, deren Freund eben mit der eigenen Frau das Café betritt, während deren Freund hinwiederum im »Habsburgerhof« mit seiner Ehefrau sitzt, die, bisher ohne Freund, jetzt Ausschau nach einem hält. An einem kleinen Tisch im »Heinrichshof« lesen die Ehefrau ohne Freund, mit ihrem Mann, ohne jede Freundin, den »Pschütt«, ein schlüpfriges, pikant illustriertes Witzblatt. Drumherum die honorarfeurigen Augenblicksfreundinnen der Herrenwelt. Der honorige Ehespekulant, dem durch die Zeitungsannonce die gottbestimmte Lebensgefährtin, rein, mies und vermögend, zugeführt wurde, trifft seine Wahl unter ihnen, während die Gattin mit Vermögen und mit des Gatten Unvermögen deplaciert im Ehebett liegt. Geld macht sinnlich, heißt es zwar, ein Wahrspruch, der sich nur auf Frauen beziehen kann. Zum Beispiel auf die mehlspeisig gepolsterte Schlanke dort am Fensterplatz; mit einem höheren, schlecht bezahlten Beamten unüberlegt verheiratet, erlag und erträgt sie den dicken Börseaner, mit dem sie gerade sitzt, und stützt so ihren Mann. Schmutzkonkurrenz nennen das die Jugendstilnitribitts, jene Naschkatzen am Gelde schwerverdienender arbeits- und wissensscheuer Nutznießer des jeweiligen, die Männer prostituierenden Wirtschaftsaufschwungs. Die große Zeit aller Märkte belebt auch den Liebes- und Ehemarkt. Damals, zwischendurch und gar heute lesen Geld-, Ehe- und Liebesspekulanten in ihren Zeitungen die Angebote der Zeit: Ich suche oder gesucht wird Partner für freie Abende, fürs Wochenende, Reisegefährte, Geschäftspartner, Ehegefährte, Einheirat in Pelzgeschäft, in Juwelen en gros, in eine Wäschefabrik. Es ist das Gesicht der Konjunktur, das Beute- und Brunstgeheul der Verdiener.

Karl Kraus prangerte durch Abdruck in der »Fackel« die absurdesten von ihnen an. Damals residierte er im Café Central in der Herrengasse und schrieb sein »J'accuse«, das in zwangloser Folge erschien. Er kämpfte gegen den Liberalismus, die Arbeiterbewegung. Er, der unablässig aufklärte, verdammte die Aufklärung. Kraus aber attackierte auch die arbeiterfeindliche Presse. Er prangerte Moritz Benedikt an, den Herausgeber und Chefredakteur der Wiener »Neuen Freien Presse« als Hauptschuldigen am Sitten- und Kulturverfall, er verhöhnte Journalisten, Geschäftemacher, die Justiz. Er geißelte die Wiener Juden, pries Weininger, dessen einziges Buch »Geschlecht und Charakter« Aufsehen erregte und der ein von rasendem Selbsthaß diktiertes Pamphlet gegen die Juden, zu denen er gehörte, geschrieben hatte. Der 21jährige erschoß sich. Diese Selbstverurteilung zum Tode durch Selbsthinrichtung war das Selbststrafmaß für den Hochverrat an Ursprung und Herkunft.

Karl Kraus begeisterte eine kopflose, richtungslose Jugend und führte sie im Sturmschritt im Kreis herum. Sein Genie, oft an falschen Anlässen sich entzündend, schuf Sprachwunder, die unsterblich sind. Wenn man jetzt, wiederlesend, die Irrungen und Wahrheiten von damals noch mal erlebt, spürt man den Pesthauch der Vergangenheit sich zum Atomgas von heute zusammenballen. Karl Kraus hat oft den Nebbich angeprangert, angeklagt und sah nicht jene, die ihn zum Nebbich machten. Einem lauteren, leidenschaftlichen Gottesstreiter gab sein Gott zu sagen, was er leidet, aber versagte ihm zu sehen, was uns leiden macht.

Kraus glaubte von einer winzigen Episode aufs Große, Allgemeine schließen zu dürfen. Wie Swift rief er: »Vive la bagatalle!« Kraus forschte nicht nach der Herkunft eines Übelstandes. Er nimmt ihn als einen seine Nerven behelligenden Tatbestand, mit dem er den gerade Ertappten identifiziert. Dann geht er gegen diese Person vor, die er mit dem Wortzorn der Propheten des Alten Testaments vernichten will. Gelänge es ihm, der Übelstand bliebe bestehen, denn der vernichtete Übeltäter war nur der gerade von Kraus angetroffene Stafettenläufer des Übels gewesen, an dessen Stelle der nächste das Übel übernimmt und weiterlaufend verbreitet. Der Einzelfall darf nicht mit dem verwechselt werden, der für das Übel urheberrechtlich verantwortlich ist.

In dem rondeauartigen, von einem Glasdach überdeckten Raum des Café Central saßen an kleinen Tischen Intellektuelle, Dichter, Schriftsteller, deren prominenteste Karl Kraus, Peter Altenberg, Alfred Polgar und Egon Friedell waren. Je nach dem Stand ihrer wechselvollen Beziehungen zueinander fanden sie sich in kleinen Grüppchen zusammen; Karl Kraus aber saß in unnahbarer Exklusivität, die nur in besonderen Fällen durch Fürsprache Nahestehender – wie des Architekten Adolf Loos, des jungen Berthold Viertel, eines Mannes namens Münz oder durch die jeweilige von Kraus bevorzugte junge Dame – durchbrochen wurde. Peter Altenberg genoß Gleichberechtigung mit Karl Kraus und seinen Trabanten, vorwiegend jungen Tänzerinnen, und war ohne weitere Fürsprache an Kraus' Tisch zugelassen. In einem anderen Teil des Cafés saßen Geschäftsinhaber, Beamte aus den umliegenden Ministerien und in einem dritten Raum die Schachspieler, deren Wienerisch einen mehr oder minder starken Gettoklang hatte, zum Unterschied von dem davon ängstlich gesäuberten Deutsch der Literaturprominenz des Café Central. Peter Altenberg dichtete in erlesenem Deutsch, das seines Herzens Sprache war. Er ist heute so gut wie vergessen. Ich glaube aber, daß seine zärtliche Liebessprache wieder gehört werden wird, wenn einmal die Luft reiner geworden und der Atomangstdruck gewichen sein wird. Atomangstverzerrte Geldmenschen haben kein Ohr für die Zauberworte und Liebeslehren dieses Troubadours.

Damals hörte man auf ihn, den immer von schlanken, zarten, auf ihn lauschenden blonden und schwarzen Frauen umgebenen Asphaltapostel des Schönen. Kraus bevorzugte Schwarze, Dunkeläugige, meist Töchter seines eigenen, von ihm mißachteten Stammes. Polgar hingegen, seiner Abstammung gegenüber der duldsamste in diesem abstammungsunduldsamen Kreis, bevorzugte Blond. Während Friedell, das schmunzelnde, gemütlichtuende Ungetüm, sich über seine Abstammung wie über alles lustig machte, über Assimilation, den Zionismus, Links- und Rechtsradikalismus, über die Zeitungen, seine Mitwirkung in ihnen, links, rechts und in der Mitte und über Karl Kraus' Entrüstung hierüber. Es belustigte ihn alles, bis er eines Tages, kurz nach dem Bekenntnis Österreichs zum Arier-Maniker Hitler, aus Angst vor der Folter aus dem Fenster sprang. Er hinterließ eine Kulturgeschichte, in der er die Vergangenheit analysierte und mit wirklichem Ernst deutete. Für die Gegenwart hat er nur seinen Witz eingesetzt. Ob er Blonde den Dunkelhaarigen vorzog, weiß ich nicht mehr. Karl Kraus überlebte die angebrochene Alleinherrschaft des Ariertums auch nicht lange. Er starb an gebrochenem Herzen und an seinem langen Schweigen im Schlosse der Fürstin Lichnowsky, bei der er Zuflucht gefunden hatte. Alfred Polgar mußte, um zu überleben, nach Hollywood. Der Meister der Kleingeschichte saß ratlos vor den Grobgeschichten des Films, an denen er arbeiten sollte und nicht konnte. Er überlebte Hollywood und Hitler, kehrte nach Europa zurück, nie mehr ganz nach Österreich oder Deutschland. Er starb 1956 in Zürich. Das letzte, was er schrieb, war eine höchst anerkennende Kritik über meine Münchner Inszenierung des »Julius Cäsar«. – Ich staunte über seine Selbstbeschränkung, die ihm nie einen Roman oder eine andere Arbeit größeren Umfangs gestattete. Ich bewunderte die hintergründige Tragik seiner minuziösen Aperçus. Wenn er böse wurde, vernichtete er mit tiefer Wehmut. Ich zitiere ihn immer wieder. Ein Großer des Winzigen. Er hinterließ seine ihm bedingungslos ergebene, unglückliche Frau in tiefster Verstörtheit.

Diese Meister des Deutschen waren so angenabelt an ihre Sprache, daß diese in ihrer Vorstellung zu ihrer Mutter wurde und sie die ihre über sie vergaßen. Die Verbundenheit des Juden mit seiner Abkunft steht nicht notwendigerweise im Widerspruch zu seiner Verbundenheit mit dem Lande, das ihm Bürgerrecht gewährt. Die englischen und auch die amerikanischen Juden fühlen sich durchaus als Bürger ihres Landes und leben und arbeiten ohne bewußte oder unbewußte Absage an ihre Herkunft, die für die meisten eine Glaubensgemeinschaft geworden ist. Daß Kraus vor dem partiell Abstoßenden seiner Herkunft deren Größe übersah, die ja Männer wie ihn hervorbrachte, zeugt von kaum zu fassender Blindheit. Beteiligt sich ein Geistesarbeiter wie Kraus auch noch am Kampfe gegen den Liberalismus und gegen den sozialen Aufstieg des arbeitenden Menschen, so wird er ein Überläufer, der nirgends hingehört, nicht links, nicht rechts, nicht oben, unten oder in die Mitte. Er hat die schöpferische Neubildung der Lebensbedingungen mitten im Kampf verlassen, sie um seine Waffenhilfe gebracht, ein Verlust, der um so schwerer wiegt, je größer die Kampfkraft des Deserteurs ist. Entziehen sich eminente Köpfe dem Fortschritt, so führt der Verlust an Geist schließlich zu Blutverlusten der mühsam Aufwärtsstrebenden. Dem Faschismus hat der Lebensungetreue gedient und der Entartung des von ihm unberatenen Sozialismus.
Im Schachzimmer des Café Central wurde vom frühen Morgen bis in die späte Nacht gespielt. Es waren keine stummen Spieler. Die jeweiligen Schachkontrahenten meditierten laut und gebärdenreich. Die umstehenden und -sitzenden Kiebitze kommentierten jeden Zug. Einen alten Juden behielt ich in besonders warmer Erinnerung. Er spielte blendend. Er begleitete jeden seiner Züge mit drohendem, einschüchterndem Wortgepränge. Beim nahenden Schachmatt des Gegners schrie er: »A Schach, daß alle Berge zittern!« Es ist sehr wohl möglich, daß sich schon damals unter den Spielern Leo Trotzki befand, denn als der zwischen Deutschland und Rußland geschlossene Friede von Brest-Litowsk von Zeitungsausrufern, die durch

die Herrengasse liefen und auch ins Café kamen, ausgerufen wurde, soll Trotzki gerade dem gegnerischen König Schach angesagt haben. Er rief »zahlen« und machte sich auf den Weg nach Rußland, gründete dort die Rote Armee, die nun, so immens geworden, die Sorge und die Bedrückung des Westens ist. Trotzki, nach seinen Siegen und Erfolgen, mußte fliehen und erlag in Südamerika einem Attentat, dessen Urheberschaft Stalin zugeschrieben wird. Es war eines in einer grausig langen Reihe. Wenige Jahre zuvor hatte in einem anderen Café Theodor Herzl gesessen, ein Mitarbeiter der »Neuen Freien Presse«. Er schrieb schlechtes Deutsch. Die Sprache, um die es Herzl ging, war das Hebräische, die vergessene Sprache der Bibel. Sie sollte die wiedererweckte Landessprache der nur in seiner Vision bestehenden Heimat der Juden sein. Dieser Phantast aktivierte die jahrhundertealte, lethargisch gewordene Zionsehnsucht der Juden, indem er sie aus dem nur Messianisch-Religiösen loslöste. Er träumte von der Erfüllung seines Traums durch die Menschen; eine Utopie, die kein klarer Kopf konzipiert haben konnte, trug den Keim der erfüllbaren Realität in sich.
Die Dreyfus-Affäre war eine Weltsensation. Durch das Eingreifen Zolas wurde zwar der Freispruch des zu Unrecht verurteilten Hauptmanns Dreyfus und eine Niederlage der antisemitischen Rechten bewirkt, aber das Schicksal der weltverfolgten Judenschaft änderte sich nicht. Der Antisemitismus quälte die Opfer und vertierte die Verfolger. Verfolgte und Verfolger müssen aus ihrer Verkettung gelöst werden. Herzls Ziel war das Ende der Diaspora durch die Wiederherstellung eines selbständigen Staates in Palästina. Die Dreyfus-Affäre entfachte die Idee zur Aktion, Hitlers Mordorgien verhalfen dieser zu ihrer Verwirklichung. Ein aufgerütteltes Weltgewissen beschloß die Gründung des Staates Israel. Von niemandem ernst genommen, von Kraus und anderen führenden Köpfen verlacht, erwies Herzl sich als Realist; die Spötter aber, die ihre Abstammung Fliehenden, waren Utopisten. Auch die mitteleuropäische Judenschaft schenkte Herzls Bestrebungen wenig Interesse. Sie glaubte, in Zentraleuropa ihre

dauernde Heimat gefunden zu haben. Ein Wegdrängen von der Geschäftemacherei hatte eingesetzt. Die Jugend lernte und bevölkerte die Lehrsäle der Universität, ein Umstand, der neuen Konfliktstoff mit sich brachte. Es kam zu blutigen Zusammenstößen auf der Straße. Trotzdem fand ein Aufstieg in die wissenschaftlichen Berufe statt. Der Jude wurde ein gefragter Arzt und Anwalt.

Bald gab es in Wien eine Fußballmannschaft »Maccabi«. Vor ihren Spielern machten Mißgunst und Rassenvorurteil halt. Ihr Star war ein Stürmer, Weiß hat er geheißen. Er hatte den Stern Davids auf seinem Hemd. Durch die Spielenden hindurchstürmend, behielt er den Ball vor seinen Füßen. Nimmt man – wie ich es damals tat – den Spielball als ein Symbol dieser Erde, so sah es aus, als ob dieser mit Elan virtuos die feindlichen Linien immer wieder durchbrechende Maccabi sich seinen Anteil und sein Recht an diesem Erdball nicht streitig machen ließe. Er blieb am Ball. Die Zuschauer rasten.

Der Weltgroße dieses Stammes aber, Sigmund Freud, arbeitete zurückgezogen in seiner Wohnung. Seine Anerkennung kam zuerst aus Amerika und breitete sich dann über die ganze Welt aus. Nur die stiefmütterliche Heimat ignoriert ihren Sohn noch immer. Kein Naziregime zwingt sie mehr dazu. Sie verachtet Freud aus eigenem. Kein Hotelportier kann dem Fragenden, der den Spuren des großen Mannes nachgehen will, Auskunft geben, wo er gewohnt hat. An dem Haus ist zwar eine Plakette, aber seine Bewohner wissen nicht, wer Freud war.

13. Kapitel

Die Konjunktur hatte das Wiener Theater nur wenig beeinflußt. Es glich sich immer mehr dem an, was mich in Mannheim abgestoßen hatte, und die Entfernung von der Brahm-Reinhardt-Konzeption wurde schier endlos. Das Burgtheater erholte sich nie wieder vom Tode Josef Kainz'. Ein dummdreister Schreihals hatte dessen Erbschaft angetreten. Dieser und nicht Kainz fand später ebenbürtige Nachfolger. Die noch lebenden großen, vergreisenden Alten waren die einzigen Jugendspender. An den übrigen Theatern hatte sich nichts Wesentliches geändert. Die zahlungskräftig gewordenen Gewerkschaften jedoch unterstützten ein neues Theater, das sich im VII. Bezirk etabliert hatte: die Wiener Volksbühne. An diesem neuen Theater, dessen Direktoren Stefan Grossmann, ein ehemaliger Journalist, und Dr. Rundt waren, sollte es, wie ich hörte, bisher unbekannte, moderne junge Schauspieler geben. Mir damals gänzlich fremde Namen wie Rudolf Forster, Karl Ettlinger, Jürgen Fehling, Ernst Deutsch tauchten auf. Der Dramaturg Berthold Viertel war ein junger Schriftsteller, dessen Gedichte Karl Kraus in der »Fackel« veröffentlicht hatte. Dort war mir der Name zuerst begegnet. Ich war begierig, eine Aufführung dieser Bühne zu sehen, an der so unverbrauchte Kräfte tätig waren.

Eines Morgens ging ich in das Büro, um für die Abendvorstellung von »Der Kampf« von Galsworthy Freikarten zu erbitten. Im Vorraum des Büros herrschte eine sofort merkbare Spannung. Wann immer sich eine Tür öffnete und ich dem Herauskommenden mein Anliegen vorbringen wollte, wurde mir bedeutet, ich möge mich gedulden, man hätte Wichtigeres zu tun. Nun hätte ich ja einfach schriftlich einreichen können, aber ich wollte irgend jemanden vom Hause kennenlernen, um die Lage zu sondieren. Schließlich wurde wieder eine Tür aufgerissen, und herein stürmte ein junger, schwarzhaariger, wütender Mann, gefolgt von zwei erregten, sichtbar verzweifelten Herrn. Der Schwarzhaarige, im Vorzimmer Hinundherlaufende, wurde von den beiden als »Herr Viertel«, der kleinere von den beiden von Viertel mit »Lieber Doktor« und der größere, mir sofort unsympathische, lefzenmäulige mit »Stefan« angesprochen. Dieser Stefan, dachte ich, gehört zu den Leuten, in die ich mich auf den ersten Blick verhasse und mit denen ich – es kann sich da immer nur um Minuten handeln – Krach kriege. Krach schien auch der übererregte Viertel mit einem der beiden oder gar mit beiden zu haben. Da der kleine Doktor mit dem odiösen Stefan deutlich eine Front bildete und ich bei einem Krach nicht ganz unbeteiligt bleiben konnte, nahm ich platonisch für Viertel Partei, obwohl ich nicht entnehmen konnte, worüber gekracht wurde. Dem gereizten Viertel ging offenbar die Anwesenheit eines Fremden auf die ohnehin schon schwer mitgenommenen Nerven. Nachdem er mir ein paar unwirsche Blicke zugeworfen hatte, stand ich auf, um wegzugehen, und geriet dabei dem erregt Hinundherlaufenden in den Weg. »Was wollen Sie hier?« herrschte er mich an. »Freikarten für heute abend.« »Wir wissen nicht einmal, ob heute abend die Vorstellung stattfindet«, höhnte er. »Es gab nämlich Krach«, erklärte der kleine Doktor Rundt. »Entschuldigen Sie sich doch bei ihm«, warf der lefzenmäulige Stefan Grossmann ein. Viertel erledigte diesen Vorschlag mit einer unduldsamen Geste. »Sind Sie Schauspieler?« fragte Viertel mich plötzlich. Ich nickte. »Wo?« wollte er wissen. »In Berlin«, sagte ich kleinlaut. »Wieso sind Sie dann hier?« war seine berechtigte Frage. »Krach«, erläuterte ich. Wenige Minuten später stand ich auf der Bühne und sprach den dreien vor, eine halbe Stunde später erhielt ich die Hauptrolle in »Alles um Geld« von Herbert Eulenberg, die bisher der Schauspieler probiert hatte, mit dem sich Viertel überworfen hatte. Obwohl dieser Schauspieler auf Grund einer Einigung abends zwar doch im »Kampf« spielte, hatte er die Rolle in »Alles um Geld« wegen des nicht zu überbrückenden Auffassungsstreites mit Viertel abgegeben. Ich sah aber die Vorstellung nicht, denn ich saß zu Hause und lernte die Riesenrolle. Mein Vater war durch diese jäh aufgetauchte Chance völlig verstört. Als ich spätnachts schließlich, vom Lernen müde geworden, eingeschlafen war, holte er sich das Buch aus meinem Zimmer, las es noch in der Nacht, weckte mich am frühen Morgen. »Lern, Fritzleben, lern«, mahnte er, schwer besorgt. Meine Mutter mußte mir auf sein Geheiß, schlaftrunken, wie sie noch war, Kaffee kochen. In meinen noch verdösten Kopf schoß plötzlich die im Traum vernebelte Gewißheit von meinem Rollenglück. Und sie riß mich aus dem Bett, ans Buch und in die Probe.

Der Dramaturg, Schriftsteller und Poet Viertel versuchte sich zum erstenmal als Regisseur. Die Rasanz der Viertelschen Persönlichkeit setzte sich schnell bei mir durch. Sein flackernder Kunstverstand, seine stichflammige Intelligenz durchzuckten das Stückinnere. Die Blickrichtung seiner unsteten Augen verfehlte oft das durch seinen Verstand Erhellte. Sein wie von Furien gejagter Optimismus nahm viele Hürden, jedoch nicht alle, nie die letzte. Sein rabiater Enthusiasmus zerstob nicht an seinem Unvermögen, darstellend dem Schauspieler die dem Stück abgelauschten Geheimnisse zu vermitteln. Seine zähneknirschende Liebeslust, mit der er am Theater hing, wirkte befeuernd, aufstachelnd, aber nicht befreiend. »Ich lasse Dich nicht, Du segnest mich denn«, schwor alles in ihm, Tag und Nacht. Ein Leibeigener des Theaters – wurde er nie seiner Herr. Er notzüchtigte die sich versagende Geliebte, die Bühne, und hielt seine Hingabe für die ihre. Er war unduldsam, herrisch, leicht zerknirscht und immer kampfbereit. Oft, egozentrisch bis zum Exzeß, wollte er als Dulder und Heiliger genommen werden. Von »links« mächtig angezogen, ließ »rechts« ihn nicht aus der Umklammerung. Der Riß ging mitten durch ihn. Wir kamen nie ganz zusammen, aber auch nie

endgültig auseinander. Einmal bedurfte es der vermittelnden Autorität von Karl Kraus, uns Schwerverzankte wieder zu versöhnen. Nie fand ich wieder einen so blutsverwandten Gegner und einen so gegnerischen Freund. Die erste Zusammenarbeit war anregend. Ich kombinierte Viertels beredte Anregungen und seine unartikulierte Erregung mit meinem unter Reinhardt brachgelegenen, aber durch ihn gewachsenen schauspielerischen Vermögen, das Wort zu aktivieren, es darzustellen, statt es nur rhetorisch zu behandeln. Es war erstaunlich, wie Viertels enorme künstlerische Begabung und seine gleichfalls zum literarischen Ausdruck drängende Phantasie unerschrocken und ungestüm ihn weg von der Theaterkonvention riß und ihm gebot, sich dem ursprünglich unmittelbar Theaterbegabten von Geblüt zu verschreiben. Er folgte ihm, der den Weg fand, und führte ihn dann auch gelegentlich. Bewundernswert, wie Viertel, der ungleich denen, die aus ihrer Unzulänglichkeit eine Tugend machen, ihre Schablonenarbeit Werktreue nennen und das Außerordentliche als Willkür verleumden, in jeder Sekunde seiner Existenz und seiner Arbeit mit jeder Faser seines tiefgründigen Wesens um das Große hochstrebend sich bemühte und dem Niedrigen immer entrann. Viertel, der sich auf die Bühne verirrt hatte, war für das Theater ein großer Gewinn. Für ihn selbst, glaube ich, war es ein Verlust, nicht Schriftsteller oder gar Dichter geblieben zu sein. Warum er diese große Begabung drosselte und sich dem hingab, was nicht seine eigentliche Berufung war, bleibt unerforschlich.
Die Aufführung damals, die fiebernd zustande kam, schlug mächtig ein. Mein Vater hatte die Arbeitswochen, die dazu führten, mit nicht zu beschwichtigender Sorge begleitet. Er hatte für mich Textangst, der ich damals noch keine kannte. »Zeig, was du kannst«, pflegte er mir zu sagen, nahm mein Rollenbuch in die Hand und prüfte mich. Zögerte ich auch nur eine Sekunde oder fehlte mir gar ein Wort, sagte er tief erschrocken: »Sag ab, Fritzleben.« Er war viel zu aufgeregt, um in die Premiere zu gehen. Ehrenreich und Freiberger mußten nach jedem Aktschluß den Zuschauerraum verlassen und dem

beim Bühneneingang Aufundabgehenden Bericht erstatten. Er wollte eigentlich nur wissen, ob der Bub auch alles sagt, ob er nicht das Gelernte völlig vergessen habe. Seine Herzensangst befaßte sich nicht mit den Erfolgsmöglichkeiten. Ihm wäre es Erfolg genug gewesen, wenn ich nur den Text ohne blamablen Unfall geliefert hätte. Als die beiden ihm nach dem dritten Akt – fünf hatte das Stück – den Applaus meldeten, den ich auf offener Szene erhalten hatte, wurde er ganz still, wandte sich um, ging vergnügt ins Kaffeehaus und spielte Karten. Für ihn war der Fall erledigt. So traf ich ihn nach der Premiere, in der sich meine Klein-Moritz-Vorstellung von Erfolg realisiert hatte. Dann kamen meine vor Glück schluchzende Mutter, mein stillglücklicher Schusi, meine auf mich stolzen Freunde. Und alle ignorierte dieser Unberechenbare, und es dauerte lang, bis das leidenschaftlich geführte Kartenspiel zu Ende war. Ich schlief vor Müdigkeit auf meinem Stuhl ein. Auf dem Weg nach Haus ließ er sich den restlichen Verlauf des Abends erzählen. Daheim fiel ich ins Bett. Es mag zwölf Uhr gewesen sein. Um fünf Uhr morgens rüttelte mein Vater mich aus dem Schlaf: »Fritzleben, lies, was über dich in den Zeitungen steht.« Es hatte ihn nicht in seinem Bett geduldet, erzählte mir meine Mutter, er war aufgestanden, in die innere Stadt gegangen und hatte sich aus den Redaktionen die Zeitungen geholt, die damals schon am nächsten Morgen die Kritiken oder aber Vornotizen brachten. Selbst das überschwengliche Lob über mich, das er mir vorlas, konnte mich nicht wachhalten. Ich schlief wieder ein.

Als ich auffuhr, war es Mittag, und die Welt hatte sich für mich verändert. Während ich in den Tag hineinschlief, war um mich herum ein hühnerstallartiges Erfolgsgegacker aller eingetroffenen Familienmitglieder ausgebrochen, das mich schließlich weckte. Die aufgewirbelte Familie hatte meinen Schlaf nicht respektiert. Vor Aufregung nicht und auch vor Lust, mit mir über das Ereignis zu reden. Schusi berichtete mir in seiner trocken-komischen Art über die törichte, gegen den Schlafenden rücksichtslose, laute, lärmende, rührende Freude der mit ihren kleinen Kindern schon ziemlich früh am Morgen erschienenen Stiefgeschwister. Schusi, der von allen Übersehene, von mir aber beachtete und geliebte Schusi, die Inkarnation der Erfolglosigkeit, freute sich in seiner stillen Weise neidlos über meinen Triumph. »Wenn ich gestern auf der Bühne gestanden hätte, ich hätt' mir in die Hosen g'macht. Hast du denn keine Angst gehabt?« fragte er mich. Wir waren noch allein in meinem Zimmer. »Viel hat nicht gefehlt und es wär' passiert«, sagte ich wahrheitsgetreu.

»Aber du hast nicht«, sagte er ein bißchen traurig.

»Nein«, gestand ich.

»Ich weiß, ich hätt's ja gemerkt, ich saß in der ersten Reihe. Dem passiert das nicht, habe ich mir gedacht. Und das hat mir imponiert!«

»Sonst nichts?« witzelte ich.

»Das am meisten. Vom andern versteh' ich nichts. Davon aber viel.« So ungefähr verlief unser Gespräch. Das große Berufsereignis änderte nichts an dem seit Jahren geübten Bubengeblödel, das immer wieder uns wiehern und unbändig lachen machte. »Der Salten«, fügte er nach einem Weilchen hinzu, »der versteht was vom ›andern‹. Der schreibt in der Zeitung, in dir ist dem Theater ein Kainz-Nachfolger erstanden. Und da redst du noch mit mir.«

Ich redete nicht mehr. Ich schwieg. Mir wurde ganz weihräuchig zumute. Schon der Applaus gestern abend, dachte ich, war so, als ob er für Kainz gewesen wäre. Jener Sington, mit dem das Publikum meinen Namen rief, waren die zum erstenmal gehörten Akkorde der Erfolgshymne des Theater-Reichs. Sie gingen mir ins junge Blut. Später änderte sich meine Einstellung zum Applaus. Ein absoluter Gradmesser für den Eindruck, den eine Darbietung gemacht hat, ist er nicht. Weniger applausbedachte Aufführungen erweisen sich manchmal als wahrer und profunder als die frenetisch beklatschten. Der Applaus ist kein verläßlicher Wertmesser. Was wurde und wird nicht alles beklatscht! Die fragwürdigsten Darbietungen. Man bedenke, die Hitlerschen errangen den überhaupt größten

Applausdonner. Seitdem ist er keine so reine Freude mehr. Es ist eine makabre Vorstellung, daß in jenen gesegneten Tagen, die dem Abend folgten, an dem ich die Erfolgsschwelle so glücklich überschritten hatte, jener Lebenszerstörer schon mordbereit in den Straßen Wiens herumstrich. Vielleicht war er mir, völlig unbeachtet, in Wien über den Weg gelaufen. Aber nichts verdunkelte die Schönheit jener Tage, Wochen, Monate. Alles war schön! In den Zeitungen und Zeitschriften erschienen Bilder von mir, in den Cafés begann man mich zu erkennen, die Vorzugsbehandlung in Lokalen, der Zwang meiner jungen Prominenz, entsprechend hohe Trinkgelder zu geben, stellte sich ein. Die ersten Autogramm-Briefe kamen und die ersten Briefe fremder Mädchen. Ich gockelte nur so durch die Welt. Der Schuster im Nachbarhaus sprach mich an: »Ich hab' Ihna Büld in der Zeitung g'sehn. Was haben S' denn ang'stellt?« Ich begriff, aufs Aufsehen kommt's an, weniger aufs Ansehen. Bild in der Zeitung! Weshalb, ist nicht so wichtig.

Anstelle des nun doch ausgeschiedenen Schauspielers, dessen Krach mit Viertel mir zu Rolle und Erfolg in »Alles um Geld« verhalf, spielte ich nun auch eine Hauptrolle im »Kampf« von Galsworthy. So kam ich mit Rudolf Forster in Kontakt. Er spielte einen großen, harten Fabrikherrn, ich den Arbeiterführer. Was mir zunächst an Forster auffiel, war die brüske Willkür, mit der er aller Theaterkonvention und allem Herkömmlichen ins Gesicht schlug. Schon seine Maske war provokant. Viel frechere Farben, kühnere Altersschattierungen als üblich! Forster, der um einige Jahre älter war als ich, war trotzdem noch ein junger Mann und ungewöhnlich schön. Den alten Mann spielte er mit seiner tenoralen Stimme. Er vermochte sie einfrieren zu lassen. Er war frappierend, nicht immer einleuchtend. Den Umriß der Gestalt zeichnete er zwingend, das Detail war oft schluderhaft. Hochmut, Herablassung waren der Ausgangspunkt seines Darstellungsimpetus. Der einfache Mensch schien ihm nicht darstellungswert. Er war aus Überzeugung bizarr und verschleierte das Deutungsbedürftige – vielleicht aus einem inneren Zwang. Später, in Berlin, freundeten wir uns an.

Ernst Deutsch spielte in »Alles um Geld«. Schmal und dunkelhäutig, mit langen Fingern, hatte er die Züge eines Asketen. Er hätte ein Modell für die Graphiker der expressionistisch-ekstatischen Periode sein können. Später wurde er der Schauspieler dieser Linie. Der landläufigen Liebhaberphysiognomien müde, ließ dieses vielversprechende Gesicht das Publikum aufschauen. Niemand vermutete hinter diesen melancholischen Augen Witz und Genußfreudigkeit, wie der private Deutsch sie in Fülle besaß. Auf der Suche nach jemandem, dem er andichten konnte, was er Kainz vorenthielt, setzte Kraus auf Deutsch. Der Kraus-hörige Viertel, mit nicht ganz sicherer Überzeugung, hielt sich daran. Viertels echte Liebe aber galt Forster, sein Liebeshaß mir.

Jürgen Fehling war damals noch Schauspieler, spielte kleine, höchstens mittlere Rollen und verriet seine immense Theaterbegabung in keiner Sekunde seiner damaligen Bühnentätigkeit. Wir gingen mit dem uns eigenen Bühneninstinkt achtlos aneinander vorbei. Alle diese neuen, voneinander so grundverschiedenen, geradezu gegensätzlichen Talente hatten eine gemeinsame Neigung, die zu dem versponnenen, kauzigen urösterreichischen Kasperlspieler Karl Ettlinger, einem tragischen Wurschtel, dessen schwere Melancholie anzeigte, daß er ahnte, wie so vollkommen und so bald nach seinem Tode er vergessen sein würde. Sicherlich gebührt uns Bühnenmenschen nichts anderes. Der Applaus und die ausführliche öffentliche Beachtung erwecken immer wieder törichte Hoffnungen. »Die Hoffnung pflanzt den Menschen noch am Grabe«, schrieb Alfred Polgar. (Das österreichisch mundartliche »jemanden pflanzen« heißt: jemanden narren.) In Berlin dann, in der Hitlerzeit, brachte Ettlinger sich mit seiner jüdischen Frau um. – Ach Gott, was war das doch für eine Zukunft, in die wir erwartungsfreudig hineinzugehen begonnen hatten! –

Lilith, die nun in Wien angekommen war, stand meinem ohne ihr Beisein und Zutun errungenen Erfolg unfreundlich gegenüber. Meine Cousine Lotte, eine hochintelligente, aus ihrem Herkunftsmilieu wegstrebende junge Dame, hatte sich meinem ungehobelten Elternhaus in jugendlich snobistischem Hochmut ferngehalten. »Jetzt kommt sie«, sagte mein Vater, als sie sich unter den Erfolgsgratulanten einfand. Verdutzt, daß gerade aus dem von ihr gemiedenen Winkel ihrer Verwandtschaft ein Cousin nicht nur hochkam, sondern sie auch noch künstlerisch beeindruckte, lenkte sie meinen Leuten gegenüber ein. Lilith und meine Cousine Lotte haßten einander auf den ersten Blick. Meine Mutter haßte Lilith unvermindert und konnte Lotte nicht ausstehen, deren Ansehen aber durch ihren Haß auf Lilith in den Augen meiner Mutter stieg. Lottes Mutter war die schöne, unglückliche Schwester meiner Mutter. Zwei ihrer Söhne hatten wegen ihres bedenklich unbürgerlichen Gebarens nach Amerika auswandern müssen und waren dort zugrunde gegangen. Ihr dritter Sohn wanderte zur Zeit meines Aufstiegs aus ähnlichen Gründen nach den USA aus. Ihr Ehemann hatte Selbstmord begangen. Wahrscheinlich war dieser grundehrliche Mann in seinem Bestreben, die finanziellen Verfehlungen seiner Söhne gutzumachen, selbst in eine ausweglose Geldkatastrophe geraten. Diese prächtig aussehenden Jungen waren auf Abwege geraten, weil sie über ihrer Fußballleidenschaft erst die Schule, dann ihren Beruf schwänzten. Sie waren Fußball-Matadore. Der Fußball, damals noch in seinen Kinderschuhen, hatte nur eine begrenzte sportliche Bedeutung. Die Presse berichtete noch nicht auf der ersten Seite über Fußballereignisse. Die Eltern und Familien von Fußball-Matadoren blickten noch nicht mit demselben Stolz auf solche Sprößlinge, wie es heute geschieht. Wissenschaftler, Künstler genossen noch größeres Ansehen als Fußball-Könige. Ja, man empfand es in bürgerlichen Kreisen sogar als nicht ganz standesgemäß, einen Fußball-Virtuosen als Sohn zu haben. Lieber sah man in jenen altmodischen Tagen einen Arzt, Anwalt oder Wissenschaftler in der Familie. Zu jener Zeit versuchten noch Philosophen, Politiker, Künstler, Moralisten dem geschäftsversessenen Bürgertum einen neuen seelisch-geistigen Auftrieb zu geben. Man suchte nach einer neuen bürgerlichen Ideologie. Der Nationalsozialismus verdrängte die attischen Bestrebungen. Als er vor die Hunde ging, blieb der Fußball, der als Begeisterungsobjekt an die von Hitler leergelassene Stelle rückte. In einer beispiellosen Weise einigte er alle Werktätigen. Hätte die nationale Sammlung, der geeinte Wille aller Parteien und Konfessionen sich so energiegeladen für die Wiedervereinigung zusammengeballt, wie etwa in dem Augenblick, als das Schicksal die deutsche Elf zum Kampfe gegen die Mannschaft Schwedens aufrief, Adenauer, des säumigen Bundestrainers Außenstürmer, hätte das Ausgleichstor geschossen. Lebten meine beiden Cousins heute, sie wären bei ihrem bravourösen Können Fußball-Stars geworden, hätten viel Geld verdient und wären – ruhmbedeckt – an der Spitze der Nation gestanden. Sie hätten nicht in Amerika elend zugrunde zu gehen brauchen. Meine arme schöne Tante wäre geblieben, was sie in der Jugend war, die glücksverwöhnte Siegerin über meine Mutter. Nun stand sie im Schatten ihrer Schwester, die zu überstrahlen sie vom Schicksal wie gemacht schien. – Ich verdiente zum erstenmal im Leben eine recht stattliche Gage. Im Überschwang seines Glücks ließ sich mein Vater endlich auf eine Renovierung seines Geschäftes ein. Es war ein großer Moment in meinem jungen Leben, erheblich zu den Ausgaben beisteuern zu dürfen.

Eines Tages kam Victor Barnowsky, der Direktor des Berliner Lessingtheaters, nach Wien, um mich spielen zu sehen. Am nächsten Tag wurde ich zu ihm ins Hotel Bristol bestellt. Er wollte die Tatsache, meinetwegen nach Wien gereist zu sein und, nachdem er mich spielen gesehen hatte, mich zu engagieren – ein Aufwand, der ihm zu groß für mich jungen Mann schien –, durch herablassendes, einschüchterndes Benehmen wettmachen. Er mimte den großen Berliner Theatermann, den Nachfolger des verstorbenen Otto Brahm, dessen Theater er tatsächlich übernommen hatte. Barnowsky war leicht zu durchschauen; geschniegelt, elegant, mit viel zu hohen Absätzen, die den kleinen Mann größer erscheinen lassen sollten. Trotz seiner arroganten, gleichgültig tuenden Verhandlungsart konnte ich den Entschluß, mich zu engagieren, von seinen kauflustigen Augen ablesen. Er prüfte immer wieder sein kommishaft hübsches Gesicht mit einem verstohlenen Blick in den Spiegel. Er war der einzige Mensch, den ich kannte, der seine Augenbrauen pflegte, für die er ein Bürstchen in der Rocktasche trug. Meine Gagenforderung fand er zu hoch, machte einen falschen Abgang bis nach Berlin, um sie mir von dort telefonisch zu bewilligen. Ich wurde für fünf Jahre engagiert, innerhalb deren die schon beträchtliche Grundlage gesteigert wurde. Ich sollte in der Premiere von »Nach Damaskus« den Arzt, in einer gleich darauffolgenden zweiten Premiere desselben Stückes den Unbekannten spielen und dann mit Friedrich Kayssler in der Hauptrolle alternieren.

In Berlin kam es eigentlich schon auf der ersten Probe zu Spannungen. Barnowsky befand sich sofort in der peinlichen Lage des Mannes, der bei Vertragsabschluß Zugeständnisse gemacht hatte, die er nun nicht einhalten konnte. Er wagte nicht, seinem Star Friedrich Kayssler – einem Mann von einschüchterndem Aussehen und überbetontem Innern – zu gestehen, daß ich, laut Vertrag, mit dem gefürchteten Mann in der Hauptrolle alternierend probieren und spielen sollte. Ich probierte zwar den Arzt, den ich in der Premiere zu spielen hatte, aber nicht den Unbekannten. Davor drückte sich Barnowsky mit ärgerlichen Ausreden. Er wollte mich kleinkriegen. Er war mir, seiner Meinung nach, bei Abschluß zu weit entgegengekommen. Er hatte den kürzeren gezogen, was sein Geltungsdrang schlecht vertrug. Ich wäre zu einem Herausschieben von Proben und Auftreten bereit gewesen, hätte Barnowsky offen mit mir gesprochen, statt mich zu schikanieren. So wurde die Proben-Atmosphäre unerträglich. Zur ersten Explosion kam es aus einem andern Grund. Kayssler war mit mir nicht einverstanden. Offensichtlich fand er meine doch erst werdende Leistung nicht ausreichend. Nun wäre ich dankbar gewesen, wenn er mir, der ich mit der Rolle rang, mit Rat geholfen hätte. Er aber drückte wortlos seine Geringschätzung für mich aus, die Barnowsky demütigst mit ihm zu teilen

begann. Ich fand es unerträglich, daß die beiden, Arm in Arm an der Rampe promenierend, über mich und meine Rolle diskutierten. Es wäre fair gewesen, mich zuzuziehen. An einem solchen Gespräch wäre ich leidenschaftlich interessiert und Vorschlägen zugänglich gewesen. Diese beschämende Behandlung unterhöhlte mein Selbstbewußtsein, das für die Autorität des Mannes, den ich zu spielen hatte, unerläßlich war. Ich merkte, wie ich durch die mir widerfahrene Behandlung tatsächlich unzulänglich wurde. Mein Talent schrumpfte. Dagegen wehrte ich mich, als ich endlich deutlich protestierte. Kayssler verließ die Bühne. Barnowsky schrie, das schreiende Unrecht, das er beging, und sein Mißbehagen darüber niederbrüllend. Ich ließ mich nicht lumpen und brüllte ebenfalls.
Nach Tagen kam es durch die Vermittlung seines Stabes zu einem Abkommen, demzufolge Barnowsky sich schriftlich verpflichtete, sein Probenverhalten in meinem Sinne zu ändern, und vor allem, mich nicht anzubrüllen. Als er mich doch wieder sinn- und grundlos anflegelte – es war auf der ersten Generalprobe –, zog ich vom Leder. Ich wurde in meiner Wut so maßlos, daß ich das beging, was einem das Leben schwer macht. Ich sagte, was ich dachte: daß er dem Stück nicht gewachsen, daß er unfähig sei, mir zu helfen, daß ich ohne Hilfe diese Rolle nicht spielen könne. Ich schrie um Hilfe, ich schrie um Regie, ich schrie nach einem großen Regisseur. Das alles schrie ich dem kleinen Mann, der sich an diesem Stück vergriffen hatte, ins Gesicht. Er geriet außer Rand und Band. Schließlich floh er vor mir völlig Entfesseltem. Ihn rettete eine ins Schloß fallende Tür, die nur von innen zu öffnen war. Ich stand keuchend davor. Der Schauspieler, der in »Damaskus« den Bettler spielte, näherte sich mir vorsichtig, drückte mir die schlagbereite Hand und sagte: »Ich danke Ihnen. Sie sagten alles, was ich ihm schon lange sagen wollte und mich nicht traute.« Er war Curt Goetz, der Bezaubernde, noch vor seiner Karriere. Ein herrlicher Schauspieler, der ein großer Shakespeare-Darsteller hätte werden können, bestünde er nicht darauf, nur in seinen eigenen reizenden Stücken bezaubernd zu sein.

Heiß vom Krach, geschminkt, im Ärztekittel meiner Rolle, lief ich zu einem Taxi und rief dem Chauffeur mit noch zornbebender Stimme zu: »Berliner Theater!« Der ließ den Verrückten mit der schmunzelnden »Immer-mit-der-Ruhe-Gelassenheit«, die dem Berliner eigen ist, einsteigen. Während der Fahrt sah er sich mehrmals nach mir um.

Im Theaterbüro der Meinhardt und Bernauer lösten mein Aufzug und Bericht großes Erstaunen aus. Mein ungewöhnlicher und im allgemeinen unerfüllbarer Wunsch, die Direktoren sofort zu sprechen, ging überraschend schnell in Erfüllung. Es sprach sich mit Windeseile im Hause herum, ein der Barnowskyschen Generalprobe Entlaufener, in Kostüm und Maske, frisch vom Krach, sei da, um vorzusprechen. Ehe ich mich's versah, stand ich vor den neugierig gewordenen Direktoren und sprach vor. Ich wurde engagiert, bekam tausend Mark in Goldstücken als Vorschuß und den Mortimer in »Maria Stuart!« als Antrittsrolle in der ersten Premiere der nächsten Spielzeit. Mortimer muß nach der Theatertradition schön sein. Trotzdem vertraute man mir die Rolle an. Das war Balsam für mein in der Theaterschule herabgewürdigtes Selbstgefühl. Auch die Erregung nach dem eben geschehenen Zusammenstoß besänftigte sich.

An Meinhardt und Bernauer denke ich nicht ungern zurück. Sie bildeten eine theater- und geschäftskundige Erfolgspartnerschaft. Bernauer hatte sogar ein achtunggebietendes Regietalent. Er war auch der Überzeugung, der damals gerade erreichte Stand des Theaters sei unveränderlich, endgültig. Als der Expressionismus losbrach, hatte er für ihn nur Zorn und Hohn. Er versuchte nicht, die Stilexperimente überzeugungslos mitzumachen. Er hielt sie für Schwindel und negierte sie laut und vernehmlich. Innerhalb seiner Grenzen war er um einen flausenlosen, rein naturalistischen Ausdruck bemüht.

Barnowsky hingegen trug sein Mäntelchen nach dem Wind. Er war geschickt und wendig und inszenierte manchen Erfolg; selten das Stück. Ein Teil der Presse war ihm sogar gewogener als Max Reinhardt. Es gab und gibt ja Kritiker, die für das

Gute und Schlechte dieselbe Duldung üben, für das Mittelmäßige aber eine Lanze brechen. Faßt der Barnowsky-Typus Echtes, Tiefes an, wird es Talmi unter seinen theatergeschickten Händen. Vermißt er sich gar, die Grenze zum Dichterischen zu überschreiten, dann verschwindet der Knirps in ihm und brüllt in Angst und Not wie ein Verirrter im dunklen Labyrinth, in dem er, umherirrend, den Kopf verliert. In diesem Regiereich haben Unbefugte nichts verloren. Der visionsbedrängte, einfallsreiche Reinhardt verbrauchte viel Probenzeit, er arbeitete langsam und mit großer Ruhe. Der visionslose, einfallsarme Barnowsky war flink und lieferte zur Zeit. Und doch rannte der Eilige hinter dem langsamen, von ihm beneideten Reinhardt einher. Es war ein Wettlauf zwischen schnell und langsam. Der Schnelle konnte den Langsamen nicht einholen. Dabei war Barnowsky noch leicht bepackt. Ihn belastete keine Überzeugung, auch nicht der Zwang, Schwerem und Großem gerecht zu werden, es durchzusetzen. Er vergriff sich nur daran. Der Barnowsky-Typus hat keine Überzeugung und nimmt nicht Stellung. Er kennt alle gerade geltenden Strömungen und ist für sie. Er legt sich nie mit der Presse an. Er liest ihr von den Augen ab, was gewünscht wird. Wird von ihr modern gefordert, schon experimentiert der Tausendsasa überzeugungslos drauflos. Gelten Aufführungen von Klassikern als Signum des großen Regisseurs, schon sitzt er am Regiepult und weiß nicht ein und aus. Die gerade herrschende öffentliche Meinung beherrscht ihn. Gegen sie anzugehen, kommt ihm gar nicht in den Sinn. Jedes Tabu des Augenblicks oder ein althergebrachtes, noch gültiges, ist ihm heilig. Jedem Trend biedert er sich an, macht alles ununtersucht mit; dabeisein, das will er. Er läßt es erst gar nicht zur Meinungsbildung bei sich kommen. Er steht nicht einmal zur übernommenen Meinung, taucht eine noch rentablere auf. Für die Richtung auf den geringsten Widerstand hat er einen inneren Kompaß. Das Opportune fällt ihm ein, wie dem Eigenartigen die Widerstand und Schwierigkeiten in sich tragende Idee. Er will zwar immer konform sein, aber auch als Pionier gelten.

Barnowsky war, als ich, viel später und als erfolgreicher Schauspieler, Arthur Schnitzlers »Professor Bernhardi« an seinem Theater probierte, von mir überzeugt worden, daß der darin enthaltene Dialog zwischen dem freidenkerischen Bernhardi und einem Priester (der in früheren Aufführungen orthodoxer Intransigenz zum Opfer gefallen war) endlich gesprochen werden müsse. Es kitzelte ihn der Gedanke, diese gefährliche Szene spielen zu lassen und sich damit den Anschein eines Avantgardisten zu geben. Er war nicht von der Qualität der Szene und ihrer Unentbehrlichkeit überzeugt, sondern auf die zu erwartende Sensation erpicht. Dann erkundigte er sich nach dem Grad der Gefährlichkeit und schrak zurück, als er ihn erfuhr. Nun stieß er auf meinen Widerstand. Ich war – in den weltanschaulich bewegten Jahren um 1930 – endgültig gegen die Streichung. In der heftigen Diskussion darüber sagte ich zu Barnowsky: »Seien Sie doch nicht so feige!« Worauf Barnowsky, eitel und entrüstet, entgegnete: »Sie verkennen mich vollkommen. Ich gehe bis in die letzte Konzession!« Bis in die letzte Konsequenz wollte er sagen. Aber das Unterbewußtsein spielte ihm diesen Streich. Barnowsky war so konzessionsbereit und -gewohnt, daß bei ihm das Wort Konzession automatisch an die Stelle des Wortes Konsequenz getreten war. Eine geradezu klassische »Fehlleistung« im Sinne Freuds.

Die Szene wurde gespielt. Nicht, daß ich Barnowsky überzeugt hätte, sondern weil er mir, dem damals schon mächtigen »Star«, die Konzession machte. Seine augenblickliche Angst vor meiner ultimativen Forderung war größer als die vor den doch erst späteren öffentlichen Reaktionen.

14. Kapitel

Aber zwanzig Jahre früher hatte ich noch nicht die Autorität, die dazu gehört, einer schwierigen Lage Herr zu werden. Also war ich davongelaufen und saß alsbald Mortimer-murmelnd in Wien, fuhr dann mit Lilith nach Rapallo, wo mich der Ausbruch des ersten Weltkrieges überraschte. Von der Tragweite des Ereignisses hatte ich – tiefbraun gebrannt und Mortimergeladen – keine Ahnung. Zunächst bedeutete es sofortigen Abbruch des Sommeraufenthaltes.

Ich hatte dort einen Franzosen kennengelernt. Er war älter als ich, aber auch im militärpflichtigen Alter. Durch das Militärbündnis Frankreichs mit Rußland, das schon den Krieg an Österreich und Deutschland erklärt hatte, nachdem Deutschland entschlossen war, mitzukämpfen, war auch Frankreich einbezogen. Nun standen wir uns plötzlich als »Feinde« gegenüber. Wir bekräftigten durch Handschlag, einander nichts zu tun, sollten wir je im Krieg aneinander geraten – eine kriegsrechtlich strafbare Abmachung; die erste!

Krieg hatte keine Realität für mich. Ich konnte die Aufregung über ihn um mich herum nicht begreifen. In mir zitterte noch die gewonnene Durchbruchsschlacht am Theater nach, und die Erregung über das Scharmützel am Lessingtheater war noch nicht verebbt, als schon die sinnbetörenden Jamben der Schillerschen »Maria Stuart« sich meiner bemächtigten, die berückende Verswelt mich umgarnte. Über das Meer hinweg brachten mich die »eilenden Wolken, Segler der Lüfte« ins England der Elisabeth, um Maria, die ich glühenden Verses liebte, als Mortimer zu retten oder für sie zu sterben. Aber nicht im

Kampf um Belgrad. Mein Treuschwur galt Maria, und kein Krieg würde mich da fahnenflüchtig machen.
Man hatte mir das Recht, Liebhaber zu sein, auf der Theaterschule abgesprochen, das Recht, nein, das Urrecht. Nun hatte ich es erobert, das heiß umkämpfte Glück des jungen Schauspielers, Liebestaumel, Liebestod zu spielen. Nun wollte es mir der Krieg wieder entreißen. Ich aber wollte Jugend verströmen, mich in die prangende Worthülle des Mortimer einnisten, Blut in ihn einströmen, ihn mit meinem Herzschlag durchpulsen. Das war eine Zwangsvorstellung, die keinen Kriegszwang respektieren konnte und kein kaiserliches Aufgebot. Meine Erregung galt dem England Elisabeths, das des spanischen Philipps Armada geschlagen hatte, und nicht dem England von 1914, das seine Vorherrschaft auf den Meeren durch Deutschlands wachsende Flotte bedroht sah. Und daß der Thron von England von »einem Bastard entweiht« sei, wie Maria der in Kriegen, aber nicht in der Liebe siegreichen Elisabeth in das zu männliche Gesicht schleuderte, dieses Furioso der rivalisierenden Königinnen wühlte mich auf; nicht die Schweineausfuhr Serbiens, die Ungarn zugunsten der eigenen drosseln wollte. Daß der religiös-ekstatische Mortimer die todgeweihte Maria noch physisch begehrte, erregte mich mehr als des ermordeten Thronfolgers Vorliebe für die Tschechen und seine Abneigung gegen die Ungarn. Über dem Liebestod Mortimers hatte ich die Schüsse von Sarajewo vergessen. Dieser Mortimer starb dem Leicester gelegen, hieß es im Stück, was mich erbitterte; so gelegen starb der Thronfolger den Ungarn, munkelte man, was mein Blut nicht in Wallung brachte. Des sterbenden Mortimers ekstatischer Ausruf: »Und auf den Thron von England steigt Maria ...« tat es mehr als der Haßschrei: Nieder mit Serbien! –
Die Truppentransporte in den Eisenbahnzügen, in die wir Zivilisten auf der Fahrt nach Hause eingepfercht waren, die marschierenden Regimenter an den Umsteigeorten, in denen wir auf Anschluß warten mußten, diese ganze feldgraue Gegenwart schob sich zwischen Jamben-Schloß, Jamben-Kerker und

Jamben-Landschaft, schob sich zwischen das Heute und mich, der Mortimer sein wollte und kein Rekrut.
Die Landschaft, an der wir in ausgedienten und wieder eingestellten Waggons vorbeirumpelten, wurde immer mehr Vaterland, und eines Tages stand ich – nicht als Mortimer im Kostüm in Berlin, sondern nackt vor der Musterungskommission in Wien und wurde tauglich erklärt.
»Wos san S'? A Schauspieler san S'? Dann machen S' das Scheißhäusl sauber. – Und wann's Ihr Sauviecher noch amal das Häusl so versauts, halt ich Eire Schädel an nach'n andern eini.« Das war die Sprache des Krieges, welche die Schillersche zum Verstummen brachte. So sprach der Feldwebel zu uns jungen Soldaten zur Stärkung unseres schwankenden Gemüts, zur Entfachung unseres nicht gerade lodernden Kampfgeistes. So klang der Appell an die Verfechter der gemeinsamen Sache! Was war sie – die gemeinsame Sache? Niemand formulierte sie für uns. Niemand warb um unsere Einsicht, unseren moralischen Elan, niemand zeigte das Unrecht überzeugend auf, das unseren Kampfgeist hätte entflammen können. Es gab keinen geistigen Zusammenhalt. Nur einen physisch erzwungenen.
Wir Rekruten mußten, da die Kasernen überfüllt waren, in Schulen untergebracht werden, die für uns evakuiert worden waren. Die Soldaten verdrängten die Lernenden. Den Turnsaal der Volksschule in der Iheringgasse im VI. Bezirk mußten wir in einen gemeinsamen Schlafraum umwandeln. Strohlager wurden zurechtgemacht. Die Organisation der österreichischen Mobilisierung klappte keineswegs. Die aus ihrem Gewerbe, aus ihren Geschäften, aus ihrem Gelderwerb Gerissenen sollten nun ihr Leben für einen Zweck riskieren, der ihnen nicht klar war – die Kleinbürger sollten Helden werden. Sie sollten so dieses zerfallende Reich zusammenhalten, das nichts mehr im Innersten zusammenhielt, dessen Teile auseinanderstrebten. Den tschechischen, polnischen Regimentern konnte man nicht trauen. Sie mußten in österreichische oder ungarische Divisionen gesteckt und zum Mitkämpfen gezwungen werden.
Die letzte zusammenhaltende Kraft der alten Doppelmonarchie

war die Person des Kaisers. Dieser vom Alter gebeugte Mann zwang mir Respekt, ja Ehrfurcht ab. Meine rationalisierende Vernunft rebellierte zwar, aber ich erlag der Legende, die die Erfahrung, das Leid, das Drama eines unglücklichen Lebens um ihn gewoben hatten. Seinen Sohn, seine Frau, seinen Bruder und den Thronfolger hatte er verloren, und alle durch einen gewaltsamen Tod. Mit jedem Todesfall stieg seine Popularität.

Als 16jähriger Theaterschüler hatte ich sein 60jähriges Regierungsjubiläum im Jahre 1908 aktiv mitgemacht. In der Wiener Hofoper fand eine Festvorstellung statt, in der alle Burgschauspieler mitwirkten. Gespielt wurde ein für die Gelegenheit von einer Gräfin verfaßtes Stück »Rudolf von Habsburg«. Sonnenthal, Kainz, Baumeister, bis hinunter zu mir, der ich als Primus der Akademie und Empfänger des Burgtheater-Stipendiums einen Bürger Wiens zu spielen und als solchen einen Satz zu sagen hatte: »Heil, Habsburg, heil! Gesegnet sei der Kaiser und sein Haus.« Meine siedende Aufregung über diese Ehrung und Aufgabe war um nichts kleiner als die der Großen des Burgtheaters. Adolf Ritter von Sonnenthal, der den Rudolf von Habsburg spielte, blieb unentwegt stecken, trotz dreier Souffleusen, die, abgesehen von der im offiziellen Souffleurkasten, hinter der Bühne ihm den Text einzublasen versuchten, und zwar immer gerade die ihm naheste am eindringlichsten. Der Turnus ergab sich durch seine Gänge. Es entstanden atembeklemmende Augenblicke, in denen der schlotternde, angstverzerrte 70jährige, trotz des Chors aller vereinten Souffleusen und der umstehenden, mitschlotternden jüngeren 60jährigen Kollegen gar nichts mehr sagte, sondern nur noch königliche Naturlaute von sich gab. In einem solchen Moment höchster Panik sprang der zahnlose, noch ältere, aber unbekümmerte Baumeister dem Sonnenthal bei und soufflierte ihm in der Verwirrung seinen eigenen Satz, den Sonnenthal auch prompt nachsprach. Als nun das Stichwort für diesen Satz fiel, wußte Baumeister nicht aus noch ein und sagte schließlich meinen, der ja primitiv, kurz und ihm von den Proben im Ohr lag. Ich ging leer aus, abgesehen von dem Schrecken über die bejammernswerte Invalidität hochbetagter Akteure. Eine frühe Warnung, die ich nicht überhört habe. Die an diesem Abend so gesteigerte Textangst aller, die beklemmende Konfusion auch der Routiniertesten lag über der ganzen Veranstaltung. Schon der Vorstellungsbeginn war von einschüchternder, weihevoller, betörender Großartigkeit. Die Elite der Welt war zu Gast. Österreich-Ungarn war damals noch ein gewaltiges, Respekt gebietendes Imperium; der Kaiser der Doyen aller gekrönter Herrscher, die nun gekommen waren, dem für sie vorbildlichen Monarchen, mit 60 Dienst- und 78 Lebensjahren auf dem Rücken, zu huldigen. Die Potentaten, jeder mit seinem Gefolge, saßen in den Logen. Der Hochadel, die Spitzen des Militärs und der Behörden, die Diplomaten, Gesandten und Abgesandten aus allen Ländern füllten das Haus bis zur letzten Galerie hinauf. Auf prangende Uniformen, ordenbehangene Fräcke, Abendtoiletten im erleuchteten Zuschauerraum gafften wir Schauspieler, nachdem der Vorhang aufgegangen war, hinter dem wir uns aufgereiht hatten, um dem Jubilar durch eine einstudierte, tiefe Verbeugung beim Betreten der Hofloge zu huldigen. Diese lag im Balkon, der Bühne gegenüber. Aller Blicke waren erwartungsvoll auf sie gerichtet. Die Spannung und der Anblick dieser beispiellosen Pracht staatlicher Repräsentation im Zuschauerraum brachte die Schauspieler dann um ihren Text. Nach einer Weile erschien der Oberhofmeister Fürst Montenuovo und pochte dreimal mit seinem Stab auf den Boden, zum Zeichen dafür, daß der Kaiser im Begriffe war, einzutreten. Darauf erhob sich das ganze Haus und wandte sich der Hofloge zu, also von der Bühne weg. Wir Schauspieler waren ihr schon zugewandt. Der Kaiser trat ein, in weißer Uniform, ging mit tastendem Altersschritt bis an die Brüstung. Das Orchester intonierte die Kaiserhymne, die er stehend mit anhörte, das Haus und wir auf der Bühne sangen mit. »Gott erhalte, Gott beschütze unseren Kaiser, unser Land...« Rückhörend ist es mir heute, als hätte im Singen dieser Worte etwas Dringendes, Beschwörendes gelegen, die bange Erkenntnis, dieser Mann, am Rande der Kapuzinergruft, hält das Land mit altersschwachen, erlahmenden Händen gerade noch zusammen. Zum letztenmal hatte das alte Imperium sich in seinem Glanz und seiner Pracht gezeigt, die schimmernde Fassade eines baufälligen Hauses. Den Einsturz sollte wohl der Krieg, der einige Jahre später ausbrach, verhindern. Der Glaube daran, daß er es vermochte, fehlte.

Im Turnsaal lagen wir Retter auf unseren Strohlagern herum und warteten fatalistisch der kommenden Dinge. Ich hatte bei der Musterung einige Mitschüler aus der Volksschule getroffen, so etwa aus der Zeit, als ich zehn Jahre alt war. Der eine war Straßenbahnfahrer geworden, der andere hatte das Milchgeschäft seines Vaters übernommen, der dritte war Vertreter einer Damenstrumpffabrik. Der Trambahnführer hoffte, er würde von der Stadt Wien als unentbehrlich reklamiert werden, der Milchhändler hatte vor, sich hinter eine die Armee beliefernde Milch-Großfirma zu stecken, die ihn entheben sollte. Der dritte als Damenstrumpfagent war hoffnungslos: »Sowie ich an der Front bin, lass' ich mich gefangennehmen«, war seine Strategie. Dann tauchte unser Feldwebel wieder auf. Er war angeheitert, das heißt, der Wüterich war weniger wutschnaubend. Wie es mit den Weibern am Theater wäre, wollte er, etwas leutseliger geworden, wissen. Ich schlug vor, den Schauplatz ins nahe Wirtshaus zu verlegen. Dort hatte ich dann Gelegenheit, ihn indirekt mit Alkohol und Zigarren zu bestechen. Er wurde immer aufgeräumter: »Geh, hörst, du Schauspieler, sing was, tanz was, mach was.« Schließlich tat er es selbst. Es waren grauenhaft schweinische Lieder. Das kriegsbesoffene Wirtshaus sang mit. Sie sangen abwechselnd Wirtinnen-Verse, dann »Du lieber, guter, alter Herr«, »Da draußen im Schönbrunner Park« und »Gott erhalte ...« und wieder säuische Lieder. Ich steckte ihm Geld zu und erwirkte, die Nacht zu Hause bei den Eltern verbringen zu dürfen.

Die Feldwebelvisage konnte ich nicht loswerden. Ich hatte sie noch auf dem Heimweg vor Augen. Die Normalverfassung solch eines Menschenviehs ist Mordbereitschaft aus unversöhnlichem Haß gegen alles Bessere im Menschen. Schon das Anderssein steht bei ihm im Verdacht, etwas Besseres zu sein. Das Schlechte, ihm gleiche, tröstet ihn über sich selbst. Deshalb gibt er sich ihm völlig hin. Sein Umgang muß garantiert gleich niedrig sein. Alles andere, ihm Unverständliche fürchtet und haßt er. Es ist ein Menschenhaß von tief unten. Es gibt einen von oben, den höhergearteten, entwickelt durch Erfahrungen und Erlebnisse mit dem Minderwertigen, Verwerflichen, Feldwebligen. So ein Haß wird in Menschenverachtung sublimiert, deren Menschenfeindlichkeit nicht physisch militant wird, sondern sich in Absonderung und Vereinsamung manifestiert. Der Menschenhaß von unten ist militant, ist antihuman. So ein schakalhafter Menschenhaß kann durch Angst vor Kerker oder vor dem Aufgehängtwerden gebändigt oder temporär durch Geld bestochen werden. Das ist nicht ein Entmenschter, sondern einer, der noch nicht Mensch geworden ist. Ihn zum Menschen zu machen, ist bisher keiner Erziehungsmethode gelungen, keiner Philosophie, keiner Sittenlehre, keiner Ideologie und keiner Religion. Seine Visage hatte mich schon als kleinen Bub fürs Leben erschreckt. Ich mag fünf- oder sechsjährig gewesen sein, als ich eines Tages vor dem Geschäft meines Vaters, auf einer Art Bordschwelle sitzend, vor mich hindämmerte. Zwei Spießgesellen erschienen mir kleinem, noch dazu sitzendem Buben aus der Froschperspektive überzeichnet groß und gräßlich. Der eine Hüne beugte sich zu mir Schreckgelähmten nieder, seine Finger faßten nach meinen Haaren nah dem Ohr, wo sie am schmerzempfindlichsten sind, zwirbelten sie, zogen mich an ihnen in die Höhe, bis ich stand. Dann schlug der andere mit voller viehischer Wucht dem Judenbuben ins Gesicht. Ich brüllte vor Schreck und Schmerz. Mein Vater, ein damals noch sehr rüstiger Mann, kam aus dem Geschäft gestürzt. Er muß in seinem Zorn furchterregend ausgesehen haben, denn die beiden liefen davon. Wahrscheinlich hatten sie mich schutzlos geglaubt oder höchstens ein kleines Jüdlach als Vater ängstlich im Hintergrund vermutet. Vor dem zornbebenden Makkabäer, der mein Vater war, rissen sie aus. Mein Vater konnte aber noch laufen und stürmen, wie er es als junger Soldat gelernt hatte. Er holte sie ein und schlug zu. Den einen, den Haarezieher, hatte er schnell am Boden, mitten auf der Straße und bearbeitete ihn mit seinen Fäusten, während der andere auf meinen Vater einschlug. So tobte der Kampf eine ganze schreckliche Weile, alle drei blutend. Menschen sammelten sich an, mein Vater ließ nicht locker. Der Verkehr stockte, mein Vater schlug immer noch zu. Schutzmänner trennten sie schließlich. Mein alptraumhafter Schreckanfall begann abzuebben, ich weinte und schluchzte jetzt mehr aus Bewunderung, Rührung, Dankbarkeit für meinen Vater. Der Kindertraum von einem Helden hatte sich erfüllt. Unmöglich, daß das Bild eines solchen Mannes je verblaßt. Heute, selber schon Großvater, bin ich ihm noch kindlich zugetan. Nicht zuletzt für jene Tat.

Und jetzt 1914 soll sein 22jähriger Sohn, wenn alles normal verläuft, in einigen Monaten in den Krieg ziehen. Mein inzwischen schon älter gewordener Vater litt schwer. Meine Mutter, die ja noch nie um mein Leben, sondern nur um mein Glück gebangt hatte, war still und blaß geworden. So ganz selbstlos war ihr Kummer. Er lebte sich in der Küche aus. Sie kochte meine Lieblingsspeisen. Kulinarisch war diese Zeit bis zur Rationierung der Lebensmittel unvergeßlich schön. Schmerz in Knödel umzusetzen, das ist ein Gefühlsausdruck, mit dem sich's leben läßt. Schusi hatte aus einem mir nicht erinnerlichen Grund noch nicht zur Musterung gemußt. Er war Nutznießer der Sorge um mich; er fraß ungeheuer mit. Bis zu 25 Knödel brachten wir es. Mein Vater verwöhnte mich mit Geld. Sein Geschäft ging gut, der Goldpreis war gestiegen, das Vertrauen ins Geld begann langsam zu schwinden, die Flucht in die Ware hatte begonnen. Meine Mutter überwand sich sogar, um mir das doch so befristete Zuhausesein auch emotionell zu erleichtern, zu einer freundlicheren Haltung Lilith gegenüber. »Bring sie doch mit zum Essen«, sagte sie eines Tages. Meinem bevorstehenden Abmarsch in den Krieg gegenüber verhielt ich mich fatalistisch. Sterben, Wunden, Amputation, so großes

Grauen überschritt noch meine Vorstellungsmöglichkeiten. Unter dem jähen Abbruch der Karriere jedoch ächzte ich. Vom erklommenen hohen Berg heruntergeschleudert zu werden bis auf den Ausgangspunkt zurück, dagegen meuterte ich. Jedenfalls lernte ich das Gefühl des Meuterns kennen. Der zwangsweise Müßiggang lähmte mich. Die Mobilisierungsorganisation konnte die Zahl der Eingerückten nicht bewältigen. Man hatte mehr rekrutiert, als abgerichtet werden konnten. Es fehlte an Offizieren, an Monturen.

Ganz geheim hatte ich noch einige Zeit nach Kriegsbeginn den Krieg für nicht möglich gehalten. Vielleicht wird er doch noch abgeblasen werden. So wie ich, hatten die Menschen, die ihn anordneten, sich ihn nicht vorstellen können. Die hatten vergessen, wie so ein Krieg war. Von 1866 bis 1914 hatten wir ja in Österreich-Ungarn keinen gehabt. Es konnte nur dem mangelnden Erinnerungsvermögen an den vorigen Krieg zuzuschreiben sein, daß die Staatslenker einen neuen begonnen hatten. So wie sie aber seine Auswirkungen wirklich, leibhaftig vor Augen geführt bekamen, würden sie ihn abbrechen. Der Krieg dauerte nun schon viele Wochen und hatte sich schon in seiner ganzen Unfaßbarkeit gezeigt, und die selbstverständliche Konsequenz, ihn abzubrechen, wurde immer noch nicht gezogen. Ich wartete nicht ganz eingestandenermaßen auf den Abbruch des Krieges aus Einsicht, weil er entsetzlich, menschenunwürdig war. Als dann die ersten Verwundetentransporte kamen, die ersten Krüppel, die ersten Beinlosen, die ersten Augenlosen, die Gefallenen-Berichte und nichts geschah, da schwand von Tag zu Tag meine Zuversicht. Ich hatte das natürliche, vernünftige Verhalten erwartet, und das eben war verrückt. In großen bewegenden Szenen hatte ich angehender Theatermann mir den erhebenden Moment des Sieges, der Besinnung über den Irrsinn, ausgemalt. Aber es ging weiter. Als junger Mensch – erinnere ich mich – versuchte ich mir vorzustellen, was ich wohl gemacht hätte, wäre ich ein Zeitgenosse Christi, des Verkünders der Waffenlosigkeit, gewesen. Ich erwartete, daß ich mich unter seinen Anhängern befunden haben würde, vorausgesetzt, ich wäre damals mir geistesverwandt gewesen. Es erschien unvereinbar mit mir, mich als Parteigänger der Reaktion und als reformfeindlichen Orthodoxen zu sehen. Ich wäre ein glühender Mitstreiter für die Durchsetzung jenes die Gnade verkündenden Revolutionärs und transzendentalen Rabbis gewesen. Heute existiert seine Forderung nur mehr als ideelles Optimum der Menschenwürde, dessen Erfüllung gar nicht mehr erstrebt wird.

Das Rote Kreuz fragte sich zumindest, »ob das christliche Denken, Theologie und Kirche, nicht doch zu sehr den Krieg, das heißt jeden Krieg als Tatsache, einfach hingenommen und noch durch eine Überbetonung der göttlich sanktionierten Ordnung des Staates den Christen zu sehr in die Tatsache des Krieges eingeordnet haben«.

Ein Hofprediger Kaiser Wilhelms richtete während des ersten Weltkrieges die blutrünstigsten Gebete an Gott. Seine Predigten und Gebete erschienen gesammelt in einem Band unter dem Titel »Hurra und Halleluja«. Gott hat seine Gebete nicht erhört. Der Krieg wurde verloren. An einem Vortragsabend im Berlin der zwanziger Jahre las ich eine Auslese aus diesem Buche vor und Stellen aus der Bibel, um den Grad der Abweichung von der Lehre Jesu, das Maß der Verirrung und den modernen Stand der christlichen Kriegsethik zu demonstrieren. Jahre später stand ich auch wegen dieser Warnung als Kriegsgegner auf der Naziliste der zuerst zu Beseitigenden. Allmählich fing ich an zu begreifen: Kriege werden nicht aus rechtlichen Motiven geführt. Es geht um Behauptung oder Eroberung von Macht, wie in diesem, um die Fortsetzung der Politik mit der Waffe (Clausewitz), um die Hegemonie, um ein Kräftemessen von Völkern, um Aufstieg und Verfall von Nationen. Denn ich hatte als Kriegsbegründung immer nur gehört: Schweineausfuhr, Einverleibung von Serbien in die Monarchie, von dem Anspruch Deutschlands auf die Hegemonie in Europa und seinem Ringen um den Weltmarkt, von der Rivalität der englischen und deutschen Handelsflotte, von Rußlands Drang nach Westen und Osten und nach dem Bosporus, von Frankreichs Kolonialmacht, die erhalten werden mußte, von seinem Recht auf Elsaß-Lothringen. Von sich aus gesehen, hatte jeder Staat machtpolitisch recht. In den Augen des Gegners machte ihn sein Recht zum Verbrecher, der ihn bedrohte. Und die nationale Kirche segnete sie. Um der staatlichen Obrigkeit in jedem Lande gerecht zu werden, wurde der Krieg als Gottes Fügung ausgegeben und sanktioniert und von der Kirche gesegnet, der Kriegsgegner zum Verbrecher gemacht und dem ebenfalls von seiner Kirche gesegneten Feind a priori die bona fides abgesprochen.

Ich sah kein »Recht« in diesem Kriege, dem nicht das »Recht« des Kriegsgegners ebenbürtig gewesen wäre. Keiner der Kriegführenden kämpfte für eine sittliche, soziale, religiöse Konzeption, gegen Barbarei, Unterdrückung fremder Länder, keiner für etwas, wofür sich ein junger Mann mit Leib und Seele hätte einsetzen können.

Der Pazifismus hatte es bei mir leicht gehabt: ich wollte nicht in den Krieg. Aus Beziehungslosigkeit zu der mir nur verschwommen bekannten Kriegsursache und ihren Kriegszielen. Die vielen Gerüchte und das Getuschel taten das ihrige. Der Kaiser wolle den Krieg nicht, er wäre überlistet worden. Irgendein entscheidendes Telegramm wäre unterschlagen worden. Der deutsche Kaiser wolle den Krieg. Der Thronfolger wäre mit Absicht in die Gefahrenzone geschickt worden. Das Attentat auf ihn sei provoziert worden. Man wollte den am Wiener Hofe Unbeliebten beseitigen und zugleich einen Kriegsgrund konstruieren. – Hinzu kam eine verschwärmte, romantische, geheimgehaltene Sympathie für die Attentäter, mit ihrem revolutionären Elan, ihrer Aufopferungs- und Todesbereitschaft für ihre Sache. Für eine Idee zu sterben, machte uns, die wir keine hatten, einen großen Eindruck.

Der moderne Sozialismus war, zumindest in seiner Theorie, kriegsgegnerisch. Als die deutschen Sozialisten jedoch für die Kriegskredite stimmten, wurde das von den christlichen Pazifisten und den in der Idee treugebliebenen Sozialisten als Verrat verurteilt. Die christlichen Pazifisten und die Sozialisten

waren Weggenossen geworden. Die den Krieg segnende Kirche wurde, wie die die Kriegskredite bewilligenden Sozialisten, von den Weggenossen gemeinsam schwer attackiert.
In Karl Kraus erwuchs ihnen der wortmächtigste Anwalt. Wenige Wochen nach Kriegsbeginn wurde er, der vorher anders gedacht und in seiner »Fackel« geschrieben hatte, der unerbittlichste, wirkungsvollste, uns hinreißende Wortführer der durch ihn geeinten Kriegsgegner. Der Pazifismus wurde radikalisiert. Gewährte der Militarismus a priori dem kriegführenden Feinde keine bona fides, so verweigerte der Pazifismus den guten Glauben dem Kriegführenden und Kriegsbejahenden im eigenen Lande. Mit der Kriegsschuld wurde nur das eigene Land und das mit ihm verbündete Deutschland belastet. Die strenggläubigen Marxisten machten dabei eine Ausnahme: sie beschuldigten den internationalen Kapitalismus, der ihrer Meinung nach unweigerlich zum Kriege führte. Der Krieg sei die Ultima ratio, der Ausweg aus den sonst unlösbaren Wirtschaftskrisen, hieß es. Und – last not least – wir jungen Leute wollten leben. Der Krieg war die große Lebensbedrohung. Später dann wurde es der Friede, der ihm folgte.
Ich geriet zeitweise unter den Einfluß und in die Abhängigkeit jeder dieser Gruppen und schloß mit keiner einen Bund. Am problematischsten schien mir der Widerspruch, der zwischen der Tatsache einer kriegführenden Christenheit und der Lehre Christi von der Waffenlosigkeit lag. Die Vorwürfe, die ich dem Christentum machte und die ich ethisch zu untermauern versuchte, brachten mich bei mir in den Verdacht, sie wären angstgeboren und ich wäre Pazifist aus Furcht, ich bediente mich dieser Argumente, um meine Todesangst, die ich mir als mich allein beherrschendes Motiv nicht eingestehen wollte, zu verkleiden. Daher verwarf ich sie auch bald. Daß diese Erwägungen aber immer wieder aufgetaucht sind, selbst jetzt, wo ich so todesnahe durch mein Alter, also der Rekrutenangst entwachsen bin, beweist, daß meine Einwände gegen das praktizierende Christentum auch von der Alterseinsicht nicht beschwichtigt werden können.

Mitten in dieses Wirrsal kam die Aufforderung zu einer nochmaligen militärärztlichen Untersuchung, zu der wir uns am nächsten Morgen einfinden mußten. Unsere Frontdiensttauglichkeit sollte festgestellt werden. Die Ansprüche an sie waren inzwischen reduziert worden. Falls tauglich befunden, würde man in etwa drei bis vier Monaten an die Front geschickt werden. Der Krieg wurde immer verbissener, entmenschter.
Bleiern langsam glitt die durchwachte Nacht in den Entscheidungsmorgen des Kriegswinters 1914. Ich zog mich an, übernächtig und bleich, wie mich ein Blick in den Spiegel belehrte, und frühstückte Kaffee-Ersatz und Schwarzbrot. Semmeln gab es nicht mehr. Meine Mutter und mein Vater sahen grau und verwelkt aus. Es war kalt in der Wohnung, und ich fror. Dann machte ich mich auf den Weg zur Kaserne und erreichte den bösartigen, auf Einschüchterung berechneten Bau, stieg die Treppen hinauf, wurde in einen übergroßen, schlecht beleuchteten Raum hineingeflegelt, in dem es nach dem Schweiß von zu vielen nackten jungen Männern, nach angesammeltem Mannstum roch. Beinahe mußte ich mich erbrechen, auch vor Aufregung. Der Anblick dieses teils witzelnden, teils verstörten Kanonenfutters erhöhte nicht die Attraktion des Massengrabes. Ich gehörte zu den Verstörten, Stummen. Oben an der einen Wand hing das Bildnis des Kaisers, in einer Ecke des Raumes der ans Kreuz Geschlagene. An der Tür, die zum Musterungszimmer führte, standen zwei Posten mit aufgepflanzten Bajonetten, eingriffsbereit, sollten die Nackten etwa plötzlich zur Vernunft kommen und meutern, was Wahnsinn wäre. Ich stierte vor mich hin, und dann sah ich so einen wartenden Burschen mit einem Angstgesicht, nackt und blaß, das Bajonett in der Hand, den Spieß in den Leib eines Gegners bohren. Meine erhitzte Phantasie unterschied zwischen mir und jenem Gegner nicht richtig. Jedenfalls spürte ich's in den Gedärmen und mußte aufs Häusl und durfte nicht. All das geschieht draußen im Felde und ist kaum faßbar und nicht wirklich, sonst könnte es nicht geschehen. Und vor 2000 Jahren im Land der Bibel hatte Christus dem Petrus angesichts der Legionäre gesagt: »Stecke

dein Schwert ein!« und ein andermal zu einem Söldner: »Tut niemandem Gewalt und Unrecht und lasset Euch genügen an Eurem Sold.« Das glaubt heute keiner mehr. Aber wenn die Kirche die Waffen segnet – ER nicht, ER bleibt stumm, ER bleibt gekreuzigt.
Wann immer eine Vierergruppe den Raum verließ, mußten wir – auf einer langen Bank sitzend – nachrücken, der Tür zu, die in die Musterungshalle führte. Unter den nächsten vier war ich. Werde ich frontdiensttauglich erklärt – und ich werde es, denn ich bin's ja –, beginnt gleich die scharfe Abrichtung, so daß ich im Sommer mit meiner ersten Kriegshandlung rechnen mußte. Wie es hieß, sei für die Zeit eine große Offensive geplant, und das bis dahin eroberte Belgrad sollte dem Kaiser als Geburtstagsgeschenk zu Füßen gelegt werden. Schon im vorigen Sommer war ein Versuch unternommen worden, dem Kaiser diese Geburtstags-Aufmerksamkeit zu erweisen. Die Save wurde rot vom Blut der das Geschenk überreichenden Infanteristen, die über den Fluß zu setzen versuchten, um der Geburtstagsgabe habhaft zu werden. Sie wurden von den Serben niedergemacht, verbluteten und ersoffen zu Tausenden in der Save, wovon sie so rot wurde. Die Vorstellung, da draußen krepieren zu müssen, peitschte meine Nerven in einen Zustand von Rührung über mich selbst und ließ mich die Erschütterung meiner Eltern bei lebendigem Leibe verspüren. Viele in den Krieg Ziehende heiraten vor dem Abmarsch ihr Mädchen. Ich werde es nicht tun, beschloß ich. Und wenn ich überlebe, möchte ich die richtige finden.
Sie sitzt heute, nachdem wir nun 37 Jahre zusammen leben, den größten Teil dieser Zeit verheiratet, im roten Belgrad, um in einem amerikanischen Film zu spielen. Und ich werde, nachdem ich vierzehn unerträgliche Tage von ihr getrennt bin, zu ihr fliegen. Auf diese Weise komme ich doch noch nach Belgrad, nicht als junger Eroberer, nicht als Soldat des österreichisch-ungarischen Imperiums, das es nicht mehr gibt, aber in das rote Jugoslawien, dem Serbien mit Belgrad nach dem zweiten Weltkrieg einverleibt wurde. Wird die Save nochmals vom

Soldatenblut rot werden, damit Belgrad nicht rot bleibt? – Die Tür ging auf, und wir wurden hineingeschubst. Auf dem Wege dachte ich, es könnte ja auch die russische Front werden. Dort würde ich vielleicht erst im nächsten Winter durch Erfrieren umkommen. So um Weihnachten, am Geburtstag Jesu etwa.

Das Musterungszimmer war ein kleinerer Raum als der, aus dem wir kamen. Meine geweiteten Augen nahmen hastig Ort und handelnde Personen auf. In den vier Zimmerecken stand je ein Militärarzt, als solcher durch die Art der Uniform sofort erkennbar. Zwei Handlanger – Feldwebel – packten je zwei und schleuderten abwechselnd je einen von uns einem der vier Ärzte zu. Mich ergriff der Feldwebel rechter Hand und schleuderte mich in der Diagonale auf den Arzt links zu. Ich war bis zur Mitte des Weges gestolpert, als ich zurückgerissen und in die Richtung zum Arzt rechts gestoßen wurde. Er begann mit der Untersuchung. Und während er mich abklopfte und abhorchte, sagte er mit gesenkter Stimme: »Ich war der Theaterarzt in der Volksbühne. Ich hab' Sie in ›Alles um Geld‹ gesehen. Sie müssen bald wieder spielen. Kommen Sie morgen um neun Uhr ins Allgemeine Krankenhaus, fragen Sie nach Doktor Kilian.« Dann rief er: »Stättner!« So hieß der Feldwebel, der mich gewissermaßen aus der Save riß, ans feste Land, dem rettenden Theaterarzt in die Arme. Es war der Statistenführer der Volksbühne. »Geben Sie dem Mann einen Einweisungs-Schein.« Das war der Freispruch! Die Rettung aus der Todesgefahr des Krieges in die Lebensgefährlichkeit des Daseins, aus der Todesnähe in die nahe schon verspürte Zukunft, aus dem Infanteriesturm in den Lebenssturm, aus dem Savetod ins Berufsleben, vom Kältetod in die Bühnenwärme. Anstatt mit Hurra-Lebenslust in den Tod marschierend, ging es mit Todesverachtung ins Leben, dem ich mich mit Haut und Haaren, Leib und Seele verschrieb und verdingte. Der Weg dazu war wieder frei durch Dr. Kilian.

Ein erspielter Erfolg war diese Fügung, später Applaus in Form von Lebensrettung – eine Auszeichnung für Geleistetes, für Menschendarstellung. Die Auszeichnung fürs Töten war mir entgangen, wie ich damals hoffte und heute weiß, für immer. Dr. Kilian verhalf mir in den der Musterung folgenden Wochen zu einem militäramtlichen Schein, der mich bis auf weiteres vom Frontdienst befreite und mich, wegen Überfüllung der Spitäler, der häuslichen Pflege überwies. Die Kontrolle über den Verlauf meines Nervenleidens behielt der Arzt sich persönlich vor. Dr. Kilian war keineswegs korrupt. Meine Befreiung glaubte er, wie er mir sagte, moralisch verantworten zu können: »Sie gehören ins Burgtheater«, meinte er, »und nicht ins Massengrab.« Er überschätzte, wie jeder Wiener, das Burgtheater, das aber, selbst bei seinem damaligen Tiefstand, den ich mit Unrecht für nicht unterbietbar hielt, dem Savetod vorzuziehen gewesen wäre.

Während der Uraufführung des Lustspiels »Hargudl am Bach« von Hans Müller war es zu einem sensationellen Theaterskandal gekommen. Damit endete die Ära Schlenther nach dreizehnjähriger Öde. Dr. Paul Schlenther war ein hervorragender Berliner Theaterkritiker, ein Mitbegründer des avantgardistischen Vereins der Berliner Volksbühne, die neben wirklichen Leistungen auch die Uraufführung des von der Wiener Zensur verbotenen Anzengruberstückes »Das vierte Gebot« brachte und damit der Wiener Aufführung den Weg bahnte. Schlenther, ein zielsicherer, leidenschaftlicher und höchst erfolgreicher Vorkämpfer des modernen Theaters, ein geistvoller Theatermann, gab gleich nach Amtsantritt als Burgtheaterdirektor seinen Geist auf und akzeptierte statt dessen den des Burgtheaters.

Vom Bürodienst in der Kaserne, den ich nach meiner militärärztlich bestätigten Kampfunfähigkeit versehen mußte, konnte ich gegebenenfalls von einem Theater enthoben werden. Die Volksbühne der »Alles um Geld«-Zeit war auseinandergefallen: Viertel, ein Reserveoffizier, war bei Kriegsausbruch sofort an die Front geschickt worden, der reichsdeutsche Dr. Rundt zu seinem Breslauer Heimatregiment eingerückt. Grossmann war, ohne daß ich ihn vermißte, verschollen. Forster schmachtete in

einer Grazer Kaserne, Fehling und Deutsch hatte ich aus den Augen verloren. Hans Ziegler, ein Schauspieler des Deutschen Volkstheaters, rettete, von einer Wiener Bank gestützt, die Überbleibsel der Volksbühnenorganisation und setzte in einem ehemaligen Varieté-Theater, dem Colosseum, die Volksbühne fort. Als künstlerischen Helfer hatte er sich den jungen kriegsuntauglichen Herbert Ihering aus Berlin verschrieben, den nachmaligen, für das moderne Theater bedeutsamen Kritiker, der eine junge deutsche Schauspielerin entdeckt und mitgebracht hatte: Agnes Straub. Ich wurde ebenfalls engagiert. Bald fanden wir uns in einem Dreibund zusammen. Ihering inszenierte, Agnes Straub und ich spielten in »Macht der Finsternis«, »Maß für Maß«, »Herodes und Mariamne«, in Hebbels »Genoveva« und in Claudels »Verkündigung«.
Mit Hilfe des Dr. Kilian und eines theaternärrischen Oberleutnants gelang es mir schließlich, sogar nach Berlin zu gehen, um mein Engagement bei Meinhardt und Bernauer anzutreten.

15. Kapitel

Da »Maria Stuart« inzwischen schon gespielt worden war, hatte man für mich keine richtige Verwendung, und wir lösten bald unsere unwirsch gewordenen Beziehungen.
Nun gab ich mich einer damals noch obskuren Pionier-Tätigkeit hin: ich filmte. Mein Regisseur war Harry Piel. Ich spielte die Rollen, die Harry Piel, der vom Zirkus gekommen war, dann später, als er den Schauspieler in sich entdeckte, selber spielte. Die Aufnahmen fanden in einem atelierartigen Dachgeschoß eines Hauses der Friedrichstraße statt. Der Unternehmer war ein Optiker, der in dem Hause einen Laden hatte. Drehbücher gab es noch nicht. Obwohl die Honorare damals noch klein waren, verbesserte sich meine finanzielle Lage sichtbar: Lilith wurde eleganter. Oft war körperlich Halsbrecherisches, durch die Art der Filme bedingt, zu vollführen. Ich war vom Film so fasziniert, daß ich auch davor nicht zurückschreckte. Ich balancierte einmal über einen Baumstamm, quer über einen zutiefst unfreundlichen Abgrund gelegt, mit einem Kind in den Armen. Nicht, daß ich Angst gehabt hätte, aber der Körper- und Gesichtsausdruck des Doubles, das wir ausprobierten, erschreckte mich mehr als der Abgrund. So überwand ich meine Feigheit – eine mögliche Definition für Mut – und balancierte selber. Die Sache will's! Sosehr mich das neue Medium selbst in seiner hanebüchen-vulgären Form fesselte, es lockerte nicht meine Verbundenheit mit dem Theater. Der Film war noch stumm und das Theater so voller Sprache. Ich zu sprachberauscht, zu wortwollüstig, tonorgiastisch, um mich stumm auszuleben. Ich hatte noch keine Shakespeare-Rolle

gespielt. Nicht Richard II., noch Othello, noch Shylock. Das war das Fernziel, an das ich zumindest näher heranzukommen strebte. Reinhardt war durch den Krieg von der internationalen Welt abgeschnitten und konzentrierte sich wiederum, nolens volens, auf Berlin. Bei ihm aber wäre ich an solche Rollen noch nicht herangelassen worden. Außerdem versperrten Reinhardts mir übelwollende Günstlinge den Weg zurück zu ihm. Also versuchte ich die Rückkehr gar nicht. Ich beschloß, dem Regiekollegium des Königlichen Schauspielhauses am Gendarmenmarkt vorzusprechen. Graf Hülsen, der Intendant des Hauses, versuchte gerade, sein Hoftheater, vom Reinhardttheater völlig aus dem öffentlichen Interesse verdrängt, zu reformieren. Ich wurde nach einem heftigen Vorsprechen, als für diesen Zweck geeignet, für die übernächste Saison – 1916 – als erster Charakterspieler engagiert. Warum nicht für die nächste, ist mir nicht erinnerlich. Also sprach ich schnell noch dem Theaterdirektor Licho vor, um die dazwischenliegende Saison auszufüllen. Es gelang! Ich wurde ans Dresdner Neue Theater engagiert.

Inzwischen ging ich von einem Film zum anderen. Bei Harry Piel spielte ich eine ganze Serie. Schließlich filmte ich bei dem damals namhaftesten deutschen Filmmann, Joe May, als Partner seiner Frau Mia May. Lilith wurde noch eleganter und immer strindbergischer. Ich bestach sie mit Hüten und Kleidern. Dann kam ihre große Stunde. Sie wurde nach Darmstadt engagiert. Insgeheim atmeten wir bei der Trennung auf, quälten einander aber gewohnheitsmäßig auch noch aus der Distanz.

In Dresden, am Neuen Theater, spielte ich den Liliom von Molnar. Das Stück fiel entsetzlich durch – ich nicht. Zwischen Ernst Deutsch, ebenfalls dort engagiert, und mir entspann sich eine kumpanenhafte Freundschaft. Wir waren unzertrennlich, fanden uns urkomisch und lachten übereinander. Aus einer unbändigen Lach- und Amüsierlust, die, von der Zeit auf Kriegsration gesetzt, koste es, was es wolle, auf ihre Kosten kommen wollte, entwickelte sich ein nur uns verständlicher Witz-Jargon. Wir hatten zuviel Zeit und doch keine zum Haareschneiden und Maniküren. Zusammenfassend sagte ich zu

Deutsch: »Mir wachsen die Nägel über den Kopf« und gewann mir damit sein Herz. Wir hatten zuwenig Rollen und hielten uns an unsere Witze und an die Mädchen. Mit Lilith stritt ich brieflich.

Eines Tages bekam ich einen Engagementsantrag vom Deutschen Volkstheater in Wien, der mir die großen, begehrten, ungespielten Rollen zusicherte. Der Annahme dieses Angebotes stand mein Vertrag mit dem Königlichen Schauspielhaus in Berlin im Wege. Dieser übereilt eingegangenen Verbindung sah ich ohnehin mit Mißbehagen entgegen. Sicher war dieses Theater nicht schlechter als andere Hoftheater, doch Reinhardts unmittelbare Nähe forderte zu einem Vergleich heraus, der dem Institut mit dem Hohenzollern-Anstrich nicht gut bekam. Andere deutsche Hoftheater waren schon rein geographisch durch die Entfernung von Berlin nicht so schwer betroffen. Allabendlich wurde die veraltete Darstellung eines noch von Wildenbruch beherrschten Spielplans von Reinhardt erbarmungslos ad absurdum geführt. Daß Wilhelm II. mitunter persönlich beratend in Proben eingriff, hätte mich in die Gefahr der Majestätsbeleidigung gebracht. Der »Kirchen-Auguste«, wie die Berliner ihre Kaiserin nannten, war damals bei dem Auftritt der Anita in »Peer Gynt« der fürchterliche Verdacht aufgestiegen, die Schauspielerin habe mit nackten Beinen getanzt. Man mußte ihr die fleischfarbenen Trikots sofort nach der Szene in die Hofloge bringen, damit sie prüfen konnte, ob diese noch körperwarm waren. Ich wurde in meinem Entschluß bestärkt, mein Engagement an das Trikot- und Plüschtheater nicht anzutreten. Jedoch Graf Hülsen bestand auf Einhaltung des Vertrages, dessen Lösung ich auf dem Prozeßweg mit nicht gerade wählerischen Mitteln durchsetzen mußte.

Ich ging also 1916 als erster Charakterspieler ans Wiener Deutsche Volkstheater. Der neue Chef war Besitzer und Direktor des »Theaters an der Wien« gewesen, der Uraufführungsbühne der großen Wiener Operetten-Schlager. Allein »Die Lustige Witwe« hatte ihn zum reichen Mann gemacht. In seinen alten Tagen wollte er ein künstlerisches Theater leiten und sich die Pflege der Klassiker angelegen sein lassen. Ich ahnte nicht, was mir bevorstand!

Bevor ich mein Engagement antrat, hatte ich mich erneut einer militärärztlichen Untersuchung unterziehen müssen, die nicht mehr Dr. Kilian vornahm, sondern ein durch nichts gemilderter Militärarzt hohen Ranges. Österreich-Ungarn hatte schwere Niederlagen an allen Fronten und gräßliche Verluste an Menschenleben erlitten, die ersetzt werden mußten. Die rekrutierenden Ärzte übersahen daher geflissentlich etwaige Gesundheitsschäden. Es schien, als ob ich mich doch im Sommer an dem erneuten Versuch, das noch immer zu erobernde Belgrad dem Kaiser zu Füßen zu legen, würde beteiligen müssen; oder an der Isonzofront, wo die österreichisch-ungarische Armee gegen den ehemaligen italienischen Bundesgenossen verzweiflungsvoll kämpfen mußte. Mein Stiefbruder Schusi war inzwischen an die russische Front geschickt worden und seit Monaten verschollen. Bestenfalls war er gefangen. – Da aber auf den Bühnen weitergespielt werden mußte, um dem sich ausbreitenden Defätismus entgegenzuwirken, waren die Theater – besonders die großen – immer noch imstande, Schauspieler vom Militärdienst zu entheben. Wallner gelang es schließlich, mich trotz meiner Jugend auch zu befreien. Ich büßte schwer dafür. Mit einer, höchstens zwei Proben mußte ich Rollen wie Franz Moor, König Philipp, Shylock spielen. Oft schüttelte mich die Angst vor dem Auftreten derart, daß ich dachte, ein Infanteriesturm wäre weniger qualvoll. Mit schlotternden Knien stand ich, 23jährig, als König Philipp auf der Bühne. Carlos und Posa waren soviel älter als ich, daß sie nicht mehr militärpflichtig waren. Bald machte die Musterungskommission auch vor den Alten nicht mehr halt. So zitterte mancher Wiener »jugendliche Held«. Man zwang mich dann auch noch den Shylock mit einer einzigen Probe zu spielen, widrigenfalls die Enthebung aufgehoben und ich den Untergangs- und Verzweiflungskampf der österreichisch-ungarischen Armeen würde mitmachen müssen. An die Front oder an die Rampe! Ich hoffte fiebernd auf die immer wieder auftauchenden Friedensgerüchte. Ein rasches Kriegsende konnte mich noch von dem Franz Moor, den ich nun spielen sollte, befreien. Die Gerüchte wurden aber dementiert, und der grausame Krieg erzwang auch noch meinen Franz Moor – mit einer Probe. Beim Mephisto endlich wurde meine Rampenangst elementarer als meine Lebensgier. Lieber in den Krieg! Die Angst, die einen gerade martert, scheint immer die fürchterlichste zu sein. Ich lebte in der Todesangst, die mich schlaflos hielt oder mich bis in den Traum verfolgte, daß ich, auf der Bühne stehend, den kaum erlernten Text verlieren würde und die Vorstellung abgebrochen werden müßte; ein Angstgefühl, das ich seither nie wieder ganz losgeworden bin. Nur wer diese schweißtreibende Panik kennt oder sie sich vorzustellen vermag, wird meinen Entschluß verstehen. Obwohl er ernsthaft war und sich meiner eine wirre, fiebrige Todesverachtung bemächtigt hatte, sah ich in der dramatisch nach einem Höhepunkt drängenden Lage eine vage Hoffnung. Friedrich Adler, ein junger Sozialist, feuerte die Arbeiter zum offenen Widerstand gegen den doch schon verlorenen Krieg an. Würde eine nahe Revolution das Land vom Krieg und mich vom Mephisto befreien? Aber der Teufel obsiegte, der Krieg schleppte sich mit den ausgebluteten Soldaten weiter, und ich stand da mit dem Mephisto vor mir.

Diese Rolle werde ich nicht mit einer Probe spielen. Das wurde zur fixen Idee. Welcher Hochverrat an meiner Auffassung vom Theater war doch die Klassikerverunglimpfung, die ich jetzt schon ein paar Monate aus Todesangst und Lebensgier getrieben hatte. Nun aber verging die Lust am Leben, und ich entschloß mich, das Gewehr zu ergreifen.

Ich teilte meinen Entschluß dem Theater mit. Mein umsichtiger Schutzengel war aber zur Stelle: Der Oberleutnant, der mir seinerzeit im Verein mit Dr. Kilian geholfen hatte, wollte den »Faust« mit mir als Mephisto sehen und rief mich deswegen an. Er war inzwischen avanciert und ein einflußreicher Hauptmann im Kriegsministerium geworden. Ich besprach meine Lage mit ihm. Er konnte bewirken, daß die Enthebung auch auf ein kleineres Theater übertragen würde. So kehrte ich zur Volksbühne zurück, spielte »Gas« von Georg Kaiser, ein Stück, dessen Sprachverkürzungen, wie ich damals meinte, aus Berlin herübertelegrafiert worden waren. Darin sah mich Erich Ziegel von den Hamburger Kammerspielen und machte mir ein Angebot für die laufende Saison.

Ich war mitten in Filmaufnahmen, für die sich mein einflußreicher Hauptmann lebhaft interessierte. Er verbrachte seine Amtsstunden im Atelier und seine Abende mit den Damen der Statisterie. Mein Hauptmann verliebte sich schließlich in eine kleine Schauspielerin und wurde mitten im Kriegselend in geradezu ermutigender Weise glücklich. Er fand, daß ich ihm das Glück gebracht hatte. Um mir – vor Dankbarkeit übersprudelnd – die Ausreise nach Hamburg zu ermöglichen, versicherte er sich der Hilfe seines Vorgesetzten, eines älteren Majors, der sein Freund und Spezi war und nun Trauzeuge bei der bevorstehenden Vermählung mit der Resi sein würde. Dieser Major, ein charmanter, durch das Kriegselend etwas aufgescheuchter Zyniker, meinte: »In meinem Amt muß ich soviel Leut' unglücklich machen, mach' ich halt einmal einen glücklich. Wo doch mein Freund durch Sie glücklich g'worden ist.«

Bis zur Abreiseerlaubnis vergingen jedoch noch Wochen. Ich zitterte um das Lebensglück des Hauptmanns. Wenn ihm die Augen über seine Resi nur nicht vor der Erledigung meiner Angelegenheit aufgehen, dachte ich. Einmal passiert's. Hoffentlich schon im Frieden. Schließlich bekam ich das Ausreise-Dokument durch den Major. Es trug den Namen seines Vorgesetzten. Ich mußte mich ehrenwörtlich verpflichten, sofort zurückzukehren, falls er mir ein Telegramm mit einer solchen Aufforderung schicken müßte. So fuhr ich los.

Ich hatte Muße, im Zug nachzudenken.

In der Eisenbahn, sich vom Orte des Erlebten mit Schnellzugsgeschwindigkeit entfernend, werden Geschehnisse schneller Vergangenheit, als wenn man geblieben wäre und die Gegenwart nur langsam, im Gehschritt, hinter sich gebracht hätte. Der Krieg hatte mir Nichtkombattanten doch einen Denkzettel gegeben. Durch die geradezu standrechtlich erzwungene Darstellung großer klassischer Figuren war ich mitschuldig geworden beim Servieren immer wieder aufgewärmter Speisen, von Gebrauchtware. Auch mit ein oder zwei Proben war ich imstande, durch die mir eigene Stimmvirtuosität nach bewährtem Muster Wirkungen zu erzielen, eine Rede zu steigern, andere zu überschreien, gegen den Aktschluß die Bühne zusammenzureißen, auf Applaus, auf Vorhänge zu zielen. Ich hatte mich auf die Sprache verlassen und hatte nicht Zeit, die Rolle wirklich zu erlernen, geschweige denn sie zu formen, nach der vollgültigen, mimischen Entsprechung zu tasten. Es drängte mich vom nur Sprachlichen weg zum Körperausdruck, ohne daß ich den Weg finden konnte. Ich hatte Chaplin noch nicht gesehen. Also konnte ich das Mimische, den stummen Ausdruck des Gesichts, des Körpers nur an Tieren, Kindern, am Menschen selbst beobachten und vom mimischen Können der Vor-Chaplinschen Ära lernen: vor allem von Bassermann, mimisch, gestisch der Ausdrucksvollste des deutschen Theaters. Vielleicht schlug sich sein Darstellungsimpetus in sein Gesicht und in seine Glieder, weil er stimmbehindert war. Die Magie des Stummen, die der Sprache sogar entraten kann, kannte ich noch nicht. Es brauchte Zeit, bis mir aufging, daß Stirn, Augen, Wimpern, Brauen, Pupille, Lippe, Mundwinkel, Kinn, Hinterkopf, Nacken, Arme, Beine, Handgelenke, Finger, Rückgrat, Hals, Haaransatz, Leib und Becken mitspielen müssen, um Verborgenes, Menschliches so kommunizieren zu können, wie ich es später zum erstenmal bei Chaplin sah. Als ich dann jahrelang staunend vor ihm stand, bahnte sich bei mir eine durchgreifende Neuorientierung an, die lange in mir rumort hatte, bis ich begriff, daß die Übermacht des Sprachlichen gebrochen werden müsse und das Mimisch-Kreatürliche, den Menschen Bewegende, zur Dominante, zur das Sprachliche dirigierenden Vormacht erhoben werden müsse, um die Ganzheit der Menschendarstellung zu erreichen. Ich erkannte: das Mimische beherrscht das Sprachliche, ja kreiert es erst. Durch das spätere Chaplin-Erlebnis bahnte sich die schließlich zur Überzeugung gewordene Erkenntnis langsam an: der Körper- und Gesichtsausdruck löst den wahren Sprachausdruck aus. Ich mißtraute immer den Regisseuren, die isoliert den Ton für einen Satz, ein Wort suchen, probieren, korrigieren, ihn nicht finden und sich und den Schauspieler zur Verzweiflung bringen. Wenn bei einem befähigten Darsteller der Ton falsch ist, dann liegt die Fehlerquelle meist im Gesicht, in der Körperhaltung, oft in den Beinen, vielfach in der Geste. Das ist das Primäre.

Der überfüllte Zug, in dem ich saß und spintisierte, hatte die Grenze passiert. Wir fuhren nun auf deutschem Boden. In diesem Land hatte im ersten Kriegsjahr eine wahre, alles überrennende Kriegsbegeisterung geherrscht, von der sich nur ganz wenige ferngehalten hatten. Nicht daß es in Österreich-Ungarn nicht auch Kriegsbegeisterte gegeben hätte, nur kam es zu keiner nationalen Sammlung, wie in dem jungen Deutschen Reich, das, wie mir schien, historisch an der Reihe war. Die Erwartungen, welche die beiden Verbündeten in den Ausgang des gemeinsam geführten Krieges setzten, waren grundverschieden. Österreich-Ungarn hoffte das vom Auseinanderfallen bedrohte Imperium zusammenhalten zu können, Deutschland hingegen auf seine Hegemonie in Europa und auf eine Vorrangstellung auf dem Weltmarkt. Sogar die Sozialdemokraten hatten im Deutschen Reichstag für die Kriegskredite gestimmt. Die deutschen Juden lieferten ein erstaunlich hohes Kontingent ordengeschmückter Soldaten und Offiziere. – Links-Intellektuelle und pazifistische Künstler desertierten in den Krieg. Der Kriegswiderstand war ein verlassener Gefechtsstand geworden, der Kampfruf der Pazifisten zum Pianissimo gesunken. Überall hörte man die lauten Kriegsbekenntnisse der Überläufer. Das heute berüchtigte Manifest der Intellektuellen und Künstler war eher der Aufruf eines Kriegsvereins.

Leonhard Frank allerdings hatte gleich bei Kriegsbeginn einem bis dahin liberalen Literaten, einem Friedensdeserteur, dessen Kriegsgeheul zu laut wurde, mit der schreibgewohnten

Hand über das Maul gehauen, das in das Hurra eines Millionenchors eingestimmt hatte. Er mußte daraufhin nach der Schweiz flüchten und erlernte dort die Anfangsrunde der Emigration. Bert Brecht, in Augsburg, ging noch zur Schule. Und meine Hanna, die ich immer noch nicht getroffen hatte, war, wie sie später gestand, kriegsbegeistert. Ihre Tante, Käthe Kollwitz, die Allerbarmende, mußte erdulden, daß ihr Sohn sich freiwillig meldete und fiel. Hannas Vater erlaubte keine Schwarzmarktergänzung für seine schon unterernährte Familie. Der ganze hochgemute Patriotismus brach nach zwei Jahren zusammen, als der zur Verteidigung proklamierte Krieg sich auch für die Naivsten als imperialistisch entpuppte. Hanna, die, ein halbes Kind noch, in Frankfurt Gretchen, Solveig, die Jungfrau von Orleans spielte und sich in ihrem exaltierten Patriotismus von den Kriegsrationen unterernährte, fing an, von der Schwarzkost zu naschen. Als ich sie dann 1919 traf, hatte sie aufgehört, Hindenburg zu verehren. Selbst als Kriegsbetörte muß sie bezaubernd gewesen sein. Der Bekehrten ergab ich mich.

Als ich bei meinem kurzen Aufenthalt in dem kriegsgedrosselten Berlin durch die Straßen ging, hätte ich Hanna leicht begegnen können, wie wir später rückblickend festgestellt haben. Ich hätte dann ihr kriegsentgeistertes Gesicht gesehen und nicht mehr das begeisterte. Schon in dem Zug und auf den Straßen sah ich viele bleiche Kriegsentgeisterte.

Der Lehrter Bahnhof in Berlin, der im zweiten Weltkrieg zerbombt wurde – selbst seine Ruinen sind schon verschwunden –, lag unweit des Lessingtheaters, von dem heute auch keine Spur mehr vorhanden ist. Also, vom Lehrter Bahnhof ging's nach Hamburg. Aus der Naheeinstellung, von der aus ich die Wiener Ereignisse registriert hatte, wurde mit Kilometergeschwindigkeit eine Weiteeinstellung, eine »Totale«, wie es in der Filmsprache heißt, die mir zu einem Überblick und Rückblick verhalf. Österreich-Ungarn war bei Kriegsbeginn zaudernd und defätistisch, trotz des Hurralärms und »Mir-san-mir«-Geprotzes. Die österreich-ungarische Kriegspropaganda der einheimischen einschlägigen Kreise war bis dahin nur mäßig erfolgreich betrieben worden, bekam aber eine gewaltige Unterstützung durch die herüberflutende deutsche Kriegspropaganda, die ihrerseits durch die deutschen Anfangssiege einen enormen Impetus erhielt. Selbst Teile der Intelligenz wurden mitgerissen, Ärzte, Musiker, Nationalökonomen, Philosophen wandten sich in Aufrufen an die zähzögernde Masse, die schließlich zu taumeln anfing. Die Literatur ließ sich nicht lumpen: Hugo von Hofmannsthal, Hermann Bahr, Peter Rosegger glorifizierten in Vers und Prosa das Schlachten in den Schlachten und die Schlachtziele der Schlächter. Der Kriegstrunkenheit hielt aber eine Minorität von Politikern und ein beträchtlicher Teil der Intelligenz-Berufe und Autoren stand. Friedrich Adler war der Mittelpunkt junger sozialistischer Kriegsgegner geworden. Das bei Besinnung gebliebene Bürgertum scharte sich um Heinrich Lammasch, Professor des Straf- und Völkerrechts, der mit erstaunlicher Kühnheit die Kriegspolitik der katholischen Partei verwarf, der er angehörte. Er wandte sich 1917 in einer Rede im Herrenhaus gegen den unheilvollen Geist von Potsdam, was um so mutiger war, als Deutschland damals im Zenit seiner Macht stand. Er riskierte es, Wilson, den damaligen Präsidenten der USA, wissen zu lassen, Österreich-Ungarn würde Frieden schließen und damit auch Deutschland zu einem solchen Schritt zwingen. – Die jungen Expressionisten Georg Trakl, Albert Ehrenstein, Franz Werfel, ratlos, wie ihn zu beenden, lebten sich in vom Volk unverstandenen Sprachballungen gegen den Krieg aus. Rilke protestierte nach einigen Verirrungen schweigend gegen ihn. Die Reihen aller Kriegsenthusiasten lichteten sich, als Hunger kam und die Nachrichten von den Niederlagen an den Fronten.

Die größte Gefolgschaft aus allen Kreisen hatte Karl Kraus, der nach einer völlig unerwarteten Wandlung der unbedingteste, unbeirrbarste, für die Durchhalter beängstigend wirksame Prophet des Friedens geworden war. Heute noch frage ich mich, wieso Karl Kraus, wiewohl von der Zensur gehemmt, doch soviel gegen den Krieg, gegen die Regierung, die Generale, die Verbündeten, gegen den deutschen Kaiser und dessen Generalstab schreiben und öffentlich sagen durfte, ohne eingesperrt zu werden. Wegen geringfügiger Vergehen gegen die Militärgewalt wurden irgendwelche armen Hunde standrechtlich erschossen. Diese Milde gegen Karl Kraus und andere Friedenskämpfer erklärt sich nur aus der Schwäche der ängstlich gewordenen Kriegsverlängerer. Kraus, Friedrich Adler, Heinrich Lammasch und andere waren zu populär geworden. Die schlotternden Kriegsherrn hatten Angst vor dem Kampfgeist dieser Anwälte des Friedens. Man wagte nicht mehr, sie anzufassen. Die Revolution stand vor der Tür. Ein Mißgriff, und sie wäre ausgebrochen und niemand wußte, wer dann wen erschießen würde. Also entschloß man sich zu diesem »leben und leben lassen«.

Karl Kraus, der von sich sagte, wenn er etwas sei, dann ein Reaktionär, hatte keine Anhänger aus diesem Lager. Ihm folgte die Jugend, die noch keine gesellschaftsumbildende Idee hatte, deren revolutionären Geist er jedoch entfachte und gegen den Krieg mobilisierte. Er kannte nur ein Ziel: Schluß mit dem Krieg! Kraus war ein rückgewandter Revolutionär gewesen. Vielleicht hatte er gegen den Fortschritt aus Angst vor der Materialisierung gekämpft. Vielleicht hatte er in der Aristokratie, im Großkapital ein Bollwerk gegen die Vermassung gesehen, die er für das Grab der Individualität gehalten hatte. Vielleicht ahnte er auch die möglichen Exzesse des Antisemitismus und geißelte als Jude seinen Stamm aus Angst und Wut, weil das schlechte Verhalten gewisser jüdischer Kreise der Barbarei einen Schein von Recht geben konnte. Seinen bis zur Schmerzhaftigkeit empfindlichen Geschmacksnerven wurde der, sie grob verletzende Ton zum Todfeind mitsamt dem Milieu, dem er entstammte. Vielleicht meinte auch dieser rätselhafte Mann, daß in unserer unergründlichen Welt zweimal zwei nicht vier sein könne, und auch seine Leser erwarteten andere Offenbarungen als diese. Doch es ist der Ertrag eines langen Lebens zu wissen: zweimal zwei ist vier.

Noch bei Kriegsausbruch schwieg Kraus. Im November 1914

jedoch erschien die Fackel mit seiner Kriegserklärung an den Krieg. Aus einem Feind des aufklärenden Humanismus war ein von den Kriegshetzern gefürchteter kämpfender Humanist geworden. Erst durch die Verstümmelten, Zerschundenen aller Konfessionen und Nationen, die Kraus nicht für aufklärungswert gehalten hatte, war er aufgeklärt worden. Kraus kämpfte nicht wie vorher für den Rückschritt, für historisch Überwundenes, für die Wiederherstellung eines bürgerlichen, tugendhaften Zustandes, in welchem sich das Bürgertum nie befunden hatte; auch nicht mehr für die Führung durch eine Aristokratie mit »gut geborenen Nasen«. Jetzt, im Kriege, focht er mit den Mitteln des Revolutionärs für die Überwindung des Krieges, also für ein fortschrittliches Ziel. Er sah endlich die Masse der Sündenböcke und die realen gesellschaftlichen Zusammenhänge.

Kraus ehrte die Masse erst auf ihrem Marsch zum Massengrab. Es mußte Blut fließen, ehe der Nimbus der Elite für Kraus gebrochen war. Das Kaiserhaus hatte seine Erzherzöge in den Krieg geschickt, den sie angezettelt hatten, aber nicht zu führen verstanden. Karl Kraus griff sie nun verwegen an. Er fragte nicht, ob die Kriegsblinden, die ihn sehend machten, im Zivil jene von ihm verlachten, angeprangerten Liberalen, Juden oder die von ihm zum Unwissendbleiben verurteilten Arbeiter gewesen waren. Er sah endlich in ihnen die geschändete Kreatur und wandte sich kühn gegen den Schänder. In ihm erwuchs dem Weltpazifismus ein vor nichts zurückschreckender Kämpfer, dem Liberalismus ein reuiger Helfer, dem arbeitenden Menschen ein Gefährte, der die Führer als Verführer enthüllte. Als der junge Sozialist Friedrich Adler, Sohn Victor Adlers, den Ministerpräsidenten Stürgkh erschoß, feierte Kraus ihn als Helden und protestierte gegen Friedrichs Verurteilung zum Tode in einer ihn selbst gefährdenden Weise. Daß das Todesurteil nicht vollstreckt, Friedrich Adler zu einer Gefängnisstrafe verurteilt und nach Kriegsende aus der Haft entlassen wurde, ist der Mithilfe Karl Kraus' zu danken. Als das österreichisch-ungarische Staatsgebilde zerfallen, die

Wirtschaft zusammengebrochen, die Währung völlig entwertet, die Bevölkerung verarmt war, trat Kraus vor seine Hörer. Der Abend begann damit, daß eine Delegation der Kriegsblinden, durch die hinteren Saaltüren kommend, sich mit ihren Stöcken zu Kraus, der am Vortragspult stand, tastete, um ihm zu huldigen. Wir alle hatten uns erhoben. Kraus war aschfahl. Tiefe Ergriffenheit verband uns.
Es war alles eingetroffen, wie Kraus es vorausgesagt hatte, und man erwartete seinen triumphalen Hinweis darauf. Es kam anders. Kraus stand auf und erhob seine Stimme gegen die gottverlassenen Sieger, deren Friede die Welt mehr gefährden sollte als der ihm vorangegangene Krieg.
Noch Jahre nach dem ersten Weltkrieg hielt Kraus' Allianz mit den Kräften des Rechts gegen die des Unrechts. Noch 1927 war er auf der Seite der Liberalen und des Fortschritts. Als die Arbeiterschaft den Wiener Justizpalast in Brand steckte, als Antwort auf den justizmörderischen Freispruch von Faschistenmördern, stand er auf der Seite der richtenden Brandstifter. – Ein paar Jahre später setzte sein Abfall ein, sein Rückfall und schließlich sein Verfall.

16. Kapitel

In Hamburg war ich in wenigen Tagen elektrisiert und gebannt von wohltuend sinnvollen Proben, die Erich Ziegel leitete, von seinem Dramaturgen Erich Engel und einer jungen Schauspielerin Gertrud. Die »Kammerspiele« waren ein avantgardistisches Theater, gegen die Betriebstheater ankämpfend. Es gab deren zwei formidable: das »Deutsche Schauspielhaus« und das »Thalia-Theater«. Beide traditionsbelastet und abonnementgesichert. Die »Kammerspiele«, in schmissiger Opposition, geldknapp und talentreich.

Johst, dessen Stück »Der Einsame« wir einstudierten, war ein exaltierter Theaterkritiker, dessen Ideal nicht Shakespeare, sondern Grabbe war, die Hauptfigur des Dramas, die ich spielen sollte. Daß Johst einmal, im Jahre 1933, von Göring zum Mitleiter des Schauspielhauses am Gendarmenmarkt ernannt werden würde, nachdem wir andern vertrieben worden waren, zeigte sich durch nichts an. Keine böse Ahnung trübte die ungestüme Lust, mit der ich die Rolle probierte. Bevor Johst in der Intendanz des nationalsozialistischen Staatstheaters in Berlin eintrat, hatte er mir noch – 1930 – einen Brief geschrieben, in dem er mir in glühenden Worten mitteilte, daß sein neues Stück »Thomas Payne« für mich geschrieben worden sei, da er in mir den idealen Verkörperer seiner Helden sehe. Ich sah Gertrud nach einer Probe, die sie, im Stücke nicht beschäftigt, im Zuschauerraum verfolgt hatte. Engel, sie und ich aßen zusammen in der Theaterkantine aufgewärmte Bratkartoffeln und Hering. Das Mädchen, wußte ich, würde imstande sein, mich aus der sich hinschleppenden Beziehung

mit Lilith zu befreien. Engel, anfangs muffig, mißtrauisch gegen mich, behandelte mich mit Vorbehalt. Mir war, wie ich merkte, ein guter Ruf vorausgegangen, der die andern, außer Engel, veranlaßte, mir eine Ausnahmebehandlung zuteil werden zu lassen. Engel schien mir vom Theater keineswegs erfüllt oder gar besessen zu sein. Solange es sich um Berufsmäßiges handelte, lag eine leicht mokante Geistesabwesenheit auf seinem Gesicht, die sich aber verlor, als wir im Gespräch auf andere Themen kamen. Da sah ich erst, wie schön sein Kopf war.
Ich sollte in einer Matinee Gedichte von Werfel lesen, die von Ziegel ursprünglich dem jungen Schauspieler Manfred Fürst zugedacht gewesen waren. Die Direktion meinte, bei mir wären sie nun besser aufgehoben. Engel sah das nicht ein und meinte: »Das muß er erst beweisen.« Ich dachte: stimmt. Es wurde zu meinen Gunsten entschieden. Fürst war nach der Vorlesung der erste, der mich stürmisch anerkannte. Er war begabt, ein pudelnärrischer Junge mit einer sinnerquickenden Berliner Schnauze. Wo Fürst war, war was los. Viel Betrieb und wenig Arbeit, war sein noch unausgegorener Lebensplan. Also wurde er Agent. Er verschwand nie gänzlich aus meinem Leben. Jahrelang verband uns eine ausgelassene Freundschaft. Mit Erich Engel eine lebenslängliche, nur ab und zu getrübte. Über Werfel kamen wir ins Gespräch, das eigentlich bis heute andauert. Durch die Hitlerzeit wurde es jahrelang suspendiert. Wir hielten in wenigen Sekunden bei Karl Kraus, von dem er jede Zeile kannte, also auch dessen Abscheu gegen Werfel. Engel war völlig im Bann von Kraus. Als ich die Einwände der Sozialisten erwähnte, wurde er zornig. Er hätte eben mit dem Marxismus gebrochen. Gerade Kraus' Nichtbeachtung der gesellschaftsformenden geschichtlichen Kräfte mache ihn so unermeßlich wichtig für den Kampf gegen die Vermaterialisierung. Er sagte das mit großer Autorität, zitierte zur Unterstützung seiner Behauptung viel Gelesenes. Seine ungeheure Bildung faszinierte mich. Auch lag es meiner genießerischen Natur, mein Mißtrauen gegen den Kapitalismus aufgeben zu können. Ich sorgte dafür, daß Gertrud bei diesen Gesprächen

anwesend war. Ich brauchte etwas Wärmendes inmitten all der Engelschen Geistigkeit. Das reizvolle Mädchen gestand nicht ein, wie sie sich langweilte und beim Morgengrauen vergebens gegen den Schlaf kämpfte. Sie war um ihre geistige Geltung etwas affektiert bemüht. Sie war überhaupt ziemlich preziös und auf graziöseste Weise unausstehlich. Sie gefiel mir über die mir bis dahin bekannten Maßen, obwohl sie mir auf die Nerven ging. Das bißchen Geld, das ich hatte mitbringen können, war bald zu Ende, und ich beschaffte mir vom Theater eine Akontozahlung von dreihundert Mark.

Ich weiß nicht mehr, wie lange ich so dahinlebte mit diesem gesteigerten Lebensgefühl, in das ich durch das mich berükkende Mädchen geraten war, durch die gut intentionierten Proben, durch die schillernde Rolle, in der ich mich bravourös aufspielen konnte, und durch Erich Engel, dessen Geist und Kunstverstand mit nichts mir bis dahin persönlich Begegnetem vergleichbar war. Nicht zuletzt auch durch Deutschland, wie es sich mir in Hamburg darbot. Mit der Niederlage vor der Tür, ergingen die Hamburger sich nicht in wehmütiger Resignation. Durchsetzt mit sich schwerfällig sammelnder Erbitterung gegen die Götter, die sich als falsch erwiesen hatten, und mit der Beschämung über die eigene, allzu große Bereitschaft zur Verblendung, fingen die Hamburger an, neue Lebensenergien zu entwickeln.

Die Johst-Premiere ging glücklich vorüber, besonders für mich. Tags darauf begannen die Proben zur »Eifersucht« von Artzibaczew, mit mir in der Hauptrolle. Ich war so gesteigert, als lebte ich inmitten eines glücklichen, friedlichen Landes.

Die ganze Zeit seit meiner Ankunft hatte ich leichtfertigerweise nicht nur im teuren Hotel Atlantik gewohnt, sondern manchmal auch dort mit Gertrud als sehr liebem Gast gegessen. Und so war ich auch bald wieder mit meinem Gelde zu Ende. –

Eines Abends – etwa zehn Tage vor der Premiere – ging ich, obwohl schön müde von einer langen Probe und vom Textlernen, anstatt vernünftigerweise ins Bett, lebensgierig wie ich war, noch einmal aus. Wahrscheinlich, um Gertrud, die im

Theater spielte, abzuholen. Vielleicht auch, um Engel nochmals zu treffen, der die Vormittagsprobe gesehen hatte und mir Aufschlußreiches und Beherzigenswertes würde zu sagen wissen. Er hatte das schon öfter getan und war mir inzwischen zu einer Art Instanz geworden. Auch Gertrud meinte etwas sagen zu können. Es war aber nur liebreizender Unsinn. Da waren die Liliths ein anderes Kaliber gewesen. Ich hatte ihr diese, wie mir schien, ernsthafte Beziehung nicht verschwiegen. Ihre Reaktion auf meinen Brief stand noch aus. Vielleicht würde ich im Theater ihre Antwort vorfinden. Ich ging also ins Theaterbüro, wo die Post für die Schauspieler in einem rechteckigen, nur wenige Zentimeter von der Wand abstehenden Schaukasten mit einer Glastür aushing. Kein Brief war da, aber ein Telegramm. Ich öffnete es, las es und steckte es in die Tasche. Immer, wenn eine Hiobsbotschaft auf mich losgeschossen wird, stelle ich mich, als erste Reaktion, ab, werde emotionstaub; die Empfangsstation in mir begeht einen Akt automatischer Selbstnarkose, so daß die Nachrichtbombe auf mein inzwischen schon gewappnetes Gemüt mit Spätzündung trifft. Etwas von diesem Zustand müßte auch auf der Bühne bei Schreckensnachrichten zu spüren sein. Darstellbar ist dieser Moment durch eine den Schreck zunächst nicht zur Kenntnis nehmende Alltags- oder Gewohnheitsgeste oder die sekundenlange Fortsetzung der Tätigkeit, in der einen der Schock getroffen hat, bevor er registriert wurde. – Die Vorstellung dauerte noch eine Viertelstunde. So viel Zeit hatte ich, mich zu adjustieren. In dem Telegramm verlangte der Major dringendst meine sofortige Rückkehr nach Wien. Bei kühlem Überdenken der Katastrophe, die nach Ablauf des Wirkungsaufschubs auf mich hereinbrechen wird, setzt sie sich aus folgenden Elementen zusammen: Sofortige Rückkehr nach Wien. Das bedeutet: Die Rolle nicht spielen, mich aus der eben zum Blühen gediehenen Liebesgeschichte losreißen, doch noch im letzten verzweifelten Einsatz kämpfen und wahrscheinlich krepieren müssen, die Gespräche mit Engel abbrechen und als Veruntreuer des Akontogeldes, das ich ausgegeben habe, dastehen müssen. Und noch dazu das Reisegeld und die Hotelrechnung mit den aufgeschriebenen Mahlzeiten zu zweit! Nach wenigen Minuten erleichterte mich folgende Erwägung: Ich hätte doch anstatt ins Theater zu Bett gehen können, was ich ja eigentlich vorgehabt hatte. Dann hätte ich das Telegramm erst am nächsten Morgen vor Probebeginn bekommen. Wenn ich mich also entschließe, vor mir so zu tun, als ob nichts geschehen wäre, als ob ich das Telegramm noch nicht erhalten hätte und es noch nicht in meiner Tasche steckte, gewinne ich Stunden ungetrübten Lebens. Ein Akt der Phantasie, den ich ausführte. Wir gingen nach St. Pauli, das ich noch nicht kannte. Alles, was nun an diesem Abend und in der Nacht vor sich ging, hatte noch den zusätzlichen Reiz des letzten Males.

Am frühen Morgen rief ich im Theater an, um mich bei Direktor Erich Ziegel anzumelden. Es war mir nachts im Bett unbarmherzig klargeworden, die Galgenfrist war abgelaufen. Ich mußte der Direktion Mitteilung von meiner Lage machen. Der sofortige Abbruch meiner Tätigkeit war wegen Einlösung meines Ehrenwortes zur unerläßlichen Pflicht geworden. Mich plagte die Vorstellung, in welche arge Spielplankalamität ich das Theater versetzen mußte. Auf mir lastete auch der vertane Vorschuß, den ich in meiner Lage überlegterweise gar nicht hätte annehmen dürfen. Ich hatte beschlossen, den Erlös meiner Habseligkeiten als Vergütung anzubieten und eine Rückkehr ins Engagement im Falle meines Überlebens vorzuschlagen. Auf dem Weg zum Theater, von diesen lastenden Gedanken absorbiert, überhörte ich fast die Ausrufe aufgeregt vorbeieilender Extrablattverkäufer. Ich merkte an der Art, wie die Passanten hastig kauften, dann stehend lasen und kleine diskutierende Gruppen bildeten, daß es sich um ein sensationelles Ereignis handeln müsse. Vom nächsten Verkäufer erstand ich ein Extrablatt. Auf dem stand fettgedruckt: »Zusammenbruch der österreichisch-ungarischen Streitkräfte.« Beim nochmaligen Lesen nahm ich erst zur Kenntnis, daß auch der Zugverkehr eingestellt, der Telefon- und Telegrafenverkehr unterbrochen seien.

Das lang Erwartete, Unaufhaltsame, hatte stattgefunden und blieb doch unvorstellbar. Ich erinnerte mich, mit dem verschlafenen Interesse des faulen Schülers in der Geschichtsstunde vom Untergang ganzer Weltreiche gehört zu haben. »Sie waren wie von der Landkarte verschwunden«, deklamierte unser pathetischer Professor Queiß. Ich fragte mich, wohin sie verschwunden waren. Hatte die Erde sie verschlungen? Waren sie in den Orkus gesunken? Solche unrevidierten Vorstellungen aus der Schulzeit beschlichen mich wieder. Die vielen Metamorphosen, die Österreich, höchst lebendig, noch durchmachen würde, zeigten sich durch nichts an.
Als der Kaiser starb, lag die sieche Monarchie schon im Sterben. Ein Symbol der Zeit, ging er vor ihr ins Grab. In jener Nacht – es war im November 1916 – schlich sich die neue Zeit ein. Ich ging damals durch die kriegsdunklen Straßen Wiens. In einem leeren Stadt-Café nahe der Hofburg sah ich Karl Kraus. Er war allein und schrieb. Offenbar hatte er sein Stamm-Café gemieden. Ich wollte die Zukunft aus seinem Gesicht lesen. Es gab keine Auskunft. Irgendwo, in einer dunklen Gasse, lauerte lichtscheu schon Hitler. – So eingesponnen stand ich plötzlich vor den Hamburger »Kammerspielen«. Es war früh. Die Bühne war noch leer. Aber bald werden die Schauspieler kommen, und ich werde mit ihnen probieren können, als ob zwischen gestern und heute nichts geschehen sei. Sie werden um die richtigen Tonfälle bemüht sein, um Bühnenstellungen und Gänge; wir werden dort fortsetzen, wo wir gestern aufhörten. Sie werden aufgehen in diesem ersonnenen Bühnendrama eines eifersüchtigen Mannes, so daß sie das Weltdrama nur so nebenbei mitbekommen werden. Nichts von dem, was ich zwischen gestern und heute erlebte, wird zu ihnen überspringen. Im dritten Akt werde ich die ungetreue Frau erschießen. Das ist dann der letzte Schuß eines Österreichers in diesem Unglückskrieg. An der Alster hatte ich eine hübsche Wohnung gefunden, die bald zu einer Art Nachtlokal wurde. Ich mußte mit wenig Schlaf auskommen, da ich ja außer meinem nächtlichen Betrieb auch noch meine Rollen lernen und um zehn Uhr

morgens auf der Probe stehen mußte, und zwar täglich, denn ich war der meistbeschäftigte Schauspieler, der das Engagieren berühmter Gäste unnötig machte. Ich hatte soviel Zuspruch vom Hamburger Publikum nicht erwartet. Vormittags bis spätnachmittags Proben, abends Vorstellung, nachts Besucher. Wir waren alle knapp an Geld. Ich hauptsächlich dadurch, daß ich zuviel ausgab. In diesen Nächten wurde nicht exzediert. Weder mit Alkohol noch mit Frauen. Natürlich gab's Flirtecken. Kurzlebige Beziehungen wurden angeknüpft, und die Präliminarien waren mitunter unbekümmert. Aber all das geschah nur nebenamtlich, wenn einer sich müde und heiser geredet oder in der Debatte den kürzeren gezogen hatte. Dann flüchtete er zu einem der Mädchen, die, vom Rufe unserer Bohème-Abende angezogen, sich vielfach deplaciert vorkamen, einschliefen, fortgingen oder mit den Debattenmüden vorlieb nehmen mußten. An die Protagonisten der Redeschlachten kamen sie schwer heran. Die fochten in vorderster Reihe. Ich erinnere mich, einmal Engel beobachtet zu haben, wie er mit der Linken ein Mädchen, von ihr abgewandt, zerstreut tätschelte, während seine Rechte mit einer Geste eine dialektische Kaskade über die deutsche Linke begleitete. Schließlich brauchte er auch seine zweite Hand zum Argumentieren und vergaß das verliebte Mädchen. Sie trieb ihre Anhänglichkeit so weit, daß sie eine Stunde lang von keinem andern etwas wissen wollte. Schließlich zog sie sich mit einem Bildhauer, einem Freund Engels, in eine Ecke zurück und verschwand dann mit ihm. Engel hatte nun endgültig beide Arme für das Gespräch frei, das er mit Rudolf Leonhard, einem guten Marxisten und schlechten Schriftsteller, durchkämpfte. Es ging um Hegel.

Ich erfuhr in jener Nacht etwas Aufrüttelndes: Hegel, so hörte ich, der keine meinen geistigen Möglichkeiten entsprechende Bildung besaß, behauptet, die Logik beginne mit dem Begriff des Seins. Natürlich hatte ich geglaubt, Logik wäre etwas dem Sein Gegensätzliches, dessen Antipode. Das Sein wäre leere Objektivität, wurde mit einem Tonfall gesagt, als ob es sich um etwas Selbstverständliches handelte. Ich stellte mir darunter, denkungeschult wie ich war, ein gähnendes, urweltliches Vakuum vor. Ich konnte den Begriff nicht seiner Abstraktheit überlassen. Meine Phantasie illustrierte ihn theaterdekorationshaft. Dieser Bildvorstellung nachhängend, verlor ich den Denkfaden. Den Begriff konnte ich also nicht im Denkgebiet festhalten, was ein Vergehen gegen die prinzipiellen Voraussetzungen der Philosophie ist. Für mich hatte selbst das Begriffliche noch theatralische Reize. Bald darauf hörte ich, daß nichts im Weltall ruhe, alles in stetiger Bewegung sei. Ich mußte an van Gogh denken. Was die Philosophen dachten, malte er: die erregende Bewegung in der Landschaft, die die Maler vor ihm nie anders als in Ruhe daliegend gesehen hatten. Natürlich hatte ich geglaubt, daß über allen Gipfeln endlich Ruh' sei. Nein, erfuhr ich von den ruhestörerischen Philosophen, auch dort sei alles in Bewegung. Nichts ruhe, auch noch im Nichts gäbe es keine Ruhe, alles sei bewegte Materie, auch Begriffe seien in ewiger Bewegung. Der Begriff schafft sich seinen eigenen Widerspruch, seinen Gegenbegriff, seinen eigenen Antagonisten. Das bewältigte Denken schlägt in seinen Gegensatz um, woraus sich ein dritter Zustand ergibt, der den ursprünglichen, den Widerspruch zu ihm enthalte und zu einem über beide hinausführenden neuen Begriff führe. Mir brummte der Kopf, in dem auch der noch nicht verdaute Text der neuen Rolle umging. Ich kam eben nicht zum richtigen Lernen bei dem Leben, das ich zuhörend, mitredend, berufs-, aber nicht pflichterfüllt, techtelmechtelnd verbrachte.

In solchen nächtlichen Angstmomenten suchte ich gewöhnlich das gewisse Örtchen auf, klappte dort den Sitz herunter und las meine Rolle durch. Mein Schlafzimmer war meistens auch von Gästen okkupiert. Sowie mein Gewissen beschwichtigt war, nahm ich entweder an den Diskussionen wieder teil oder an einem Mädchen. Auch in jener Nacht wollte ich mich zum Lernen zurückziehen. Das Badezimmer – in ihm befand sich die Toilette – war, wie sich herausstellte, verschlossen, und zwar von einem Mädchen, das an jenem Abend zum erstenmal in unserem Kreis aufgetaucht war. Sie nahm ein warmes Bad.

Mir schien es damals selbstverständlich, daß eine Fremde in meine Wohnung kam und kurz nach dem Vorgestelltwerden ein warmes Bad nahm. Ich ging ins Wohnzimmer zurück und verteilte schwarz erhandelte Käsebrötchen. Später ging ich in die kleine Schlafstube. Wenn ich schon nicht lernen konnte, dann wollte ich wenigstens, wie öfter während solcher Nächte, mich für eine kurze Rast auf meinem Bett ausstrecken. Das aber war von dem erschöpften Engel und von meinem Badegast besetzt. Engel lag mit geschlossenen Augen da und streichelte die Fremde, die nun meinen Bademantel anhatte. Sie überließen mir bereitwillig etwas Platz. Ich streckte mich auf dem schmalen Bettrand aus. Engel ärgerte sich noch über Leonhard, meinte, mit den Marxisten könne man nicht debattieren, sie seien zu doktrinär orthodox. Ich schlief ein. Als ich aufwachte, waren alle fort. Nur die Fremde in meinem Bademantel schlief neben mir. Am Boden lag mein Rollenbuch. Mein Gewissen veranlaßte mich, nach ihm zu greifen. An den Verlauf des schon dämmernden Morgens jedoch erinnere ich mich nicht mehr.

Eines Morgens ging ich mit Gertrud von meiner Wohnung ins Theater. Das schwer eroberte Mädchen erschreckte mich mit Ehewünschen. Wie ein selbstgewählter lebenslänglicher Aufenthalt auf der Teufelsinsel erschien mir die Ehe mit irgendeiner Frau. – Unser Weg führte am Bahnhof vorbei, wo ich mir eine Zeitung kaufen wollte, aber nicht dazu kam, denn ich sah zwei Soldaten auf einen Offizier zugehen, ihm die Epauletten von den Schultern reißen und den Säbel wegnehmen. Das ging ruhig und sachlich und völlig undramatisch vor sich. Der Offizier ging nach dieser Prozedur mit gerötetem Gesicht weiter. Die Soldaten hatten leicht salutiert. Dieser Vorgang wiederholte sich, als ein anderer Offizier seines Weges kam. Dann noch einmal. Die Säbel, Epauletten und Medaillen wurden in einen Gepäckwagen geworfen, wie sie an Bahnhöfen verwendet werden, um das Handgepäck an die Züge zu bringen. »Was ist denn los?« fragte ich, meinen Augen nicht trauend. »Revolution!« sagte der Zeitungshändler. Die Diskrepanz zwischen meiner Vorstellung von diesem Vorgang und dem, was sich hier vor meinen Augen abgespielt hatte, war so gewaltig, daß ich Zeit brauchte, bis ich das Bild meiner Phantasie mit der Realität zusammenbringen konnte. Ich hörte nur wie von ferne: Der Kaiser war ins Hauptquartier gefahren. Er weigere sich, abzudanken. In Bayern war eine Räterepublik ausgerufen worden. Kommunistische Bestrebungen der Spartakusgruppen fingen an, sich durchzusetzen. Dann hörte ich von Meutereien in Kiel; Schießereien in anderen Städten. Es gingen keine Züge. Gertrud weinte, weil sie von ihrer Familie in Prag abgeschnitten war.

In den »Kammerspielen« war man ungewiß, ob die Theater würden schließen müssen, ob es zu schweren Ausschreitungen, zum Bürgerkrieg kommen würde. Hamburg war ja eine rote Stadt mit einer großen kommunistischen Partei. Namen wie Karl Liebknecht, Rosa Luxemburg tauchten für mich zum erstenmal auf. Man rechnete mit dem beschwichtigenden Einfluß der Sozialdemokraten. Scheidemann, Ebert, hieß es, würden eine führende Rolle spielen. Es würde bestimmt die Republik ausgerufen werden. – Die Direktion, nach Beratung mit der Gewerkschaft, beschloß, zunächst weiterzuspielen und die Proben fortzusetzen.

Das schwere Leben zu dieser Zeit war eine Erleichterung, verglichen mit der erlittenen Todesangst der schon gelichteten Familien um das nächste Opfer. Die so entspannten Menschen waren erregte, intensive, beifallsfreudige Zuschauer, aufgeschlossener als früher. Wie im Fluge, so schien es mir, brachten »Der Einsame«, »Brand im Opernhaus« von Georg Kaiser, »Wie es Euch gefällt« dem modernen Theater und mir eine große Gefolgschaft. Wäre ich nicht mit allen führenden Bühnen in Berlin überworfen gewesen, das große Zeitungslob hätte mir einen Ruf dorthin gebracht. Der aufgehetzte Reinhardt, der beleidigte Barnowsky, die enttäuschten Meinhardt und Bernauer wollten von mir nichts mehr wissen. Das Königliche Schauspielhaus war zum republikanischen Staatstheater umgewandelt worden und einer provisorischen Leitung unterstellt.

Graf Hülsen war zurückgetreten. Ein Gegner weniger. Wer würde ihm folgen?
Karlheinz Martin und seine Frau, Roma Bahn, fanden sich immer öfter bei mir ein. Er war Regisseur am Thalia-Theater, das vorwiegend eine Unterhaltungsbühne war. Er wollte weg – nach Berlin. Ihm wie mir war die Hauptstadt verschlossen. Das verband uns. Wir brüteten den Plan aus, ein modernes Experimentier-Theater in Berlin zu gründen. Den Namen hatten wir schon: »Tribüne.« Nur noch nicht das Geld.
Ich hörte, daß die junge Johanna Hofer für einige Tage nach Hamburg gekommen war. Leute, die sie gesehen hatten, meinten, sie würde mich beeindrucken. Sie spielte an der Volksbühne in Berlin.
Unter den Millionen zurückflutender Soldatenmassen gab es einen Gefreiten, der sich in die Weltgeschichte hinübergerettet und sich auf sein Ziel, eine unbegreiflich große Rolle in ihr zu spielen, vorzutasten begonnen hatte. Ihn zog's nach Berlin. In Augsburg fing Bert Brecht seinen Vormarsch in die Literatur und in das Theater an. Ihn zog's nach Berlin. In München saß Ernst Toller, der sich am Linksputsch beteiligt hatte, im Gefängnis und wollte nach Berlin. Zuckmayer, ein rückgekehrter deutscher Offizier, gehörte zu den wenigen noch Kriegsbegeisterten. Er steuerte sicherlich auch schon auf Berlin zu. – Dort spielten sich Werner Krauss, Emil Jannings und Ernst Deutsch nach vorne. Mit Deutsch telefonierte ich viel. Er erzählte mir von dem großen Auftrieb an den Berliner Theatern. »Komm doch nach Berlin«, wiederholte er immer wieder. »Ich komme«, sagte ich. Mich zog's unaufhaltsam nach Berlin. Irgendwo gab es den zurückgekehrten Fliegeroffizier Göring und den militäruntauglichen Goebbels – auch ihr Ziel war Berlin. Himmel und Hölle, Glück und Unheil waren im Aufbruch begriffen. – Leopold Jessner, der Leiter des Königsberger Schauspielhauses, wurde vom preußischen Kultusministerium zum Intendanten des Staatstheaters in Berlin ernannt. Ein für mich neuer Mann, mit dem ich nicht verkracht sein konnte, da ich ihn nicht kannte. Ein Grund mehr, nach Berlin zu gehen.

Ich mußte jedoch nach Wien. Mein Vater war schwer erkrankt. Obwohl es nicht sicher war, daß ich bei dem noch halb brachliegenden Eisenbahnverkehr bis nach Wien gelangen würde, beschloß ich zu fahren. Auf eine mehrtägige Reise mußte ich mich gefaßt machen, sagte man mir. Ich fuhr los. Ich wollte meinen Vater sehen! Mir schnürte das Telegramm das Herz zusammen. In den langsamen Zügen, auf den vielen Umsteige-Stationen und beim endlosen Warten wurde ich panisch: Werde ich meinen Vater noch sehen?

17. Kapitel

Damals war ich sechsundzwanzig Jahre; und mit fünfundsechzig Jahren hatte ich das kaum zu beschwichtigende Verlangen, mein Sohn Peter möge aus Amerika nach München an mein Krankenbett kommen. Ich war vorher nie ernsthaft krank gewesen. So erschien mir mein Zustand bedrohlicher, als er war. Die übertreibenden Gerüchte darüber fanden auch den Weg zu mir, und ich glaubte sie schließlich selber. Und die besorgten Blicke meiner Familie taten das übrige. Die Depression im Hause gab den Gerüchten neue Impulse. Gewisse Leute gaben sich schon den schönsten Hoffnungen hin. Vielleicht wird der Unliebsame, der Störenfried, aus dem Betriebswege geräumt, ohne daß sie es selber immer wieder versuchen müssen.

Nachdem ich von Wien, mit einer neuen Brücke im alten Munde, weggefahren war, hatte es angefangen. Lange glaubte ich meine Erschlaffung der schweren Arbeitsleistung in der vorangegangenen Saison zuschreiben zu müssen, in der ich »Faust« am Münchner Staatstheater, »Hamlet« am Schiller-Theater in Berlin und »Was Ihr wollt« an den Münchner Kammerspielen in pausenlosem, aber nicht krisenlosem Hintereinander inszeniert hatte. Genau wie über meine Krankheit waren die Krisengerüchte über die Proben maßlos übertrieben gewesen. Eine Berliner Zeitung berichtete über eine nicht erwähnenswerte Probenspannung und versah die Nachricht mit der Überschrift: »Kortner hängt wie ein Gewitter über Berlin.« Sensationslüstern erwartete, hoffte man auf einen Theater-Skandal, ähnlich wie ich ihn in »Don Carlos« und

O'Caseys »Preispokal« über mich hatte ergehen lassen müssen. Mir wurde nicht besser. Die Beklemmungen waren ärger geworden. Nachts verlor ich ab und zu die Beherrschung, mit der ich tagsüber die Angst drosselte. So eine Nacht ist inappellabel. Auf reelle, natürliche Weise kommt man ihr nicht bei. Mit dem Schlaf, dieser natürlichen Gabe der Nacht, rückt sie nicht heraus. Den kriegt man nur in der Apotheke zu kaufen. Den gekauften Schlaf aber will ich nicht. Was ist das für Schlaf, der käuflich ist? Ich hatte Angst vor dem Pillenschlaf, nachdem ich ihn einmal durchgemacht hatte. Schon das Einschlafen ist wie das endgültige Versinken. Das Gift schleicht sich in den Kopf, ergreift das Hirn und bläst es aus. Es ist wie Sterben. So zu sterben wäre vergleichsweise das Beste an Tod, das zu haben ist, aber kein Leben. »Er entschlief sanft«, heißt es dann. Wenn man am Leben hängt, will man so nicht einschlafen. Auch folgte solch erkauftem Schwarzschlaf ein entfesselter, tobsüchtiger Lunapark, ein orgiastisches Höllen-Oktoberfest mit den Zerrspiegel-Buden im Anmarsch auf mich, den Karussells, Berg- und Talbahnen, aus ihrer Bahn geraten, in einer Wahnsinns-Durcheinander-Irrfahrt mit einer Bilder-Galerie, wild rotierend, und aus den Rahmen springenden Hieronymus-Bosch-Ungeheuern und Monstren, die ihre Flächigkeit zu gräßlichen, quallig-körperlichen Dimensionen aufblähten. Es war wie die Walpurgisnacht, die ich mir als »Faust«-Inszenator ausgedacht hatte und wie sie nicht geworden war. Damals auf den Proben, senkrecht auf zwei mühelos bewegten Beinen, konnte mir nichts schaurig genug sein. In horizontaler Lage ist man wehrlos, ein hingestrecktes Opfer eines entfesselten Rotations-Dynamos, eines mittelalterlichen, auf den heutigen technischen Stand gebrachten Pandämoniums, ausgestattet mit allem Gaskammer-Komfort der Neuzeit, und mein Vater, sterbenskrank, wird angeklagt und unschuldig zum Tode verurteilt, denn der Gerichtshof war Hitler und die Seinen. Das sind die Wachtraumschreckgestalten meiner Mannesjahre. Und die Stimme des geistlichen Herrn, des Freundes meines Vaters, plädierte vergebens. –

Also wache ich lieber durch, daß ich nicht wieder so schlafe. Daß diese Nacht so arg wurde, lag am Tag, der ihr vorangegangen war. Mein behandelnder Arzt – er war ein zuviel beschäftigter, geschäftiger Professor – hatte mir, in der Absicht, radikal und schnell dem schon viel zu lange hinkriechenden Elend ein Ende zu bereiten, kortisonhaltige Pillen verschrieben. Hustenkrampf, atemerschwerende Verschleimung, das hohe Fieber verschwanden, aber mit ihnen scheinbar auch die sie produzierenden inneren Organe. Bei Tage erzeugten diese Höllenpillen bei mir das Gefühl, Magen, Herz, Eingeweide, Knochen werden langsam atrophiert und zum Schwinden gebracht. Zum überhaupt erstenmal im Leben hatte ich keinen Appetit. Essen war ekelerregend. Schließlich alles.

Ich hing an Hannas Augen, die mich in der Emigration aufgerichtet hatten und die jetzt an mir hingen. Hanna bat den Professor dringend, zu mir zu kommen. Er ließ sich nicht überreden. Das machte einen bestürzenden Eindruck auf mich, den ohnehin Verzagten. Wie oft hatte mich der Mann seiner besonderen Wertschätzung, ja seiner Verehrung versichert. Was war los? Gab er mich auf? Wußte er keinen Rat? Drückte er sich vor einem hoffnungslosen Fall? Nun ging's los! Alles, was noch an Besonnenheit da war, ging flöten. Dieser Professor schrieb nur noch Rezepte, er glaubte nur an mechanische, chemische Wirkungen. Hatte er im Drange der Geschäfte, in der Behandlung am laufenden Band, in der wirtschaftswunderlichen Seelenlosigkeit vergessen, was in der Panik die Anwesenheit des Arztes bedeutet? Die mechanisierte Medizin besteht aus Chemie und Chirurgie.

Diesem bösen Tageserlebnis folgte jene bösere Nacht. Und immer noch, im kurzen Angstschlaf, bin ich auf der Fahrt von Hamburg nach Wien zu meinem kranken Vater. Ich fuhr und fuhr und kam nicht an. Und mein Sohn kommt nicht zu ihm, zu mir. Bald war ich Sohn, bald Vater. Die Traumgestalten wichen dem Wachsein nur langsam. Meine halbwachen Gedanken blieben bei meinem Vater, bei dem ich damals, sechsundzwanzigjährig, nach endlosen Reisetagen ankam.

Nach dem Inhalt des Telegramms war mit dem Schlimmsten stündlich zu rechnen gewesen. Und da die Fahrt nur stockend und qualvoll langsam vorwärtsgegangen war – zwischendurch hatte ich lange Wegstrecken auf Fuhrwerken zurücklegen müssen –, war es nur noch kindlich-kindische Unvernunft zu hoffen, meinen Vater noch am Leben anzutreffen. Der bärenstarke Mann, der, fast siebzigjährig, keinen Zahn verloren hatte, ja, nie bei einem Zahnarzt gewesen war, der Kopfschmerz für eine modische Affektation, für eine Interessantmacherei, kurzum für Hochstapelei gehalten hatte, war, als ich ihm endlich gegenübersaß, auf die Hälfte dessen, was er gewesen war, reduziert. Der Schlaganfall, den er erlitten, hatte seine Züge nur um ein fast übersehbares Minimum verändert. Und doch war er vom Tod gezeichnet. Das entging selbst meinem ungeübten, ins Leben vergafften Jugendblick nicht. Was war es, das mir seinen nahen Tod so unbarmherzig, so apodiktisch meldete? Das Auge! Er hatte einen Blick, den ich vorher nie gesehen hatte. Das Leben, seine Kraft war nur noch in den Augenlidern; es reichte gerade noch, sie offenzuhalten. Nicht mehr ganz offen. Er hatte große braune Augen, die unerschrocken, ohne viel Anlaß, zornig und herrisch oder voller Animo zu blicken pflegten. Viel Leben war nun nicht mehr in ihnen. Ein schon abgekälteter Schreck lag im Auge als Widerschein von dem jähen Schlag, der ihn ins Schwarze getroffen hatte. Getötete Tiere blicken so, mit offen verbliebenen toten Angstaugen. Eine stabilisierte Zeitlupen-Schreck-Sekunde, die Wochen anhielt – die das Leben verdrängt und dem Tod den Platz hält.

Diese Todesanzeige im Auge des noch Lebenden habe ich noch oft schaudernd wahrgenommen. Ob meine fünfundsechzigjährigen Augen auch schon vom Kranksein so todgeweiht aussehen wie die meines Vaters, als meine sechsundzwanzigjährigen sie erspähten?

Der Blick in den Spiegel sagte nichts. Der Gezeichnete sieht es vielleicht nicht an sich selber. Er ist noch immer vom Leben geblendet. Das kommt von dem unerschütterlichen Vertrauen ins eigene Leben, in dessen unbegrenzte Dauer, dieser lebenslänglichen Euphorie, vermittels welcher man an den Tod ringsum glaubt, aber nicht an den eigenen. Gewiß, man weiß vom Tode, man meditiert auch immer wieder über ihn und hält ihn doch nicht für möglich. Alt wird man immer erst zehn Jahre später, gleichviel wie alt man gerade ist. Und das Wissen um den Tod läßt sich immunisieren, hauptsächlich durch unser Unvermögen, uns das Nicht-mehr-Teilhaben am Leben vorstellen zu können. Und die lebensverlängernden, den Tod hinausschiebenden Wunderspritzen tun das Ihrige, hofft man, auch wenn jetzt das zuverlässige Elixier noch nicht da ist. Wenn wir soweit sind, dann wird's auch das den Tod verscheuchende Lebens-Serum geben.

Das tief verdrängte Bewußtsein von Alter und Tod meldet sich zwar gelegentlich, aber es wird eingelullt, melancholisch besungen, beschwatzt, entschärft, wehmütig, couplethaft-schmerzvoll, kokett belächelt von unserer unermüdlichen Illusionskraft, eine Schwäche, die uns stark und undurchdringlich macht gegen die erbarmungslosen Schlüsse einer zu Ende geführten Erkenntnis. Wie Mondsüchtige entlang dem Dachgesims, gehen wir durch unsere Tage; wie Chaplin, den hungrigen Bären nicht bemerkend, der hinter ihm gerade um die Ecke biegt.

Schopenhauer schreibt über den in einem dichten Lebensschleier verfangenen Menschen: »Wie auf dem tobenden Meere, das, nach allen Seiten unbegrenzt, heulend Wasserberge erhebt und senkt, auf einem Kahn ein Schiffer sitzt, dem schwachen Fahrzeug vertrauend; so sitzt, mitten in einer Welt von Qualen, ruhig der einzelne Mensch, gestützt und vertrauend auf das principium individuationis.« Das unbegrenzte Vertrauen in jenes principium und das ruhige Dasitzen des in ihm Befangenen veranschaulicht die ganze schöne Lust und Weisheit des »Scheines«, der unser Fahrzeug in der Balance hält. Wenn die Ruhe des »Dasitzens« durch einbrechendes Unheil gestört wird, dann birst das Geborgensein durch die Gefahrentschleierung, der Kahn leckt, die Ruder entfallen den schreckgelähmten Händen, die Steuerung zerbricht, die Ozean-Wasserberge werden gesichtet, die Todfeindschaft der einen umtobenden Elemente erkannt und die Gnade des Scheins zerfetzt. Dann zeigen die Erkenntnisformen der Lebens-Erscheinungen ihr wahres Gesicht. Der Mensch sieht die Wirklichkeit und geht in ihr unter. Endgültig, oder er kommt, eine halbe Wasserleiche, wieder nach oben. Gelingt es ihm nochmals, gefahrenblind und schicksalstaub zu werden, ist er wieder normal und kann der Gnade des Scheins wieder teilhaftig werden.

Nachdem ich mit meinem Vater eine Weile geredet hatte, kam wieder etwas Kraft in ihn – und ich durfte glauben, er kämpfte sich zurück zu solchem Leben. Teile jenes Gesprächs bewahrte ich wörtlich. »Kommst du von Hamburg?« fragte er. Seine Zunge war schwerer geworden. Ich nickte. »Gehen denn Züge?« wollte er wissen. Ich nickte wieder. »Wie lange hat die Fahrt gedauert?« »Fast fünf Tage«, antwortete ich. »So krank bin ich also«, schloß sein noch immer beachtlich gut funktionierendes Hirn. Ich log, daß ich des Kriegsendes wegen gekommen wäre. Er durchschaute mein Gerede. »Wo ist Lilith?« »In Darmstadt«, sagte ich. »Noch immer? Hast du eine andere?« Ich bejahte. »Hast du ein Bild?« Ich zeigte es ihm. Er setzte seine Nickelbrille auf, deren linkes Glas seit Jahren einen Sprung hatte. Er guckte lange auf die Fotografie. Dann sagte er, mir das Bild zurückreichend: »Die ist's auch noch nicht.« Wie recht er hatte, wußte ich ein Jahr später, als ich endlich Hanna kennenlernte, nachdem wir nach dummen Irrläufen, in Sackgassen, höchst verwirrt endlich aufeinanderstießen. »Das ist sie!« würde mein Vater gesagt haben, hätte er sie gesehen. Ich habe nie aufgehört zu bedauern, daß die beiden einander nie getroffen haben. Hanna wäre mit meinem Vater und er mit ihr höchst einverstanden gewesen. Sicherlich hätte er sich über meine Neigung gewundert. Ich vermute, er befürchtete, ich würde doch schließlich bei einem aufgedonnerten Kleiderstock hängenbleiben, einer Schürzen verachtenden Modepuppe mit piekfeinen Allüren, hochherrschaftlichen Ansprüchen, einer mit einem Getue und Gemache, einer Gesellschaftsflitschen mit Schleier, die meine hohen Einnahmen, die ich zweifellos eines Tages verdienen würde, aus den Fenstern einer unsinnig luxuriösen Villa mit brillantengeschmückter Hand werfen würde. Er mißtraute meinem Instinkt und erging sich in solchen Beschreibungen, um mich vor meinen Hochstapler-Trieben drastisch zu warnen.

Wir hatten beide eine Weile geschwiegen. Dann wollte er wissen, wie lange ich bliebe. Daß es nur einige Tage waren, daran schluckte er schwer. Schließlich schob er seine Brille hoch, legte die Hand auf seine Augen und verblieb so eine Weile. Dann sagte er: »Fahr weg, ohne es mir vorher zu sagen.« Er nahm meinen Kopf in seine Hände, küßte mich unbeholfen, seine Hände glitten von den Wangen weg auf meinen Haarschopf. Dort blieben sie segnend liegen. Mich beutelte die Erschütterung. Dann stammelte ich meine Bitte, einen Spezialisten, den berühmten Professor X, holen zu dürfen. »Ich geb' kein Geld mehr für mich aus«, sagte er zuerst, gab dann nach, als ich, schwer mit dem Schluchzen kämpfend, ihn beschwor.

Am Nachmittag kam der Professor. – Mein Vater machte keinen Hehl aus seiner spontanen Abneigung. Mir war er auch zuwider. Nur meine Mutter, übererregt darüber, daß ein wirklicher Professor ihren Mann untersuchen und ihm vielleicht auch helfen werde, übersah sein theaterhaftes, hochmütiges Auftreten. Sie bot ihm sogar selbstgebackenen Kuchen an, den er mit einem sie in die Schranken weisenden Blick ablehnte. In ihrer mich erschütternden Angst um meinen Vater wurde die resolute Frau ganz kindlich. Mit ihrer deplacierten Gastfreundschaft – so scheint es mir heute – hoffte sie den abweisenden, eher animosen Professor milder zu stimmen. Je besser seine Laune, desto milder auch die Diagnose, schien sie in ihrer Herzensangst sinnlos zu hoffen. Ich konnte nicht anders, als ihr über die angstschweißbedeckte Stirn zu streichen. – Den Professor hätte dieselbe Hand gerne mit einem kräftigen Schlag ins Gesicht aus seiner Burgtheater-Noblesse aufgeschreckt. Neben den hohen Werken der Theaterliteratur wurde nämlich am Burgtheater auch das »Salonstück« gepflegt, worin die

Burgtheaterbonvivants das Gehabe der österreichischen Aristokratie nachahmten. Arnold Korff war der Protagonist dieses Faches. Er war nonchalant, von nasaler Herablassung, leiser und fischäugiger als der gräflichste Graf. Diesen Korff kopierte nun unser Professor. Er hörte, mit nervös-ungeduldigem Fingerspiel, meiner Mutter zu, die umständlich den Krankheitsverlauf berichtete. Er mahnte sie zur Kürze. Mein Vater warf ihm einen vernichtenden Blick zu. Er duldete es nicht, daß andere meine Mutter schlecht behandelten. Er hielt das für sein ausschließliches Privileg. Nun zog Professor Korff seine goldene, sichtlich wertvolle Uhr, ein seltenes Exemplar, hervor und prüfte Vaters Puls. »Sie sind doch Uhrmacher«, sagte er zu meinem Vater, der als Antwort unfreundlich und unaristokratisch nickte. »Dann werden Sie doch wissen, welche Marke das ist.« Damit reichte er meinem Vater die Uhr, der sie mit Kennerblick näher betrachtete. Offenbar wollte der Professor die geistige Regsamkeit meines Vaters prüfen. Nachdem er sämtliche Deckel der Uhr wieder zugeklappt hatte, gab er sie dem Professor mit folgenden Worten zurück: »Wollte Gott, Sie würden so viel von mir verstehen wie ich von der Uhr.« Professor Korff nahm das mit Burgtheater-Gelassenheit hin. Er verabschiedete sich bald und ging. Ich begleitete ihn ins Vorzimmer, meine verstörte Mutter folgte uns. Dort gab er ein paar Anweisungen, riet, die Behandlung des Hausarztes fortzusetzen. Eine unmittelbare Gefahr bestehe nicht. Ich könne getrost zurück nach Hamburg fahren.

Dort erreichte mich nach vierzehn Tagen die Nachricht von meines Vaters Tod.

Meine Mutter erzählte mir dann später, daß er nach meiner Abfahrt zusehends schwächer geworden war. Er hing in ganz ungewöhnlichem Maße an mir und ich an ihm. Ansonsten hatte er mit seiner Zuneigung gegeizt. Seinen Kindern aus erster Ehe war er ein unzärtlicher Vater gewesen. Er hatte manchmal emotionslos von seinem eigenen Vater erzählt. Von seiner Mutter sprach er nie. Wenn von ihr die Rede war, schwieg er. »Er haßt seine Mutter«, hatte mir Schusi einstens zugeflüstert. – Warum er so zu ihr stand, blieb für uns alle ein Geheimnis. Meine Mutter aber wurde ihm immer mehr zur Mutter. Besonders in der letzten Zeit, als die beiden aufeinander angewiesen waren – die Kinder waren schon aus dem Hause –, rief er ärgerlich, aber immerzu nach ihr, sobald sie nicht bei ihm war. Sie war unbeholfen glücklich darüber und stolz. Das Glücklichsein mit einem Mann traf sie unvorbereitet. Mit diesen späten Erfahrungen wußte sie nicht recht umzugehen.

Nun war ihr zorniger Mann, der einzige in ihrem Leben, weg. Nun war sie wieder auf vertrautem Gebiet: sie war unglücklich und das mehr als je zuvor. Ihre Witwentrauer um meinen Vater war für mich das Schönste und Liebenswerteste an meiner Mutter. Sie hatte sich an ihn, der so spät in ihr liebearmes Leben kam, mit ihrer unwirschen, unkundigen Zärtlichkeit gekettet. Nun wird sie dem Widerstrebenden nicht mehr den Rock am Leib abbürsten, nie mehr seine Anzüge von den ewigen Flecken reinigen, ihn nie mehr zum Händewaschen vor dem Essen anhalten, nie mehr seine Socken stopfen, nie mehr seine Bücher wegräumen – »verzaubern«, wie er es grollend nannte, nie mehr vor ihm schimpfend knien, um ihm die Schuhe auszuziehen, die an der Fußmatte abzustreifen er immer wieder versäumte. Nun stand sie vor dem Schrank, der seine Habseligkeiten barg, und schluchzte fassungslos über den Verlust des schweren Lebens, das er ihr bereitet hatte. – In der letzten Zeit aber war er so anhänglich und tolpatschig zart zu ihr gewesen, sagte sie. Er aß kaum noch, nur eine besondere Suppe, die sie ihm kochen mußte. Noch am letzten Tag war sie in der Küche, um sie zu bereiten. Da brüllte er aus dem Schlafzimmer »Mutter«, und als sie hineingestürzt kam, lag er tot im Bett. Er mußte sich mit letzter Anstrengung aufgerichtet haben und war nach der Seite aufs danebenstehende Bett seiner Frau gefallen. Als sie mir das berichtete, merkte ich ihre Enttäuschung darüber, daß sein Todesschrei nicht ihr gegolten hatte. Ich hingegen hätte mir vorstellen können, daß er nach mir geschrien hätte. Aber ich gönnte ihm die Versöhnung mit der

Mutter. Meine Mutter versuchte ich zu trösten, indem ich ihr erzählte, daß Männern bei zunehmendem Alter Mutter und Frau eins werden.
Wie unmittelbar mich – den bettlägrigen Kranken – das in der erst jetzt erfaßten Tragweite ergreift. »Mutter«, schrie er, und aufs Bett seiuer Fran fiel er.
»Das Bett, in dem ich mit dir schlafe, ist meine Heimat«, sagte ich zu Hanna im jeweils fremden Land. – Und in die Heimat kehrt man schließlich zurück, auch wenn man sie verlassen hat.
Mein Fieber ist heruntergegangen. Meinen Wunsch, mein Sohn möge zu mir kommen, hatte ich noch nicht laut werden lassen. Ich werde es wohl auch nicht. – Wenn nur Hanna nicht immer aus dem Zimmer ginge. Ich hatte Angst, sie würde nicht wiederkommen. – Amerika – unser alles in allem liebenswertes Exilland – forderte seinen hohen Tribut für die generöse Gastfreundschaft, die es uns Flüchtlingen gewährt hatte, es behält unseren Sohn, indem es ihm einen so schönen Aufstieg geboten hatte. Er wurde seßhaft. Ich, der sprachgeknebelte Flüchtling, blieb flüchtig, wo immer außerhalb der Muttersprache ich mich aufhielt.
Ich hänge doch mächtig am Leben »mit klammernden Organen«. Das merkte ich schon damals, als ich dem Hitler entkam. Das Leben, nach dem getrachtet worden war, wird noch begehrenswerter und noch lebhafter gelebt. Der Kampf aber, mein natürliches Ende erleben zu dürfen, beanspruchte einen großen Teil der Kraft zum Leben und scheint es vorverlegt zu haben. – Wie spricht einen das einst abgesprochene Leben an! Wie fürchtet der einst (aus seiner Welt) Landesverwiesene die Ausweisung aus dem Leben.
Bald nach Vaters Tod wurde das Geschäft verkauft, da meine Mutter es nicht allein führen konnte und Schusi kriegsverschollen war. Nach einem Jahr kam er aus russischer Gefangenschaft zurück und richtete sich mit Hilfe meiner Mutter ein neues ein. Dann heiratete er. Meine Mutter, nun ganz allein – ich war schon in Berlin –, nahm in ihrer Wohnung Hansi Hesch, die von ihrem Mann Geschiedene, auf, mit der sie sich

viele Jahre stritt und aussöhnte. Hansi war eine liebenswerte, schöne Frau, die viel Liebe fand – außer Haus. Mit dem Tod meines Vaters hatte meine Mutter ihre Lebensfunktion verloren, denn ich entglitt ihr, mein Leben wurde für sie immer entlegener, ihren Interventionsmöglichkeiten nicht mehr erreichbar. Lilith hatte sie gehaßt, Gertrud nicht ernst genommen. Vor Hanna kapitulierte sie. Sie bewunderte und bestaunte sie, faßte eine echte, aber etwas erschreckende Zuneigung zu ihr, war auch bangen Herzens dafür, als ich Hanna heiratete. Eine gewisse Scheu und Befangenheit voreinander verloren beide nie. Meine Mutter wußte es und sagte es mir auch, daß nichts von mir für sie übriggeblieben wäre, daß sie keine Funktion mehr in meinem Leben habe. Damit hatte sie keine mehr im Leben. Sie kam noch mit Hansi nach Amerika, eigentlich, um in meiner Nähe zu sterben. Da sie nicht ganz so nahe sein konnte, wie sie wollte, starb sie, vielleicht früher, als es ihr sonst beschieden gewesen wäre.

Die physische Gesundung, die bei mir eingesetzt hatte, schien mit einer Gemütserkrankung, aus der ich mich zunächst nicht befreien konnte, erkauft worden zu sein. Wohin immer meine Gedanken sich wandten, sie sahen Negatives. Die Todesmeditationen wollten nicht weichen. Während ich im Bett liege, ziehen an mir die Toten meiner schon arg gelichteten Generation vorüber, Ältere und Jüngere, Fernstehende und Nahstehende.

Ich verweile bei Bassermann, dem Einmaligen, dem mir Nächststehenden, Verehrtesten von allen Theaterleuten, denen ich begegnet bin. Dabei kannte ich ihn kaum persönlich. Es wird mir kalt bei der Vorstellung, wie wenig er im Gedenken des deutschen Publikums lebt, wie arm er starb und wie unbetrauert er geblieben ist. Für den Iffland-Ring, den, einer Tradition zufolge, der jeweilige Träger dem seiner Meinung nach größten Schauspieler weitergibt, hatte Bassermann, als er aus Deutschland freiwillig schied, keinen Nachfolger benannt. So usurpierte das Burgtheater das Recht, den Träger des Ringes zu bestimmen, und gab ihn Werner Krauss, der den hitlerischen

Antisemitismus mit dem seinen dadurch stützte, daß er seine große Kunst dem Ausrottungswahn des Unholds zur Verfügung stellte. Nach dessen Fall durfte Krauss wegen der Schwere des Delikts für eine geraume Zeit nicht auftreten. Weil das deutsche Theater bei meiner Rückkehr so arm an großen Schauspielern geworden war, bedauerte ich diese Maßnahme. Eine exaltierte Wiedergutmachung folgte diesem zeitweisen Ausschluß. Alle erdenklichen Ehrungen wurden Werner Krauss zuteil; das große Verdienstkreuz wurde ihm verliehen; seine Büste wurde neben der des Fehling im Foyer des Schiller-Theaters aufgestellt. Und Albert Bassermann starb, von keinem Orden geschmückt. Ein gebrochener Greis, war er aus der Emigration, in die er seiner jüdischen Frau wegen gegangen war, zurückgekehrt. Das Publikum konnte sich für den schon Sterbenden nicht mehr erwärmen. Der 82jährige flog dann auf der Erwerbssuche noch ein paarmal zwischen Amerika und Deutschland hin und her. Er starb im Flugzeug, auf dem Weg zur Heimat. Es war eine Schande für alle, die sein Schicksal duldeten.

18. Kapitel

Um dem düsteren Betrieb in meinen Gehirngängen zu entweichen, nahm ich doch Zuflucht zu einer starken Dosis chemischer Besänftigung. Meine Glieder wurden schwer und bleiern und prickelten, wie es eben eingeschlafene Glieder tun. Langsam wurde ich starr und schließlich zur Büste von mir, die nun auch anläßlich meines 64. Geburtstages im Foyer des Berliner Schiller-Theaters in der so unwirklichen Wirklichkeit nächst den Büsten von Werner Krauss und Jürgen Fehling aufgestellt worden war.

Das Foyer des Schiller-Theaters lag im nächtlichen Dunkel, und es fröstelte mich als Büste. Das Traumfoyer blieb keineswegs eine Kopie des wirklichen. Die Wände, ein verwirrendes Stilgemengsel: Ornamenterinnerungen an den Schinkel-Bau am Gendarmenmarkt; architektonische Elemente des Foyers des Deutschen Theaters; ja, sogar Jugendstilelemente der Münchner Kammerspiele; die modernistischen, ängstlichen, schüchternen, verblassenden Löwen, die das neuerbaute Münchner Residenztheater schmücken; auch Stilfragmente aus der nationalsozialistischen Zeit, wie ich sie in den Amtsgebäuden der Wiedergutmachung kennenlernte. Und darüber flirrende, divergierende und konvergierende Neonlichtstrahlen, die ja schon den leibhaftigen Menschen gespenstisch erscheinen lassen, geschweige denn uns Büsten. Auch meinen beiden Büstennachbarn schien das spukhafte Licht und die zerfließenden und auftauchenden Wände Unbehagen einzuflößen; aber vielleicht auch wir einander. Die beiden, so schien es mir, hatten miteinander mehr Kontakt als einer von ihnen mit mir. Kein Wunder!

Hatten sie doch die Hitlerzeit in gemeinsamer Arbeit verbracht und ich im Exil. Und jetzt steh' ich hier als Büste! Das ist natürlich verwirrend und überraschend für die beiden, und an so einen wie mich müssen sie sich wieder gewöhnen. Und ich stehe erst ein paar Monate hier. Vielleicht ist es Einbildung – und wie schnell bilde ich mir doch etwas ein –: Aber die schon durch ihr Material, wahrscheinlich auch durch die Art der Aufstellung und das Spiel des Lichts kalt wirkenden Büstengesichter haben einen abweisenden Ausdruck, der bestimmt nicht einander galt, sondern dem wieder Zugereisten. Vielleicht lag auch auf meinem Büstengesicht ein ähnlicher Ausdruck, und die beiden bezogen ihn auf sich, wie ich den ihren auf mich bezog. Das kommt davon! Schade, daß das Licht so flackerig war und der Spiegel so weit weg von meinem Standplatz und ich so unbeweglich auf dem Sockel angenietet war, sonst hätte ich versucht, einen prüfenden Blick auf mein Büstengesicht zu werfen. Da das nicht möglich war, bleibt es für mich ein Geheimnis, welchen Ausdruck mein Gesicht eigentlich trug.
Es wurde immer ungemütlicher: ich wußte nun nicht einmal mehr, ob diese meine Büste vielleicht zur Erinnerung an mich hier aufgestellt sei, ob wir drei nicht längst schon den Toten zugezählt würden.
Die Bronzegesichter der beiden sind, während ich das alles so vor mich hindachte, ins Flüstern gekommen, und ich höre Fehling, der sich ungehört glaubt und mit meiner Schwerhörigkeit rechnet: »Natürlich ist er nur als Schauspieler hier!« Worauf die Krauss-Büste mit der dem Flüstern abholden Sonorität dieses großen Schauspielers antwortet: »Nein, er steht hier als Regisseur!« Bei meinem mir angeborenen Mißtrauen konnte ich die Äußerungen der beiden nicht als Huldigung für meine Doppeltätigkeit interpretieren.
Das ist doch eine merkwürdige Konstellation! Jetzt stehen wir drei unverrückbar nahe beieinander, wo uns doch Welten trennten, und, wie noch vor kurzem, Ozeane. Wir wurden einfach hingestellt und stehen hier für den flüchtigen Betrachter – also für die meisten – einträchtig beieinander. In der Wirklich-

keit ist das nicht ganz genauso. Was wurde nicht schon, von den uns Bestwollenden, alles versucht, um uns einander näherzubringen, und das nicht nur nach Beendigung des Hitlerreiches, sondern schon vor dessen Entstehen.
Da mir bekanntlich nichts heilig ist, nutze ich den Augenblick und spreche Werner Krauss an. Das Bronzegesicht von Krauss wurde noch metallischer. Ich, nicht eingeschüchtert, denn schließlich bin auch auch eine Büste, sagte: »Warum, Herr Kollege, haben Sie es eigentlich abgelehnt, den Zola in einer Inszenierung von ›Affäre Dreyfus‹, die ich von dem Stück nach meiner Rückkehr plante, zu spielen? Sie, Herr Krauss, wollten hingegen mit mir ›Potasch und Perlmutt‹, einen jüdischen Schwank, spielen. Das ist doch einer Büste unwürdig, Wertester! Da mußte ich ablehnen, denn ich finde zur Zeit Juden nicht so belustigend, auch ist es nicht meine Aufgabe, sie in ihren Lächerlichkeiten dem Amüsement anzubieten. Eigentlich meine ich, daß wir beide, Sie mit Ihrer ununterbrochenen Autorität und ich mit meiner unterbrochenen, die Juden dem deutschen Publikum gegenüber hätten rehabilitieren sollen. Ich vermutete, Ihnen wäre besonders daran gelegen.« Krauss meinte, er liebe diese Art von Propaganda-Stücken nicht. »Sie lieben wohl die Propaganda gerade dieses Stückes nicht«, meinte ich. Es ist kaum möglich, als Bronzegesicht harmlos zu wirken. Wir müssen, vermute ich, wie zwei eingefrorene Gegner ausgesehen haben. Im Widerspruch zu unserer Beziehung zueinander stehen wir nun unzertrennlich nah beieinander, bei Tag und bei Nacht. Wer weiß, wie lange. Ob uns vielleicht eines Tages eine H-Bombe zerstören wird und unsere Trümmer sich so vermischen, daß keinerlei Unterscheidung mehr möglich ist? Krauss fröstelt. Oder wird eine spätere Zuschauergeneration in den großen Pausen an uns, wenn wir hier schon mit Patina überzogen, aber immer noch einträchtig dastehen, achtlos vorbeischlendern und ihre Zigaretten an unseren Sockeln ausdrücken? Oder wird einer von uns wieder heruntergeholt werden von seinem Sockel von irgendwelchen Büstenstürmern? Ich fröstele.

Und halte es für zweckmäßig, freundnachbarliche Beziehungen bis zur Bombe oder zur anderen Möglichkeit zu erhalten, und so wende ich mich wieder an Krauss: »Bei allem Trennenden, Herr Krauss, haben wir doch viel Gemeinsames. Wollen wir, da wir doch nicht schlafen können – wenn aus keinem anderen Grund, so aus nächtlicher Langeweile –, zunächst Bilanz über das Gemeinsame machen! Wir gehören derselben Schauspielergeneration an. Wir sind, wie man das so am Theater nennt, engere Fachkollegen. Wir haben mit denselben Theaterführern gearbeitet, mit Max Reinhardt, Leopold Jessner, und es gab auch Rollen, die sowohl Sie als auch ich gespielt haben. Von der großen Pause, in der hierzulande aufzutreten ich nicht Gelegenheit hatte, wollen wir absehen. Wieviel Gemeinsames erlebt man doch, wenn man die gleichen großen Shakespeare-Gestalten durchlebt, durchdacht und dargestellt hat. Nun, wir sind bei ein- und derselben Figur manchmal zu anderen Resultaten gekommen. Ich meine den Shylock insbesondere. Das hindert nicht, daß wir beide durch hohe Auszeichnungen der Deutschen Bundesregierung in gleicher Weise geschmückt worden sind. Sie gewissermaßen für Ihre Auffassung, ich für die meine. Das ist die höhere, ausgleichende Gerechtigkeit. Unser Fall ist nur ein kleines Beispiel für das Walten der Regierung im großen, Herr Krauss.« »Ich befasse mich nicht mit Politik«, sagte Krauss. »Ich weiß, deshalb spielten Sie auch nicht den Zola.« – Wir wollten uns nun zum Zeichen unserer Friedfertigkeit die Hände reichen. Aber Büsten haben keine. Krauss begriff das gerade noch und schlief ein.

Ich war auch müde geworden und hätte mich gerne hingelegt, aber als Büste muß man wie ein Pferd stehend schlafen. Der Gähnzwang konnte sich auch nicht gegen meinen geschlossenen Metallmund durchsetzen.

Fehling stierte vor sich hin aus übernächtigen Traueraugen. »Ohne Mittel kann ich nicht schlafen. Man hat sie mir entzogen. So wache ich die Nächte durch. Nur abends finde ich Schlaf, wenn da drin gespielt wird.« Er deutet mit den Augen nach dem Zuschauerraum, der aber keineswegs mehr der des

Schiller-Theaters war, sondern sich aus Erinnerungsfetzen an all die Zuschauerräume, die ich in meinem Leben kennengelernt hatte, darunter auch die neuen Zuschauerräume der Wirtschaftswundertheater, zusammensetzte. Es war sozusagen ein Generalzuschauerraum. »Das schläfert ein, nicht wahr?«
»Nein«, antworte ich, »mich regen die falschen Töne auf.«
»Mich nicht mehr«, sagt er todmüde und abgestumpft. »Früher haben mich diese Töne wahnsinnig gemacht, richtiggehend wahnsinnig. Das werden Sie auch eines Nachts. Da bäumt man sich noch ein paarmal auf, dann stumpft man ab und wird ruhig und krachlos traurig.«
»Schaurig«, sage ich, und ich friere im Innersten.
Krauss schläft nun tief und fest den Schlaf des Gerechten. Fehling glotzt vor sich hin. Und ich, todmüde, kann nicht aufhören, über uns nachzudenken. Aber immer wieder verwirrt es sich in meinem Büstenschädel. Hat man uns doch nicht zur Ehrung für uns Lebende aufgestellt, aus Anlaß unserer hohen Geburtstage? Vielleicht aus Anlaß unserer Todestage? Stehen wir Gott weiß wie lange hier und sind schon längst vergessen? Dazu braucht's gar nicht viel Zeit. So geht's auch jüngst Verstorbenen. Und gar uns, wo doch von unseren Leistungen nichts geblieben ist. – Aber etwas müssen wir doch zuwege gebracht haben. Dafür zeugen unsere Büsten. Also, was war's? – Kommt doch da unlängst, nach ein paar Jahren unseres Büstendaseins, eine Kommission und verlangt von uns, wir sollen unsere Leistungen vorweisen, widrigenfalls wir weggestellt werden. Uns wurde mulmig, und wir schauten uns, nun in Angst vereint, büstenunwürdig blöde an. »Haben Sie denn nichts, was Sie auf den Tisch des Hauses legen können?« »Nur unsere Kritiken!« Wie alle Theaterleute hatten wir sie zufällig bei uns. »Wir wollen keine Kritiken lesen, sondern selber urteilen. Auf Kritiken geben wir nichts!« herrschte uns die Kommission an. Da begannen wir alten, verstorbenen Komödianten vorzusprechen. Auch Fehling, der in seiner Jugend Schauspieler war. Wir sprachen aufgeregt vor, durcheinander, einer den anderen überschreiend und wurden gleich heiser. Es

war kläglich und recht würdelos. Die Kommission hatte Mitleid und beschloß, uns noch ein weiteres Jahr auf unsern Sockeln zu belassen. Danach aber sei endgültig Schluß mit uns! Dann müßten wir Platz machen für eine jüngere Generation Toter, deren man sich auch eine kurze Zeit erinnern wolle.
Bald darauf fand ich mich wieder auf der Chaiselongue liegen und schaffte in meinem pillenverwirrten Kopf etwas Ordnung. Nachdem ich festgestellt hatte, daß ich noch zu den Lebenden gehörte, schlief ich beruhigt ein.
An einem frühen Morgen, nach einem Aufblick in die Klarheit eines strahlenden Himmels mit dem Gefühl des Genesungsschimmers aufwachend, drängte mein vagierendes, sich immer wieder verhedderndes, irrationales Denken zurück zu meiner Realität, also zum Theater, das nun wiederum nicht eigentlich real ist. Es ist schwer, real zu sein. Wieviel leichter ist es, sich seiner Traumschwere zu überlassen. Ich will aber nicht wieder in zügellose Phantastik absinken. Ich will über das irreale Wesen des Theaters rational nachdenken.
Als nach zwei Jahrtausenden von Versdramen, Schau- und Lustspielen in gehobener Sprache der Naturalismus mit seiner Alltagsprosa kam, glaubte der Mensch sich endlich gefunden zu haben, so wie er spricht, handelt, wie er sich im Spiegel sieht, um nach kurzer Zeit zu entdecken, er sei zu flach geraten, er sei nur fotografiert, es sei mehr an ihm dran. Da trat er noch näher an den Spiegel, bis er sich verzerrt sah und hinter sein Gesicht zu sehen begann.
Es gibt zwei grundlegende Strömungen in der Kunst. In der einen herrscht die Tendenz zu idealisieren, zu schwärmen, zu verschonen, mit Illusionen einzulullen, und in der anderen der Trieb, der Zwang, der Realität nachzugehen, der Wahrheit nachzuspüren. Die beiden Richtungen überschneiden einander, vermählen sich, trennen sich und stehen einander feindlich gegenüber. Die Verfasser der Heldenepen werden als kunstbegnadet verherrlicht, die Cervantes aber sind die kalten Verstandesmenschen. Das Tätigkeitsfeld des Geistes, das Arbeitsfeld des Hirns sei die Wissenschaft, heißt es. Kunst ent-

stünde aus dem geheimnisvollen, mystischen, chaotischen Schöpfungsurgrund und könne den Einfluß der Vernunft nicht dulden.

Der Künstler und der in Kunstregionen Steigende, der mit den Füßen nicht auf der Erde steht, merkt nicht, daß die immer abenteuerlicher, erregender, dramatischer werdende Wissenschaft den Phantasiebegabten magisch anzieht, von der Kunst abzieht. Nie wird er einräumen, daß Kunst und Wissenschaft in ihrer überdurchschnittlichen, hohen Form aus den gleichen Inspirationsquellen gespeist werden, daß die Grenze zwischen beiden Phantasiegebieten fließend ist. Der Fanatismus, mit dem die Kunst vor dem Nachweis der Geisterverwandtschaft mit der Wissenschaft von ihren platten Paladinen geschützt wird, entspringt deren Angst vor dem Geist, der ihnen nicht heilig ist. Warum weigern sie sich, dem Hirn seine Mitarbeit in der Kunst zu bestätigen? Wo doch das Hirn erst das Gefühlserlebnis schafft, nachdem die anderen Organe als primitive Empfangsstationen fungiert haben, als unterirdische Sensorien, die dem Großhirn die Regungschiffre zuleiten. Dort erst werden sie als Schmerz, Wollust, Freude empfunden. Was täte die Kunst ohne supreme Mitarbeit des Hirns, also ohne Schmerz, Lust, Freude? Warum tut man so, als ob das Hirn schlechte Gesellschaft für die Kunst sei?

Leibniz sagt, der Begriff »Harmonia« stamme aus der Mathematik, der Hochburg des Hirns, und wurde von der Musik übernommen. Bevor es den Begriff »harmonisch« in der Musik gegeben hat, gab es eine Harmonik in der Mathematik. Leibniz, Physiker und Philosoph, sieht in der Musik »eine verborgene, arithmetische Bewegung«. Rameau, der französische Komponist um 1700, spricht über eine »Wissenschaft der Töne«. »Die Kunst, in Tönen zu denken, ist Musik«, sagte der französische Komponist Combarieu. Und Schiller schreibt: »Was kann in einem menschlichen Kopf nicht Dasein empfangen und welche Geburt des Hirns kann in einem glühenden Herzen nicht zur Leidenschaft reifen?«

In der Wissenschaft spielen Intuition, Vision, Phantasie und

Vorstellungskraft eine ebenso große Rolle wie in der Kunst. Das Erlernbare in der Wissenschaft ist auch nur die Voraussetzung; die Intuition ebenso geheimnisvoll wirksam und schöpferisch wie in der Kunst. Das Erahnen von etwas bisher noch nicht Gewußtem ist visionär, auch in der Wissenschaft. »Nach bestem Vermuten«, sagte Freud einmal, als er hoffte, eine Ahnung würde sich einstens verdichten zu etwas Gewisserem. Warum darf die Kunst sich mit dem Hirn nicht einlassen? Ist es, weil der Mensch vor dem Bewußtmachen überhaupt zurückschreckt? Weil er die Aufdeckung, die Enthüllung scheut? Er will kein Durchleuchten, weil er so viel verbirgt vor sich und andern. Er ist auf der Flucht vor dem Bewußtmachen; muß sich den ganzen Tag davor schützen. Er macht sich undurchdringlich für die bedrängenden Zeiterscheinungen. Er immunisiert seine Aufnahmefähigkeit für Tatbestände. Er schließt die Augen vor ihnen. Er drückt sich aus Angst vor dem Erkennen seiner wahren Situation. Er lebt wie Hans im Glück im Wirtschaftswunder und verdrängt die Welt, die hinter dem Brandenburger Tor beginnt.
Damit er nicht gewahr wird, daß er verdrängt, verdrängt er Freud aus seinem Bewußtsein. Der sitzt ihm im Unterbewußtsein, nagt und wird negiert. Die Angst, die an der Kette liegt, darf nicht ins Bewußtsein treten.
Wie konnte das Hirn in Deutschland so in Mißkredit geraten! Als ob es schlechter wäre als andere Organe. Geheimnisloser, dem Schaffensprozeß ferner, fremder, ja ihm feindlich. Das Herz hat einen guten künstlerischen Ruf. Warum eigentlich? Warum wird etwas kompromittiert, wenn es, wie es muß, durchs Hirn geht? Es tut dem Unbewußten als Urheber des künstlerischen Schaffens keinen Abbruch, wenn man ein gutes Wort für den arg ramponierten Ruf des Hirns riskiert. Es wäre ein Akt der Wiedergutmachung, das Hirn wieder anzuerkennen. Es wird in Künstlerkreisen so behandelt, als ob es einen Webfehler hätte oder gar etwas Rassenfremdes wäre.
In einem tragischen Zusammenhang wandten sich meine Gedanken dem kranken Fehling zu. In den letzten Jahren hatte

uns eine erbitterte Freundschaft verbunden. Wir hatten gehofft, einen Steg über die schier unüberbrückbaren Gegensätze schlagen zu können. Sein zerrüttetes, bizarr funktionierendes Hirn griff mir ans Herz. Er schrieb mir manchen ergreifenden, geistreichen und doch so verworrenen Brief. Er forderte mich immer wieder auf, gemeinsam mit ihm das deutsche Theater vor dem Untergang zu retten. Um diese Aufforderung zu entpathetisieren, benannte er die geplante Rettungspartnerschaft nach dem Berliner Herrenbekleidungshaus »Peek und Cloppenburg«. Eine schrullige Laune seines noch in der Verdüsterung oft blitzhaft leuchtenden Hirns, das immer schon auf Hochtouren lief, im wilden Zickzack sich waghalsig der Gefährdungsgrenze nähernd. Da leistete er sein Bestes. Doch überschritt er sie um weniges, schon war seine Schöpferkraft lahmgelegt. Der Mensch ist seinem Hirn noch nicht gewachsen. Dabei werden die Denkforderungen rapide größer. Sie wachsen einem über den denkungsgelenken Kopf und schlagen über ihm zusammen, und man versinkt kopflastig in die Tiefe. Fehling kommt mir in solchen Betrachtungsmomenten ganz nahe. Ich spreche dann eindringlich zu ihm, wie ich es öfter getan habe in Hotelzimmern, in Kneipen, in Bars und jetzt wieder, in unserem ständigen Traumtreffpunkt: dem Standplatz unserer Büsten. »Fehling«, flüstere ich zu ihm, um Krauss nicht zu wecken, »ich wiederhole hier noch mal mit aller Intensität: Reißen Sie sich zusammen! Ich kann die Vorstellung nicht loswerden, Ihr herrlicher Verstand müßte doch die Kraft haben, sich aus der Umklammerung zu befreien, die Sie umschnürt.« Fehling, von einer geradezu ansteckenden Schwermut befallen, winkt ab: »Ich will von meinem Verstand nichts hören. Reden Sie nicht davon. Schreiben Sie ja nichts darüber in einem Nekrolog, sollten Sie mich überleben. Das wäre Verächtlichmacherei«, flüstert er erregt. »Halten Sie doch Ihren Verstand in Ehren«, erwidere ich ebenfalls erregt, »er wurde solange schlecht behandelt. Sie mußten ihn verstecken, er mußte untergrund leben, die ganzen vierzehn Jahre. Ohne Licht, ohne Liebe. Da ist er bleich und krank geworden.«

Fehling schweigt lange. Nach einer Weile sagt er: »Der Mensch hält den Verstand nicht aus.« Da schweige ich.
Diese imaginäre, aber real quälende Begegnung mit Fehling warf mich zurück. Seine nicht zu bändigende Angst steckte mich an. Die errungene Klarheit war wieder gewichen. Der Arzt, der jetzt bei mir ist, schüttelt den Kopf über den Rückfall. Er versucht, mir mit Injektionen und mit Zuspruch zu helfen. Man müsse in Harmonie mit seinen Jahren leben, höre ich den neben mir sitzenden Doktor wie aus weiter Ferne sagen. Auch meiner Arbeit müsse ich weniger ergeben sein, dürfe mich nicht mehr so unziemlich jugendlich ungestüm zum Verfechter meiner Konzeptionen machen, die an sich schon eine schwere psychische Belastung wären. – Matt und betäubt, mit noch immer schwerem Atem, protestiere ich und beharre, in groteskem Gegensatz zu meinem Befinden, auf den Altersanspruch auf Jugend. Ob ich dergleichen gesagt oder nur gedacht habe, weiß ich gleich hinterher nicht mehr.
Mein seelsorgerischer Arzt, ein Anhänger des Martin Buber, wie er später bekannte, war der Überzeugung, die Juden seien ein auserwähltes Volk. Er meinte, ihr Sündenregister wäre geringfügiger als das anderer, weniger leidgeprüfter Völker. Schwere Verbrechen wären kaum von ihnen begangen worden. Das Beispiel der Juden beweise die Läuterung durch Heimsuchungen. Läuterung durch Leid sei Gnade. Um dieser Gnade teilhaftig zu werden, müssen die Juden immer wieder leiden. Dazu seien sie von Gott ausersehen, von ihm auserwählt. Der Jude dürfe sich nicht dagegen auflehnen. Er müsse das gottgewollte Leid tragen, müsse die Kraft haben zum Leiden, meinte er, seine Augen mahnend auf mich richtend, den ihm renitent erscheinenden, sich gegen solche Schicksalszumutung auflehnenden Juden. Ich wollte von solchem Auserwähltsein nichts wissen; von keinerlei Auserwähltsein irgendeines Volkes. Weder zur Kraft durch Freude noch durch Kraft zum Leid. Ich mache mir tunlichst nichts vor. Ich habe mich im Laufe eines Lebens kennengelernt. Ich war kein Heiliger. Das gutbürgerliche Sündenregister hatte ich absolviert. Auch sonst

noch Gutbürgerliches, für das die Gesellschaft von vornherein Absolution erteilt, habe ich auf dem Kerbholz. Aber wem wird deshalb ein Haar gekrümmt? Dergleichen gehört zum guten Ton. Zu richtigen Missetaten langte es bei mir nicht. Als Verfolgter kommt man nicht leicht dazu, sie zu begehen. Man flieht vor dem Mord, man begeht ihn nicht. Man raubt nicht, weil man froh ist, wenn man seine Habseligkeiten behält. Der Rassisch-Verfolgte begeht kein Verbrechen, da seine Existenz als ein solches betrachtet wird. Der Verfolgte bekommt daher ein zu günstiges Bild von sich. Er denkt, er sei von Natur aus kein Verbrecher. Lasse man uns ein paar Generationen unverfolgt in Frieden leben, und wir stehen in nichts nach.

Eines Morgens wachte ich nach einem vielstündigen, natürlichen Schlaf auf und freute mich auf das Frühstück. Die durch die fortschreitende Rekonvaleszenz auf ihr vorkrankheitliches Maß reduzierte morgendliche Beklemmung war durch tiefes befreiendes Atmen, wozu ich wieder imstande war, verscheucht worden. Ich schaute schon wieder auf die wunderschönen Bäume, die ich vor meinem Fenster sehen konnte, und auf die dahinterliegende Kirche am St.-Anna-Platz. Manchmal war ich ihr gram; wenn sie nämlich zu laut, zu oft, zu lange, mit zu großem Werbegetön die Saumseligen herrisch zur Andacht befahl. Die zu nahen Kirchenglocken klingen geradezu militant, wie eine tönende Mahnung daran, daß die Kirche ihren Frieden mit dem Krieg geschlossen hat. Ich befaßte mich wieder mit West und Ost und nicht mehr so vordringlich mit Diesseits und Jenseits. Das eigene Bedrohtsein wich der Betrachtung der bedrohten Welt. Nun bange ich nicht mehr vor dem Tod durch Krankheit, sondern um den aller, auch des meinen, durch die Weltpolitik. Das ist die Genesungsmorgengabe unserer Zeit. Hoffentlich wird beim Lesen der letzten Krankheitsbulletins über unsere schwerkranke Welt das Elend meiner Krankheit nicht eines nahen Tages in der Erinnerung vergleichsweise schön erscheinen. In meinem Trostbedürfnis suchte mein Gedächtnis den Briefwechsel zwischen Einstein und Freud, der bald nach dem ersten Weltkrieg stattgefunden hatte, zusammenzustückeln. Ich erinnere mich einer gewissen Beruhigung, die mir durch die Lektüre zuteil geworden war. Freud war – so schrieb er an Einstein – ein konstitutioneller Pazifist, also ein durch seine innere Veranlagung bedingter. Es gäbe auch einen anderen Typus: den neutralisierten Aggressor, dessen aggressive Triebe von dem gegensätzlichen lebensbejahenden, d. h. das Leben respektierenden – Freud nennt ihn den erotischen Trieb –, in Schach gehalten werden. Als Pazifist wäre es seine Pflicht, auch der triebhaften Grausamkeit gegenüber friedfertig und tolerant zu sein, also ihren Drang nach Betätigung zu verstehen, ihr Recht darauf objektiv anzuerkennen. Freud tut es – sehr weitgehend. Dieser Urgrausamkeitstrieb beherrsche den Nicht-Pazifisten, den konstitutionell kriegerischen Menschen so lange, bis er, wie einst der Pazifist gewordene Aggressor, durch fürchterlichere Waffen, als sie für die Wandlung jenes notwendig gewesen, gewandelt wird. Das Aggressive, durch noch nicht bekannte ultra-grausame Vernichtungswaffen irgendwann einmal genügend eingeschüchtert, erlebt vielleicht durch den Ausblick auf die Vernichtung allen Lebens jenen Todesschrecken, durch den man zum Pazifisten wird. – Das ist die arg komprimierte Antwort Freuds auf Einsteins Frage: »Wie erhält man den Frieden?« Hat Einstein durch seine Relativitätstheorie die wissenschaftlichen Grundlagen für jene bisher grausamste aller Waffen geschaffen? Jener Einstein, der nach dem ersten Weltkrieg so naiv, idealistisch und wirklichkeitsfremd an Freud die Frage gerichtet hat, wodurch der Friede gesichert werden könne? Hatten Einstein und Planck und alle wissenschaftlichen Mitarbeiter jene den Frieden erzwingende Waffe geschaffen? Schade, daß Brecht nicht mehr dazu kam, das Einstein-Stück zu schreiben, das er geplant hat. Zuckmayer kompromittierte in seinem »Kalten Licht« das Thema durch eine kolportagehafte, engstirnige, pharisäische Moralität. – Heute stehen nun tatsächlich die Mächtigen der Welt da wie Nestroys Holofernes, der sich vor lauter Kraft und Waffen nicht rühren kann. – Mein Puls schlägt wieder lebhafter.

Im Laufe des Vormittags brachte die Post ein lange gesuchtes Buch von Shaw. Es heißt: »What's what« und ist wegen seiner erbarmungslosen, satirischen Analyse mancher ehrenwerten öffentlichen Institution und seines bravourös fintenreich zuschlagenden, erhellenden Witzes aus Druck und Handel verschwunden. Bei der Lektüre freute ich mich diebisch. Mein schläfrig gewordener Oppositionsinstinkt wurde wachgekitzelt. Ich freue mich darauf, seinen »Androklus und der Löwe« zu inszenieren.

Meine Traumschwere und meine physische Schwäche begleiteten mich jedoch noch auf die Proben von »Androklus und der Löwe« im Münchner Residenztheater im Frühjahr 1958. Ich hatte meine Wiederherstellung überschätzt. Auf den Proben zeigte es sich. Die Beine trugen noch schwer an meinem trotz der erwachenden Regsamkeit des Kopfes noch nicht ermunterten, noch nicht vom Geist ergriffenen Körper. Ich schlief immer wieder ein, und wenn ich aufwachte, sah ich die besorgten Gesichter meiner Mitarbeiter. Sie gingen wie in einer Krankenstube auf Zehenspitzen. Inzwischen war der Leiter des Staatstheaters, Kurt Horwitz, amtsmüde geworden. In meiner nächsten Traumfolge, während einer Eßpause auf der Probe, schlief ich im Parkett sitzend ein und berichtete meinen Büstenkollegen das Ereignis. Dem Fehling war Horwitz zu schlapp gewesen. Er nannte ihn »Nathan der Weiche«. Krauss blickte ungnädig. Mich stimmte der Abgang des Horwitz traurig. »Wer wird sein Nachfolger?« fragte Fehling. In der Stimme und in seinem Auge lagen eine Spur von Interesse und eine alte Sehnsucht. – Auch ich träumte den Traum vom eigenen Theater. Dann erwachte ich, und die Probe ging weiter.

Die Etappen, in denen meine Arbeits- und Schaffenskraft durchhielten, verlängerten sich, der Grad meines Wachseins, meiner Verstandeshelle erhöhte sich wieder. Ich konnte hinter die Worte des Dialogs sehen und mich in die Umstände versetzen, die Menschen solche Texte sagen lassen. Doch erschlaffte ich immer noch manchmal.

Curt Bois, der den Androklus spielte, war eines der wachrüttelnden Elemente. Dieses manisch-depressive, selbstzerstörerische Geschöpf steht in seinem sechsundfünfzigsten Pubertätsjahr. Er muß schon im Mutterleib frenetisch komisch und ebenso verzweifelt gewesen sein. An seiner Nabelschnur führt ihn seine Frau, die er kurz nach seiner Geburt geheiratet haben muß. Die Proben mit ihm bedeuteten Wochen höchsten Berufsglückes und verzweifelter Mordlust. Er mahnte mich freundlich zur Ruhe, nachdem er mich feindselig zur Verzweiflung gebracht hatte. Das schauspielerisch Erlernbare schien ihm unerreichbar, das Unerlernbare ist ihm gegeben.

Dann wurde es wieder einmal ganz still, wie in einem Zuschauerraum, wenn's Licht ausgeht und die Vorstellung beginnt. Dazu erklang ganz leise Musik. Sie erinnerte mich an die von Brün für »Androklus« komponierte. Brün ist der Mann meiner Tochter und der Vater meines Enkelkindes. Er spielte mir seine Musik vor. Ich freute mich darüber noch im Traum. Mein schlafendes Gesicht muß entspannt und glücklich ausgesehen haben. Ich liebe große Begabungen. Der Mann meiner Tochter ist eine solche. Eine grelle Stimme dringt in die Musik. Ein Pamphlet gegen mich wird laut verlesen. Tatsächlich – nicht nur im Traum – war eines in Umlauf gesetzt worden. Ein Aufruf gegen mich, den »Tyrannen«. Aufgegeben waren die Sendungen in Zürich. Ich kenne den Absender, diesen Meineidgenossen.

Nun schlug mir jemand von hinten mit einem Eisenstück auf den Büstenschädel. Der Sockel mit meinem Kopf drehte sich schwindlig schnell wie ein Kreisel. Die Kreiselbewegung kam zum Stillstand. Dann erweckte mich, der ich hinter der Bühne eingenickt war, der Schlußapplaus, der nach dem Ende der Premiere von »Androklus« ertönte. Schön, groß, stark war er, und immer stärker schwoll er an und wurde zur Ovation für den ins Leben Zurückgekehrten. – Nun aber ist es Schluß mit dem Träumen.

19. Kapitel

In Florenz traf ich Hanna, die von München mit dem Wagen gekommen war. Ich, der ich mich vom Krankenbett in die Inszenierung gestürzt hatte, war aus Schonung mit der Bahn zum Treffpunkt gefahren. Von Florenz wollten wir gemächlich nach Neapel, von dort übersetzen nach Ischia. Dann, nach einer Woche, zurück nach Neapel, um uns nach Israel einzuschiffen, wohin wir großzügig von offizieller Seite eingeladen waren. – In Florenz stellte sich aber heraus, daß Hanna von meiner überstandenen Erkrankung angegriffener war als ich, der auf die fremde Landschaft, die Architektur und auf das fremdartige Essen mit wieder lebhafter gewordenen Lebensgeistern reagierte.

In Florenz hat einen der Süden noch nicht eingekreist. Noch hat man den Norden im Rücken und noch nicht Afrika vor sich. In Florenz ist Italien transparenter, verdünnter als tiefer im Land. Wir stellten den Wagen ein, und nach zwei Tagen entzückten Herumgaffens fuhren wir mit der Bahn nach Neapel. Dort wurden wir gleich bei der Ankunft von einem Rudel Träger so über alle Maßen, auch über alle zeitgenössischen, über das schon vielfach geschlagene Ohr geschlagen, daß uns vor Ärger der Schädel brummte. Daß wir von diesem Vorfall auf die übrige Bevölkerung schlossen, erwies sich nicht als vorschneller, wutgeborener Schluß. Neapel ist die betrügerischste aller italienischen Städte, die Stadt der Kamorra und der unsagbaren Armut, die verblaßt graubraune Stadt mit den engen Sumpfgassen, in denen die Großen und Kleinen essen, schlafen, spielen: Musik, Karten und frühreif mit der Lust. –

Die offenbar viel zu kleinen Wohnställe in den mehrstöckigen Mauerbaracken setzen sich, raumsuchend, in der Gosse fort. Der schmale Pflasterstreifen vor den siechen Häusern wird zur öffentlichen guten Stube. Essen, an zusammengestückelten Seilen von den Stockwerken heruntergelassen, landet fast in den trägen Mündern der Ausgestreckten. –
Meine soziale Emotion regte sich erst, nachdem ich mich bei der optischen Sensation ertappt hatte. Meine wohl schon pensionierte Entrüstung gewann die Oberhand.
Man gerät durch die pausenlosen Versuche, einen zu übervorteilen, in eine ganz närrische Opposition. Meiner Frau erging es zunächst so. Es verleidete ihr, die so gerne guckt, staunt und bewundert, das Betrachten der Stadt. Man ist der kommerziellen Gerissenheit der Hotelportiers, der Taxichauffeure, kleiner Jungen ratlos ausgeliefert. Jeder Handgriff hat seinen Tarif und ist Gegenstand von Verhandlungen und Konkurrenzangeboten. Man gerät in einen Zustand gereizter Ängstlichkeit, der Filmleuten gegenüber angebracht ist.
Vielleicht lag es an uns, vielleicht daran, daß der Tag sonnenlos war, daß wir ein Gefühl von Hingewelktsein und Niedergang hatten. Wir sahen Neapel und hatten ein Gefühl von Sterben. Wenn man aber – wie wir eine Woche später – vom Meer aus auf die Stadt langsam zufährt, ist der Anblick der in Terrassen aufsteigenden riesigen Siedlung traumhaft schön. Wie eine Fata Morgana. Da sah ich Neapel, wollte aber immer noch nicht sterben. Vor diesem Wiedersehen verlebten wir eine Woche auf Ischia, eine vesuvische Insel, die die Berliner, von den Italienern unbemerkt, erobert und okkupiert haben. Es war, von den optischen Reizen abgesehen, eine akustische Bizarrerie, so anheimelnd viel unverfälschtes Berlinisch auf dieser fast schon levantinisch anmutenden Insel zu hören. Die Berliner und ich erkannten einander oft und gern. Ich hatte das Gefühl, ich hätte hier mit dem Berliner Theaterpublikum ein Stelldichein – mit den Volksbühnen- und Schiller-Theater-Abonnenten und auch mit dem volle Preise zahlenden.
In Israel werden wir einen anderen Teil des einstigen Berliner

Theaterpublikums wiedersehen. Diese beiden, nunmehr auseinandergerissenen Zuschauergruppen – die Auswanderung jenes Teils war die erste Spaltung Berlins – ergaben das nun schon legendäre Theaterpublikum der Weltstadt Berlin aus den sagenhaften zwanziger Jahren.

Meine erste und bisher einzige Ozeanfahrt hatte mich als Auswanderer nach New York geführt. Zurück nach Deutschland flog ich dann viele, viele Jahre später mit dem schnellsten Flugzeug. So eilig hatte ich es! Die Reise nach Israel war unsere zweite große Seefahrt. Das israelische Schiff, aus Amerika über Marseille kommend, hieß »Theodor Herzl«. Wir bestiegen es spätabends. Es war ein mittelgroßer, geradezu schmucker Dampfer. Vom Augenblick des Betretens des Schiffes bis zu seiner Ankunft, etwa drei Tage später, bewegte mich bis in den Schlaf alles von meinen erregten Augen und Ohren Wahrgenommene.

Schon der Name des Schiffes »Theodor Herzl« ergriff mich. In Sekundenschnelle vollzog sich die Gegenüberstellung von Karl Kraus und Theodor Herzl. »Utopisch« hatte Karl Kraus den Wirklichkeitssinn des Herzl, der Geschichte machte, genannt. Dem Boden, dem wir jetzt entgegenfuhren, mehr verwurzelt, als er wahrhaben wollte, war Kraus seherischen Auges geschichtsblind gewesen. Er, dieses deutsche Sprachwunder, stünde heute sprachlos der vollzogenen Wirklichkeit, den Schriftzeichen und Lauten der wiedererstandenen Sprache seiner Väter gegenüber. Während Kraus den Jargon der Wiener Juden geißelte, vollzog sich die Wiedergeburt der heiligen Sprache der Juden, der Sprache, in der sich Gott mitteilte, Gott, die von Karl Kraus sogar sich selbst übergeordnete Instanz.

Diese heilige Sprache dient nun, wie jede profane, allen nur erdenklichen Zwecken, sogar auf der Speisekarte. Hebräische Aufschriften und deren englische Übersetzung standen auf den Korridoren und den Treppen des Schiffes, den Passagieren, selbst in ihrer Notdurft, den Weg weisend. Ich hatte diese uralten Schriftzeichen nur in der Bibel, in den Gebetbüchern meiner Kindheit gesehen. Einstmals konnte ich sie auch entziffern. Nun stehe ich ehrfurchtsvoll vor den magischen Schriftzeichen, die so Profanes besagen, wie etwa: »Zum Deck« oder »Liegestühle sind beim Steward zu mieten« und so weiter. Ich verstehe die Sprache meiner Väter nicht, die nicht meine Muttersprache ist, an die ich angenabelt bin. – Versuchte ich Hebräisch zu erlernen, ich würde wieder in einem Sprachexil leben, wie einst im Englischen.

Englisch in seiner amerikanischen Verberlinerung wird von den vielen amerikanischen Juden hier auf dem Schiff gesprochen, von diesen neuartigen Pilgern, die ins gelobte, wieder erhaltene und schwer zu erhaltende Land fahren. Sie sind laut, auffallend, ja enervierend. Alte, längst tot geglaubte Instinkte der Abneigung regten sich wieder in mir. Amerikanische Unarten und die des einst verlassenen europäischen Heimatlandes und die angeborenen urjüdischen ergeben eine irritierende Disharmonie. Ich schiele ängstlich auf Hanna und weiß, daß sie, erschreckt darüber, auch von solcher Reaktion geplagt ist. Das Gespräch, das darüber entstand, führte bald wieder zu Karl Kraus und ich kam darauf, daß ich mir eine zu gute Rolle zugeteilt hatte, als ich drauf und dran war, mich zum Ankläger von Kraus und zum Anwalt der Juden ihm gegenüber zu machen. Da stellte ich mich zur Rede und fragte mich, wieso ich als Jüngling oder gar schon als junger Mann diese antijüdischen Pamphlete so unkritisch gelesen, ja ihnen zugestimmt hatte. –

Meine damalige Einstellung setzte sich aus verschiedenen Motiven zusammen. Es gab Bekannte meiner Eltern, gegen die ich eine heftige Aversion entwickelt hatte wegen ihrer vermeintlich jüdischen Eigenschaften. Gegen einen davon erfüllte mich als Junge ein kaum mehr zu verbergender Abscheu, den ich wohl im Laufe der vielen Jahre aus meinem Gedächtnis verdrängt hatte. Erst jetzt, hier auf dem israelischen Schiff, durch mich an ihn mahnende Typen, wurde er und mein Jugendgroll gegen ihn wieder lebendig. Er war mir so widerlich gewesen, daß ich in seiner Gegenwart völlig verstummte.

Wenn er, wie er es oft und gerne tat, anzügliche Witze in Gegenwart meiner Mutter erzählte, haßte ich ihn und verübelte es meiner Mutter, daß sie darüber lachte, und meinem Vater, daß er diesem Witzbold nicht die Tür wies. Karpel, so hieß der scheußliche Kerl, war nicht untypisch für die jüdische Bourgeoisie, die Verkehrswelt meiner Eltern. Die andere Bourgeoisie, die bodenständige, lernte ich zunächst kaum kennen. Also erschien meiner Scheuklappen-Betrachtung das Unbekannte makelfrei und nur die Sünder in meiner Welt so verdammenswert. So richtete sich mein »écrasez le bourgeois« ausschließlich gegen den jüdischen und ich folgte Kraus enthusiastisch, wenn sein hinreißend beredter Haß sich vorwiegend gegen ihn richtete. Von heute aus gesehen muß ich gegen den Bewunderungswürdigen den durch meine Mitschuld gedämpften Vorwurf erheben: Er, mein Mentor, hätte das, was ich heute weiß, damals wissen und sagen müssen. Ich war ein pudelnärrischer Mitläufer des exaltiert verehrten Blindwütigen.

Später lernte ich »das Unbekannte« kennen, den Babbitt-Christen und seine Welt, in Österreich, Deutschland und schließlich in Amerika. Heinrich Manns »Der Untertan« und Sinclair Lewis' »Babbitt« sind immer noch gültige Bücher.

Diese Babbittwelt war das Modell und Vorbild, wie ich endlich begriff, dem sich die aus Armut aufsteigende Judenschaft anzugleichen bemühte. Das Aufsteigen erzeugt eine gewisse Klettergeschicklichkeit, ein emsiges und rücksichtsloses Aufwärtsstreben. Dazu kam das von Angst unterminierte, penetrant anmutende Glücksgefühl, nach oben zu gelangen. Die Juden vermehren die Babbittwelt um diese Charakteristik. Und sie ist dadurch nicht schöner geworden!

Ich fügte diese beiden Kugelhälften zusammen, und das ergab die runde Welt der gesamten Bourgeoisie. Ich schrie nun noch lauter »écrasez le bourgeois« und gar erst, als ich die Lehren des historischen Materialismus gelesen hatte. Zum revolutionären Handeln entfachte mich der Sturm in mir und um mich herum nicht. Aber ein Maulheld meiner sozialen Entrüstung wollte

ich nicht werden. Mein bürgerliches Beharrungsvermögen und meine revolutionären Impulse fanden einen modus vivendi und führen seitdem eine Koexistenz in meiner Brust.
Jetzt gehen wir – Hanna und ich – auf dem Deck auf und ab. Wir sehen zum erstenmal israelische Matrosen. – Sie sehen wie Matrosen aus! Sie haben die durch die Art ihrer Betätigung geprägten Eigenheiten: Gang, Bewegung, Gesten, Gesichtsausdruck – wie Matrosen. Mir kam vor, als ob sie ihr Schiff mit nie auslassender Emsigkeit, ja Zärtlichkeit reinigten, polierten und die geringsten Farbsprünge immer wieder weiß überpinselten. Ich sah mit Bewegung einen neuen, erfrischenden Typus: den israelischen Arbeiter.
Herrlicher, schöner, wärmender Sonnenschein begleitete die Fahrt. – Wir lagen viel auf Liegestühlen. Hanna, die seit über dreißig Jahren von mir um viel Schlaf gebracht worden war, schlief nun viel. Immer wieder war sie später schlafen gegangen, als sie wollte und sollte, und früher aufgestanden, als ihr bekömmlich gewesen war. Die Stunden versäumten Schlafs addiert, würden Jahre ergeben.
Auch jetzt ist sie fest und tief auf ihrem Liegestuhl eingeschlafen. Mir wurde in der prallen Sonne zu heiß, und ich ging ins Spielzimmer, wo ein paar ältere, deutlich aus Europa stammende Juden, Schach spielten. Ich setzte mich an den Tisch zweier Spielender, die mich keines Blickes würdigten. Die Patina dieser Alt-Judengesichter, die mich mehr anzogen als das Spiel, fügte sich nicht ohne weiteres in die Modernität des Raumes.
Ich muß eine Weile gesessen haben, als Hanna in der Tür erschien; es sei zu rauchig im Spielzimmer, ich solle kommen. »Ich möchte das Ende der Partie abwarten«, antwortete ich. Hanna ging. Bei dem Klang meiner Stimme hatte einer der Spieler seinen Blick auf mich gerichtet und vergaß nun, den Turm, den er in der etwas gehobenen Hand hielt, auf eines der Schachquadrate niederzusetzen. Am Tonfall merkte ich den Berliner, und er hatte mich an dem meinen erkannt. Sein Partner, wie sich später herausstellte, ein Russe, drängte auf

hebräisch, weiterzuspielen. Der Berliner sprach auf berlinisch-hebräisch auf ihn ein. Den Russen interessierte das Gerede nicht. Mit der Worte fast überflüssig machenden Gestik vieler europäischer Juden versuchte der einstige Berliner dem Russen meine Prominenz anschaulich zu machen. Der Ostjude, völlig unbeeindruckt, winkte ungeduldig ab, und aus seinem Gebärdenspiel ging sein unbeirrbarer Entschluß hervor, weiterzuspielen. Die abschätzige Unduldsamkeit seines Gesichtes, der befehlshaberische Rhythmus seiner auf das Schachbrett klopfenden Hand und seine sonstige Gestikulation waren eine überzeichnete Nachahmung der Gebärden des Abgelehnt- und Abgewiesenwerdens, wie sie ihm widerfahren waren. Diesen Betrachtungen nachhängend, hörte ich nur zerstreut zu, als der Berliner gerührt meiner Leistungen in Deutschland gedachte. »Wie lange ist es her, daß ich Sie zum erstenmal spielen sah? Es war in der ›Wandlung‹.« Er fing an zu rechnen und sagte erbarmungslos: »38 Jahre!« Daraufhin verabschiedete ich mich und gab der Hoffnung Ausdruck, ihm noch öfter auf dieser Reise zu begegnen. Ich überließ ihn seinen rückblickenden Gedanken. Ein junger marokkanischer Jude vertrat ihn als Schachpartner des Russen.

Als ich an einem Spiegel vorbeikam, musterte ich mich. Ob ich so alt ausschaue wie der greisenhafte Mann, dem ich eben begegnete? Nach einigen Versuchen, das Spiegelbild zu retuschieren, gab ich das Spiel auf. Ich fand Hanna auf dem Deck wieder, im Liegestuhl dösend.

Wenn ich mir Hanna so begucke, brauche ich gar nicht viel an ihr herumzuretuschieren, um sie ganz jung zu sehen, wie sie damals in Berlin war, als wir schließlich in Greifweite zueinander geraten waren. Begegnet waren wir einander immer noch nicht, obwohl wir beide schon in Berlin lebten und arbeiteten, Hanna an der Volksbühne, ich an der Tribüne. Diesen Namen hatten Freunde und ich uns schon in Hamburg für ein künftiges, avantgardistisches Theater in Berlin ausgedacht. Nun probierten wir bereits jene »Wandlung« darin, an die sich der alte Berliner eben erinnert hatte. Ernst Toller hatte das Stück

im Gefängnis geschrieben, in dem er wegen seiner Beteiligung an der Münchener Revolution saß. Szenenweise hatte er das Stück aus seiner Zelle geschickt. K. H. Martin und mir machte es damals großen Eindruck. Ob es wirklich gut war?
»Hanna«, sage ich, »wir müßten ›Die Wandlung‹ wieder einmal lesen.«
»Wie kommst du so plötzlich darauf?« fragte sie erstaunt, mich mit ihren auch ohne besonderen Anlaß erstaunten Augen ansehend, die nichts von ihrer Mädchenhaftigkeit eingebüßt haben. Die Mädchen von heute staunen nicht mehr, wie Hanna heute noch staunt. Ihre 87jährige Mutter hat dieses Mädchenstaunen noch immer in ihren greisen Augen.
»Es ist gar nicht so plötzlich«, sage ich, und mit meiner mehr als dreißigjährigen Zärtlichkeit streiche ich wieder ihre Haare zurecht, die immer schon wie vom Seewind coiffiert aussahen. Jetzt, da er uns tatsächlich umweht, ist es nur noch wirrer und flattriger. Wenn ich ordnend darüber streiche, ist es meistens ein Vorwand fürs Darüberstreicheln, und es geschieht in der Erwartung, daß es nicht geordnet bleibt. –
»Ich denke an die Probenzeit in der ›Tribüne‹, Hanna.« Das war 1919.
»Wenn wir wieder in Berlin sind, werd' ich die ›Wandlung‹ lesen«, sagt sie, schon wieder einschlafend. Wenn sie »Berlin« sagt, meint sie im Augenblick München. In Hollywood New York. Hanna meint, sie sei jetzt erst so zerstreut. Es stimmt nicht. Ihr Zerstreutsein war schon eine Jugenderscheinung.

20. Kapitel

Hanna sah mich überhaupt zum erstenmal auf der Bühne in der Generalprobe von »Die Wandlung«, der sie aus ihrem großen Theaterinteresse beiwohnte. Was ich damals spielte, war ich selber: ein junger deutscher Jude und Rebell, in Konflikt mit der Welt um sich herum. Ernst Toller, wie aufgescheuchtes Jung-Juden-Wild, hatte schon damals die Witterung für noch ferne Jäger.
Karlheinz Martin als Regisseur war angelegentlich um einen äußeren, optischen Stil bemüht. Der Expressionismus auf der Bühne hielt seinen Einzug durch schiefe Türen, meistens ohne Wand. Der nur angedeutete Schauplatz wurde bizarr beleuchtet. Das Wort blieb unerhellt, wenn nicht der Schauspieler selber es beleuchtete.
Auf jener Generalprobe erzielte ich einen nicht überbietbaren Erfolg, den Erfolg meines Lebens: Hanna vergaß, daß sie selbst Vorstellung hatte und eigentlich nur für ein Stündchen gekommen war. Die Erinnerung daran hatte ich eitel, offenbar zu meinen Gunsten, bearbeitet. Ich bildete mir nämlich bis vor kurzem ein, Hanna hätte, weil von mir so beeindruckt, ihr Auftreten in der Volksbühne an jenem Abend überhaupt vergessen. Hanna aber rückte mir erst unlängst den Kopf zurecht: Sie wurde aus dem Zuschauerraum der Tribüne geholt und konnte im letzten Akt von Georg Kaisers »Gas« in der Volksbühne am Bülowplatz, ohne in dem vorigen aufgetreten zu sein, ohne jeden, auch nur expressionistischen Zusammenhang ausrufen: »Ich werde den neuen Menschen gebären.«
Der Premierenabend wurde als Ereignis betrachtet: Ein neues,

im Gefängnis geschriebenes Stück kam zur Uraufführung, ein neuer Regisseur, ein neuer Hauptdarsteller wurde dem Berliner Publikum offeriert. Und im Parkett saß der neue Kritiker des Berliner Tageblattes, der bisher nur im »Tag« geschrieben hatte und der mit der Kritik über diese Uraufführung sein Amt antrat: Alfred Kerr. Im Parkett saß auch Herbert Ihering, ehemaliger Regisseur der Wiener Volksbühne und nun, neben Emil Faktor, der junge, extrem moderne Kritiker des »Berliner Börsen-Couriers«.

Die Presse – vor allem Kerr – war außerordentlich. Nach dem Erfolg des Abends hörte ich mit einem Schlag auf, ein um sein Fortkommen Bemühter zu sein. Ich war ein von Theatern Umworbener geworden.

Erst von Martin erfuhr ich, wie es der jungen Schauspielerin Johanna Hofer auf unserer Generalprobe ergangen war. Ich war begierig, die junge, so beeindruckbare, so vergeßliche, sich so vergessende junge Ehefrau, die sie schon damals unsinnigerweise war, kennenzulernen.

Ich hatte, bevor ich in der »Wandlung« spielte, schon einen Vertrag mit dem Staatstheater, wie das ehemalige Königliche Schauspielhaus am Gendarmenmarkt nunmehr hieß, in der Tasche.

Das republikanisch gewordene Deutschland schien zur Ruhe zu kommen. Genau betrachtet, hatte die deutsche Revolution ein Bündnis mit der Armee zum Schutz gegen sich selbst geschlossen. Reichspräsident Ebert war ein nach oben verirrter Untertan und begnügte sich, in Ehren seines Amtes zu walten. Es hätte mehr bedurft. Den Militaristen, der politischen, geistigen Reaktion und der Großindustrie war er nicht gewachsen.

Leopold Jessner war ein langjähriges Mitglied der sozialdemokratischen Partei Deutschlands, war es seiner ganzen geistigen und charakterlichen Struktur nach. Sein ungewöhnliches Talent und seine triebhaften Intuitionen rissen ihn oft über diese engen Grenzen hinaus, sein Geltungstrieb und seine Hasenfüßigkeit jedoch brachten ihn immer wieder zur Staatsräson. Zu meinem Staatstheater-Engagement durch ihn kam es auf folgende, für den impulsiven Teil seines Wesens charakteristische Weise:

Als ich, noch in Hamburg, von seiner Berufung gehört hatte, fuhr ich aufs Geratewohl nach Berlin, um ihn, den ich dort wegen seiner Verhandlungen vermutete, irgendwie zu treffen. Abends angekommen, erfuhr ich, daß er ganz früh am nächsten Morgen nach Königsberg fahren werde, wo er bis dahin Intendant gewesen war. – Also war ich am nächsten Morgen am Bahnsteig, um Jessner dort über den Weg zu laufen, und ihm, der Aufführungen von großen Klassikern angekündigt hatte, meine heiße Sehnsucht, in ihnen zu spielen, so eindringlich mitzuteilen, daß er es selbst in der Eile der Abfahrt nicht überhören könne. Da ich nicht wußte, wie er aussah, begleitete mich Fürst, um mir, aus einem Versteck, den mir Unbekannten durch einen Wink kenntlich zu machen.

Jessner kam in der letzten Minute. Er lief den Zug entlang, um seinen Gepäckträger ausfindig zu machen. Ich lief neben ihm her und trug ihm keuchend mein Anliegen vor. Im Laufen, etwas amüsiert, meinte er, ich hätte einen geeigneteren Moment wählen sollen. Dann erspähte er seinen Gepäckträger, bestieg hastig den Waggon, da das Abfahrtszeichen schon gegeben wurde. Er erschien am Fenster, das er öffnete, um das Gepäck in Empfang zu nehmen, das der Gepäckträger hinaufreichte. Das geschah alles in größter Hast. Zwischendurch hatte er immer wieder einen Blick auf mich, den Klassikersüchtigen vor dem Zugfenster.

In der allerletzten Sekunde blickte er nochmals auf mich. »Gott, schauen Sie aus!« sagte er. – Der Zug setzte sich langsam in Bewegung – Jessner guckte immer noch auf mich, den jetzt neben dem Zug Einhertrabenden. Schließlich beugte er sich etwas vor und rief: »Gehen Sie morgen in die Dorotheenstraße. Dort kriegen Sie einen Vertrag. Ich gebe dem Büro telegrafisch Anweisung.« Dann winkte er und lachte mir erwärmend wohlwollend zu.

Ich blieb noch lange stehen und gaffte dem schon verschwindenden Zug nach.

Dieses Engagement, dessen Auswirkung sich schon in der nahen Zukunft als die inhaltsreichste Begebenheit in meinem Berufsleben erweisen sollte, verdankte ich unwiderlegbar meinem Äußeren.
Als ich am nächsten Tag in der Intendanz tatsächlich einen Vertrag erhielt, und zwar einen ganz außerordentlichen, hätte ich meinem Wiener Schauspiellehrer Meixner gern den Triumph meines von ihm einst geschmähten Aussehens mitgeteilt. Er war schon tot. Auch der Wiener Lilith hätte ich gern von dem Sieg meiner Häßlichkeit erzählt. Sie aber war vor einigen Monaten den durch einen Autounfall erlittenen Verletzungen erlegen.
Gertrud war auch in Berlin. Sie war an einem Vorstadttheater engagiert. Ihre Heiratswünsche waren inzwischen ziemlich nachdrücklich geworden. Mein Schauder vor der Ehe war jedoch unvermindert groß. Von ihr ablassen konnte ich auch nicht, denn Hanna war ich noch immer nicht begegnet.
Jetzt, 1958, auf dem Schiff, das uns nach Israel trägt, liegt sie in einem Deckstuhl neben mir. Der Schiffsgong ruft zum Mittagessen. Hanna hört ihn nicht. Sie ist fest eingeschlafen. Ich schaue sie lange an. Ich würde sie auf der Stelle wieder heiraten, dachte ich, der damals so Heiratsunwillige. Ich streichle ihr Haar wieder einmal zurecht. Etwas nachdrücklicher, denn ich war hungrig. Das kommt von der Meeresluft und der Gesundung. Hanna erwachte, wußte zunächst nicht, wo sie war, und staunte schließlich, daß sie war, wo sie war. Wir gingen zum Essen.
Auf dem Weg zum Speisesaal nahm ich staunend wahr, wie viele Berliner Theaterbesucher aus den zwanziger Jahren sich auf dem Deck eingefunden hatten, um mir »Schalom« zu sagen, das Grußwort der Israelis. Es entspricht dem arabischen »Salem« und heißt »Frieden«. Offenbar hatte sich meine Anwesenheit auf dem Schiff durch den Berliner Theaterbesucher herumgesprochen. Das Thema der Gespräche war das Berlin der zwanziger Jahre.
Der Speisesaal des Schiffes, das von Deutschen auf einer deut-

schen Werft gebaut worden war, hatte etwas anheimelnd deutsches in der Machart, akustisch belebt durch den jüdischen Stimmfall der amerikanischen, englischen, französischen und deutschen Juden. – Es gab auch ein rein deutsches Ehepaar in dem Kunterbunt der Mitreisenden. Sie, anheimelnd deutsch aussehend, mit dem Gehaben und den Augen einer Lebensgefährtin. Er, ein Deutscher, so recht nach meinem Herzen. Im Gespräch mit ihm kam ich sehr bald darüber weg, daß er ein höherer Regierungsbeamter war. Hochgebildet, aufgeschlossen, fuhr das Paar, sichtbar gerne und davon bewegt, nach Israel. Sie waren auch offiziell eingeladen worden. Es ist schön, auf der Fahrt nach Jerusalem solchen Deutschen zu begegnen.
Ein französischer Rabbiner, auch mit Frau, erregte erst meine Aufmerksamkeit und bald meinen Widerspruch. Mich ärgert bei Priestern, gleichviel welcher Konfession, die professionelle Andacht im Gesicht, auch in der alltäglichen Betätigung. Benimmt sich jedoch solch ein Berufsfrommer zu jovial-alltäglich, geht es mit seiner Gewandung nicht zusammen. Es ist schwer, ein moderner Priester zu sein. Der französische Rabbi zum Beispiel murmelte andachtsvoll das Tischgebet, während seine Blicke schon zu dem Hors d'œuvre schlichen, das serviert wurde. Und als er davon aß, hatte er noch das Gebet im Gesicht. Er erinnerte mich an einen katholischen Priester, den ich im Münchner Spatenbräu beobachtet hatte.
Es gab dann einen Meeresabend mit einem in die fernen kalten Wassermassen hinauftauchenden, weit und breit glühenden Sonnenball. Ich sah dem andachtsvoll zu. –
Immer näher arbeitete sich das von deutschen Händen geschaffene Schiff »Theodor Herzl« an Jeruscholajim, wie die Heilige Stadt im Alten Testament heißt, heran. Atavistisches begann sich in mir zu regen.
Übers Meer ging es, als ich Deutschland den Rücken kehren mußte; übers Meer ging es, als ich mich ihm wieder zuwandte; übers Meer geht es jetzt nach der Urheimat. Auf allen diesen Fahrten war Deutschland in meinem Kopf und im Herzen. Korrekter gesagt, Deutschland will mir nicht aus dem Kopf.

Auch jetzt nicht. Es schwimmt mit mir nach Jeruscholajim. »O Deutschland, bleiche Mutter«, schrieb Brecht, sein großer Sohn, der mir so nahe Deutsche. Mir wurde ganz fromm in der Erinnerung an diesen Gottlosen.

Auch Amerika war mir keine Fremde geblieben, war eines meiner Heimatländer geworden. Auch das zurückhaltende England. Seine mit dem Imperium großgewordene Sprache, in die Saft und Kraft von Kontinenten eingegangen war, hatte mir, dem im Angstschweiß seines Angesichtes während der vielen bedrängten Exiljahre rastlos und liebevoll um sie Werbenden, die Intimität versagt, die sie nur dem in ihr Geborenen gewährt.

Hanna war damals schwer von Deutschland weggegangen. In England, diesem milden, feuchtigkeitsgesättigten Land, träumte sie von Staub und von Regentropfen, die auf den staubigen Boden fielen, und mit dem Geruch, der dann entsteht, in der Nase, wachte sie auf und war voll Heimweh. Sie mochte Englisch nicht mehr hören, was mir, der ich mich Englisch zu sprechen so abmühte, die Rede verschlug. Seitdem aber ist eine Veränderung mit ihr vor sich gegangen. Überall will sie bleiben. Sie sehnt sich nach Seßhaftigkeit und träumt unverbesserlich davon, ein Heim zu gründen. Von England wollte sie später nicht fort, und auch von Amerika wurde ihr der Abschied schwer. Wo immer wir sind, möchte sie sich niederlassen. Selbst auf Ischia. (Nur nicht in Neapel.) Auch in Safed, in Israel. Ich hänge an allen Ländern meiner Exiljahre. Selbst in Brechts Welt, wie er sie sich vorstellte, könnte ich leben. Wer so viele Länder seine Heimat nennt, hat kein Vaterland, ist eben ein »vaterlandsloser Geselle«, der nur eine Muttersprache hat. Und die hat ihn. Und das Land, das sich in ihr so unverständlich machte, ist meine Sprachheimat. Ohne sich eine Atempause zu gönnen, stürzte sich dieses Deutschland, das trotz des unsinnig harten Versailler Friedensvertrages ein großes nationales Unglück hätte liquidieren können, in die Vorbereitungen für das nächste, noch größere Unheil. Der Vertrag von Versailles spaltete Deutschland in zwei Lager: Ein sich in die Folgen des

verlorenen Krieges fügendes Deutschland, bereit, die schwere Opfer auferlegenden Bestimmungen des harten Vertrages auszuführen und auf Milderung durch die Zeit und Verhandlungen hoffend. Ihm gehörten das liberale Bürgertum, das Gros der Intellektuellen, viele Sozialdemokraten und zum Teil das Zentrum, die kirchenbetonte deutsche Partei der Mitte, an. Im anderen, dem Revanche-Lager, sammelten sich die heimgeschickten, durch den Frieden berufslos gewordenen Generale und Offiziere, die militärischen Zivilisten, Chauvinisten, Monarchisten und die Großindustrie. Die kriegs-, daher arbeitslosen Offiziere und ehemaligen Berufssoldaten gründeten Geheimbünde.
Die sozialistische Masse war uneinig geworden, radikalere Elemente, im Aufruhr gegen die mit der Rechten paktierende Linksregierung, hatten sich in der neugegründeten Unabhängigen Sozialisten-Partei zusammengefunden, an deren Spitze Karl Liebknecht und Rosa Luxemburg standen. Viele Intellektuelle und Künstler sympathisierten mit deren Bestrebungen, die zum Schweigen gebrachten Forderungen der Revolution wieder aufleben zu lassen, vor allem aber, die geplante Wiederbewaffnung zu verhindern. Es gab bald auch eine diffuse intellektuelle Linke. Wie die Rechte gegen den Versailler Vertrag und seine Unterzeichner hetzte, so wandte sich die Erregung der Linken gegen die Droßler der Revolution, also gegen Ebert, Scheidemann und vor allem den Sozialdemokraten Noske, dem vorgeworfen wurde, er betriebe die Geschäfte der Reaktion und der Militaristen. Die Situation war jedoch keineswegs schon zugunsten der Reaktion entschieden. Die unter dem massiven Rechtsdruck sich radikalisierende Linke war noch nicht bezwungen. Sie konnte noch hoffen, die Rechte mußte sie noch fürchten. Schwankende Gestalten, die noch keine Vorstellung von der sich erst später herauskristallisierenden Macht der Rechten hatten, kämpften gemeinsam mit den Gemäßigten im linken Lager. Die Theaterleute waren vom Elan, von der revolutionären Rhetorik der aufbegehrenden, aufschreienden Unterdrückten gegen den Unterdrücker mit-

gerissen. Die Theaterwirksamkeit des Unterdrückers war damals noch nicht entdeckt worden. Hitler war noch nicht wirksam in Erscheinung getreten. Der Heil rufende Unheilbringer war gerade das siebente Mitglied der neugegründeten Deutschen Arbeiterpartei geworden, aus der dann die nationalsozialistische hervorging.

Wir vom Theater waren erschüttert und empört, als Karl Liebknecht und Rosa Luxemburg ermordet und in den Landwehr-Kanal geworfen wurden. Die Mörder waren rechtsradikale Offiziere. Wir Theaterleute, bis auf geringe Ausnahmen, waren gegen die Mörder. Wären aber rechtsradikale Offiziere ermordet worden, so wären wir wohl für die Mörder gewesen. Wir fingen also an, den politischen Mord zur Kenntnis zu nehmen und unser Gewissen für den Gebrauch von zweierlei Maßstäben zu adjustieren, für Attentate im Sinne unserer Überzeugung, und gegen sie verübte. Das alles wußten wir damals noch nicht, wir Anfänger im Kampfe bis aufs Messer.

Das Theater also gebärdete sich noch »links«, als die Rechte geheimbündlerisch schon ihren Sieg vorbereitete. Aus diesem chaotischen Gewoge wuchs die Jessnersche »Wilhelm-Tell«-Inszenierung. Sie war unzweideutig revolutionär und antinationalistisch. Attinghausens Satz: »Ans Vaterland, ans teure, schließ dich an« war demzufolge gestrichen. Mir war nicht wohl bei dem Strich. Die Masse, das Volk, bäumte sich gegen den Unterdrücker revolutionär auf. Tell, der Eigenbrötler, der Einschichtige, wurde im Laufe des Abends zum bejubelten politischen Attentäter.

Es sah am Premierenabend so aus, als ob die Vorstellung gar nicht bis zum Tell-Schuß gedeihen werde. Im Publikum waren Links und Rechts vertreten. Höhnende Zwischenrufe von dem reaktionären Teil, der schon das Bühnenbild laut beanstandete, wurden bereits am Anfang der Vorstellung hörbar. Ein Treppenrechteck, dessen vierte, dem Publikum zugewandte Längsseite fehlte, nahm die Breite der Bühne ein. Die ziemlich erhöhten Treppen führten – von hinten oben, rechts und links oben – hinunter auf die so eingekesselte Spielfläche. Der jeweilige Schauplatz wurde durch nur winzige Veränderungen angedeutet. Das erregte, damals neu, gegnerische Heiterkeitsstürme. Bassermanns heisere Stimme und völlig unorthodoxe Spielweise wurden laut nachgeäfft. – Er hatte sich im Gegensatz zur Konvention den Hodlerschen »Tell« zum äußeren Vorbild genommen.

Als ich am Abend ins Theater kam, um den Geßler, der erst spät im Stück erscheint, zu spielen, war die Vorstellung schon lange im Gange. Ich ging in großer Premierenspannung zunächst hinter die Bühne, um mich nach der bisherigen Reaktion auf diese erste Berliner Inszenierung Jessners zu erkundigen. Jessner kam mir gleich entgegen und sagte erregt, mit Bezug auf den Lärm im Zuschauerraum:

»Sie brauchen sich gar nicht erst zurechtzumachen. Wir müssen ja doch gleich aufhören.«

Ich hielt ihn für geistesgestört. Albert Florath, Jessners Regieassistent und inspiratorischer Geheimrat, kam unternehmungslustig und alkoholbeschwingt zu mir:

»Zieh dich an, wir spielen weiter. Unter allen Umständen.«

Was er sonst noch sagte, war nicht mehr vernehmbar. Der Protestlärm im Zuschauerraum und die gegen ihn ankämpfenden, immer wilder ihren Text brüllenden Schauspieler, machten ein Gespräch unmöglich.

Nachdem ich genauer hinhörte, merkte ich, daß das Getöse im Zuschauerraum nicht einheitlich war. Man konnte zwei gegeneinander tobende Gruppen unterscheiden. Seit Minuten spürte ich, wie sich der Kampfhahn in mir regte. Einige Schauspieler verließen die Bühne: sie wollten aufgeben. Florath, wie ein wachsamer Herdenhund, jagte sie zurück. Der Lärm wurde orkanartig.

»Schluß«, schrie Jessner. »Vorhang! Vorhang herunter!«

Gegen die wilden handgreiflichen Proteste Floraths sich wehrend, konnte der Vorhangzieher endlich den Vorhang mitten in der Szene fallen lassen. Jessner war ernsthaft entschlossen, die Vorstellung abzubrechen. Florath, Steinhäger konsumierend, opponierte:

»Lassen Sie doch noch den Kortner auf sie los.«
»Ja, lassen Sie mich 'raus! Spielen wir weiter!«
»Sie sind wohl auch betrunken«, schrie Jessner. »Schauen Sie sich doch das mal an!« Er führte mich zum Guckloch im Vorhang, durch das ich ein Schauspiel sah, so wild, so fanatisch, wie ich es in diesem Ausmaß nie wieder erlebt habe. Jessner, Florath und ich machten einander in Intervallen den Platz beim Guckloch streitig. –
Siegfried Jacobson, der Herausgeber und Theaterkritiker der Zeitschrift »Die Weltbühne« (damals noch »Schaubühne«), stand auf seinem Sitzplatz im Parkett und hatte eine Crescendoauseinandersetzung mit dem wild gehässigen Teil der Galerie, der simultan in einer kreischenden Beschimpfungsorgie mit den enthusiastischen Galerie-Besuchern sich erging.
Das Fortissimo-Meinungsaustausch-Geheul tobte von Rang zu Rang, hinab ins Parkett und wieder zurück, hin und her und kreuz und quer. Julius Bab sprang ebenfalls auf seinen Sitz und schrie mit. Kerr hielt sich die Ohren zu, der Kritiker einer rechtsgerichteten Zeitung schrie auf ihn ein. Wer von uns gerade Herr des Gucklochs war, berichtete im dramatischen Tonfall eines Sportreporters am Mikrophon. Um uns herum wurde der Halbkreis der Neugierigen immer größer. Schauspieler, Bühnenarbeiter, Dramaturgen, Beleuchter, Garderobiers, Statisten bildeten auf der Bühne eine Zuhörermenge, die dem vom Publikum agierten Schauspiel im Zuschauerraum mit Spannung folgte.
Florath hatte sich verdrückt und auf eigene Faust den Vorhang aufziehen lassen. Das Unerwartete dieses Coups bewirkte eine momentane Stille. Das Publikum auf der Bühne, vom plötzlichen Aufgehen des Vorhangs überrumpelt, stob, zum Amüsement des Zuschauerraum-Publikums, auseinander und floh nach allen Richtungen von der Bühne weg.
Die Vorstellung wurde wiederaufgenommen. Ich ging in meine Garderobe. Als ich kurz danach, angezogen und geschminkt für meinen nun nahen Auftritt als Geßler, hinter die Bühne kam, war der Skandal wieder in vollem Gange. Irgend-

ein Zuruf von der Galerie hatte ihn entfesselt. In wenigen Minuten werde ich auftreten müssen, vorausgesetzt, daß weitergespielt und im Getöse das Auftritts-Stichwort vernehmbar sein würde. Der völlig aufgelöste Jessner sah mich mit brechenden Augen an:
»Wenn die Leute Sie erst sehen, dann ist es ganz aus.«
Das war ein Hinweis auf meinen drastischen Aufzug und auf mein zornrot geschminktes Gesicht. Ich hatte so ziemlich alle Waffengattungen irgendwo an meinem Geßler baumeln. Und Orden hingen an ihm, wie an einem vorgeahnten Göring.
»Nehmen Sie doch wenigstens die Orden ab«, rief der nicht nur in der Verzweiflung kompromißbereite Jessner. Ich hielt schützend meine Hände über die Orden. Jessner schrie noch etwas, was aber von den Trompetensignalen, die an das Hupsignal des ehemaligen kaiserlichen Autos anklangen, übertönt wurde. Diese Trompetensignale lösten einen ohrenbetäubenden Skandal bei den Anhängern des davongelaufenen Kaisers aus, Gegendemonstrationen erfolgten.
Ich raste, übererregt, von allen nur möglichen Leidenschaften erhitzt, voll bewaffnet, ordengeschmückt, peitschenknallend, das »Treibt sie auseinander!« brüllend, auf die Bühne. Mir voran liefen Hellebardenträger, deren Eisenspitzen in die Volksmenge hineingestoßen wurden, um eine Gasse für den Landvogt Geßler zu erzwingen. Dabei gab es, inszenierterweise, Verwundete und Ohnmächtige, um die Grausamkeit des Fronvogts zu demonstrieren. Entrüstungsgebrüll aus dem Zuschauerraum über die, wie es dem Klüngel schien, übertrieben krasse Darstellung despotischer Gewalt. Meine damals heller Schmettertöne fähige Stimme fegte über diesen Lärm hinweg. Ich stürmte, peitschenknallend, nun bis an die Rampe vor, übersteigerte den schon höchstgesteigerten Ton und schrie, die Gegenschreie ignorierend, so lange in die Zuschauerhölle hinein, das »Treibt sie auseinander!« unzählige Male wiederholend, bis die Radaubande wie vor einem Vorgesetzten kuschte.
Bassermann stand da – ein tiefbeleidigter Großer. Seine hellen,

über die Ordinärheitsorgie fassungslosen Augen machten mich zum feuerspeienden Anwalt und Rächer des so Hochverehrten und so Tiefgekränkten. Er, der Heisere, war dem jungen, schäumenden Stimmathleten dankbar für die erschriene Stille, in der wir die große Apfelschußszene nun unmolestiert spielen konnten. Wir bebten beide vor Erregung, Spannung und Beherrschung. Es war das erste Mal, daß ich mit einem großen Schauspieler – in meinen Augen mit dem größten – auf der Bühne stand. – Schon auf den Proben war ich oft fassungslos über Bassermanns Vermögen, die klischeebedrohte Tellgestalt zu einem so echten, rührenden, unaufheblich heldischen, wahren Mannsbild zu erheben. Jetzt, in der gebändigten Siede-Erregung dieser Irrenhaus-Premiere, ruhig und gesammelt, auf so hoher Spannungsebene, wurde er so väterlich herzzerreißend, daß ich an meinen kurz vorher verstorbenen Vater denken mußte und vor hochquellender Sohnes-Dankbarkeit Bassermann schnellstens von seiner Qual hätte befreien und beruhigend streicheln mögen. Nun aber war ich doch Geßler, der Sadistenhund! Wie es mir gelang, das aufsteigende Weinen doch noch in Bestialität umzulenken, weiß ich nicht mehr. Es muß aber gelungen sein, denn als Bassermann nach dem Apfelschuß kniend seinen Buben umarmte und vom Überstandenen zermürbt und ermattet ohnmächtig hinplumpste, den Buben mit sich riß und ihn noch in der Ohnmacht umklammert hielt, und ich, grausiges Scheusal, später dann abging, brach ein im Theater selten gehörter Beifallssturm los, der das Weiterspielen minutenlang verhinderte.

Hinter der Bühne führte Florath, eine Flasche Feuerwasser in der Hand, einen indianerhaften Freudentanz auf. Ich wurde wie ein Dompteur bejubelt.

Die Siegesfreude erwies sich als verfrüht. Der Lärm der Opposition erwachte wieder und erreichte eine alles bisher übersteigende Klimax. Bassermann verließ im Protest die Bühne. Im halbdunklen Kulissenraum sah ich, wie er sich erschöpft auf einen Hocker setzte. Ich ging auf den gebeugt Sitzenden zu, um etwas Ermunterndes zu sagen. Der Lärm draußen hielt unvermindert an. Bevor ich Bassermann erreicht hatte, sprang er auf, lief über die Bühne, trat vor den wieder gefallenen Vorhang, und der sonst Heisere rief mit lauter, klarer Stimme: »Schmeißt doch die bezahlten Lümmel hinaus!« Schon sein völlig unerwartetes Erscheinen vor dem Vorhang hatte sich jene sensationsgefüllte Stille, mit der das Einschlagen einer Bombe erwartet wird, erzwungen. Bassermanns Beschuldigung, die Radaubrüder bekämen für ihr schändliches Verhalten Geld, hatte ihre Würde verletzt. Sie legten Wert darauf, wie aus ihren nun wieder einsetzenden Zurufen hervorging, unbezahlte Schweine zu sein. Ich glaube, sie waren eine freiwillige Avantgarde des sich erst regenden Vandalismus, das erste Rudel der Bluthunde, die auf Andersdenkende, anders Agierende, auf das »Artfremde« losgelassen wurde. Es war die braune Bestie, die im Schafspelz des kunstempörten Theaterbesuchers auftrat.

Bassermann kam zu mir, der hinter der Bühne Zeuge seines männlichen Aufbegehrens vor dem Vorhang war. Er war glücklich. Aber nicht, wie ich vermutete, über seine bewundernswerte Haltung, sondern über den Klang seiner Stimme, mit der er die Worte in den Zuschauerraum geschleudert hatte.

»Haben Sie gehört, wie klar meine Stimme war«, sagte der ewig Heisere. »Bei so was funktioniert sie – sonst nie.«

In der höchsten Entrüstung hatte er noch auf den Klang seiner Stimme geachtet. So sind wir!

Endlich griff die Polizei ein und machte den Fortgang der Vorstellung möglich. Bassermann betrat wieder die Bühne und begann den Monolog: »Durch diese hohle Gasse muß er kommen...« – »Wo ist sie?« schrie einer schrill, dem die Andeutung nicht genügte. Darauf Gelächter der Übel-, Empörungsrufe der Wohlgesinnten. Einer schrie: »Jüdischer Schwindel!« – »Jüdischer Schwindel!« wurde nun im Chor gerufen. Dann begann eine Saalschlacht. Die Liberalen und die Linken kämpften hart und erfolgreich. Sie waren die geborenen Saalkämpfer. Ein paar Jahre später, draußen auf der Straße, vergaßen sie die Waffen zu Hause und verloren die große Schlacht. Die Horde wurde von Publikum und Polizei aus dem Theater gejagt. Bassermann konnte nun fortfahren, bald seine Armbrust heben und Geßler mit einem wohlgezielten Schuß töten. Ich aber, der Geßler spielte, war von dem Zuruf ins Herz getroffen und rollte die vielstufige Treppe hinunter. Geßler war tot! Das an der Leiche vorbeiziehende Bauernvolk jubelte, sang, jauchzte und mit ihm das liberale Bürgertum und die intellektuellen Linken im Publikum. Nach dem letzten Vorhangfallen wurden Leopold Jessner und seine Schauspieler gefeiert, als wäre die an diesem denkwürdigen Abend zum erstenmal so unmißverständlich artikulierte Gefahr endgültig von uns niedergekämpft worden. Immer sich erneuerndes Trampeln, Bravochöre, jauchzendes Rufen unserer Namen. Neben dem des von mir ehrfürchtig geliebten Bassermann wurde meiner gerufen. Bassermann! Kortner! Hier erfüllte sich ein Knabentraum! Eine Klein-Moritz-Sehnsucht wurde Wirklichkeit. Nur ahnte der umjubelte Moritz nicht, wie schwer er verwundet worden war. Jene Schrecksekunde war vergessen. Wie denn anders! Im Überschwang seines Jubels kletterte das Publikum über die Rampe und füllte bald den Bühnenraum, und das Zuschauerparkett erhielt Zustrom von den Rängen und der Galerie.

Am nächsten Morgen war ich stockheiser, ich konnte nur noch einmal spielen und mußte in Gebirgsluft.

Die Presse war ein für mich kaum faßbarer Triumph. Kerr meinte, das ehemals Königliche Theater sei erst durch diese Vorstellung königlich geworden. Die Kritiken über mich waren so, als ob meine überschwengliche Mutter sie diktiert hätte. Ich sandte ihr ein kaum als verhalten zu bezeichnendes Telegramm über das Ereignis.

Bassermann wurde von der Presse abgelehnt. Ich war fassungslos und bestürzt darüber, daß ich gegen ihn ausgespielt wurde. Von meinem Gebirgsaufenthalt schrieb ich ihm, vor dem ich immer noch wie ein um ein Autogramm Bittender stand, einen Brief, in dem ich, jung und stürmisch, das Urteil über ihn als

Justizmord anprangerte und sagte, daß das Lob über mich mir mehr bedeutet hätte, wenn ich es mit ihm hätte teilen dürfen. Ich unterschrieb als »der zutiefst beschämte, Sie verehrende Fritz Kortner«. Ich möchte das in jugendlichem Überschwang Geschriebene nach allem, was ich auf den Theatern zweier Kontinente gesehen habe, als meine gereifte Altersmeinung wiederholen und bekräftigen.

Nach dem Abendessen, auf dem Deck der »Theodor Herzl«, unterhielt ich mich mit einem Reisegefährten. Wir sprachen, wie immer wenn ehemals deutsche Juden auf dieser Reise miteinander ins Reden kamen, über die deutsche Vergangenheit. Die Ruhrbesetzung, wie wir uns erinnerten, hatte damals im politischen Bewußtsein der Deutschen und insbesondere in dem der nationalistisch-chauvinistischen Kreise eine dominierende Rolle gespielt. An ihr entzündete sich die Anti-Friedenspropaganda, die schon vom unsinnig harten Versailler Friedensvertrag ausgelöst worden war. Die wieder höchst militant klingenden Kundgebungen setzten sich weniger einen frühen Abzug der fremden Truppen, deren Aufenthalt sowieso zeitlich begrenzt war, zum Ziel, als vielmehr die Aufstachelung der Massen. Denen wurden die von fremder, teilweise farbiger Soldateska an der Ruhrbevölkerung verübten Schikanen immer wieder geschildert und immer übertrieben.

Die zweite »Tell«-Aufführung, der veränderten Windrichtung widerstandslos folgend, war eine völlige Abkehr von der des Jahres 1919, obwohl Leopold Jessner wieder der Regisseur war. Als Verbeugung vor der an Einfluß auch im kulturellen Leben zunehmenden Reaktion breitete Jessner realistische Grasteppiche auf die Treppen, die nur etwas niedriger waren als die originalen. Auf diese Weise glaubte er den noch nicht völlig entmachteten fortschrittlichen Intellektuellen entgegenzukommen, mit denen er es sich nicht ganz verderben wollte, aber auch das ihn dirigierende Kultusministerium zu besänftigen. Über die Treppen war Gras gewachsen. – »Ans Vaterland, ans teure, schließ dich an«, diese in der ersten Inszenierung gestrichene Stelle des Attinghausen wurde nicht nur wieder gesprochen, sondern der Sprecher wurde auf einen Podest gesetzt und durch volles Scheinwerferlicht denkmalhaft heroisiert. Die revolutionären Akzente drückten nun nicht mehr den Kampf gegen die Herrschenden aus, sondern gegen die fremde Besatzungsmacht im Lande. Geßler war nicht mehr der Drangsalierer der Bauern, sondern nur noch der gewalttätige Vertreter einer fremden Militärmacht. Aus den Bauern waren Patrioten geworden. Diese Wirkung ließ sich durch Hervorkehren und Unterdrücken gewisser Stellen sowie durch Weglassen anderer erzielen. Und wie wurde sie erzielt! Am Schluß der zweiten »Wilhelm-Tell«-Premiere im Jahre 1923 sang das Publikum stehend das Deutschlandlied.

Wahrscheinlich war sich Jessner der Tragweite seiner Abweichung vom ideologischen und künstlerischen Prinzip der ersten »Tell«-Aufführung gar nicht voll bewußt. Wahrscheinlich hatte er die Entwicklung der politischen Verhältnisse unterschätzt und stand plötzlich vor einem Wendepunkt. Labil und schwankend wie er war, verlor er den Kopf und stolperte erschreckt und zu weit in die andere Richtung, wohl auch in der Hoffnung, seine nach außen glanzvolle Position zu halten.

Ich war von dem Umschwung betroffen. Die politischen Ereignisse, die zu ihm geführt hatten, entgingen mir zwar nicht völlig, aber ich hatte sie aufgenommen, als ob sie auf einem anderen Kontinent stattgefunden hätten. Ich war wie abgedichtet nach außen durch das Werden und Sichformen meines Lebens, das in seine entscheidende Phase getreten war. Die krasse Gegensätzlichkeit der beiden »Tell«-Aufführungen springt mir erneut, und erst jetzt in ihrer vollen Tragweite, in die Augen, die nun die ereignisvollen Jahre, die zwischen ihnen lagen, abzusuchen beginnen.

Im März 1920 war die Premiere von Wedekinds »Marquis von Keith«. Ich spielte die Rolle mit auf den Proben heiser geschriener Stimme. Die Hürden des kühnen Stückes sollten in der Blütezeit des Expressionismus im Rase-Fortissimo genommen werden. Meine Heiserkeit erzwang eine subtilere Behandlung der geistvoll-galligen, ironisch-wuchtigen Sprache.

Vielleicht waren meine geröteten Stimmbänder das Glück der Aufführung.

Als wir nach der Premiere das Theater durch den Bühneneingang verließen, erfuhren wir beim Einsteigen in ein Taxi von einem rechtsradikalen Putsch, der am Abend veranstaltet worden war und nun die Straße beherrschte. Der Kultusminister war mit meiner Mutter in der Loge gesessen. Auch die anderen Minister wurden der sich schnell ausbreitenden Revolte erst auf der Straße gewahr.

Am nächsten Morgen mußte die Regierung vor dem »Kapp-Putsch« nach Stuttgart und Dresden fliehen. Im Hochgefühl ihrer großen, noch ungewohnten Positionen und in ihrem falschen Sicherheitsdusel wurden auch die Regierungsmänner erst aufgestört, als die Schüsse knallten. Wir alle hatten die Gefahrfühler eingezogen und den animalischen Sicherheitsinstinkt, um unser unterhöhltes Behagen besorgt, eingeschläfert. Der Putsch wurde hauptsächlich durch den unsere Bequemlichkeit behelligenden Generalstreik der Arbeiterschaft unterdrückt. »Immer machen sie einem Scherereien, diese Arbeiter«, schimpfte meine Mutter, die nicht nach Wien zurückfahren konnte, da auch die Eisenbahner streikten. Ernst Deutsch und ich gerieten auf der Straße in eine Schießerei. Es knatterte nur so hinter uns Laufenden her. Als Schutzmaßnahme stellte Deutsch den Mantelkragen hoch. Darüber mußte ich trotz Angst und Gefahr lachen. Dann warfen wir uns mit den anderen Passanten in den Straßenkot. Dort lachte ich weiter, weil Deutsch einen neuen Mantel trug. Schließlich lachte er mit. Wir glaubten nicht an eine Lebensgefahr, am Boden nicht und später auch nicht. Wir wußten nicht recht, wer auf wen schoß. Politische Auseinandersetzungen waren damals noch nicht genügend meine Sache, geschweige denn die von Ernst Deutsch; und solche, die in Schießereien ausarteten, schienen sich völlig außerhalb unseres Lebensumkreises abzuspielen. Nun wir so lächerlich, so chaplinesk physisch einbezogen waren, war es uns, als ob wir unvermutet in Filmaufnahmen geraten wären. Straßenkämpfe, drohende Massen, schießendes Militär sind

für uns von Bühne und Film nur Szenen. Man liest sie im Stück oder Drehbuch und spielt in ihnen auf der Bühne und im Film. Die optimale Annäherung an die Realität ist die, darüber in der Zeitung zu lesen.
Der Streik, der unsere komfortablen Lebensgewohnheiten störte, war endlich vorüber. Meine Mutter fuhr nach Wien zurück, in der nicht korrigierbaren Meinung, die Reichswehr hätte auf die Arbeiter geschossen. »Mit Recht«, sagte sie, »im Geschäft hat man auch immer Ärger mit ihnen.« Ein viel klareres Bild hatte auch Deutsch nicht, der froh war, wieder Taxi fahren zu können. Ich aber erfuhr von Jessner, daß die Reichswehr auf die Kapp-Putschisten geschossen hatte, daß also die Armee nicht gegen die Arbeiterschaft vorgegangen war. Jessner, ein echter Sozialdemokrat, war stolz auf die Armee und Arbeiterschaft. Sein Herz schlug für beide, und er hatte sein Verständnis für nationale Belange und für das Gebot der Stunde. So geriet er auf den Weg, der zur zweiten »Tell«-Aufführung führte.
In Deutschland, hieß es immer wieder, gäre es. Man gewöhnte sich daran, es zu hören. Die zurückgekehrten Soldaten wußten nicht, wohin; das war eine nicht wegzudisputierende, bedrückende Tatsache. Unserem Kreis hatte sich auch Rudolf Forster zugesellt. Sowie politisiert wurde, drückte sein schönes Aristokratengesicht distinguierte Langeweile aus und gleiche Verachtung gegenüber dem Für und Wider.
In einem Anfall von kindischer Großmannssucht hatte ich einen Diener engagiert. Er war einer von den Millionen Zurückgekehrten. Er war aufsässig radikal. Ob links oder rechts, wußte er noch nicht. Eine Zeitlang war er mein politischer Kommentator. Er meinte, Kapp und Ehrhardt wären zu weit und zu früh vorgeprellt. Deshalb wurden sie von der Reichswehr zurückgepfiffen und, als sie nicht parierten, beschossen. Er verhöhnte mich, der ich glaubte, die Armee und die Arbeiterschaft seien einander nähergekommen. Das sei Quatsch, meinte er. Die Generale – und auf die schien er es besonders abgesehen zu haben –, hätten den Generalstreik

gebraucht. »Jetzt schießen sie nach links«, sagte er bitter mit Bezug auf die Arbeiterrevolte. In Bayern wurde die mehrheitssozialistische Regierung abgesetzt und eine von Kahr gebildete folgte. »Und der Herr von Kahr packelt mit den Braunen. Den Völkischen Beobachter weigert er sich zu verbieten. Machen Sie sich nichts vor. Die kriechen eines Tages alle unter eine Decke.«

Das törichte Leben aber ging weiter. Hanna und ich probierten ein Liebesehepaar in Crommelincks »Maskenschnitzer«. Ich sah nicht über Hanna hinaus, die noch von mir wegguckte und ganz in ihrer Rolle aufging. In dem Stück war sie so rührend, daß ich auf der Bühne ihr bezauberter Zuschauer wurde. Hanna hatte einen ganz großen Erfolg. Ich einen Mißerfolg. – Das Stück wurde nach drei Vorstellungen abgesetzt. Die dadurch enttäuschte Hanna befragte Jessner nach der Ursache. Er erklärte ihr, er könne den Schauspieler, auf den er sein Theater aufgebaut habe, nicht länger so fehl am Platze auf dem Spielplan lassen. Hanna, obwohl beruflich benachteiligt, sah das ein. Für einen durchgefallenen Schauspieler ist nichts schwerer zu ertragen als der gleichzeitige große Erfolg seines Partners. Ich war darin nicht um ein Haar besser. Hanna gegenüber jedoch blieb dieses Ressentiment zu meiner Verblüffung aus. Besorgt sprach ich mit Ernst Deutsch darüber. Er wollte mir diese auch ihm unverständliche Reaktion nicht glauben.

Schließlich meinte er, dann könne ich Hanna auch gleich heiraten.

Ich aber war monatelang vor den Kopf geschlagen – nicht weil Erzberger, der Mann der Mäßigung und Verständigung, einem Attentat zum Opfer fiel – sondern weil ich um eine Frau kämpfte, die zu einem Typus gehörte, den ich eigentlich nicht mochte und über den ich gewitzelt hatte. Hanna war aus Überzeugung spartanisch. Ihre Art, sich unkleidsam zu kleiden, erregte meinen Widerstand.

Mein Vater hätte seine ungetrübte Freude an Hanna gehabt. Ich hatte eine zunächst getrübte. Ich, mit der indianerhaften

Sehnsucht nach Glitzern, Funkeln, nach Gold, Brillanten, war an eine Frau geraten, die von alldem nichts wissen wollte. Ich sollte auf das Urrecht des Mannes verzichten, seine Frau zu schmücken. Was soll ein so plötzlich Hochgeschossener mit einer so tiefstapelnden Frau anfangen? Nun, da ich mir Glanz leisten konnte, sollte ich's nicht. Wäre ich, auf den Eleganz und Glamour eine solche Anziehung ausübten, nicht durch einen Unterstrom immer wieder zu ihr zurückgetrieben worden, mein so anders gerichteter Schönheitssinn hätte mich in die Irre geführt. Der unterschwellige Zwang jedoch hieß mich, mir die unmodische, glanz-kitsch-abholde Holdheit hinter der Heilsarmeemaskerade anzueignen, die zu würdigen ich erst später imstande sein würde.

Hannas Herkunft war verschieden von der meinen. Trotz all der unbürgerlichen Freiheiten, trotz der künstlerischen Atmosphäre des Elternhauses, in dem musiziert, gemalt, viel gelesen und diskutiert wurde, war der Geist der freireligiösen Gemeinde, aus der Hannas Vater und Mutter kamen, spürbar geblieben. Hannas Introversion und die Neigung, den inneren Tumult äußerlich zu neutralisieren, stammten daher. Das exzessive Befassen mit dem Äußeren, mit Kleidern, Frisuren, Make-up, meinte sie, bringe schließlich einen häßlichen Zug auch in ein schönes Frauengesicht. Doch kam sie mir langsam und scheu-bockig entgegen, während sich mit meiner Art des Sehens nach und nach eine Wandlung vollzog.

Allmählich lachte ich über modebetörte Frauen, die, sagen wir, einem extravaganten Hut hörig, sich von ihm, gegen ihre Wesensart, Kopfhaltung, ja Gesichtsausdruck, diktieren ließen, so daß sie Hut-dominiert und schließlich »ganz Hut« wurden.

Hanna hat nicht die malerische Gabe ihrer Mutter oder ihrer Tante, der Käthe Kollwitz, aber sie hat etwas von dem Blick eines in dieser Richtung Veranlagten. Ich glaube, es war der Einfluß ihrer Art, daß ich bisher nicht Gesehenes zu schauen, daß mein Auge zu verweilen begann. Kontemplatives Betrachten trat an die Stelle des hastigen Aufschnappens. Eindrücke, so erworben, hafteten, unterrichteten mich.

Nie hatte ich auf einer Reise, bevor mir die Augen so aufgegangen waren, die Ruhe des Schauens gehabt wie jetzt auf dem Wege nach Israel. Ich war, sensationslüstern und eiligen Blickes, an allem vorbeigesaust. Nun verfolgte ich mit gesammelter Ruhe den langsamen Farbwechsel, die beinahe nur mit dem inneren Auge wahrnehmbaren Übergänge. Auf dem Deck liegend, belauerte ich sie stundenlang. Lichtbrechung, die Luft und das himmelgefärbte Wasser des Meeres waren inzwischen uneuropäisch geworden. Die sich ineinander spiegelnden Farben kündigten den nun nicht mehr fernen asiatischen Kontinent an.

Kaum aber schloß ich die Augen, glitten meine Gedanken wieder in die andere Richtung, zurück nach Europa, nach Deutschland, meinem Deutschland der zwanziger Jahre, nach Berlin, zu Hanna, die zweigestaltig nun um mich war: die langjährige Lebensgefährtin, die mit mir fuhr, auf dieser Fahrt wie auf allen, den schönen, freiwillig geplanten und auf denen der Flucht; und die junge Hanna, die ich langsam dazu bewog, diese ungewisse Lebensfahrt mitzumachen. Die Ärmste fühlte sich noch recht unglücklich angesichts des drohenden neuen Glücks. Ich ließ nicht von ihr, der schon Verheirateten, und auch nicht von Richard III., den mir ebenfalls ein anderer streitig machen wollte.

Großzügig und gleichzeitig nutznießerisch war Jessners Bereitschaft, mich schon an den Vorbereitungen zu seinen Inszenierungen mitarbeiten zu lassen, meinem keimenden Regietalent ein anonymes Mitbestimmungsrecht einzuräumen.

Jessner hatte für »Richard III.« die Grundvorstellung, die ich von diesem Stück hatte, akzeptiert. Schon meine Bubenphantasie hatte sich Karriere immer als Aufstieg über viele Treppen – hinauf bis in schwindelnde Höhen – vorgestellt. Und der Fall von oben war ein Kindheitsangsttraum. So brachte ich zum erstenmal eine Dekorationsskizze – da ich nicht perspektivisch zeichnen konnte – mit Hilfe von Erich Engel zu Papier, der inzwischen als Regisseur nach Berlin gekommen war. Auf dem Auf und Ab der Treppen sollten sich Glück und

Ende Richards abspielen. Im rasenden Tempo, im Sprach-Galopp mit verhängten Zügeln, Gewissensbisse, Menschen, Hindernisse niederreitend, tobte Richard zur Macht empor. In jedem Satz war dieses Fernziel. Die Kostüme gaben kein Zeitbild, die Dekoration kein Kolorit der Periode. Alles war der Machtbegierde unterstellt. Jessner war ein Meister der Verengung, der Verknappung, der lapidaren Sinngebung. Satzbogen rollten ohne Verzögerung, ohne Verästelung die Einbahnstraße entlang. Was sich im Stück dem widersetzte, wurde gestrichen. Wir probierten ohne Unterlaß, ich noch nach den Bühnenproben mit den Schauspielern in meiner Wohnung, nächtelang! Als ich nach der Premiere in Gegenwart der Mitfeiernden schließlich auf meiner Couch erschöpft einschlief, sollen meine Knie, so erzählte man mir, im Schlaf noch die Bewegungen ausgeführt haben, mit denen ich das Wegreitenwollen des panischen Richard auf der Bühne angedeutet hatte, als er »Ein Pferd, ein Pferd!« schrie.

»Sie mögen dich sehen mit meinen Augen und hören mit meinen Ohren«, hatte meine Mutter zu jener Premiere telegrafiert, und es schien, als ob ihr Wunsch in Erfüllung gegangen wäre. Meine Erinnerung daran hat keine Realität, sie behielt nur etwas Brausendes, Orkanartiges, mit Hanna in der Seitenkulisse. Ihre Augen gingen mit mir durch alle Szenen. Sie war die Lady Anna. Das rasende Tempo war nicht ihre Sache. Sie blickte erschreckt ihren eilig gesprochenen Sätzen nach. Ich aber war auf dem großen Beutezug an jenem lebensheißen Abend: Richard erwies sich auch als glücklicher Brautwerber.

Marquis von Keith und Richard waren beide Paradestücke des expressionistischen Theaters geworden. Shakespeares »Macbeth« ist von anderer Art. Ich spürte es, wollte keine Treppen und nicht die grelle Beleuchtung, nicht die scharfen Umrisse in diesem nebelverhangenen Stück. Aber Jessner ließ nicht von den Treppen. Sie seien seine Weltanschauung, hatte er in einem Interview erklärt, und er mußte nun zu ihnen stehen und ich auf ihnen herumklettern. Jessner, verstimmt durch Gerüchte über meinen Regieeinfluß, versperrte sich gegen mich. Wir kopierten nur noch uns selber – und versagten. Ich, der mit breiten Scheuklappen Vorwärtsstürmende, hielt plötzlich inne. Mir ging nach und nach auf, daß, worüber der Expressionismus hinwegfegte, im »Macbeth« dasein mußte, daß hinter den Sätzen dieses Stückes, im Halblicht, Dinge liegen, die erfaßt werden müssen. Richard und auch der Keith ließen in rasender Vorwärtsbewegung hinter sich, was ihnen in den Weg kommt, auch ihre Mitspielenden. Macbeth ist aus anderem Stoff. Alles um ihn lebt und umkreist ihn. Er ist ein Verfangener und Gefangener, der aus dem Nebel und der Verführung tappen will und sich ausweglos verirrt. Ich bin nie dazu gekommen, diese Rolle wieder zu spielen. Gern hätte ich's noch einmal gewagt. Mir war damals durch unser Versagen vieles aufgegangen. Ich mußte zurückholen, nachholen, wenn ich den Vorsprung, den meine Erkenntnis vor meinen schauspielerischen Mitteln gewonnen hatte, einholen wollte. Die Sprache darf nicht Selbstzweck sein. Sie muß beim Nachschaffen auf der Bühne – wie vorher dem Autor – ergänzender Ausdruck werden. Das Rendezvous ist zu spielen zwischen der Entstehungszeit des Stückes, der Zeit, in der es spielt, und unserer Zeit, deren Licht sein Gewebe durchleuchtet und das noch Lebensfähige vom Abgestorbenen absondert. Das ergibt das Leben und auch den Stil der Aufführung, der nie in leichtfertige Stilisierung ausarten dürfte.

Diese paar Sätze umschließen einen jahrelangen, auch heute noch nicht abgeschlossenen Prozeß des Klarwerdens, in dessen Anfangsjahren Hitler und Ludendorff sowohl die bayerische als auch die Reichsregierung zu stürzen versuchten. Der Putsch wurde unterdrückt, und Hitler, in eine komfortable Haft gesetzt, schrieb »Mein Kampf«. Im Zeichen meines Abscheus vor dem Hitler-Regime, meiner Abkehr vom Expressionismus und im Verfolg meiner begonnenen Entwicklung stand mein Othello. Ich gewann auch Jessner für eine bewegende und nicht überrumpelnde Spielart, und unser Einverständnis war wiederhergestellt. Hanna war Desdemona. Wir spielten Othellos

Ankunft auf Cypern, nebeneinanderstehend, ohne einander zu berühren, ohne einander anzusehen. Ich war ihr ein zärtlicher Mörder, trug die Tote auf meinem Arm, legte sie auf meinen Schoß und starb so.
Lange bewahrte ich einen Liebesbrief. Auf ein Programm geschrieben, wurde er mir während der Othello-Premiere in die Garderobe gebracht. Er lautete: »Ich küsse Ihr Herz. Siegfried Jacobsohn.« Er war ein tonangebender und gefürchteter Kritiker.
So in Atem gehalten von dem, was in meiner Sphäre vor sich ging, empfand ich die politischen Kommentare meines politischen Dieners als Behelligung. Mich faszinierten die Vorstöße der Männer der Mitte und der Linken: George Grosz, Bert Brecht, Leonhard Frank, Heinrich Mann, Lion Feuchtwanger, Einstein und andere. Brechts »Trommeln in der Nacht« hatten den Kleistpreis bekommen. Es bestand noch die Möglichkeit, das Steuer herumzureißen. Die Siegerstaaten würden schon einsichtsvoller werden und die Reparationskosten, die auf Deutschland lasteten, herabsetzen.
Mich enervierte mein Diener. Er war ständig um mich mit reinem Besserwissergesicht. Was immer ich in Auseinandersetzungen mit ihm anführte, er grinste überlegen. Auch meine Tischgespräche mit Freunden kommentierte er mimisch beim Auftragen des Essens. Mir verging der Appetit, und ich entließ ihn. Wahrscheinlich hatte er recht gehabt. Aber beim Servieren die keineswegs schmackhafte Wahrheit von einem unsympathischen Gesellen, noch dazu bezahlterweise, mitaufgetischt zu bekommen, erschien mir wahrheitsflüchtigem Arbeitgeber zuviel. Dieser Diener hatte die Herren bei der Offiziersmesse bedient. Hätte er der Wahrheit über Militär, Krieg und dessen Ursache dort ebenso unmißverständlichen Ausdruck gegeben, er wäre standrechtlich erschossen worden.
Als die Höhe der Reparationsziffern zum erstenmal in der Zeitung genannt worden waren, las ich sie erschrocken Ernst Deutsch vor, der damals schon beträchtlich im Film verdiente. Er meinte: »Da wird Ebert viel filmen müssen.« Ich lachte und

gab mich damit zufrieden, bis ich Jahre später durch den Schrei »Erfüllungspolitik« der Rechtsradikalen erschrocken aufhorchte. Was war geschehen? Das Londoner Ultimatum hatte die Annahme der bisher als unerfüllbar erklärten Reparationsforderungen erzwungen. Rathenau, inzwischen Außenminister geworden, mußte sie zu erfüllen versuchen. Rathenau war Jude.

Als Jessner, der instinktiv konformistische, den unglücklichen Plan faßte, Grabbes »Napoleon« zu inszenieren, weigerte ich mich, die Titelrolle zu spielen. Die Blücher-Verherrlichung in dem Stück schien mir denn doch zu sehr im Gegensatz zu den antimilitaristischen Bemühungen der Mitte und der Linken zu stehen. Darüber kam es zu einem argen Zerwürfnis zwischen Jessner und mir. Ich blieb fest. Ein anderer, schon verblassender Star, Hartau, wurde Lückenbüßer.

Bald nach der Premiere wurde Rathenau von Fememördern erschossen. Am Abend jenes Unheiltages schlich Jessner ins Theater und strich die Blücherszene.

Nun war ich hellhörig geworden. Ich rückte dem in Philosophie versenkten Erich Engel, der die Ereignisse in großen historischen Zusammenhängen zu sehen bemüht war, noch näher. Seine philosophischen Studien ließen ihm gerade noch genug Zeit für seine unaufheblichen, aufrichtigen, durchgeistigten Inszenierungen. Durch ihn hatte ich Brecht kennengelernt. An einem meiner Vortragsabende las ich sein Gedicht »Der tote Soldat« vor. Es warf die Leute um. Ich mußte es zweimal lesen.

Um den Applaus auf dessen Urheber zu lenken, deutete ich auf Brecht, der dünn und unansehnlich unter den Zuhörern saß. Der Applaus schwoll zu einer Ovation für den noch unbekannten großen Dichter an. Die Hoffnung wußte sich immer wieder Nahrung zu beschaffen. Gegen solch einen Applaus kamen die Nachrichten von Fememorden und das offene Geheimnis der Remilitarisierung nur schwer auf.

Ich setzte meine Rezitationsabende, die sich auf die großen humanistischen Geister der Weltliteratur stützten, fort, in der kindischen Hoffnung, sie könnten sich zugunsten der guten Sache auswirken.

Den populärsten Erfolg erzielte ich mit einem Abend, an dem ich aus dem deutschen Bier-Comment und aus einem Büchlein des Hofpredigers Kaiser Wilhelms II. vorlas. Es hieß »Hurra und Halleluja«, enthielt gebetartige kriegerische Verse und blutdürstige Predigten.

Mit Erleichterung hörten wir, daß Stresemann, der eine Regierung der großen Koalition gebildet hatte, erfolgversprechende Annäherungsversuche an Frankreich gemacht und mit dem großen Europäer Briand Freundschaft geschlossen hatte. Stresemann hatte die Weitsicht, sich nicht ausschließlich westlich festzulegen, er strebte auch die Verständigung mit Rußland an. Wir stimmten ihm bei, nicht aber die immer mächtiger werdende Rechte. Stresemann, unsere neue Hoffnung, war für die Todfeinde der Weimarer Republik der Todfeind geworden. Leider war er schwerkrank.

Als aber selbst Stresemann die Rechts- und Linksradikalisierung nicht aufzuhalten vermochte und dieser bedeutende Staatsmann es zu keiner wirklichen Popularität brachte, dämmerte mir, daß eine ruhige, evolutionäre Fortschrittsentwicklung im Schwinden begriffen war.

Hitler wurde vorzeitig aus der Haft entlassen. Ein ungeheurer Auftrieb für die Nationalsozialisten und eine Warnung für die Mitte und die Linke. Das Vertrauen, daß die herkömmlichen Regierungsformen stark genug wären, unsere Generation vor Katastrophen zu schützen, schrumpfte zusammen. Aus Angst vor neuen furchtbaren Erfahrungen, wie die durchlebten aus dem ersten Weltkrieg, rotteten sich inflationsgeplünderte angstvolle Einzelne mit anderen Verängstigten zusammen. Rudelweise war man stärker als allein, zusammen hatte man weniger Furcht. Aus solchem angstbedingten, herdenhaften Zusammendrängen erwuchs in wenigen Jahren der Kollektivgeist und eine mürrische Hordenungeduld. Die gestauten Umsturzenergien drängten nach radikalen Lösungen. Die einen suchten sie in der Sammlung links, die andern in der extremen Rechten. Die Mitte stand angstblökend dazwischen. Und doch heirateten Hanna und ich. Es hätte schlimmer um die Zukunft Deutschlands stehen können, wir hätten's getan. Erich Engel und Hannas Freundin Sonja waren Trauzeugen. Hanna wurde schwanger.

Die großen Einnahmen, das applausfreudige Publikum, Barnowskys Kotau vor dem Erfolgreichen, waren nun das Opiat. Ich spielte bei ihm Strindberg und Shaw. Neue Erfolge auf neuem Gebiet betäubten erneut die so ungern wachen Sinne.

Max Reinhardts Groll über das viele Jahre zurückliegende Ausscheiden des unbekümmert Unmündigen war verraucht. Doch – so war anzunehmen – konnte der große Theatermann es schwer ertragen, daß wir nun als seine Überwinder gepriesen wurden, wie einstens er als der des Hoftheaters. Als er mich einlud, bei der sensationell aufgemachten Eröffnung des Josefstädter Theaters in Wien, das er neben seinen Berliner Theatern zu führen beabsichtigte, mitzuwirken, fragte ich mich mit Spannung und Erwartung, ob es nur mein zugkräftiger Name war, der ihn zu seinem Angebot bewog, oder ob ihn die von uns beschrittenen Wege lockten. Es kam zu einigen schönen Proben von »Kabale und Liebe«, während welcher er großzügig ein jahrelang bestehendes und erfolgreiches Arrangement für meinen Wurm umstieß. Doch wurde dieses freiheitlich revolutionäre Stück durch zuviel Barock neutralisiert. Der renovierte Zuschauerraum mit seinen altvenezianischen Lampen, Türen, Bildern war von so stark absorbierender Schönheit, daß der Zuschauer, bevor der Vorhang hochging, eindrucksgesättigt war. Es schien, als ob die plüschgepolsterten Wände mit einer besonderen Abdichtung gegen die Außenwelt und ihre bedrängenden Fragen und Probleme ausgestattet wären.

Mein Vertrag sah eine weitere Beschäftigung in Berlin am Deutschen Theater vor. Für mein erstes Wiederauftreten hatte ich Stückwahl. Ich war beziehungslos zu Reinhardt geworden und lehnte daher eine Rolle in seiner Inszenierung von Shaws

»Die heilige Johanna« ab, um in Brechts »Im Dickicht« mitzuwirken. Damit hatte ich mich gegen Reinhardt für Brecht und Engel, den »Dickicht«-Regisseur, entschieden. Brecht, damals von der Presse – mit Ausnahme von Herbert Ihering – verhöhnt, faszinierte mich. Es war mein Wunsch, noch mehr als meine Verpflichtung, mich für ihn einzusetzen. Die Zusammenarbeit mit Engel als Regisseur und dem in die praktische Probenarbeit eingreifenden, ganze Szenen – in Beratung mit uns – umschreibenden Dichter bewahrte mich vor Erfolgsträgheit. Neue Perspektiven hatten sich aufgetan.
Reinhardt hatte sich in den Augen unseres Kreises auch durch sein schloßherrliches, Geld verschlingendes Leben um seinen Nimbus gebracht; mehr noch dadurch, daß er sich auf einen mehrere Theater in mehreren Städten umfassenden Theater-Großbetrieb eingelassen hatte, der ihn zur Verflachung und Niveausenkung zwang. Das einstige Vorbild war zur Warnung geworden. Durch hohe Gagen, Gastspielreisen und Filmerfolge war auch ich in die Gefahrzone des Großverdienens geraten. Meine jüngst und kaum bezähmte Anfälligkeit für die Märchen-Luxus-Welt meldete sich, und die Gefahr bestand, daß ein sich steigerndes Luxusbedürfnis immer größere Einnahmen auf Kosten der Leistung erzwingen würde. Vor Hannas luxusabgewandter Anspruchslosigkeit erstarben meine schloßherrlichen Regungen. In einer bürgerlichen Villa gaben wir nun mit vereinten Schwächen, in aller Bescheidenheit und ohne sichtbaren Aufwand, fürchterlich viel Geld aus.
Ich spielte bald unter Fehlings Regie den Shylock. Meine in manchen Aufführungen – auch in einer von Viertel nicht glücklich geleiteten – versuchte Darstellung dieser Figur kam erst in Fehlings Inszenierung am Staatstheater zur Reife. Es war das erste und einzige Mal, daß wir zusammen arbeiteten. Fehling wollte Shylock menschenfreundlicher gestaltet sehen, als er tatsächlich ist, darin Reinhardt nicht unähnlich, unter dessen Regie ich diese Rolle im Anschluß an »Kabale und Liebe« damals in Wien gespielt hatte.
In Reinhardts »Kaufmann von Venedig« waren alle in diesem

Stück Auftretenden bezaubernd, lustig, übermütig, verliebt, charmant, melancholisch. Mir aber schien, keiner von ihnen ist viel besser oder viel schlechter als der andere. Der geldlose Bassanio ist bedenkenlos bereit, eine ihm unbekannte Frau zu heiraten, von der er nur weiß, daß sie reich und schön sei. Zügellose, diebische Lebenslust der Venezianer raubt dem Shylock Tochter und Dukaten. Sie heißen ihn »Wucherer« und sind unbekümmerte, reizende Nutznießer des Mißstandes, daß damals dem Volk der Bibel jeder andere als dieser verhaßt machende Gelderwerb untersagt war. Solche Intoleranz dem Juden gegenüber macht Shylock erst zum Shylock. Seine Finsternis verbreitet Schrecken. Die vom Leben Verwöhnten hingegen werden wegen ihrer, von ausgelassener, ansteckender Heiterkeit verdeckten Vergehen nicht zur Rechenschaft gezogen. Es war viel reizvoll Tänzerisches in der Aufführung, aber der Tanz ums Goldene Kalb, um den es geht, der wurde nicht inszeniert. Reinhardt übersah ihn; doch ist er nicht mehr zu übersehen.
Die Shylockproben in Berlin gingen weniger höflich vor sich als die in Wien. Fehling brach oft und gern aus, und auch ich ließ mich nicht lumpen. Ich konnte mit seiner Shylockauffassung nichts anfangen, und ihn erbitterte die meine. Wahrscheinlich hatte Fehling die sehr lobenswerte Absicht, dem schon uns umbrandenden Antisemitismus keine Nahrung zu geben. Ich aber brannte darauf, ein Shylock zu sein, der, von der christlichen Umwelt unmenschlich behandelt, in Unmenschlichkeit ausartet. Fehling scheute davor zurück, die Bedränger des Shylock, deren keiner ein wahrer Christ ist, so enthüllend zu zeigen. Er, der Arier mit einem großmütterlichen Webfehler, wollte ausgleichen, wollte die Tragödie des einzelnen, ohne die prinzipielle, über den Fall hinausgehende Bedeutung. Ich, der webfehlerfreie Volljude, wollte die Abrechnung, die Enthüllung des unchristlichen Hasses, die Aufzeigung einer morschen Moral hinter berauschender Farbfreudigkeit und Sorglosigkeit. Wir, Fehling und ich, steigerten einander durch Opposition. Die Bergner als Portia zog dabei

den kürzeren. Fehling kam mir schließlich halb entgegen. Mein Shylock, schonungslos und konzessionslos, errang einen Großsieg. Und der »Stürmer« spie Gift. Heine aber hatte geschrieben: »Shakespeare hegte vielleicht die Absicht, zur Ergötzung des großen Haufens einen gedrillten Werwolf darzustellen, ein verhaßtes Fabelgeschöpf, das nach Blut lechzt und dabei seine Tochter und seine Dukaten einbüßt und obendrein verspottet wird. Aber der Genius des Dichters, der Weltgeist, der in ihm waltet, steht immer höher als sein Privatwille, und so geschah es, daß er in Shylock trotz der grellen Fratzenhaftigkeit die Justifikation einer unglücklichen Sekte aussprach, welche von der Vorsehung aus geheimnisvollen Gründen mit dem Haß des niedern und vornehmen Pöbels belastet worden und diesen Haß nicht immer mit Liebe vergelten wollte.
Aber was sag' ich? Der Genius des Shakespeare erhebt sich noch über den Kleinhader zweier Glaubensparteien, und sein Drama zeigt uns eigentlich weder Juden noch Christen, sondern Unterdrücker und Unterdrückte und das wahnsinnig schmerzliche Aufjauchzen dieser letztern, wenn sie ihren übermütigen Quälern die zugefügten Kränkungen mit Zinsen zurückzahlen können. Von Religionsverschiedenheit ist in diesem Stücke nicht die geringste Spur, und Shakespeare zeigt in Shylock nur einen Menschen, dem die Natur gebietet, seinen Feind zu hassen, wie er in Antonio und dessen Freunden keineswegs die Jünger jener göttlichen Lehre schildert, die uns befiehlt, unsere Feinde zu lieben.«
»Der Kaufmann von Venedig« wirkte erschreckend zeitnah. Seine Bezogenheit zum rassisch betonten, nun zur Macht drängenden Faschismus, elektrisierte Freund und Feind.
Ihren noch zur Amtszeit Eberts gefaßten Beschluß, das Ruhrgebiet zu räumen, führten die Alliierten erst ein Jahr später, also schon während der Präsidentschaft Hindenburgs, aus, dem dieser beträchtliche Erfolg zugeschoben wurde. Hindenburgs massive, grob gemeißelte, denkmalhafte Physis, nun in ein feldherrnhaftes Präsidialzivil gekleidet, das eine bürgerlich gemilderte Fürstlichkeit hervorkehrte, strahlte unaufdringlich

landesväterliche Standhaftigkeit, unbeirrbare Zuverlässigkeit und unbestechliche Uneigennützigkeit aus. Das aufgescheuchte Bürgertum, auf der Suche nach einem Vertrauenswürdigen, fühlte sich zu dieser Schutz versprechenden Gestalt mächtig hingezogen. –

Leider stellte sich später heraus, daß sein Wesen nicht hielt, was sein Äußeres versprach. Er, der von der Majorität des deutschen Volkes das Mandat erhalten hatte, Hitler unschädlich zu machen, wurde, zaudernd und übel beraten, dessen Wegbereiter. Im ersten Jahr seiner Präsidentschaft jedoch zerstreute er die Befürchtungen der deutschen Mitte, der Linksparteien und des Auslandes, indem er der von Stresemann eingeleiteten Erfüllungspolitik nichts in den Weg stellte. Viele, die gegen ihn gestimmt hatten, schwenkten zu ihm um. Handelte er aus Überzeugung? Oder ließ seine Altersschwäche den willensstarken Stresemann gewähren?

Bei irgendeiner gesellschaftlichen Zusammenkunft erzählte mir Staatssekretär Meißner, der Präsident habe einmal einer Wallensteinaufführung ein ganzes Viertelstündchen beigewohnt. Dann aber mußte der Eingenickte ins Bett gebracht werden.

Sein Vorgänger, Reichspräsident Ebert, hatte ebenfalls einmal eine Vorstellung des Staatstheaters besuchen wollen. Der Beamte im Dienst weigerte sich, die frühere Hofloge, die in der Republik deren Staatsoberhaupt zur Verfügung stand, zu öffnen. Jessner kam am Anfang der Vorstellung zu mir in die Garderobe, in der ich mich für den »Richard« zurechtmachte. Er war verzweifelt, denn der Reichspräsident stand wartend vor der verschlossenen Loge. Der kaisertreue Beamte hatte sich zunächst ganz unverhüllt geweigert, zu öffnen, dann aber, ängstlicher geworden, behauptet, den Schlüssel verlegt zu haben. Ich erklärte kategorisch, nicht aufzutreten, falls die Loge für den Präsidenten verschlossen bliebe. Jessner, der jede letzte Konsequenz scheute, erbleichte auch vor dieser. Der Schlüssel wurde gefunden. Der Präsident saß in seiner Loge – ich überzeugte mich davon mit einem Blick durch das Vorhangloch. Die Vorstellung konnte beginnen. Wieder war ein

Pyrrhus-Saalsieg des Liberalismus errungen. Die Beamtenschaft des Theaters jedoch haßte mich. Der Vorfall wurde später als Beweis für die Vorherrschaft der Juden ausgenützt.
Von einigen Staatstheaterbeamten munkelte man, sie seien Mitglieder der SA. Auch gab es zwei der NSDAP angehörige Staatsschauspieler. Ein Kollege hatte in der Garderobe des einen ein Exemplar von »Mein Kampf« entdeckt. Ich habe das Buch nicht gelesen, habe nur erschreckte Blicke in die Schaufenster der Buchhandlungen geworfen, in denen es immer häufiger erschien. Aus allen diesen Gründen war mir ein Antrag des noch nicht infizierten Lessing-Theaters, in Alfred Neumanns »Der Patriot« zu spielen, willkommen.

Bei der Entscheidung machte ich mir vor, einen Despoten abschreckend darzustellen, wie Zar Paul, wäre ein wenn auch kleiner Beitrag zur Anti-Hitler-Bewegung. Das Hohngesicht meines Dieners verdrängte ich. Natürlich lockte mich die schriftstellerisch glänzend erfaßte Figur des Zaren. Seine aufreizende Tyrannei und infantile Angst, die ihn schließlich seinem Mörder in die Arme treibt, verführte meine Darstellungslust derart, daß am Abend nicht der Patriot Pahlen, sondern der Despot die Publikumssympathien errang. Meine politische Haltung hatte vor der Spielfreude kapituliert. Ich spielte dieses wirksame Theaterstück alles in allem – später dann auf Tourneen – etwa vierhundertmal. Der Erfolg war verwirrend groß. Nicht nur bei Publikum und Presse. Auch bei den Kollegen. Paul Morgan, ein sanft-witziger, trauriger Komiker, der aus Wien stammte, schrieb mir, nach meinem Paul gebühre ihm nicht mehr die Bezeichnung »Schauspieler«, auch wenn das Telefonbuch ihn als solchen führe. Ein paar Tage drauf schrieb mir der Komiker Szoeke Szakall, auch er habe mich gesehen und stimme Morgan zu. Er, Szakall, schäme sich ebenfalls, daß im Telefonbuch hinter dem Namen Morgan »Schauspieler« stehe.

Zur selben Zeit wurde am Deutschen Theater der nationalistische Reißer »Gneisenau« mit Werner Krauss beängstigend bejubelt. Vorher hatte er am Staatstheater mit einer das Feld-

herrnmäßige mystisch glorifizierenden Darstellung des Wallenstein einen ungeheuren Erfolg.
Werner Krauss verließ den von rechts immer heftiger angegriffenen Leopold Jessner, zu dem ich schließlich zurückkehrte. Nun konzentrierten sich die Angriffe wieder auf mich, seinen Protagonisten. Im preußischen Landtag wurde behauptet, durch meinen Einfluß werde das Staatstheater verjudet, was aus dem Engagement der vier »jüdischen« Schauspieler Forster, Ettlinger, Bildt und Wäscher hervorginge. Wahr ist, daß diese vier außerordentlichen Schauspieler durch mich ans Staatstheater engagiert worden waren. Unrichtig, daß auch nur einer von ihnen Jude war. Ich konnte lediglich ein winziges Dementi in Hugenbergs Lokalanzeiger durchsetzen. Die »Diktatur Kortners« hieß ein damals viel beachteter politischer Leitartikel in der Zeitung jenes Hugenberg, welchen die Diktatur Hitlers, der er den Weg ebnen half, zu Fall brachte. Sicherlich hätte der kurz vorher verstorbene Siegfried Jacobsohn in seiner Wochenschrift »Die Weltbühne« Lärm geschlagen und mich laut und vernehmlich verteidigt. Er, der die Zeichen der Zeit erkannt hatte, würde den Vorgang ins rechte Licht gerückt haben. Seine zur »Weltbühne« gewordene »Schaubühne« hatte der Welt mehr Raum gegeben als der Bühne. Das Gesichtsfeld dieses voraussehenden Mannes hatte sich erweitert. Er muß aber doch noch im Tode gehofft haben. Er hatte verfügt, bei seinem Begräbnis solle der Marsch aus dem »Figaro« gespielt werden.
Alfred Kerr hingegen nahm den Hitlerrummel nicht so tragisch. Vorgänge wie den im Landtag beachtete er kaum. Er führte zwei Kriege gleichzeitig. Einen defensiven gegen Karl Kraus und einen offensiven gegen Herbert Ihering, bei dem es um den wahren Theaterstil und um Bert Brecht ging. Kerr sah Brechts Größe nicht, aus Haß gegen Ihering, der den Dichter erkannt hatte und sich für ihn einsetzte. An der Fehde nahmen wir vom Theater leidenschaftlich Anteil. Dieser Zeitungskrieg zog auch einen erstaunlich großen Teil des öffentlichen Interesses von den politischen Machtkämpfen ab. Dabei hing von dem Ausgang des politischen Ringens die Gestaltung des Lebens und

für viele das Leben ab. Ob und wie man würde weiterleben können, wurde vergessen über dem Disput, wie das Leben zu dramatisieren und auf die Bühne zu stellen sei. Kerr, der Shaw, Ibsen, Hauptmann in Deutschland durchsetzen half, versagte sich dem Dichter Bert Brecht. Im Duell um ihn stand er auf verlorenem Posten. Ihering war ein regelfanatischer Deutscher. Seine Besprechungen übertrugen sich nicht aufs große Publikum. In Theaterkreisen aber hatte sein Urteil Gewicht. Man las ihn wie eine Grammatik und lernte daraus. Kerr hingegen verliebte sich und wurde zum Troubadour; oder er haßte und wurde zum Feind. Seine Verliebtheit steckte das Publikum an. Seine Lust oder Unlust erweckenden Besprechungen wirkten sich unmittelbar auf den Theaterbesuch aus. So hingetupft seine Kritik erschien, so ausgefeilt war sie in ihrer haftenden, skurrilen Wortwahl. – Im Laufe der Zeit lenkte Ihering ein. Verlangte er anfangs unter allen Umständen ein pausenloses Tempo, so schrieb er dann einschränkend, man dürfe Tempo nicht mit Hast verwechseln; er fing an, von Auflockerung zu sprechen, vom Mimischen, aus dem der Ton kommen müsse. Bewundernswert an dieser Pressefehde war, daß sie stattfinden konnte. Kein Kritiker ist unfehlbar. Warum also als unantastbaren Urteilsspruch hinstellen, was von niemandem so gewertet wird. Daß ein Kritiker das Urteil des anderen öffentlich kritisierte, war das Bedeutsame dieser Kontroverse. Damit war der Kritik ihre Unfehlbarkeit vom Kritiker selber aberkannt. Die Presse, unfehlbar wie sie nicht ist, versagte dem auftauchenden Tonfilm gegenüber. Sie tadelte das Mechanisierte, das Naturentfremdete daran. Nun erschien ihr der Stummfilm naturgewachsen wie ein Baum. Als sie ihn bei seinem Auftauchen verächtlich machte, seine Anfangsstümpereien ihr den Blick für seine Möglichkeiten verstellten, ahnte die Presse nicht, wie sie ihm eines Tages nachtrauern würde.

In Deutschland erschien der Tonfilm 1927. Grausig wie die ersten Stummfilme, wurde er mit zwei Songs, die ins Ohr gingen, eine beispiellose Attraktion. Und doch herrschte Bedauern um den nach kurzer Blütezeit und mit – so schien es damals –

keineswegs erschöpften Möglichkeiten zum Tode verurteilten Stummfilm. Aus der Erinnerung derer, die ihn noch gesehen haben, ist er vom Tonfilm nicht verdrängt worden. Schon gar nicht der stumme Chaplin von seinen Tonfilmen.
Emil Jannings, der in Hollywood ein zugkräftiger Stummfilmstar geworden war, ergriff, vor die Notwendigkeit gestellt, nunmehr im Film Englisch sprechen zu müssen, die Flucht und kehrte, reich geworden, zu seiner Muttersprache zurück. Ich, der ich gerade angefangen hatte, Englisch zu lernen, hielt erschrocken inne.
Bald darauf wurde ich nach England eingeladen, um in dem Film »Atlantic« mitzuwirken. Hanna erwartete unser zweites Kind. Also reiste sie mit der Bahn und nahm unseren Peter mit. Willi Forst und ich fuhren im Auto nach London, um unsere Rollen im ersten deutschen Tonfilm zu spielen. Forst, ein amüsanter Weggenosse, suchte sich durch französisiertes Wienerisch in Frankreich verständlich zu machen. Ich fand das umwerfend komisch. Wir alberten uns bis England durch. Im ersten Tearoom, den wir betraten, wollten wir belegte Brötchen bestellen, scheiterten jedoch, trotz Wörterbuch. Sandwich war uns nicht eingefallen. Ich weiß nicht mehr, ob mein Lachen darüber ganz frei war, ob sich die Sorge über meine Schwerfälligkeit in der fremden Sprache gar nicht spürbar machte.
Für London war ich noch nicht aufnahmebereit. Ich hielt Berlin für den Nabel der Erde und gab nicht gern zu, daß London verkehrsreicher, ja geradezu unübersehbar war. Überdies reduzierte die Hitze meine Eindrucksfähigkeit. Wir lebten in Elstree, einem Vorort außerhalb Londons, in einer Art Enklave. Die Schauspieler der deutschen Version, ja sogar der Regisseur, Dupont, waren aus Berlin. Die Arbeit war erfreulich, schon durch ihre Neuartigkeit faszinierend. Nach wenigen Tagen wurde ich durch das Angebot eines Vertrages der englischen Filmfirma aufgescheucht, der ich als Schauspieler aufgefallen war. Nach einem von ihr bezahlten einjährigen Aufenthalt in London, innerhalb dessen ich Englisch lernen sollte, würde der Vertrag beginnen. Beunruhigt trat ich aus

unserer Enklave heraus. Zum erstenmal versuchte ich eine schüchterne Annäherung an die fremde Sprache. Sie erschien mir unnahbar. Meine Scheu, auch nur ein Wort auszusprechen, wurde nur von meinem Unvermögen übertroffen. Der Versuch, jenen in der deutschen Sprache nicht vorkommenden Laut nachzuahmen, den die Engländer dadurch produzieren, daß sie mit der Zungenspitze die obere Zahnreihe berühren und ihn in merkwürdig reservierter Weise zurückhaltend doch noch durchlassen, scheiterte kläglich. Ich wurde übergangslos zum Sprachclown. Die A- und O-Laute klangen völlig unnachahmbar anders. Ein kleiner, primitiver Satz, den ich lesend verstand, wurde, von einem Engländer gesprochen, bis zur Unkenntlichkeit unverständlich. Die Panik, die mich bei der Vorstellung erfaßte, in dieser Sprache zu leben, sie im täglichen Gebrauch sprechen oder gar als Schauspieler in ihr agieren zu müssen, war größer als die vor dem den deutschen R-Laut rollenden, sprach- und syntaxverstümmelnden, aber vielleicht doch noch aufzuhaltenden Hitler.
Ja, obwohl die Nachrichten aus Deutschland höchst ungemütlich klangen, lehnte ich ab. Diese Absage damals ist mir heute schwer verständlich. Ich erinnere mich, daß ich mir sagte, Vertriebenwerden sei historisch überwunden. »Es ist ein Gefühl des Bleibens in mir, was mir sagt: es wird morgen so sein wie heute, und übermorgen und weiter hinaus ist alles wie eben.«
Diese Worte fielen mir ein wie eigene, aber sie waren die Dantons, den ich am Deutschen Theater gespielt hatte.
Wir fuhren nach Berlin zurück, auch meine noch ungeborene Tochter. Ich wollte zurück in das euphorisch schöne, hinreißend schäumende, schillernde, vergiftete, magnetische Berlin. Auf der Fahrt über den Kanal fegte ein böser Sturm. Die Wellen gingen hoch. Der kleine Überfahrtsdampfer schlingerte und schaukelte so heftig, daß die Übelkeit von damals mich noch jetzt im Mittelmeer auf der ruhig dahingleitenden »Theodor Herzl« überkommt. Ich finde Beruhigung bei dem Gedanken, daß ich nun nach Israel fahre und nicht in das damalige unerkannt unheilschwangere Berlin. –

21. Kapitel

»Warum sind Sie nicht in London geblieben?« fragte mich damals Leonhard Frank in Berlin, den ich in dem Lokal traf, in dem ich ihn vermutete.

»Weil dort unabänderlich Englisch gesprochen wird. Weil es kein Kaffeehaus gibt, kein Lokal wie dieses, in dem wir jetzt sitzen. Weil ich Sie und andere unverabredet hier treffen kann, dort drüben niemanden. Weil mein Gaumen, mein Mund, meine Zunge von der deutschen Sprache geformt wurden, mein Kopf von deutschen Büchern. Darunter auch Ihre, verehrter Freund. Weil es dort kein Nachtleben gibt! Nur ein steifes Clubleben.«

»Jetzt, wo zu allem Unheil auch noch die Weltkrise dem Hitler zu Hilfe kommt, wollen Sie ein Nachtleben. Haben Sie denn nicht gelesen, daß Brüning keine Mehrheit mehr im Reichstag findet? Daß die SA ganz ungeniert und ungehindert durch die Straßen zieht? Haben Sie denn nicht gehört, daß es schon zu Anrempelungen kam?«

Ich schwieg. Dann kamen die anderen Bekannten. Bald hörte ich mich komische Episoden, in die ich durch meine Sprachunkenntnis geraten war, erzählen. Es wurde viel gelacht.

Ich lernte Boxen. Törichterweise versprach ich mir etwas davon, fachgemäß zuschlagen zu können. Manchen Abend verbrachte ich im Sportpalast. Brecht, Engel, Forster, Deutsch, Albers saßen ebenfalls um den Ring herum. Zu unserem Kreis hatte sich ein junger, äußerst witziger Schauspieler gesellt, der sich eng an mich anschloß. Ich habe Grund für eine Namensänderung. Kunz soll er hier heißen. Er war politisch links, philosemitisch und sehr amüsant.

Auch Max Schmeling war ein häufiger Gast an unserem Stammtisch in der Bristolbar und ein leidenschaftlicher Theaterbesucher. Als er den damaligen, von Mussolini persönlich ermunterten italienisch-faschistischen Europameister besiegt hatte, mutete uns das wie ein Sieg der Demokratie über den Faschismus an. Wie summten die vielen Theaterkneipen von der Diskussion über die Nuancen und den Verlauf des Kampfes. Von der sportlichen Faszination abgesehen, fesselte mich der Zweikampf als Drama. Die Ausdrucksskala in Gesicht, Augen und Körper des Boxers war für mich eine erregende und anregende Lehrstunde. Wenn das scharfe Auge des Boxers ins Glotzen gerät, das Gesicht blaß, die Ohren rot, der Atem hastig, die vorher federnden Beine weich wurden, täuschte mich nicht der Unbekümmertheit vortäuschende Grinsversuch des schwer Getroffenen, des um Karriere, Ruhm, Börse, Zeitungslob oder nur Lebensunterhalt blutig kämpfenden Mannes im Ring. Ich war angetan von diesem lebens- und zeitnahen Ausdruck. Hier wurde, oft nur Minuten während, komprimiert, die Härte des Lebenskampfes demonstriert. Dem jungen Brecht erschien es wie ein Lehrspiel, mir wie ein neuer Impuls fürs Theater. So erbarmungslos wie die blutüberströmten, blind geschlagenen und wild gewordenen Kämpfer in den Minuten der Untergangsgefahr und der Gewinnchance aufeinander einhämmerten, so blindwütig schien uns der unmenschlich gewordene Kampf ums Dasein. Viele fanden das Boxen roh. Wir dachten, das Leben sei roher geworden. Lebensangst und Gier, durch die Inflation entfesselt, machten die Menschen zu Schiebern und blutrünstigen Fanatikern. Die Nimmersatten fanden nicht leicht die Ruhe zum Schlafen, wohl in einer Ahnung, wie befristet die Zeit des Genusses, des vollen Lebens war. So um drei Uhr morgens ging das intellektuelle, Lokale besuchende Berlin zu Bett. Man wußte nie genau, in welches. Beim Boxen, in den Restaurants, wo immer man war, gab es anschlußfreudige Mädchen, Nutten, Damen.

Die Berlinerin hatte einstmals, was Chic, Grazie und das gewisse Etwas betraf, einen schlechten Ruf gehabt. Das »olala«, das Fritzi Massary auszeichnete, als sie nach Berlin kam, war noch nicht Sex-Appeal getauft worden.
Der Aufstieg der Jüdin als Liebespartner ist – von Bismarck abgesehen – zum Teil Fritzi Massary zuzuschreiben. Zwischen ihr, die blutjung im wilhelminischen Berlin auftauchte und als Frau die nachrevolutionäre Ära bezauberte, und dem deutschen Publikum bestand eine zwei Jahrzehnte lange Liebesaffäre. Kaiserliche Offiziere, ostelbische Junker, preußische Adlige waren vernarrt in sie. Und nun verliebten sich Großkaufleute, Kommis, Gelehrte und Studenten, die Liebeshungrigen und die Lasterhaften aller Kreise in sie. Nicht zuletzt wir vom Theater und der Literatur. Die Massary spielte singend so, daß wir Theaterleute sie für große Rollen wollten und Bruno Walter sie sich für die Carmen wünschte. Es gibt allerhand Applause: ermunternde, anerkennende, gewohnheitsmäßige, pflichtschuldige, spontane, begeisterte und hirnlose; orkanartige für Volksverderber in Staat und Film. Der, welcher ihr, der Fritzi Massary, entgegenjauchzte, war der verliebteste. Den Frauen wurde sie Vorbild und Modell. Sogar bei den Potsdamerinnen machte sie Schule.
Die Massary hatte in Berlin am Metropol-Theater Jahre vor dem ersten Weltkrieg begonnen und blieb eine Attraktion – führend als Diseuse, grande dame, bestangezogene Frau – bis zu ihrer Emigration. Man erzählte Wundergeschichten sowohl von ihrem Alter als auch von ihrem Nicht-Altern. In dieser Periode vollzog sich eine Metamorphose mit den Frauen. Nicht nur, daß sie sich geschmackvoller und reizvoller kleideten, sie veränderten sich auch körperlich. Sie wurden schlanker, kleinbusiger, hochbeiniger und charmanter. Sie konnten es mit der Pariserin in jeder Liebesbeziehung aufnehmen. Die vom Kommunismus geflohene, zum Teil noch brillantgeschmückte, pariserisch elegante russische Emigration hatte ihren Anteil an der Entwicklung. Es wimmelte damals nur so von russischen Aristokraten und von der sonst noch begütert gebliebenen

oder nur teilweise verarmten Flüchtlingswelt. Die Jungen, Attraktiven mischten sich erfolgreich ins erotische Getriebe. Französisierter altrussischer, ramponierter Abglanz der Zarenwelt etablierte sich, den Ton mitangebend, in Berlin W.
Aber auch Emigrantenelend gab es. Ich sah es mit scheuem Blick. Über den Kampf mit der Sprache erschrak ich. Die Sprachverhunzung ärgerte mich. Mir wurde grausamer klar, wie unmöglich es für Erwachsene ist, eine fremde Sprache zu beherrschen. Man kann eine fremde Grammatik, fremde Vokabeln lernen, aber nicht jene Färbung in der Tonbildung, die einem für Lebenszeit als Signum des Landes anhaftet, in dem man als Kind die ersten Laute bildete. Man kann meist nicht einmal die Mundart in der eigenen Sprache überwinden.
Viel Balaleikamusik hörte man in den Lokalen, und viel Heimwehaugen sah man. Noch immer weigerte ich mich, uns so in irgendeiner Fremde zu sehen.
In der Bar des Hotels Eden in Berlin hatte sich eine Art Stammtisch gebildet. Pallenberg, die Massary, Leonhard Frank, Alfred Polgar, Forster, Remarque, Franz Molnar, auch die Dietrich gehörten dazu; ich war ein unregelmäßiger Gast, denn ich hospitierte bei Brecht und Engel. In der Eden-Bar wurde viel geschwatzt, viel geklatscht, viel über Pallenberg und über Molnars Aussprüche gelacht und nur selten politisiert. Polgar, völlig unpolitisch, fand in der Hitlergefahr Nahrung für seine ihm teure Melancholie. Damals schrieben Frank und ich einen Film. Im Gespräch darüber sonderten wir uns eines Abends ab. Ich wollte vom Drehbuch sprechen, er aber war zu verstört. »Wenn ich ein Jud' wäre, führe ich morgen weg«, sagte er mit seiner leisen, langsamen Bestimmtheit. »Und was ist mit Ihnen?« fragte ich. »Ich übermorgen«, lächelte er. Wir gingen in jener Nacht den Weg vom Eden-Hotel zur Halenseerbrücke mehrmals hin und zurück. Frank bewies mir die Unabwendbarkeit der Emigration. Er gab mir eine Übersicht der Unterlassungssünden der Hitlergegner seit Kriegsende. Er schloß mit den aktuellen Ereignissen. Die Spannung zwischen Hindenburg und Brüning, der die agrar-

freundliche Politik des Reichspräsidenten nicht decken konnte, war geradezu eine Ermunterung für Hitler, seine nun schon unverhüllt auf Machtergreifung zielenden, staatsfeindlichen Aktionen zu forcieren. Hindenburg hatte Brünings Vorschlag, dagegen mit Polizeigewalt vorzugehen, abgelehnt. Damit war die Bahn für Hitler frei. »Also, packen Sie Ihre Koffer!« mahnte Frank. Ich wehrte mich und verwies auf die unverminderte Popularität und Anziehungskraft der nun als Rassenfremde in den nationalsozialistischen Zeitungen angeprangerten Bühnenleute. Elisabeth Bergner, Curt Bois, Ernst Deutsch, Alexander Granach, Rosa Valetti und andere spielten und filmten noch ungehindert. »Professor Bernhardi«, das gegen den Antisemitismus mit noblen, geistigen Mitteln kämpfende Stück Arthur Schnitzlers, mit mir in der Titelrolle, erwies sich als ungewöhnlich zugkräftig. Ich verwies auf General Schleicher, der, wie es hieß, ein Bündnis zwischen Reichswehr und Gewerkschaften im Kampf gegen Hitler anstrebte. Frank winkte ab. Und wie wurde seine Skepsis bestätigt! Schleicher kämpfte auf der Seite des Rechts, zu einer Zeit, als das Unrecht ein Sog von nie dagewesener Faszination war. Ich entzog mich schließlich Franks Argumenten und ging nach Hause.
Das Londoner Film-Angebot lag mir im Hinterkopf. Im Unterbewußtsein hatte es keinen Platz mehr. Das war schon so überfüllt von dem vielen dorthin Verdrängten, daß Neuhinzugekommenes gar nicht mehr hinuntergelangte, sondern oben auf der zusammengedrängten Überfülle saß, also schon an der Bewußtseinsgrenze. Von der ungewissen Zukunft spricht man normalerweise mit banger Sorge. In der Ungewißheit aber lag die einzige Hoffnung für uns, die wir uns vor der Gewißheit drückten, daß jener Tag, den wir nicht wahrhaben wollten, eines Morgens dasein würde. Wir hatten eine Galgenfrist von unbekannter Dauer. Wir, die wir dann wegmußten, und die vielen, die da blieben, in einer fremden und feindlich gewordenen Welt. Wahrscheinlich griff daher das Kokainschnupfen, die Morphiumsucht und das Besaufen so um sich. Daher war die Zeit zwar liebesfreudig, aber gebärunlustig. Hanna und ich,

mit dem zweiten, bald zu erwartenden Kind, erschienen kurios.
Viel zu viele weder Rechts- noch Linksradikale hatten sich vom politischen Leben absentiert, ehe sie ausgeschlossen wurden. Ihre beschäftigungslosen Energien sickerten ins Liebeslasterleben, dort muckten sie gegen das Bürgerliche auf. Sie beanspruchten das Laster der Privilegierten für Minderbemittelte zu volkstümlichen Preisen. So entstand auch der Erotoschlawiner, der bartlose Ahnbub des nun bärtigen Rock- und Rollomanen. Dabei kamen sich die Klassen näher. Man hospitierte hüben und drüben. Ein klassenloses Geschlechtsleben ward erkämpft. Oben und unten, rechts und links standen auf du und du. Hatte die Aristokratie unter Bismarck die reiche Jüdin als standesgemäße Ehefrau zugelassen und das Bürgertum den jüdischen Ehepartner männlichen und weiblichen Geschlechts, so wurde im nachrevolutionären Berlin die Jüdin als illegale Liebesgespielin favorisiert. Auch ein interkonfessioneller Geschlechtsverkehr hatte eingesetzt. Als ob man einander noch genießen wollte, bevor man auseinandergerissen wurde.
Doch inmitten der Zügellosigkeit, dem rauschhaft frivolen »Verwechselt, verwechselt das Bäumelein«-Spiel der Lust, entstand unvermutet viel Liebes- und Eheglück, das dann später als Rassenschande verfolgt wurde.
Davon unberührt blieb die Schillersche Liebeswelt im »Don Carlos«, den wir probierten. Nicht von der politischen Unrast. Sie umbrandete die Proben.
Schillers Marquis Posa wurde von einem Hitlerfanatiker gespielt. Carlos von einem jungen Juden, der Schiller hieß. Der Nationalsozialist als Posa flehte mich, das als König und Despot verkleidete, präsumtive Opfer der drohenden Despotie, kniefällig um Gedankenfreiheit an. Das Posa spielende Parteimitglied erzielte stürmischen Applaus von dem liberalen Publikum, das auch zum Teil jüdisch war. Ich, als nicht Gedankenfreiheit gewährender Philipp, hatte das Nachsehen. Kerr, der an jenem Schauspieler immer viel auszusetzen gehabt hatte, lobte ihn als Posa zum erstenmal voll und ganz.

Der große »Atlantic«-Film wirkte sich aus; ich filmte viel und ertragreich. Also, schloß ich, mußte ein erheblicher Teil des deutschen Filmpublikums auch in der Provinz noch unverseucht sein. Die Filme der Bergner füllten die Kinos in ganz Deutschland.

Der Partner der Bergner war Rudolf Forster. Er gehörte während der Hitlerjahre erst zur Auslandsemigration, dann zur inneren Emigration in Deutschland. Ein müder Gast, kam er an unseren Tisch in manchen Lokalen und oft in unser Haus. Ich hatte den berlinscheuen Österreicher schließlich nach Berlin und auf die Bühne des Staatstheaters gezerrt. Er war zunächst klassikerfeindlich. Er hielt sich für einen ausschließlich modernen Problemschauspieler. Endlich überzeugte ich ihn, daß man ein moderner Problemschauspieler sein müsse, um Klassiker spielen zu können, daß seine deklamationsfreie, abrupte Sprechart und die nicht voraussehbaren Reaktionen seines bizarren Hirns, seine ohne Aufwand sich von andern distanzierende Persönlichkeit ihn zum Shakespeare-Interpreten prädestinierten. Nur zaghaft beschritt er diesen Weg.

Von allen Schauspielern meiner Zeit sah ich Forster am seltensten als Zuschauer. Wir standen eine wunderschöne Zeit zusammen auf der Bühne. Als Partner und Mitarbeiter war er herrlich. Immer müde, war er unermüdlich arbeitsreif. Er ist hinaufgelangt und hat sich höchst königlich bewährt und doch nicht den Hamlet gespielt, obwohl er ein Naturrecht darauf gehabt hätte. Immer stand ihm einer im Weg. Einmal sogar ich.

Elisabeth Bergner, das kleine, im Privatleben leicht übersehbare, aus Wien stammende jüdische Mädchen hatte auf der Bühne und im Film die Aura des David um sich, und das Publikum glaubte sie immer im Kampf mit Goliath. Mann und Frau zitterten um sie. Man wollte das kindliche Wesen aus der Bedrohung befreien und es schützend in die begehrlichen Arme nehmen. Die Bergner war die Inkarnation der Kindsbraut, der alten Mannessehnsucht. Sie war noch dazu halb Bub, halb Mädel und eröffnete so alle Perspektiven dem liebesexzessiven Berliner Publikum. Wenn diese melancholische, großäugige Prinzessin mit dem knabenhaften Körper gar heiter und übermütig wurde, Kobolze schlug und unversehens blitzartig verriet, wie sehr sie den Mann kannte, narrte und spielerisch versklavte, da kannte der Jubel über das frühreife, verwunschene Kindsgeschöpf keine Grenzen. Ein gewitzter Faun müßte vor dieser Nymphe, vor diesem in Wahrheit mit allen Wassern gewaschenen Genie der Weiblichkeit, auf der Hut sein. Sie könnte Macbeth zur Bluttat treiben, das Inferno der Strindbergfrauen spielen.

Sie hatte die gnadenlose Unschuld, den verhängnisvollen Zauber und eine Reinheit, die selbst von der eigenen Sündhaftigkeit unbefleckt blieb. Sie wäre des genialen Wedekind kongeniale Lulu gewesen. In die Untiefen, wie sie der erbarmungslose Sexualmärtyrer Wedekind aufgerissen hatte, scheute sie sich jedoch, vor den Augen des sie verhätschelnden Publikums, hinabzusteigen. Doch ahnte man diese Abgründe, auch wenn die Bergner seichte Stücke spielte.

Die Nazis wetterten gegen Wedekind. Sie fanden den Moralisten unmoralisch, als wir im Staatstheater unter Engels Regie »Erdgeist« und »Die Büchse der Pandora« an einem Abend spielten. Gerda Müller war eine zu sexbewußte Lulu. Ich spielte Dr. Schön und Jack the Ripper. Lulu erschoß mich als Dr. Schön. Ich rächte ihn als Jack the Ripper. Ich schlitzte ihr den Bauch auf. Wir dachten, das sei im Sinne Wedekinds.

Die Orska, meine Kollegin aus meinem Anfängerjahr in Mannheim, hatte ebenfalls den Berlinern ihre zu reizbedachte Lulu vorgespielt. Nur wer ihrer großen Anziehung erlag, konnte sie für eine große Schauspielerin halten.

Lang bevor die Nazis ihren kunstrichterlichen Kreuzzug eröffneten, hatte ich den Erdgeist, diese ungeheuerliche Liebestragödie, in einer blassen, nicht erinnerungswerten Aufführung gesehen. Schigolch aber wurde von Werner Krauss so höllisch gespielt, daß die erschauernde Erinnerung an seine späteren Hitlerjahre den bewundernden Schauder, in den mich jene

Schreckensgestalt versetzt hatte, nicht vergessen machte. Seinen Schigolch umgab die Aura des Verworfenen wie ein Heiligenschein. Jannings als Rodrigo Quast war ein pralles, nie wieder gesehenes, lebensstrotzendes Genußtier, das ich in meinem Bewußtsein nicht missen möchte.

Der Leistungen der anderen, außerordentlichen Schauspieler, die sich zu Komplicen jenes kriminellen Abschnitts der deutschen Geschichte machen ließen, erinnere ich mich systematisch nicht.

Die große Berliner Theaterkunst, von L'Arronge ausgehend, über Brahm und Reinhardt zu den modernen Repräsentanten der zwanziger Jahre führend, genoß durch ihre Universalität Weltruf. Sie umfaßte Blond und Schwarz und alle dazwischenliegenden Nuancen. Diese Theaterkultur hatte ein ihr ebenbürtiges, ebenso bunt gemischtes Publikum herangebildet. Welche kosmopolitische Auslese an Männern und Frauen hatte sie innerhalb von zwei Generationen getroffen.

Außer Bassermann, dem Italiener Moissi, Wegener gab es noch George und Klöpfer. Homolka, ein echter Männerspieler in der Art des grunddeutschen Albert Steinrück, den ich leider zu wenig sah, war ein slawischer Typus. Das asketische Gesicht von Ernst Deutsch, der es faustdick hinter den Ohren hatte, seine orientalische Seltsamkeit, übten einen magischen, rassefremden Reiz aus. Gründgens, der phosphoreszierende, liebenswerte Darsteller des Bösen, erreichte seinen Höhepunkt als Mephisto, eine wahrhaft denkwürdige Leistung, neben der Werner Krauss' Faust verblaßte.

Dann gab es den schwarzäugigen Alexander Granach, der vor dem polnischen Antisemitismus in das tolerante Berlin der Nachkriegszeit geflohen war. Ein stämmiger Proletarier, stand er auf den Berliner Bühnen. Gewohnt, an taube Ohren zu appellieren, schrie er wie jemand, der daran zweifelt, je gehört zu werden.

Und den Russen Wladimir Sokolow, der in seiner unvergessenen Leistung in Tairoffs »Girofle und Girofla« von den Berlinern so beklatscht wurde, daß er blieb.

Käthe Dorsch, die mit ihren Lachtrillern, ihrem volksstückhaften Schmerz, ihren sogar für Hans Müllersche Volksstücke bereiten Tränen die Häuser füllte, kam von der Operette. Statt Kritiken verfaßte Alfred Kerr Liebesbriefe an sie. Und wie andachtsvoll wurde Lina Lossen überschätzt. Die Bühne konnte dem milden Zauber ihrer Person nichts anhaben. Ihr Gesicht ließ die Phantasie der Zuschauer dem Wunschbild nach einem einsamen, verschlossenen weiblichen Wesen nachhängen. Die blutjunge Hofer, meine Hanna, war der Lossen artverwandt. Sie hatte eine scheue Körpergrazie und eine emotionsunterminierte Herbheit, die mit Anmut Hingabe wurde. So sahen sie viele, und ich war nur einer unter ihnen.
Die flachsblonde Lucie Höflich machte schon Max Reinhardts Anfänge mit. Von breitem Körperbau, konnte sie zart erscheinen. Alltagsprosa und Verse kamen aus ihrem Munde, ohne daß sie ihre Art des Sprechens zu verändern schien und ohne daß man dieser oder jener Sprachform eine andre Diktion gewünscht hätte.
Zu der Bergner, der Massary und der Orska kam die blonde Mädchenhaftigkeit der Helene Thimig. Sie schien wie aus der Gotik nach Berlin versetzt, wo sie sich scheu, mit gesenkten Augen bewegte. Welch einen Madonnenkult die Berliner mit ihr trieben. Und Max Reinhardt heiratete sie, trotz Frau und Kindern.
Die Höflich der nachfolgenden Generation hieß Paula Wessely. Die dunkelhaarige, braunäugige Österreicherin war noch herber als die norddeutsche Höflich. In bürgerlicher Verhaltenheit rührt sie an Untiefen der Emotion. Käthe Gold hatte ihre große Zeit im Dritten Reich. Ich habe immer nur einen Abglanz von der Legende um sie gesehen. Doch sagt Brecht von ihr, sie sei das einzige wirkliche Gretchen gewesen. Ich bin bereit, ihm zu glauben.
Unter den damals Jungen gab es noch die brenzlig reizvolle, schnoddrig sündhafte, den »fremdgehenden« Berliner animierende und amüsierende Else Eckersberg. Später tauchte die blonde Halbjüdin Grete Mosheim auf. Sie gefiel allen, Bankiers,

Kleinbürgern, Arbeitern; sie war ein moussierendes Mauerblümchen, Sekt in einer Seltersflasche. Mit einem witzig-nüchternen berlinischen Zungenschlag rührte sie unversehens. Dieses aus eigenem humorvolle Berliner Publikum kicherte intelligent und verständnisvoll, wo ein anderes, nicht so gemischtes Publikum, echolos geblieben wäre. Nirgends sonst wurde der geniale Wortakrobat, Satz-, Silbenjongleur und Menschengestalter Max Pallenberg, der auf der Bühne, was Chaplin im Film war, derart verstanden. Sein urjüdischer Sprachwitz, durchs Österreichische filtriert, ging ebenso in die Berliner Mundart ein, wie die Sprachclownerien des Berliners Max Adalbert, dessen umwerfend gleichgültig tuende Witzbesessenheit aus Lebensskepsis geboren war. Er hatte mit Recht den Kopf eines Philosophen. Claire Waldoff wurde zärtlich die »Schnauze« genannt, und wie hingen die Berliner an ihr. Urberlinisch war auch Lucie Mannheim. Sie muß der Liebesbeziehung eines Juden mit Berlin entsprungen sein. So deutsch war ihre nüchtern warme Art, daß Hitler, als er sie auf der Bühne sah, sie durch seinen Adjutanten zum Abendessen einlud. Sie entschuldigte sich und verschwand bald aus Berlin.
Dann tauchte aus der Revue und Operette der blondeste vom Blonden, der blonde Hans auf. Mit ihm spielte ich – schwarz wie ich war – in »Die Rivalen«, ein von Zuckmayer übersetztes amerikanisches Stück. Mit dem urwüchsigen, um seine saftigen Wirkungen ungestüm bemühten und nicht gerade partnerliebenden Mannsstück kam ich bald in ein Handgemenge, das über die vom Autor vorgeschriebenen Prügeleien weit hinausging, so weit, daß die »BZ am Mittag« Boxberichte über die beiden Rivalen brachte. Als der Kampf noch weiter auszuarten drohte, schied ich aus. Darauf stürzten die hohen Einnahmen in mich beglückende Tiefe. Die Berliner wollten uns beide sehen, blond und schwarz. Wäre Albers ausgeschieden, das Publikum hätte genauso reagiert. Mein Kumpan Kunz sah in den alkoholbedingten Exzessen des im Grunde harmlos erfolgsübermütigen Albers Antisemitismus. Kunz und seine blonde Frau waren so hochgradig philosemitisch, daß sie ge-

radezu verfolgungswahnsinnig für meinesgleichen wurden. Einer der vielen Gründe, die Berlin zur Theatermetropole machten, ist das Berlinische des Berliners. Ich meine die durch nichts zu verwirrende Skepsis, die eingeborene Ironie dem Bombastischen gegenüber, die aus der gelassenen Betrachtung stammende, flinke Reaktion. Die »Nur-immer-mit-der-Ruhe«-Vorsicht mit der »kalten la main« mußte mit immer sich verfeinernden Bühnenausdrucksmitteln angegangen werden. Die »Mir-machste-nichts-vor«-Haltung der Berliner zwang die Theaterleute, den Berlinern immer weniger vorzumachen. Das aus Wißbegierde stammende Berliner Mißtrauen gegen Flausenmacherei, Verschleierung, Vertuschung und gegen unkontrollierbare Sprachberieselung erzwang sich schließlich das entsprechende, nach dem wahren Ausdruck und dem echten Inhalt suchende Theater. Der Berliner war ein wißbegieriger Besserwisser. Der pathetischen Redseligkeit und dem hochdramatischen Getobe gebot er Halt mit dem Verdikt: »Nu mach 'n Punkt, so genau wollen wir's nicht wissen.« Deshalb hatte es Hitler in Berlin am schwersten. Die oberflächliche Auswertung gewisser Rassen- und Soziallehren, vermengt mit einer nihilistischen Machtideologie, und die daraus gebaute nebulose Weltanschauung, war etwas, was der Berliner Theaterbesucher so genau nicht wissen wollte. Wer ist an allem schuld? »Die Juden und die Radfahrer«, war eine geflügelte, Hitler verulkende Berliner Redensart.

Dieses Berlin war die gegebene Heimat für Bert Brecht. Und die Heimat all derer, die über die abgegriffene, immer wieder modisch aufgetakelte Rühr-, Amüsier- und Stilbühne hinausstrebten. Wie mußten wir da oben auf der Hut sein vor diesem scharfsichtigen, hellhörigen Publikum-Forum. Und immer saß noch ein erlesener Einzelner inmitten der Publikumselite. Bald war es Heinrich oder Thomas Mann, Gerhart Hauptmann, Bert Brecht, Lion Feuchtwanger, Sinclair Lewis, Alfred Polgar, Egon Friedell, der bühnenfreudige Erfolgsautor Rehfisch, amerikanische Bühnenleute wie McClintic, Catherine Cornell, Jed Harris, Berliner Kollegen und solche aus der deutschen

Provinz, Regisseure wie Jessner, Engel, Fehling, Piscator, Filmmagnaten aus Hollywood, der junge, damals noch jedem alles versprechende Zuckmayer, Ringelnatz, Klemperer, immer einer von den damals schreibenden und auch gedruckten Lyrikern und eines Abends schließlich Karl Kraus aus Wien, der dem damaligen Berlin künstlerisch entferntesten Stadt.

Karl Kraus hatte sein Hauptquartier von Wien nach Berlin verlegt. Er pendelte zwischen beiden Städten hin und her. Ich, der ich im ersten Weltkrieg miterlebt hatte, wie seine Unerschrockenheit, sein hinreißender forensischer Elan, seine magische Kraft die Zuhörermassen zu bannen und zu frenetischer Gefolgschaft hinzureißen imstande war, hoffte auf ihn als gegebenen Wortführer gegen Hitler. Besaß doch Kraus auf höchster Ebene die Wirkungskraft, die Hitler auf der niedrigsten Ebene so furchtbar erfolgreich entwickelte. Wir hofften vergebens. Er kam nach Berlin, um gegen Alfred Kerr zu kämpfen und gegen das Berliner Tageblatt. Es kam nicht der Kraus des ersten Weltkrieges nach Berlin, sondern der alte, wortbesessene Maniak, der er vor dem ersten Weltkrieg gewesen war. In rückläufiger Entwicklung war er wieder bei seiner Weltbetrachtung von 1913 angelangt. – Ich traute meinen Augen nicht, als ich 1958 diese Stelle in einem Fackelheft aus der Zeit vor dem ersten Weltkrieg las: »Meine radikalen literarischen Freunde, die noch ahnungloser waren als die feudalen Privatgesellschaften, haben... seit fünfzehn Jahren nicht gemerkt, daß ich die Pest weniger hasse als meine radikalen literarischen Freunde. Sie haben meine Angriffe auf die jüdischen Liberalen, auf Bourgeoisie und Neue Freie Presse für linksradikal gehalten und nicht geahnt, daß sie, wenn ich überhaupt etwas will, und wenn sich das, was ich will, auf eine staatsverständliche Formel bringen läßt, im höchsten Maße rechtsradikal sind. Sie haben geglaubt, ich sei ein Revolutionär, und haben nicht gewußt, daß ich politisch noch nicht einmal bei der Französischen Revolution angelangt bin, geschweige denn im Zeitalter zwischen 1848 und 1914, und daß ich die Menschheit mit Entziehung der Menschenrechte, das Bürgertum mit Entziehung des Wahlrechts, die Juden mit Entziehung des Telefons, die Journalisten mit Aufhebung der Pressefreiheit und die Psychoanalytiker mit Einführung der Leibeigenschaft regalieren möchte.«

Nach Kraus war folgerichtig nicht Hitler, der immer näher Kommende, der größte Schuft im ganzen Land; nein, diese fettgedruckte Aufschrift der Fackel galt Alfred Kerr. Die blindwütige Verfolgung des Berliner Theaterkritikers und seinesgleichen absorbierten Kraus' Angriffskraft. Kraus war von seiner Mission, das weltbedrohende Ungeheuer Kerr unschädlich zu machen, so kampfbesessen, daß er die ihm Waffendienst und Gefolgschaft versagenden Leute von Rang und Geltung, die ihre Abwehr auf Hitler konzentrierten, für verräterische Opportunisten hielt. Dergleichen Feiglinge scheuten den Kampf gegen den allmächtigen Kerr und die allgewaltige Presse, um nicht in Ungunst zu fallen, und vergeudeten ihre militanten Energien gegen den machtlosen, als Gegner überschätzten Hitler. Wegen einer solchen zynischen Bemerkung, die ich machte, schickte Kraus mir ein vierzigseitiges, befristetes Ultimatum, das meine öffentliche Absage an Kerr verlangte. Bei der Formulierung meiner Antwort assistierten mir Bert Brecht und Erich Engel. Wir berieten tagelang. Erst war der Entwurf zwei Seiten, dann eine, schließlich kam ein kurzer, einfacher Satz zustande. »Auf ein Komma lass' ich mich bei Kraus nicht ein«, meinte Brecht, als es galt, dem großen Sprachsäuberer zu antworten. Der endlich zustande gekommene Satz sprach die Ablehnung des Ultimatums aus.

Als dann Hitler sein wahres Gesicht zeigte, da verging Kraus die Sprache. Er schwieg! Er schwieg, meiner Meinung nach, weil sein sicherlich unterbewußter Geheimtraum sich in einer Art erfüllte, die ihm den Willkommensgruß in der Kehle erstickte. Karl Kraus hatte in Hitler nicht den größten Schuft zu erkennen vermocht. Sich von der sich erst später vollkommen enthüllenden Entmenschtheit eine Vorstellung zu machen, hatte der von den Journalistenverfolgungen und dem »Vive la bagatelle«-Standpunkt Besessene versäumt. In einem anderen

Heft der Fackel berief sich Kraus auf Theodor Häcker und erteilte ihm das Wort: »Das aktive Böse dieser Welt ist heute in Westeuropa in der Form der Formlosigkeit in Presse und Publikum zu Hause, in Parlamentarismus, Wählerschaft, Bank- und Geldwirtschaft, lauter anonymen, vollkommen verantwortungslosen, nicht faßbaren Massenmächten. Ich werde aber von dem Glauben nicht lassen, daß der blutrünstigste Tyrann noch leichter zu jenem geistigen Verantwortlichkeitsgefühl gelangen kann, ohne das keiner herrschen darf, leichter, sage ich, als die von Verleger, Abonnenten und Inserenten abhängigen Redaktionskollegien in Massenauflagen erscheinender liberaler und sozialdemokratischer Zeitungen und Zeitschriften.«
Ist das nicht ein Fingerzeig im Dunkel, das um Karl Kraus' zages und vages Verhalten während Hitlers Aufstieg liegt? Konnte es ihm nicht möglich erscheinen, »daß der blutrünstigste Tyrann noch leichter zu jenem geistigen Verantwortlichkeitsgefühl gelangen kann, ohne das keiner herrschen darf . . .?«
Als Karl Kraus den Kerr vergiften und das Berliner Tageblatt vernichten wollte, bildeten die deutschnationalen und anderen Rechtsverbände, darunter der Stahlhelm, mit Hitler die Harzburger Front. Danach zeigten sich die ersten Risse in der Abwehrmauer. Der Berliner auf der Straße schien eingeschüchtert durch den formidablen Bund. Er fing an, sich schweigend seinen Teil zu denken. Das Abfällige wurde geflüstert. Allein das Theaterpublikum blieb noch immer immun gegen solche Einflüsse. Als ob man sich im lichtlosen Zuschauerraum unbeobachtet auch der Wirkung rassenfremder Schauspieler in vom Nationalsozialismus verpönten, von hitlerfeindlichen Regisseuren inszenierten Stücken hingeben könnte. Und, wenn hingerissen, vergaß das Berliner Publikum am Schluß der Vorstellung seine Vorsicht und klatschte wie eh und je. Ich spielte gerade wieder am Staatstheater. Das durch den Zusammenschluß Hitlers mit Hugenberg ermunterte Beamtentum wurde aufsässig. Im Konversationszimmer verstummte manches Gespräch, wenn ich eintrat. Unter den Schauspielern gab es Überläufer zum Nationalsozialismus.

Wiewohl aufgescheucht, waren wir doch bald wieder in unsere Arbeit vertieft.
Unglück spielen ist des jungen Schauspielers höchstes Glück, Prinz sein des Müllers Lust, Verzweiflung des Komödianten ungetrübte Freude, Wahnsinn sein Wunschtraum. Auf Frohsinn beschränkt, wird er trübsinnig. Ich hatte das an eigner Seele erlitten, als ich meines Äußeren wegen an die verzweiflungsvollen »Jungen« nicht herangelassen wurde. In meiner glückgesegneten Schauspielerlaufbahn blieb mir jedoch nichts endgültig versagt. Schließlich spielte ich den liebestollen Mortimer, den Othello, dessen Eifersucht groß wie seine Liebe ist; ich liebte und litt noch in manch andren Rollen und spielte schließlich den verzweifeltsten aller jungen Männer: den Oswald in Ibsens »Gespenster«. Ihn darzustellen war die große Sehnsucht meines Kumpanen Kunz. Die Enttäuschung, diese Rolle nicht spielen zu dürfen, traf ihn um so härter, als sein Gleichgewicht durch eheliche Schwierigkeiten ohnehin schon erschüttert war. Die ursprünglich glücklich verliebten Kunzes machten als junge Eheleute einander das Leben zur Hölle. Für diesen Zustand gab es viele peinliche Anlässe und nur eine Ursache: die beiden hätten nie ein Paar werden sollen.
Eines Tages schüttete die Kunzin meiner Hanna ihr Herz aus: sie hätte, nachdem sie mich kurz nach ihrer Eheschließung kennengelernt habe, ihren Mann als zweite Besetzung erkannt, wie sie im Theaterjargon sagte; als zweite Besetzung, die mich, die erste, kopiere.
Ich erfuhr später, und zwar durch Kunz selbst, daß sie ihm das gleiche ins Gesicht gesagt hatte. Sie tat es, um seine leicht in Tätlichkeiten ausartende Eifersucht zu entfachen, die sie so merkwürdig gern über sich ergehen ließ. Ihn zu immer weiter gehenden Exzessen provozierend, ging sie zum Erfinden nie stattgehabter Vorgänge zwischen ihr und mir über. Sie war schließlich in ihren Geständnissen fingierter Erlebnisse so weit gegangen, daß sie, um sich von seinem Würgegriff zu befreien, behauptete, ich hätte in einem obskuren Lokal an ihr, der mit Stricken Gefesselten, Notzucht verübt. Es kam zu Ausein-

andersetzungen zwischen ihm und mir, zu wüsten Drohungen. Nach menschlichem Ermessen wurde die Wut des beleidigten Ehemanns schon angefacht von der gegen den Rollenrivalen. Und doch konnte er sich zwischendurch der Plausibilität meiner Darstellung nicht entziehen.

Bis hierher hätte sich das alles auch in andern Zeitläuften abspielen können. Dann wäre die Affäre eine mehr oder minder dramatische Angelegenheit zwischen den Beteiligten geblieben, und der wahre Sachverhalt hätte vielleicht auch aufgeklärt werden können. Wenn nicht, würde der beleidigte Ehemann in seiner Tollwut die vermeintliche Ehebrecherin, die erste Besetzung und vielleicht sogar sich, die zweite, oder alle zusammen, erschossen haben. Sicherlich hätte es auch noch andere, weniger blutige Alternativen gegeben. Keinesfalls aber wäre geschehen, was nun ausbrach.

Um sein Herz zu erleichtern, konnte es sich Kunz nicht versagen, mit anderen zu sprechen. Die Gesellschaft der vielen Hasser in jener haßvergifteten Zeit stürzte sich auf die ihnen willkommene Geschichte und beutete sie hemmungslos aus. Auf einmal verbreitete sich das Gerücht von der Vergewaltigung einer gefesselten Arierin durch einen Juden, nämlich durch mich.

Die nationalsozialistische Presse bemächtigte sich der Affäre in Wort und Bild. Bald auch die Skandalblätter. Hanna stand vor der Entbindung. Ihre mögliche Gefährdung und die unseres nunmehr in Wochen fälligen Kindes versetzten mich in Panik. Mit der Aufdeckung der Diffamierung, die umständlich und zeitraubend gewesen wäre, konnte ich mich zunächst nicht befassen. Sie mußte vertagt werden. Vorher mußte ich versuchen, die Tageszeitungen, die in Hannas Hände gelangten, davon abzuhalten, die Sensationsmeldung auch in ihren Spalten zu bringen.

Ich rannte von einer Zeitung zur anderen. »In Ihrer Haut möchte ich nicht stecken«, sagte ein gutmütiger Redakteur zu mir und unterließ die Mitteilung in seiner Zeitung. Die liberalen Blätter versprachen zu schweigen und von der geplanten

Notiz, die ohnehin schonungsvoll gewesen wäre, abzusehen. Die Hugenbergpresse aber war nicht zu bändigen. Ich bin auf manchen abgefeimten Zeitungsschreiber gestoßen, aber der, dem ich nun begegnete, war der ärgste. Ich bat ihn, wie ich später einsah, um etwas, das unmöglich war: eine wirksame Lüge nicht zu drucken. Er nannte das hundertprozentigen Journalismus. Seine Visage blieb mir lange auf der Netzhaut. Er hatte ein blindes Auge mit einer zerronnenen, etwas vorstehenden Pupille, das Eiweiß drum herum war gelblich mit winzigen Blutfleckchen gesprenkelt. Das andere Auge, grüner als das blinde, inappellabel stierende, verschoß lebhafte, böse Blicke. Schon während ich mit ihm sprach, wußte ich, es war vergeblich.

Die Meldung erschien in dem Hugenbergblatt. Da rief mich Alfred Kerr an, den ich persönlich nicht kannte, um mir seine Hilfe anzubieten. Ich suchte ihn auf. Wie die meisten Gutartigen nahm er die Fesselung, an welche die Böswilligen angeblich glaubten, nicht ernst. Daß die Geschichte sonst aber völlig erfunden war, davon konnte ich ihn nicht überzeugen. Meine Unschuldsbeteuerungen ignorierend, war er gewillt, das sexuelle Piratentum des von ihm so überaus geschätzten Schauspielers als dessen Vorrecht zu verteidigen.

Ein namhafter Schauspieler des Staatstheaters, enthusiastisches Mitglied der Partei, schlug dem Ensemble vor, mich dem Staatsanwalt anzuzeigen und es abzulehnen, mit mir aufzutreten. Die Schauspieler zögerten. Man befürchtete Nazidemonstrationen, und die Intendanz hielt es für geboten, mir nahezulegen, die nächste Vorstellung des »Kaufmann von Venedig«, der immer noch auf dem Spielplan war, abzusagen. Jessner riet mir, auszuwandern. Allen Warnungen zum Trotz bestand ich darauf, aufzutreten. Ich hielt eine Absage für eine Kapitulation und ein Schuldeingeständnis.

Vor Beginn der Vorstellung herrschte eine eisige Atmosphäre. Ein Teil der Schauspieler schnitt mich. Alles, was ich erhoffte, war, dieser Abend möge ohne Demonstrationen vorübergehen. Es kam anders. Schon bei meinem Erscheinen wurde ich mit einem Beifallssturm begrüßt, wie er einem Publikumsliebling aus Anlaß seines 50jährigen Bühnenjubiläums zuteil wird. Das Klatschen und Hochrufen hielt viele herrlich beglückende Minuten an. So muß einem eingekreisten Krieger zumute sein, dem eine Freundesarmee zu Hilfe kommt. In der Hitze des sich immer wiederholenden Applauses schmolz die Drohung mit dem Staatsanwalt, und auch die Intendanz erwärmte sich wieder für mich. Das Publikum bedurfte keines detektivischen Nachweises meiner Unschuld, keiner Widerlegung der Anklage. Es demonstrierte für den Gejagten. Es protestierte gegen den Versuch der politischen Halsabschneiderei. Das Publikum bekannte sich zu einem Gehetzten und lehnte es ab, an der Hetze teilzunehmen. Der Applaus war ein Protest gegen die Treibjagd, gegen die Antreiber, es war ein politischer Applaus. In Erwartung irgendwelcher sensationeller Vorgänge hatten Kritiker und Reporter der Vorstellung beigewohnt. Am nächsten Tag kamen mir die führenden Zeitungen, unter ihnen auch konservative, in wohltuender, schmeichelhafter Weise zu Hilfe. Einige Tage später konnte Willi Forst, der während der Treibjagd verreist gewesen und daher seine gesunden fünf Sinne behalten hatte, Licht in die verstrickte Angelegenheit bringen. Er erinnerte sich, daß an dem Abend der Untat er, Herr und Frau Kunz und ich miteinander in einer Kneipe gesessen hatten, daß er die Kunzes in seinem Wagen nach Hause gefahren, danach er und ich noch weitergebummelt hatten. Das ominöse Weinlokal, in dem man fesseln und notzüchtigen konnte, ohne daß es jemand merkte, existierte nicht.

Die von einem Anwalt erzwungenen Dementi waren winzig, mit dem bloßen Auge nur schwer wahrnehmbar. Kunz, über dessen erhitzten Kopf die Ereignisse durch Aufhetzung der Hitlerjünger weiter hinweggestürmt waren, als er geahnt und gewollt hatte, brach zusammen. Er schickte ein Entschuldigungstelegramm an meine arme, verstörte Mutter nach Wien. Kunz gab später seine so wenig erfolgreiche Schauspielerei auf und betätigte sich prominent auf einem verwandten Gebiet.

Was mir über die nun gealterte Frau heute zu Ohren kommt, stimmt nicht zu ihrem Wesen von damals. Ich könnte annehmen, daß diejenigen, die sie nun hochschätzen, sich ein falsches Bild von ihr machen, und brauchte meines von damals nicht zu revidieren. Damit würde ich in den Fehler jener verfallen, die an die Unveränderbarkeit des Menschen glauben. Welche moralische Gegenkraft muß diese Frau entwickelt haben, durch die sie schließlich über ihre gefährlichen Unterströmungen hinweggekommen ist.

Während der Wochen der frenetischen Abwehr hatte ich einen Blick in die schon hautnah gerückte Zukunft geworfen. Sie war nun nicht mehr von vorgestellter Fürchterlichkeit, sondern ein konkret vorerlebter Zustand, aus dem ich schwer in die Gegenwart zurückfand. Jener unentbehrliche Lebensmut, eigentlich ein Übermut, der einen lebensfähig erhält inmitten der durchschnittlichen Lebensgefährlichkeiten unseres natürlichen Daseins, war schreckgelähmt und flügellahm geworden nach dem Tête-à-tête mit dem naturwidrigen Verhängnis auf unserer Türschwelle. Selbst meinen Buben beschäftigte die Ahnung dessen, was vorgegangen war, unterbewußt bis in seine anfangs davon gestörten Berufsjahre: Dreißig Jahre lang peinigte meinen Sohn eine ungeklärte Angst. Erst dann fragte er, was damals war.

In den Schreckenstagen kam er mir eines Morgens, als ich aus dem Haus ging, nachgelaufen, holte mich ein und schmiegte sich an mich. Er hatte große angsterfüllte Augen. Er mußte irgend etwas gehört haben, wahrscheinlich von dem Getuschel der Mädchen im Hause. Meine noch ungeborene Tochter hatte meine Frau, die wie mit einer Schutzhülle abgedichtet war, durch die nichts wirklich zu ihr drang, wohl behütet. Marianne, die wenige Wochen später zur Welt kam, war ein kräftiges, heiteres Kind mit gutem Appetit.

Nachdem ich meine Öffentlichkeitsscheu abgelegt hatte, fing ich wieder an, Lokale zu besuchen. Dort spielte man die Songs der inzwischen so populär gewordenen »Dreigroschenoper«, Gesellschaftskritik, verfremdet durch lustvoll listige Bosheit:

eine lustige Grottenbahnfahrt an Schreckensgestalten vorbei, die unwiderstehlich reimten und sangen, nach Villon und Brecht. Brecht saß an der Kasse seines Ruhms und warnte einträglich und nicht zu eindringlich. Er glaubte jedoch unbeirrbar an einen unmittelbar bevorstehenden Zwang, emigrieren zu müssen. Nach seiner Theorie, die ich nicht wiederherzustellen vermag, würde unser Exil vierzig Jahre dauern. Er hatte sich nur scheinbar geirrt. Obwohl Brecht seinen Vorstellungen von einer sozialistisch-marxistischen Weltordnung bis zu seinem Tode unbedingt treu geblieben ist, wurde ihm die materialisierte Welt des Materialismus, in der er nach seiner Rückkehr zu leben beschlossen hatte, zumindest in dem angetroffenen Stadium, nicht zur Heimat. Und ich lebe in Westdeutschland physisch bequem und unangefochten mit panikloser Sorge innerhalb einer dennoch schwer zu bewältigenden Gegenwart, in der zu viel Unvergangenes das unvergänglich Schöne durchsetzt. Es gibt hierzulande viele Gefährten, die nie im Ausland physischen Schutz haben suchen müssen, aber lange Jahre in einer inneren Emigration gelebt haben, die zu verlassen sie noch nicht überzeugend ermutigt worden sind. Musikalisch ist West-Deutschland entnazifiziert, ja geradezu international geworden. Die Hitlerlieder, jene das Blutvergießen besingenden Hymnen, sind kaum mehr zu hören. Anno dazumal erfüllten sie die Schenken und Straßen, aber Brechts Kanonensong die Theater. Die Kinos waren überfüllt mit Deutschen, die erbittert waren über die antisemitische Verfolgung und die abgefeimte Hetze gegen den ungerecht der Spionage verdächtigten jüdischen Hauptmann Dreyfus. Ich zog mit gehetzter Müdigkeit durch ein heilrufendes Deutschland, um mich am Schluß der Dreyfuspremieren als Darsteller jenes jüdischen Hauptmanns für den Applaus zu bedanken.

Hitler beherrschte nicht nur die Straße, er begann auch salonfähig zu werden. Die Schwerindustrie liebäugelte bereits mit dem Manne, der sie wahrscheinlich vor den Ansprüchen der Arbeiterschaft, die radikal zu werden drohte, befreien könne. Lion Feuchtwanger, den ich inzwischen kennengelernt hatte, analysierte die Lage: Ein großer Teil der Arbeiterschaft, vom Kommunismus erschreckt, von der Sozialdemokratie enttäuscht, lief Hitler zu, der einen anderen, nationalen Sozialismus versprach. Demnach könne Hitler der Mann sein, jene Arbeitermassen in eine der Schwerindustrie genehmere Organisation einzufangen und schließlich, an die Macht gelangt, den widerstrebenden Teil hineinzuzwingen. Deshalb, meinte Feuchtwanger, würde die Schwerindustrie schließlich Hitler in den Sattel helfen. Feuchtwanger, der so folgerichtig deduzierte, der mit politischem Scharfblick alles voraussah, kaufte sich damals ein Haus in der Nähe von Berlin. In der Emigration schüttelte er viele Jahre hindurch immer wieder den Kopf über sich selbst, den Autor des Romans »Erfolg«, der die durch Hitler hervorgerufene Situation durchleuchtet und die Aussichtslosigkeit des unorganisierten Widerstandes in jenen Tagen öfter, als uns lieb war, bewiesen hatte.

Max Pallenberg, der politisch verworrenste unter uns, hatte – eine durchaus berechtigte Maßnahme – sein Geld ins Ausland gebracht. Die holländische Amstelbank, auf der er ein Guthaben besaß, ging in Konkurs; dadurch wurde Pallenbergs Konto publik. Nun riefen die Zeitungen der Harzburger Front zum Boykott gegen ihn auf.

Was zuvor beim Dreyfusfilm zwar versucht, aber noch nicht erreicht worden war, gelang bei Pallenbergs erstem Tonfilm »Der brave Sünder«. Dieser Film blieb daher hinter den finanziellen Erwartungen zurück. Geld ins Ausland vor dem Zugriff der potentiellen Verfolger im Inland zu retten, galt offiziell als unpatriotisch. Doch war dieser von Alfred Polgar und mir verfaßte Film – mein Regie-Debüt – ein starker künstlerischer Erfolg; auch im Ausland, besonders in Frankreich, wo er sogar ertragreich war. Und das zu René Clairs Blütezeit.

Lange vorher hatte ich schon den Wunsch gehabt, einen Film zu inszenieren. Aber erst als man anfing, sich zu scheuen, mein Gesicht auf der Leinwand zu zeigen, vertraute man mir eine Regie an. Der Name war immer noch attraktiv, mein Gesicht aber schon »rassenfremd« geworden. Gegen mich als Bühnendarsteller setzte ein zunächst getarnter Boykott ein. Jessner konnte sich nicht mehr in seinem Amt halten. Er mußte aufgeben. Unternehmungslustige Impresarios bauten auf meinen Namen und veranstalteten eine Auslandstournee. Zwei Stücke wurden auf die Reise nach den nordischen Ländern geschickt: »Der Patriot« und der »Kaufmann von Venedig«.

Wir fingen in Kopenhagen an. Die unvoreingenommene, keineswegs tröstlich-philosemitisch betonte, sondern selbstverständlich-herzliche Gastfreundschaft ließ mich aufatmen. Die Häuser waren ausverkauft und der Applaus heimelte mich an. Es war wie in Berlin; keine Kritik hatte auch nur eine Spur von der Feindseligkeit, mit der ein Teil der Berliner Presse unsereinen prinzipiell verfolgt hatte. Am zweiten Abend wurde mir sogar von der deutschen Gesandtschaft ein Lorbeerkranz überreicht, auf dessen Schleife stand: »Dem großen Pionier deutscher Kunst.« Und auf dem Theatergebäude wehte zu Ehren meines Gastspiels die deutsche Flagge. Bedeutete diese Huldigung eine Distanzierung des Gesandten, dessen Gast ich war, von Hitler ante portas?

Dann fuhren wir nach Oslo. Als unser Zug, von Schweden kommend, auf dem Hauptbahnhof einfuhr, standen Hunderte von Studenten mit Kappen und Schleifen auf dem Perron. Gewohnheitsmäßig erschrak ich. Mir wurde aber klargemacht, die jungen Leute wären zu meiner Begrüßung gekommen.

Ein so nordisches Volk wie die Norweger hatte genug Norden und freute sich mit mir. Was sich in Kopenhagen abgespielt hatte, wiederholte sich in Oslo. Nur war es skurriler, zügelloser. Es wurde im Lande der Tagundnachtgleiche die Nacht dem Tag gleichgemacht. Ich fand eine Ausgelassenheit wieder, die sich schon lange verkrochen hatte. Ich war in das herrliche Haus irgendeines Mäzens geraten, der eine Party nach der anderen gab. Vormittags ging der Saus und Braus los, wurde von der Vorstellung unterbrochen und dann fortgesetzt. Wir lachten bis in den frühen Tag hinein.

Eines Morgens nach einer turbulenten Nacht kam ein Auslandsdeutscher, ein ehemaliger Kapitän, zu mir. Dieser merkwürdige Mann machte ein merkwürdiges Anerbieten. Er wollte keine Freikarten, denn er verachtete Theater; auch den Film mied er. Beide wären ihm gleich zuwider. Schauspielerei an sich fand er unleidlich. Nun fing ich an neugierig zu werden, was ihn denn zu mir geführt haben mochte. Er sei, sagte er, wegen eines Bildes von mir gekommen, das er in der Zeitung gesehen hätte. Obwohl er normalerweise Fotografien von Schauspielern keinerlei Beachtung schenke, sei er durch mein Bildnis gefesselt, und zwar wegen meiner traurigen Augen. Das Foto, von dem er sprach, war während der ausgelassenen Osloer Tage gemacht worden. Er selber, mein Besucher, sei ein unheilbar Trauriger, erzählte er mir, nun kollegialer geworden. Er meide Gesellschaft und lebe allein in einem einsamen Häuschen am Fjord. Nur wenn er gelegentlich auf einen Gleichgesinnten stieße, verbringe er mit ihm gemeinsam einen Abend. »Ich hole Sie heute nach der Vorstellung ab; seien Sie mir nicht böse, ins Theater gehe ich nicht, aber Sie kommen nach der Vorstellung zu mir, dann können wir bei einer Flasche Wein so richtig traurig miteinander sein.« Ich kam dieser Aufforderung nicht nach. Hingegen erregte meine Erzählung dieses Erlebnisses große Heiterkeit bei der lustigen Gesellschaft, die ich der des Kapitäns vorzog.

Zurück in Berlin, lud Käthe Dorsch mich zu einer für mich wichtigen Besprechung ein. Sie, von früher her mit Göring befreundet, hatte ihn tags zuvor gesprochen. Sie war noch ganz verstört, die Gute. Für einen prominenten Juden sei keines Bleibens mehr in Deutschland, meinte sie. Furchtbares stünde uns bevor, sobald die Nazis an die Macht kämen. Und das konnte jeden Tag geschehen. »Auf Sie haben die einen besonderen Haß wegen Ihrer Aggressivität. Fahren Sie so bald als möglich. Sollte ich zu schwarz sehen, können Sie ja zurückkommen.«

Lilith, als Vollarierin, hatte sich von ihren jüdischen Freunden, also auch von mir, zurückgezogen und sich mit einem hitlertreuen Großindustriellen verheiratet.

Die Massary stand vor einer Premiere. Ich sandte ihr ein

Trauertelegramm: »Zeugen Sie noch einmal für uns.« Alles, was ich in dieser Zeit tat, war ein einziges, beklommenes Abschiednehmen. Von Menschen, Straßen, Theatern.
Ich bin der Massary dann in der Schweiz begegnet, in die wir übersiedelt waren. Es war der erste Schritt in die Emigration. Sie hatte über mein Telegramm den Kopf geschüttelt, aber jene Premiere war ihre letzte gewesen.

22. Kapitel

Ich wurde vom Schiffssteward aufgeschreckt. Ich muß ihn zu lange und zu blöde angeguckt haben, denn er lächelte verlegen und schwenkte ein Telegramm. Endlich nahm ich es. Es war von der »Habimah«, dem israelischen Nationaltheater in Tel-Aviv. An diesem Theater hatte Jessner, nachdem er aus Deutschland emigriert war, den »Tell« auf hebräisch inszeniert. Die Aufführung soll weder revolutionär noch national konformistisch gewesen sein. Eher traurig farblos. Ein entwurzeltes Stück: ein Entwurzelter, Schwankender hatte sich an Vergangenes angeklammert. Armer Jessner. – Dann hatte er noch eine englische »Tell«-Aufführung in Hollywood zustande gebracht. Seine Lebensgeister waren schon im Verglimmen. Er starb nicht allzu lange danach.

Der letzte Abend auf dem Schiff. Morgen nachmittag würden wir in Haifa einfahren, dort übernachten, um am nächsten Abend nach Jerusalem zu fahren, ob ich es glaubte oder nicht. – Wir gingen nach dem Essen in die geräumige Bar, wo die kleine Schiffskapelle zum Tanz aufspielte. Der Rhythmus fuhr mir in die alten Knochen. Die Tanzenden sangen zu der erntefestartigen, ländlichen Musik. Die Umsitzenden klatschten. Auch Hanna. Ich weiß, sie hätte gern mitgetanzt. Ein ganzes langes Beisammenleben hat sie es meinetwegen unterlassen. Ich bin kein Tänzertyp. Aber diese jungen Israelis hier, und auch die alten, die konnten es. Sie tanzten auf ihrem Schiff, das sie in ihre Heimat führt. Wie bedroht diese auch sein mag, sie tanzten heiter und furchtlos. Ich hatte nie zuvor so anmutige, unbelastete Juden gesehen. Und ich fuhr in ihre Heimat, die die meine sein müßte, und starrte unentwegt zurück nach Deutschland, nach dem von früher und dem von heute. Die Nacht verging erwartungsunruhig.

Eine Reihe ehemaliger Berliner Bekannter aus dem Zwischendeck traf ich erst am Morgen des Ankunftstages. Eine frühere, dann gemiedene, jüdische Freundin Liliths war auch darunter. Von ihr erfuhr ich von Liliths weiterem Schicksal. Sie war nun eine alte Frau und Mutter dreier erwachsener Kinder. Dann kam ich mit einer älteren Berliner Theaterbesucherin, jetzt israelische Staatsbürgerin, in ein »Erinnern-Sie-sich-noch«-Gespräch. Sie hatte alle »Tell«-Aufführungen bis auf die englische gesehen. Sie erinnerte sich auch noch unserer Übersiedlung in die Schweiz, die erschreckend auf die Berliner Juden gewirkt hätte.

In der Schweiz duldete es uns nicht lange. Meine Frau hatte im sonnigen, warmen Ascona Heimweh nach der kühlen norddeutschen Landschaft, nach den Kiefern des Grunewalds. Ich lachte sie aus, tat aber im stillen mit. Und als das Papen-Gesetz herauskam, das den Nazis das Tragen der Uniformen verbot und noch irgendwelche anderen Beschränkungen auferlegte, hielten wir, fern von den Geschehnissen, den Moment für mich gekommen, eine Inspektionsreise nach Berlin anzutreten, um festzustellen, ob unsere Übersiedlung nicht doch ein voreiliger Schritt gewesen war.

Eines Sonntagmorgens fuhr ich im Wagen mit der Berliner Nummer nach Deutschland. Man sah tatsächlich keine Uniformen, keine uniformierten Massenaufmärsche, man hörte keine Juda-verrecke-Rufe, keine den Magen umdrehenden, Hirn und Herz lähmenden, judenblutdürstigen Haßlieder, wie sie uns in Berlin vor unserer Übersiedlung im Ohr gegellt hatten. – Dann kam ich nach Nürnberg. Im Zentrum fand eine unheimliche Parade statt, eine Monster-Demonstration von als Zivilisten verkleideten Nazis gegen das Papen-Gesetz. Ich konnte nicht anders, als im Schritt hinter den vielen anderen, ganz langsam fahrenden Autos an dem nicht enden wollenden Spalier der meist weißbestrumpften Nazis, die auf einen Bonzen warteten,

im offenen Kabriolett vorbeizufahren. Ich konnte auch nicht anhalten, um das Wagendach zu schließen. – Damals war mein Gesicht, durch den Film allenthalben bekannt, immer noch wohlgelitten und doch schon viel gehaßt. Ich wurde immerzu erkannt. Das Parteigesicht reagierte nur selten mit eindeutigem Haß. Es war ein Gemisch von Mordlust und Autogrammwunsch in den sensationierten Augen. Mir trat der Schweiß auf die Stirn. Ich wurde jedoch weder erschlagen noch um ein Autogramm gebeten. Als ich endlich in die Nähe des Stadtrandes gelangte, hielt ich an, um das Kabriolettdach zu schließen. Dabei mußte ich das zeltstoffartige Klappverdeck, das in sich zusammengefaltet auf der Rücksitzlehne befestigt war, hochheben, um es vorne am oberen Rand der Windschutzscheibe zu befestigen. Ich griff also mit beiden Händen nach hinten und bemühte mich, halb stehend, den sich entfaltenden Verdeckstoff über den Kopf nach vorn zu ziehen. Als ich mit nach oben gestreckten Armen, die Augen himmelwärts gerichtet, das Verdeck gerade über meinen Kopf brachte, fiel mir ein, daß die alten Juden mit solcher Gebärde ihr Gebettuch über den Kopf ziehen, um mit Gott im Gebet allein zu sein und um sich die Augen vor dem Anblick der Welt zu verhüllen. – Der moderne Jude, dachte ich, tut das mit seinem Kabriolettdach, und fuhr weiter, Richtung Berlin.
Ein langgezogener Ton der Schiffssirene störte mich auf. Nun werde ich bald in den alten Synagogen Jerusalems diese erhabene Geste menschlicher Ohnmacht an ihrer Entstehungsstätte sehen. In der Erinnerung näherte ich mich im Auto Berlin, tatsächlich aber auf der »Theodor Herzl« Jeruscholajim. –
Ich folgte der Erinnerungsfahrt Richtung Berlin, die ohne weiteren Zwischenfall verlief. Bald nach meiner Ankunft bot sich mir die meine Urteilsfähigkeit trübende Möglichkeit, wieder einen Film zu inszenieren. Eine Art Musical.
Und schon waren Frau und Kinder auf dem Weg nach Berlin. Allzubald begann Hanna, eine Wohnung einzurichten. Ich brachte tatsächlich einen Film zustande, der nirgends Anstoß erregte und – unter Weglassung meines Namens – sogar noch

im Dritten Reich lief. Auch zum Theaterspielen kam es noch einmal. Über einen nächsten Film wurde verhandelt, eine zweite Tournee wurde arrangiert, die mich wieder nach Dänemark, Schweden, Norwegen und, darüber hinaus, nach Finnland, durch das östliche Europa, Tschechoslowakei, Ungarn, bis in die Balkanländer führen würde. Ich freute mich auf die bekannten Städte und war auf die mir neuen gespannt.
Wir konnten den Anfangstermin vorverlegen, da die Premiere ein Mißerfolg war, der zur Absetzung des Stückes führte. Die Wohnung war eingerichtet und ich reisefertig. Es war am 30. Januar 1933, etwa ein Uhr mittags, als Peter an dem neuen Radio herumdrehte, das uns Hannas Vater für die Wohnung geschenkt hatte. Auf dem Weg zum Stuhl nagelte mich der Endteil eines Satzes fest: »...tler Reichskanzler geworden.« Ich stand unbeweglich da, noch lange nachdem der Satz verklungen war. Der Körper blieb dem Stuhl, das Gesicht hingegen dem Radio, das ich im Rücken hatte, zugekehrt. So fand mich Hanna. Erst als ich den Stuhl erreicht und mich gesetzt hatte, konnte ich ihr das Gehörte mitteilen. Am nächsten Tag – es war der 31. Januar 1933 – mußte ich sowieso weg, um meine Tournee zu beginnen.
Ich kehrte erst am 21. Dezember 1947 heim.
Beim zweiten Gastspiel in Kopenhagen kam keine Heiterkeit mehr auf. Es wurden mich verunglimpfende Flugblätter verteilt, deren Herausgeber die sich schnell ausbreitenden deutschen Nazifilialen waren. Die Kopenhagener Polizei hielt es für geboten, mich unter ihrem Schutz ins Theater zu bringen, wo ebenfalls bewaffnete Polizisten in allen Teilen des Zuschauerraums verteilt waren. Die Vorstellung, die in Gegenwart des Königs vor sich ging, verlief ohne Störung. Wir spielten wieder »Der Kaufmann von Venedig«. Der mächtige Begrüßungs- und Schlußapplaus für mich war auch eine Antinazidemonstration, an der sich der König lebhaft beteiligte. – Diesmal gab es keinen Kranz und keine Schleife und keine Aufschrift. – Wir absolvierten bei gleichen Vorsichtsmaßnahmen die übrigen Länder und kamen schließlich nach Kowno,

der judenreichen Hauptstadt Litauens. Der Kartenverkauf war, im Gegensatz zu den Städten, die wir bereits besucht hatten, ganz unerwartet schlecht. Es stellte sich heraus, daß die ansässigen Juden gegen mich, den »deutschen Hitler-Schauspieler«, zum Boykott aufgerufen hatten. Als Gegenmaßnahme ließ mein Impresario Plakate mit der Mitteilung »Kortner ist ein Jude und sein Ensemble österreichisch« durch die Straßen tragen. Am Abend war das Theater voll.

Die deutschen Mitglieder meines Ensembles wurden fortan wegen der Anti-Hitlerstimmung als Österreicher affichiert. Da die judenfeindlichen Maßnahmen in Deutschland seit unserer Abfahrt von Berlin immer drastischer geworden waren, kamen meine Mitspieler in eine prekäre Lage, der sie sich mit großem Anstand gewachsen zeigten. Zwei darunter gehörten der Partei an. Sie hatten mir ihre langjährige Mitgliedschaft nicht verschwiegen. Ihr leidenschaftlicher, idealistischer Glaube an Hitler beeindruckte mich. Nach Hitler verehrten sie mich am meisten. Sie waren von der Überzeugung durchdrungen, daß der Antisemitismus nur ein Propagandamittel wäre, daß Hitler, sobald seine Macht gesichert sein würde, die Judenhetze, die sie mißbilligten, einstellen würde. Die beiden idealistischen und naiven Hakenkreuzritter beschworen mich, nach dem Ende der Tournee mit ihnen nach Berlin zu fahren. Sie würden mich unter SA-Schutz zu dem gutwilligen Göring bringen, der, von der Stärke meiner sie bewegenden Argumente gestützt, den bösen Einfluß des Antisemiten Goebbels auf den hochgesinnten Hitler endlich lahmlegen werde. Ich blieb nicht unbeeindruckt. Hanna, der ich telefonisch davon erzählte, war entsetzt. Es kam zu einer Kompromißlösung: die beiden Hitler-Partisanen würden zunächst ohne mich nach Berlin fahren und sich dort über den Stand der Dinge informieren. So geschah es auch. Einer von den beiden rief dann verabredungsgemäß Hanna an. Seine Mitteilung war kurz und leise: »K. soll nicht kommen.«

Ich trennte mich von meinem Ensemble und fuhr nach Wien, um dort auf meine Familie zu warten.

Mich quälte die Vorstellung, daß Peter den angesagten Boykott-Tag miterleben sollte. Ich telefonierte mit Hanna und bestürmte sie, alles stehen- und liegenzulassen und am nächsten Tag in der Frühe abzufahren. Dem feinnervigen Neunjährigen wollte ich unter allen Umständen den Schock solcher Menschenentartung ersparen. Die erst vierjährige Manni war noch glücklich in ihre Puppenwelt eingebettet.
Am Morgen des Ankunftstages las ich in den Wiener Zeitungen, daß aus den von Berlin abgehenden Auslandszügen die Juden von SS oder SA herausgeholt und nach Deutschland zurückbefördert worden seien. Ich stand also angstverkrampft wartend am Bahnhofsperron. Der Zug fuhr mit beträchtlicher Verspätung ein. Es dauerte atemberaubend lange, bis ich endlich am entfernten Zugende den Puppenwagen meiner vierjährigen Tochter erspähte, der herausgereicht wurde. Dann folgten Hanna, Peter und Manni. Daß sie so wohlbehalten ankamen, verdankte ich Hannas Blondheit.
Monate darauf wurde der Puppenwagen in London aus dem Zug gereicht. Die Kinder waren angekommen. Hanna war schon einige Zeit bei mir, der ich erst allein ausgezogen war, Boden unter den Füßen zu suchen. Nun installierten wir uns in London.
Während der ersten Monate in England starb Hannas Vater. Die Nachricht traf auch mich. Hanna wollte nach Deutschland fahren. Aus Angst, man könnte sie nicht wieder zu mir zurücklassen, verhinderte ich es.
Ihr Vater war vielleicht der einzig völlig integre Mensch, dem ich begegnet war. Obwohl er eine hohe Stellung bei der AEG hatte, lebte seine Familie in erstaunlich einfachen Verhältnissen. In der Inflationszeit von der AEG nach Amerika geschickt, hatte er den ersparten Teil seiner Diäten der AEG zurückerstattet. Das geschah zu einer Zeit, als man in Deutschland für ein paar hundert Dollar ein Haus kaufen konnte. Darüber geriet ich in bewundernde Verzweiflung. Ich bestaunte den Mann mit dem Mathematikergehirn, der mittags nach Hause kam, sich ans Klavier setzte, spielte, aß, zurück in die Fabrik

fuhr und abends zu Hause wieder musizierte. Scheu, verlegen und verwundert hatte ich dieser Familie aus respektvoller Ferne zugesehen. Seine Frau, eine Mutter ohnegleichen, hatte ein schier unbegrenztes, ein geradezu über die Limitierungen eines Einzelwesens hinausgehendes Verständnis für alles, was ihr das Leben zutrug: Menschliches, Künstlerisches, ja sogar Wissenschaftliches. Und so gar keines für das Geschäftliche.
Später empfanden wir den Tod von Hannas Vater, der Jude war, als eine glückliche Fügung. Er hatte in einer Zeit gelebt, in der Kinder einer Mischehe, wie die seine, aufwachsen konnten, ohne von Rassenproblemen auch nur zu wissen. Es war ihm erspart geblieben, mitzuerleben, wie Deutschland von der Höhe jener humanistischen Periode in die grausigsten Tiefen menschlicher Entartung absank.
Nach dem Tod ihres Vaters rückten Hanna und ich noch näher zusammen. Der Kampf um unser künftiges Leben hatte eingesetzt. Er ließ sich hart an.
Zwischen dem Berufsleben und mir stand die englische Sprache. Mein Ruf als Schauspieler reichte aus, mir meine erste Filmrolle zu verschaffen. Ich stürzte mich mit aller Vehemenz auf sie. Obwohl ich den eingetrichterten englischen Text sozusagen im durch ihn gestörten Schlaf wußte und den Sinn jedes Wortes kennengelernt hatte, verlor ich beides im Gedränge der Aufnahme.
Die englischen Schauspieler unterspielen. Ausdrucksstärke gilt als schmierenhafte Übertreibung. Sie haben es auf diese Weise zu einer charmanten Virtuosität der Ausdrucksunverbindlichkeit gebracht und zu einem meisterlichen Plauschtheater. Ich, um Ausdruck bemüht, sollte ihn verleugnen. Es ging nicht etwa um die untheatralisch-unaufdringliche Wiedergabe dieses oder jenes Vorgangs, sondern um die Darstellung der im britischen Leben erreichten Vermeidung des Ausdrucks. Das bekannte englische Unterspielen beginnt nämlich im Leben. Der Engländer spricht nicht über etwas, das ihn quält oder bedrängt, über keine Krankheit, kein geschäftliches Mißgeschick. Als später im Krieg London durch die Deutschen

bombardiert wurde, war das Gehaben der Betroffenen so, als ob nichts Aufhebenswertes geschehen wäre. Das Gespräch darüber war tabu, wie wir Jahre später von einem Bekannten hörten. Die Ausdrucksanämie, so schien mir, hatte wechselwirkend die tatsächliche Erlebniskraft der Engländer herabgesetzt. So verblaßte die Bühne immer mehr. Und ich, jüdischer Schwerblütler aus deutschem Stall, bemühte mich, es ihnen gleichzutun. Ich mußte salopp sein – mit Sprachkrücken, nonchalant – mit schwerer Zunge.

Ich büffelte wie nie zuvor, verbrauchte täglich drei Lehrer. Auch vor den schlau verborgenen Gesetzen der scheinbar einfachen Grammatik scheute ich nicht zurück. »Ich wollte es wissen«, wie der Berliner sagt. Nach der Entsprechung für derartige unorthodoxe Redensarten fahndete ich. Ich formulierte auf deutsch, was ich sagen wollte, und schrieb es auf. Damit ging ich zu meinem Lehrer, und das ihm abgelistete englische Äquivalent probierte ich an einem Engländer aus.

Es ist, wie gesagt, nicht leicht, diesen Inselbewohnern eine Reaktion abzulocken. Aber auch ein Engländer ist nicht Herr seiner Pupille. Eine winzige Veränderung darin verriet mir, daß etwas falsch sei. Die unveränderte Pupille und eine sinngemäße Reaktion buchte ich als Erfolg.

Den verschlungenen Wegen dieser herrlichen, alten und so modernen, am Slang und auch am Amerikanischen sich bereichernden und erneuernden Sprache nachzugehen, wurde zu einer lustvollen Beschäftigung. Das Verständnis für die englischen Satzkonstruktionen, für die große Präzision der Sprache erwachte. Mich faszinierte ganz besonders die exakte Aussage und weitgehende Bedeutung der verschiedenen Vergangenheitsformen. Durch eine Verwechslung von Perfekt und Imperfekt kann der Bericht über einen lebenden Menschen zu einem über einen Toten werden. Eines Tages sagte Leonhard Frank zu mir: »Ihr Deutsch hat sich verbessert.« Ich war verblüfft. Aber Frank hatte recht. Das bewußte Befassen mit der neuen Sprache wirkte sich auf die aus, die ich als Kind unbewußt erlernt hatte.

Daß den beiden verschieden klingenden und lautenden Sprachen doch eine gemeinsame Ursprungsgesetzlichkeit zugrunde liegt – wie aller menschlichen Artikulation –, erweiterte mein Verstehen für die Sprache an sich. Auch lag ein Trost darin.
Diese Sprachstudien hätte ich zu einer Lebensbeschäftigung machen mögen. Sie wurden zu einer Leidenschaft, die mich über den Verlust der eigenen Sprache tröstete. Aber in einem, in dem für den Schauspieler wichtigsten Punkt, versagte der Trost. Meinen deutschen Akzent konnte ich nicht loswerden.
Ich habe nie zu ergründen vermocht, welche Disposition Voraussetzung für die Fähigkeit zu einem guten und welche die für einen schlechten Akzent ist. Man sollte denken, die Veranlagung, die einen zu einem guten Sprecher im eigenen Idiom macht, würde sich auch im fremden als hilfreich erweisen. Nichts davon! In meinem Fall erwies sie sich als hinderlich. Auch Musikalität hilft nichts, denn Otto Klemperer und Bruno Walter behielten einen schweren deutschen Akzent.
Um gutes Englisch zu hören, ging ich oft ins Theater. So begegnete ich auch den Ausnahmeerscheinungen der englischen Bühne, den großen Schauspielern Laughton, Richardson, Gielgud, die nichts mit der Durchschnittsschwäche des ausdrucksscheuen Theaters zu tun hatten.
Zu Darbietungen, die ohne Sprache auskamen und für die ich vorher kein oder nur geringes Interesse hatte, fühlte ich mich jetzt hingezogen. Die Anstrengung, der fremden Sprache zu folgen, fiel weg. Eine genußvolle Entspannung. Ich ging in Konzerte und öfter als zuvor zu Sportwettkämpfen. Zu meinem alten Interesse für Boxveranstaltungen kam noch das für Tennis. In Wimbledon wurde zu der Zeit um den Davis-Cup, die höchste Trophäe im Welttennis, gekämpft. Ins Endspiel hatten sich die Amerikaner Budge und der damals noch formidable Deutsche von Cramm durchgespielt. –
Dem Amerikaner ging ein ungeheurer Ruf voraus. Gegen ihn, so hoffte man, hatte von Cramm keine Chance. Von unserem Sportinteresse abgesehen, gingen wir hin, die Niederlage des Vertreters von Hitler-Deutschland mitzuerleben.

Auf allen erdenklichen Gebieten siegte das tausendjährige Reich. Das deutsche Staatsoberhaupt, das mit mörderischer Hand den liberalen und links gerichteten Widerstand abwürgte, begann durch seine blutige Kraftentfaltung in den entsprechenden Kreisen jenseits der deutschen Grenzen Bewunderung zu erregen. Jene Grenzen erschienen dem neuen, schnell sich militarisierenden Deutschland zu eng gezogen. Europa war von ihm bedroht und gleichzeitig fasziniert. Man lechzte förmlich nach irgendeiner Niederlage des offenbar Unbesiegbaren.

Und doch, mitten im Kampf, als der anfangs vorne liegende Cramm schwächer wurde, merkte ich mit Bestürzung, wie ich um ihn bangte, wie meine verzweifelt sich wehrenden Sympathien von dem prinzlichen und mit Anstand kämpfenden Deutschen erobert wurden. Ich begann, Budges lange Arme und seinen härteren Schlag zu fürchten. Dieser rothaarige, übergroße, schlaksige, völlig entspannte Athlet, mit fast schlapp wirkender Haltung und einem unmilitärisch unstrammen, etwas gebeugten Rücken, stand in einem in die Augen springenden Gegensatz zu Cramms Spannung und gereckter Energie.

Um meinen Zwiespalt nochmals zu spalten, wurde auf den Tribünen herumerzählt, daß von Cramm kein Nazi sei. Das gab unserer Sympathie Berechtigung; aber wenn er siegte, würde doch die Hakenkreuzflagge gehißt werden. Cramms Erfolg würde als neuerlicher Beweis für die Unschlagbarkeit des Hitlersystems gelten, die man schon mit immer mehr um sich greifendem Aberglauben wie eine Schicksalsfügung hinzunehmen begann.

Um die letzten, den Sieg entscheidenden Punkte wurde in einer mir endlos erscheinenden Zeitspanne verbissen, verwegen, mit unglaublichem physischen und moralischen Einsatz gekämpft. Wenn von Cramm einen Ball gelandet hatte, drehten sich die Herren der Deutschen Botschaft, triumphierend und provokant in die Hände klatschend, zu mir um, der ich einige Reihen hinter ihnen auf der ansteigenden Tribüne saß. Als Budge einen

Ball, der ihn an den Rand der Niederlage zu bringen drohte, doch noch gewann, warf ein Amerikaner jauchzend sein Jackett in die Luft.

Ich hielt die Aufregung nicht aus und verließ die Tribüne. Ich wollte meinen Wunsch nicht in Erfüllung gehen sehen, aber auch nicht Zeuge der Niederlage des Amerikaners werden. Vor allem aber nicht mit ansehen, wenn die Unheilflagge mit dem Mordemblem aufgezogen würde. Ich lief auf den Vorplatz hinter den Tribünen. Dort traf ich Grete Mosheim; der gleiche innere Tumult hatte sie von ihrem Tribünensitz weggetrieben. Dann kam Hanna. Ihr war schlecht geworden. Das Spiel der beiden war auf dem Punkt angelangt, an dem das Verfehlen eines Balles, des sogenannten Matchballes, die Kampfentscheidung bringen konnte.

Man hörte das Aufschlagen der Bälle. Dieses endlose Hin und Her wurde nur durch den Beifall der Tribünen unterbrochen. Eine Amerikanerin wurde ohnmächtig hinausgetragen. Plötzlich ein jähes, unartikuliertes Geheul. Cramm oder Budge? Die Matchtafel zeigte es noch nicht an. Da wurde die amerikanische Flagge aufgezogen. Wir liefen auf die Tribüne zurück und stimmten schließlich in das Beifallklatschen ein. Die Herren der Deutschen Botschaft waren verschwunden.

Die beiden Champions waren repräsentativ für die Mentalität ihrer Länder, dachte ich auf dem Heimweg. Der Amerikaner voll Selbstvertrauen und Sicherheit, voll jener Gelassenheit, die Kraft auslöst und nicht drosselt. Der Deutsche hingegen ging mit einem schnell die Energie verbrauchenden Einsatz zu Werke.

Zwar bekenne ich mich mit Überzeugung zur Kraft entbindenden und sie steigernden Gelassenheit und stehe der Überspannung, dem missionarischen Tennis und Theaterspiel skeptisch gegenüber. Doch habe ich eine große Schwäche für die sich selbst behindernde Kraftanstrengung der Deutschen. Meine tiefe Verbundenheit spürte ich deutlich, als ich Cramms Ende entgegengebangt hatte. »So stirbt ein Held«, fiel mir ein, und ich wußte Sekunden später, daß diese Zeile aus Schillers

»Räubern« war. Nun war es ganz um mein Anglo-Sachsentum geschehen. Als ich dem in London eingetroffenen Brecht von meinem Konflikt erzählte, reagierte er stumm und nachdenklich. Was ihm damals und später durch den Kopf ging, ist inzwischen deutscher Literaturbesitz geworden. Ich konnte ihm, der in Dänemark mit dem Geld nicht zurechtgekommen war, einen einträglichen »Job« als Mitautor bei einem Film verschaffen. Von seinem Honorar erübrigte er genug, um sich eine kleine Druckerpresse zu kaufen, auf der er, der damals Ungedruckte, seine Gedichte selber vervielfältigen konnte. – Auch Leonhard Frank, der als Friedenshetzer aus Deutschland fliehen mußte, verhalf ich zu einem Job. Brecht und ihn in London zu haben, war tröstlich und anregend. Meinem Englisch tat es nicht gut. Brecht sprach in einer kindlichen, fast graziös zu nennenden Weise ein paar chinesisch klingende Worte englisch. Frank kein einziges. Vor den beiden mußte ich die Aufregung, die das bevorstehende Regierungsjubiläum des Königs innerhalb unserer Familie auslöste, tunlichst verbergen. Unserer elterlichen Duldsamkeit gegenüber dem royalistischen Enthusiasmus besonders unseres Peters hätten sie kaum Verständnis entgegengebracht. Manni nahm an jeder Hochstimmung teil, auch an dieser, ohne daß ihr der Anlaß klar gewesen wäre. Es war ein in der Weltgeschichte selten vorkommendes Jubiläum. Die Königin hatte an der Seite des Königs eine fünfundzwanzigjährige Regierungszeit mitgelebt. Der Flaggenschmuck, die Tribünen hätten einen jungen Anarchisten mitreißen können. Peters ohne Objekt gebliebene Verehrungsbereitschaft hatte sich aufs Königshaus geworfen, allerdings weniger auf den alten König als auf den Prince of Wales, von dem die Jugend viel erhoffte.

Kurz vor dem großen Tag wurde im Londoner Zoo ein Äffchen geboren, das zu Ehren des Ereignisses »Jubilee« getauft wurde. Dieses Äffchen spielte eine Riesenrolle in der Phantasie Mannis und der Londoner. Man mußte vor dem Käfig Schlange stehen, um des Tierchens ansichtig zu werden. Hanna hob im Gedränge Manni hoch, damit sie einen Blick auf das winzige

Tierchen werfen konnte. Eines Tages fuhr Hanna mit den Kindern durch die geschmückten Straßen, wobei sich gesprächsweise herausstellte, daß Manni der Meinung war, die festlichen Vorbereitungen für das »Jubilee« würden dem Äffchen Jubilee gelten, das eine Triumphfahrt durch die im Flaggenschmuck prangenden Straßen antreten würde. Sie hielt das Äffchen dieses Aufwands durchaus für würdig. Hanna und Peter konnten sich des Lachens nicht enthalten.

Nachmittags saß Brecht mit uns im Wohnzimmer unseres ebenerdigen Cottage und sprach von Londoner Zuständen. Die Kinder kamen und wollten etwas Geld, sagten nicht wofür, taten geheimnisvoll und verschwanden. Brecht erzählte nun, ein befreundeter Arzt hätte ihn durch die Slums von London geführt und ihm auch die damals erschreckenden Mißstände der sozialen Wohlfahrt, der Krankenfürsorge aufgezeigt. Brecht war auch sonst nicht ausgesprochen königstreu und an jenem Nachmittag in noch weitgehenderem Maße nicht. Das Gespräch zog sich hin. Hanna, die zum Fenster hinaussah, machte uns darauf aufmerksam, daß Vorübergehende immer wieder vor unserem Häuschen stehenblieben, hinaufschauten und lachten. Neugierig geworden traten wir hinaus. Es stellte sich heraus, daß Peter und Manni ihrer Vasallentreue öffentlich Ausdruck gegeben hatten. An unserem Balkon über dem Wohnzimmer, in dem wir saßen, hatten sie einen großen Pappdeckel angebracht und in kindlicher Druckschrift mit den eben erstandenen Buntstiften draufgemalt: »Long live the King and the Queen.« Das war Mannis Wiedergutmachung für die dem englischen Königshaus angetane Schmach.

Abends nahmen wir Peter mit uns ins Kino, um den amerikanischen Film »The Informer« zu deutsch »Der Denunziant« zu sehen, Peter vorwiegend, um zum erstenmal das am Schluß jeder letzten Abendvorstellung gespielte »God save the King« zu hören. Statt dessen sah er etwas ganz anderes: das von Habsucht vergiftete Elend der Menschen. Und so überhörte er am Schluß der Vorstellung vor Schluchzen die Königshymne.

Woher der Wind in England auch immer weht, er bringt Seeluft, die sich wie ein feuchter beruhigender Umschlag auf die Emotionen der Inselbewohner legt. Wessen Gemüt aber so beladen ist wie das meine, dem geht die Feuchtigkeit in die Knochen, und ich, vom kreuzverkrümmenden braunen Teufel gejagt, wurde noch dazu mit einem bösen Hexenschuß geschlagen. Monate meines Lebens verleidete er mir. Wir flohen aus dem reizvollen, aber feuchten englischen Cottage in den obersten Stock eines neuerbauten, »kontinentalen« Betonhauses. Aber auch dort wurde ich meines Lebens nicht froh. Zudem war es in der englischen Filmindustrie zu einer Stagnation gekommen. Auch wirkte sich die nazideutsche Boykottdrohung gegen Filme, in denen Emigranten beschäftigt waren, aus. Amerika, das auf den deutschen Markt nicht angewiesen war, ignorierte die Drohung Hitler-Deutschlands. In dem Präsidenten Franklin Delano Roosevelt, der neuartige Maßnahmen zum Zwecke der Liberalisierung des amerikanischen Wirtschaftslebens traf, war dem Teufel ein mächtiger Gegner entstanden. Roosevelt nannte sein Programm den »New Deal«, der in dem Versuch bestand, gewisse Erkenntnisse des Sozialismus in den Kapitalismus einzubauen und dessen Übermacht und Alleinherrschaft abzubauen. Das brachte Roosevelt den unversöhnlichen Haß der obersten Geldklasse und die sich von Jahr zu Jahr steigernde Popularität des demokratischen Amerikas, das sich in drei Präsidentschaftswahlen als Majorität erweisen sollte.

Mich zog es dorthin; aber nicht die Kinder, die Wurzeln geschlagen hatten, und auch nicht Hanna, die wegwollte, als wir bleiben mußten, und nun bleiben wollte, da wir weg sollten. Inzwischen hatte sie das Land liebgewonnen. Ich beschloß, als Familienpionier vorauszufahren, um amerikanischen Boden unter den Füßen zu suchen. Hanna und die Kinder konnten einstweilen in England bleiben.

In Southampton hatte ich meine Schiffsreise nach Amerika begonnen. Die nach Israel wird morgen nachmittag beendet sein. Um etwa vier Uhr werden wir in Haifa einfahren.

Nach dem Abendessen versahen mich meine israelischen

Reisegefährten mit allerhand praktischen Ratschlägen und Verhaltungsmaßnahmen. Darunter war die Ermahnung, in Israel nichts gegen Adenauer zu sagen, die erstaunlichste. Nicht nur wegen der Wiedergutmachung stünde der westdeutsche Bundeskanzler in hohem Ansehen bei den deutschen Juden, sondern als Symbol des anderen Deutschlands, des vorhitlerischen, an dem sie einst hingen. Sie wollen ihre moralisch restaurierte ehemalige Heimat, wenn auch aus der Ferne, wieder achten können. Adenauer würde das zuwege bringen. Ich schwieg.
Stunden später lag ich schlaflos in meiner Kabine. Ich fragte mich, ob es besser sei, am Tage der Ankunft in Haifa wegen Unausgeschlafenheit überreizt oder wegen eines Schlafmittels unangemessen schläfrig zu sein.
Es schien, als ob bei der mit jeder Sekunde sich verringernden Entfernung, bei meinem dem-Ziel-näher-Kommen, mir Sinn und Bedeutung Israels aufginge. Der im Gefühlsdunkel eingesponnenen, etwas lichtscheu-dumpfen Verbundenheit kamen die erhellenden, deutenden, von der physischen Nähe erregten und gesteigerten geistigen Kräfte zu Hilfe. In dieser Erhellung glaubte ich in der den Juden wiedergegebenen Urheimat die von dem historischen Fortschrittswillen diktierte Antwort auf Hitler zu erkennen. Es schien mir, als ob die Juden den ihnen aufgezwungenen Davidkampf gegen Hitler-Goliath mit fürchterlichem Verlust, mit Millionen Gefallenen, doch gewonnen hätten. Ein knapper Sieg, ein immer noch umstrittener, der leicht noch in einen Pyrrhussieg ausarten könne. Mein schwer verwundetes, darniederliegendes Vertrauen auf eine sinnvoll gelenkte, nach noch nicht erkannten Gesetzen der Schöpfung sich vollziehende Vorwärtsentwicklung des Menschen war wieder aufgerichtet worden durch die Vernichtung Hitlers und die im Zusammenhang damit erfolgte Gründung des Judenstaates.
Mein Lebensvertrauen hängt an diesem Gerechtigkeitssymbol. Das darf uns Fortschrittgläubigen nicht wieder abhanden kommen. Es ist das Unterpfand, das uns eine oft blindwütig scheinende Allmacht gegeben hat.

Anderer Art war die schlaflose Unruhe vor meiner Ankunft in New York gewesen. Damals galt die Sorge meiner Existenz, meiner Familie. Nicht dem reichen, weiten, kraftstrotzenden Amerika.
Als die Skyline von New York auftauchte, gerieten die Neuyorker auf dem Schiff in Aufregung und Wiedersehensrührung. Es erstaunte mich, daß etwas mir so völlig Fremdes andere so heimatlich anmuten könne. Mir wurde bang angesichts dieser näher kommenden Wohngebirgskette, deren Schneekoppen man wohl nur deshalb nicht sah, weil sie von tief hängenden Regenwolken verdeckt waren. Wie Ruderboote nahmen sich die vorbeifahrenden kleinen Dampfer aus. Eines davon, das Polizeiboot, war auf unser Schiff zugekommen. Nun fand die Paßkontrolle statt.
Als der eine Beamte meinen Paß sah, fragte er: »Refugee?« »Yes, Sir«, antwortete ich. Danach sprach er jiddisch mit mir. Obwohl ich kein Wort verstand, tat es mir als Kontrast zu den Vorgängen in Deutschland wohl. Der amerikanische Polizei-Offizier war enttäuscht, daß ich jiddisch nicht verstand. Er sprach darauf englisch, das ich auch nicht verstand, denn es war Brooklyn-Slang.
Ich konnte es kaum erwarten, die Straßen von New York zu sehen, die sich in meinen Träumen immer wieder aufgetürmt hatten: Mammutstraßen aus weißem Gestein, unwirklich breit mit Häusern, die traumwirklich an Wolken kratzten. Meine Neugierde wuchs im Näherkommen. Mein hartnäckig auftauchendes Traumbild von dieser Stadt war eine mächtige Herausforderung an ihre tatsächliche Großartigkeit.
Ich hatte dem ehemaligen Kritiker des Berliner »12-Uhr-Blattes«, Rolf Nürnberg, der schon eine Weile in New York als Emigrant lebte, telegrafiert.
Dem Schauspiel der Ankunft stand ich mit blöd glotzenden Augen und vom Sirenengeheul betäubten Ohren gegenüber. Nachdem ich ein paarmal hin und her gestoßen worden war, suchte ich im Gewimmel meinen Weg. Wenige Minuten später stand ich vor dem wartenden Nürnberg. Wir bestiegen ein

Taxi, und die vorgeträumte erste Schaufahrt konnte beginnen. Ich hatte mich auf meinem Sitz zurechtgerückt, um bequem durchs Fenster schauen zu können, als der Ex-Kritiker sagte: »Wissen Sie, daß Werner Krauss den Richard III. in Berlin spielt?«

Das traf! Ich hatte es nicht gewußt! Mein Richard! So egozentrisch stand ich der Rolle gegenüber. Und dazu fand der Eingriff in meine Rechte, wie ich törichterweise dachte, in dem Haus unserer bejubelten Aufführung statt. Der Mut zur Erneuerung, so notwendig bei der Ankunft auf dem für mich neuen Kontinent, schrumpfte zusammen. Dann zeigte mir Nürnberg den Theaterzettel, den ihm jemand zugeschickt hatte, und Kritiken. Ich kannte alle Namen und las, bis das Auto hielt. Wir waren vor dem Hotel angelangt, ohne daß ich auch nur einen Blick auf die Straßen geworfen hatte, die zu sehen ich so begierig gewesen war.

Der letzte Tag an Bord der »Theodor Herzl« stand völlig im Zeichen der baldigen Ankunft in Israel. Die Vorstellung, daß ich in einer Stunde an Land gehen und durch den Religionsunterricht meiner frommen Knabenjahre reisen würde, erfüllte mich mit einer tränennahen Kindheitsweihe.

23. Kapitel

Langsam fuhren wir jetzt die Küste Israels an. Damals, als wir dem Hafen von New York zustrebten, dem Riesenhafen, der Riesenstadt des Riesenstaates, hatten die Dimensionen kaum anders auf mich gewirkt als jetzt, da wir uns dem winzigen Staat Israel näherten. Riesenhafte Weite ist ja für uns nur ahnungsweise vorstellbar. Das für uns begrenzte Blickfeld, der wahrnehmbare Ausschnitt des jeweils Ganzen, wie groß oder wie klein es auch sein mag, bleibt für uns gleich groß. Die Grenzen jedes Gebietes sind die Grenzen unseres Blickfeldes. Wir wissen nur theoretisch, in dem einen Fall ist das außerhalb unseres Blickfeldes Liegende groß, in dem anderen Fall klein. Die Vorstellung, die ich von der Bedeutung des alten Landes in mir trug, unterstützte die Sinnestäuschung von Weite und Größe der Küste, der wir nun näher gekommen sind. Der Hafenkommandant von Haifa bemühte sich um uns und sorgte für eine schnelle Abfertigung von Gepäck und Ausweisen. Er ist ein zackiger, preußelnder, ordenbehangener Hebräer aus Berlin. Er erzählt mir, daß er alle Feldzüge mitgemacht habe, auch den letzten, der die israelische Armee bis an den Suez-Kanal gebracht hatte, vor welchem sie mit den Engländern und Franzosen, um mit den überall gebieterisch zurückschreitenden Amerikanern im Schritt zu bleiben, zum Rückschritt blasen mußten.

Reichlich fotografiert und interviewt fahren wir nach kurzem Aufenthalt vom kaum gesehenen Haifa in einem uns zur Verfügung gestellten Auto nach Jerusalem. Hanna – inzwischen schon mit Blumen beschenkt – sitzt im Wageninnern mit einem

Herrn vom Auswärtigen Amt und der in Haifa lebenden Schwester von Mannis Mann. Ich sitze vorn neben dem israelischen, fast dunkelhäutigen Chauffeur. Die zauberverwobenen »Es-war-einmal«-Wunderwälder und -länder der Kindheitsmärchenbücher, die der damals noch alle Zweifel besiegende Glaube dem Kinderauge bis zur Schaubarkeit vorgegaukelt hatte, wurden nun vom alt werdenden Manne als reale, mit dem Auto befahrbare Welt entdeckt. Meine noch sehfreudigen, europa- und amerikageschulten modern-heutigen Augen hatten es schwer zu glauben, daß das, was ich sehe, da ist und daß ich bin, wo ich bin, und alles, woran unser Auto vorbeigleitet, die Landschaftslegende der Bibel sei, die vorgestellt in mir lebt, seit ich als Bub vor ihr erschauerte. Wie äonenweit weg ist alles das, woher wir kommen, wie so unverbundene Welten schienen doch die eben betretene und die dort überm Meer.

Da sagt der fremdländische Chauffeur im schönsten Brünner Deutsch, seine Frau hätte noch ein Schauspieler-Foto von mir, das ich vor etwa dreißig Jahren bei einem Gastspiel in Brünn unterschrieben hätte. Morgen wolle er es mitbringen.

Er gewährt meiner Neigung, bei Nennung eines Vergangenheitsschauplatzes in Gedanken dorthin zu schweifen, keine Zeit, denn er weist mit einem noch von Routine freien Stolz auf die Bibelstätten des Heiligen Landes und berichtet über die hastigen Errungenschaften dieses eiligen Landes. Fast nach jedem Kilometer gibt es biblische Geschichte – und eine hochmoderne, heutige, technische Anlage. Das Uralte ist ihm so gegenwärtig und das Heutige so vertraut. Die Namen der Erzväter und Propheten, mit irgendeiner halbvergessenen legendären Bibelbegebenheit verbunden, spricht der Chauffeur mit einer weihe- und respektlosen Selbstverständlichkeit aus, wie wir die Namen von Kritikern oder zeitgenössischen Staatsmännern. »Dort«, sagte er jetzt, auf eine felsige Anhöhe weisend, »soll Simson die Säulen zum Einsturz gebracht haben.« Die bezeichnete Stelle wirkt wegen ihrer merkwürdigen Felsschraffierung wie aus der Schöpfungszeit der Erde stammend. Autos, Lastwagen schoben sich im Vorbeifahren davor.

Wie es dazu kam, daß der Boden vielfach versumpft war, was die Araber dagegen zu tun versäumt hatten, wie es später den Israelis gelang, allmählich Gelände zu entsumpfen, welche Energien, welche physische Zähigkeit, welche werktätige Inbrunst von den ehemaligen Geschäftsinhabern, Rechtsanwälten, Händlern verbraucht wurden, davon war der erstaunlich informierte Chauffeur, der in Brünn ein Damenmode-Geschäft sein eigen genannt hatte, in einnehmender Weise erfüllt. Ich begriff, was es kostet, den Boden, den diese Juden endlich wieder unter ihren Füßen haben, nicht versumpfen zu lassen. Das Heilige Land ist zu einer Arbeitsstätte geworden, in der sich die Menschen mit einem heiligen Eifer abmühen.

Dann hielten wir bei einer Tankstelle mit einer Imbißstube – wie in Texas. Wir tranken Kaffee. – Bald kamen zwei erdverkrustete Feldarbeiter in blue jeans, mit nackten, schweißtriefenden, dunkelbraunen, muskulösen Oberkörpern. Sie bestellten Kaffee und unterhielten sich mit der Kellnerin, die beduinenhaft schön war, auf hebräisch. Der eine sah zu mir herüber. Dann sagte er dem anderen etwas ins Ohr. Dann guckten alle. Schließlich kamen sie und schüttelten mir die Hand. Sie waren deutsche Juden, der eine früher Archivar in Leipzig, der andere Kaufmann aus Breslau. Von dort waren sie zuerst nach Amerika ausgewandert. Es schien mir, als ob die neue, nicht standesgemäße Tätigkeit ihr Selbstbewußtsein gehoben hätte. Bis 1938 waren sie in Amerika geblieben, wo sie Hebräisch gelernt hatten. Sie sprachen es auch untereinander, sagten sie mir auf meine Frage. Dann verabschiedeten sie sich und gingen an die schwere Arbeit mit schweren Arbeiterschritten zurück. Der Beruf hatte ihren Gang und ihr Gehaben umgeformt.

Da saß ich nun in der Imbißstube einer Tankstelle im Heiligen Land und sah New York vor mir, die Stadt mit den acht Millionen Einwohnern, wovon zwei Millionen Juden sind. Ich kenne die Straße, in der die hebrew school liegt, in die die beiden zum Unterricht gegangen waren. New York ist eine europäisch anmutende, gemütliche Stadt, solange man gerade vor sich oder zur Seite blickt. Hebt man aber das Auge, wird es ungeheuerlich für den Neuling, und mit der bestürzenden Höhendimension niagarahaft amerikanisch. Für den heutigen Besucher aus Europa gilt das wohl nicht mehr. Ich aber hatte bis dahin noch keinen Wolkenkratzer gesehen.

Wir fuhren weiter. – Der israelische Chauffeur nahm seine stolzen Erläuterungen wieder auf. Ich folgte ihm mit einer untergeteilten Aufmerksamkeit. Ich bin so anfällig für die Gegenbilder zu den Bildern, die ich wahrnehme, und für akustische Assoziationen. So sehe ich die ersten, schon verlassenen primitiven Siedlerhäuschen, und sofort taucht das Gegenbild dazu auf: die hüttenartigen Häuschen der Berliner Schrebergärten. – Die Stimme des Brünner Chauffeurs mit ihrem tschechisch-jüdischen Tonfall erinnert mich an jemand. Mich erinnert oft jemand an jemand – und über dem Grübeln an wen, versäume ich eben Gesagtes und zu Sehendes.

In der Schule war ich besonders arg davon geplagt. Auf diese und auch auf manche andere Art kam meine Unaufmerksamkeit zustande. Auch beim Lesen eines Buches ergeht es mir ähnlich. Von einem Gedanken darin festgehalten, den ich weiterspinne, findet meine Aufmerksamkeit nicht mehr zur Lektüre zurück und meine Augen blicken nur mehr auf sinnentleerte Wörter.

Die Stimme des Chauffeurs erinnert mich an Doktor Pollack, meinen Wiener Religionslehrer aus Prag. Beide Städte – Wien und Prag – huschten an meinem inneren Auge vorbei. Für ein Wiener Ohr klang eine tschechisch-deutsche Intonation belustigend. Das böhmakelnde Deutsch war eine populäre Altwiener Komiker-Wirkung. Kam noch ein kleiner östlich-jüdelnder Klang dazu, so war das für einen Wiener Buben unwiderstehlich komisch. Darunter litt der Bibel-Unterricht beträchtlich. Auch war Dr. Pollack viel zu salbungsvoll für unsere leicht erregbare Lachlust. – Verbotenes Lachen in der Schule ist nicht unterdrückbar.

Jetzt bog unser Auto ein und fuhr auf eine Bergkette zu. Hinter ihr, auf einem Plateau, lag Jerusalem. Die kahlen, verkarsteten,

gewölbten Bergwände sahen aus wie gigantische Elefantenrücken. Sie hatten Falten wie eine alte Elefantenhaut. – Unverändert wie aus den ersten Schöpfungstagen, meint man. Aber dann werden wir daran erinnert, daß es hier einst eine üppige Vegetation gegeben hat, daß die Berge bewaldet waren und daß man heute mitten in einem großen Aufforstungsprozeß steckt. – Natürlich, es war doch das Land, in dem Milch und Honig floß. – Jetzt erst fiel mir ein, daß wir ja in Asien waren.
Zwölf Jahre lang lebten wir in der Neuen Welt, dann ging es wieder zurück in die Alte, und jetzt sind wir in der Uralten. Von der sehen wir gerade so viel, wie der Fensterrahmen des Autos einfaßt. – Dann gibt es wieder Zwischen- und Gegenbilder – ein kaleidoskopartiges Durcheinander. Ein besonderer Augenreiz, dieses Übereinander und Durcheinander von durchsichtigen Bildschichten. Parallel laufende Horizontallinien, wie in die Hügel eingraviert, erinnerten mich an Paul Klee, dessen geometrisches Chaos und zart pedantisches Universum mich in einer Baseler Ausstellung seltsam erregt hatten. Für die Faust-Dekoration nahm ich viel Anregung nach München mit. Ein bißchen Maximilianstraße, Kammerspiele, Hotel Vier Jahreszeiten, mein Stammvestibül, das Residenztheater wischen vorbei. Vielleicht wird dort heute abend »Androklus und der Löwe« gespielt. Mir war es sinnvoll erschienen, die ersten Christenverfolgungen durch die Römer im neuzeitlichen Lande der Christen, in dem Juden ähnlich verfolgt wurden, zu inszenieren. Hier, in Israel, war der Ursprung alles dessen. Ich denke an den ans Kreuz genagelten Christus, wie Chagall ihn malte. Mit einem Gebetkäppchen auf dem Kopf und vor den Ohren herabhängenden Getto-Ringellöckchen.
Jetzt windet sich das Auto die Bergkurven hinauf. Jerusalem ist nahe. Ob ich wohl auch den Berg Sinai sehen werde, auf dem Moses die Gesetzestafeln von Gott erhielt? – Chagall malte den von den Geboten erleuchteten Moses-Kopf, und ich denke an das ehrfürchtige Staunen zurück, mit dem ich den Pollackschen Erzählungen über Moses und den Auszug aus Ägypten – das

irgendwo da hinten liegt – gefolgt war. Mein Gott, wie weit liegt die Religionsstunde zurück, in der ich von Moses erfuhr und dem Auszug aus Ägypten und dem Passah-Fest zur Erinnerung daran.
Moses wandte sich mit seiner Lehre nur an sein auserwähltes Volk. Jesus wählte kein Volk mehr aus. Er wandte sich an alle. Eine übernationale Glaubenslehre wollte die Welt bekehren. Das monotheistische Gedankengut Moses' und seine Sittenlehre, dieser Kanon menschlichen Verhaltens, durch den Begriff der Gnade und der Waffenlosigkeit vergeistigt, sollte die Welt, nicht nur ein Volk erlösen. Von hier aus, aus diesem jüdischen Lande Asiens, wurde der Christenglaube eines Juden von Juden in die Welt getragen. Dort versuchte die Heilslehre seit zweitausend Jahren sich durchzusetzen. Sie ist dabei selbst militant geworden. Nun liegt sie im Kampf mit der Lehre von der ausschließlich irdischen Beglückung, in der Gott keinen Platz hat. Ihr Verkünder, der Jude Karl Marx, der alle Grenzen aufzuheben trachtet, selbst die zwischen Bürgertum, Adel, Bauern und Arbeitern, fordert die Welt für den am-ha-arez aller Völker. Eine seltsame Fügung will es, daß der Marxismus, der Todfeind jeder Gotteslehre, den heutigen Kampf der Ägypter gegen das wiedereroberte Land der Juden, die Geburtsstätte und den Ausgangspunkt des Christentums, unterstützt.
Und über alldem wurde ich von unserer Einfahrt in Jerusalem überrascht. Und bevor ich mich noch richtig auf Sehen umgestellt hatte, waren wir schon im Stadtzentrum. Die Geschäftsstraße, durch die wir fuhren, heimelte mich an. – Im Vergleich zu der uralten, nun autodurchfahrenen Bibelwelt und dem industrie-gesprenkelten Morgenland, durch das ich wachträumend geglitten war, wirkten die Schaufensterfassaden, menschenwimmelnden Straßenkreuzungen, Autos, Taxis, Autobusse, verkehrregelnden Polizisten geradezu abendländisch. Ich erholte mich an dem Vertraut-Alltäglichen von der magischen, somnambulen Autoweihefahrt. Für die nur darüber wischenden, die Architektur noch nicht aufnehmenden Augen

des Theatermannes ist Menschengewimmel überall gleichbleibend Straßen-Statisterie. Wie diese sich zusammensetzte, entging der, vom vorher Geschauten ermüdeten, und nunmehr dämmernden, schon etwas indolent gewordenen Neugierde. So erschlafft war diese aber doch nicht, daß der Wiener in mir nicht ein Kaffeehaus entdeckt hätte, ein Anblick, der mich immer wieder wie eine Art Zuhause anmutet. – Die Kaffeehäuser in Wien, dachte ich, sind auch nicht mehr, was sie waren. Das Café Central und das »Herrenhof« sind verschwunden – und da hielt unser Auto vor dem Hotel King David in Jerusalem. Schon der erste Blick erkannte: King David ist ein großstädtisches Hotel. Beim Hineingehen werden wir belehrt, es wäre noch von den Engländern erbaut worden. Daher so talmi-orientalisch, dachte ich. In den Zimmern gab es keinen »oriental-touch«. Hingegen erschien, wenn man klingelte, eine braunfarbige Exotin, eine indische Jüdin.

Der Hotelbetrieb unterschied sich prinzipiell in nichts von dem der westlichen Welt. Die Kellner waren Israelis im Frack oder in weißen Jacken, weiß beschürzt; einer von ihnen aus dem früheren Warenhaus Tietz in Berlin. In der Halle saß man in Fauteuils. Es gab einen Fünf-Uhr-Tee – eine Bar und ein gutgeführtes Restaurant. Unter den Gästen befanden sich viele amerikanische, ein paar chinesische und afrikanische Juden, denen sich einzelne Diplomaten aus nah und fern und manchmal auch Priester aller drei Konfessionen zugesellten. Die Bedienung bei den Mahlzeiten vollzog sich nach den Gesetzen westlicher Etikette. Die Küche ist diskret, unangekündigt koscher. Einige der Gäste setzen sich zusammenfaltbare, flotte Gebet-Seidenkäppchen auf, um ebenfalls einer uralten Speisevorschrift auf eine möglichst schicke Weise Genüge zu tun.

Die bloßen Namen der Orte, deren Besichtigung für uns arrangiert war, jagten mir Ehrfurchtsschauer über den Rücken. Da stand, hingetippt auf einen Zettel mit unserer Reiseroute, unter anderem: Nazareth, Totes Meer ... Negew. – Von Jerusalem selbst hatten wir noch wenig gesehen, eigentlich nur, was der Blick vom Hotelfenster bot: Die Festungsmauer von

Jerusalem und, verschwimmend, die Altstadt. Beides lag schon im arabischen Sektor der wie Berlin zweigeteilten Stadt. Die Berliner Zonengrenze ist jedoch überschreitbar, die von Jerusalem nicht. Stacheldraht trennt die beiden Teile. Der Anblick von Stacheldraht verstellt mir zunächst jeden Ausblick. Die Klagemauer, jene steingewordene Mahnung, daß Klagen auf Mauern stoßen, liegt, für Juden unzugänglich, jenseits des Dornendrahtes. Hielte ich diese Klagemauer nicht für die alttestamentarische Nato, ich würde mich vom Stacheldraht nicht hindern lassen, an ihr Klage zu führen über die Gespaltenheit der Welt.

Vom Dach eines modernen Laboratoriums konnten wir den Ölberg und Gethsemane so klar sehen, daß noch Einzelheiten erkennbar waren, und auch das alte, abgetrennte Jerusalem.

Inzwischen hatten sich als Folge der Zeitungsmeldungen von unserer Ankunft manche alten Berliner Bekannten, respektive Theaterbesucher von früher, in der Hotelhalle eingefunden. Ich begriff sehr bald, daß die Ergriffenheit in ihren Gesichtern zum wenigsten meiner Person galt, sondern dem weiß gewordenen Sendboten einer unvergessenen, unglaublich lebendigen Zeit, dem Erinnerungsparadies der zwanziger Jahre.

Die ersten verlegenen, erinnerungsmelancholischen Gespräche wurden straffer, sowie es um Deutschland ging. Ich stieß auf jenes Vertrauen zu Westdeutschland, insbesondere zu Adenauer, von dem mir auf dem Schiff erzählt worden war. Der durch das Hitler-Regime erregte Haß war, wo er noch nicht schon ganz erloschen war, im Verglimmen. Voreilig, als ob sie es nicht erwarten können, wollen die Israelis Deutschland wieder lieben dürfen. Sie wollen keine Mahnung zur Vorsicht hören. Vorgänge, die uns in Westdeutschland so oft alarmieren, haben für sie keine Schrecken. Ich traf auch bald einige ehemals deutsche Juden mit Rückkehrgedanken. Häufig waren es die erfolglos Gebliebenen, also wirtschaftlich schlecht Gestellten. Manche scheiterten an dem Versuch, den Okzident in den Orient zu verpflanzen. Mit erstaunlicher Leichtigkeit setzen sie sich über die große Zahl nazibelasteter hoher Beamter im

Adenauerschen Regierungsapparat hinweg. Keiner der – allerdings wenigen – mit der Rückkehr Liebäugelnden will an die Gefahr eines sich verschärfenden Antisemitismus und einer neuerlichen Nazifizierung Westdeutschlands glauben und sich von seinem Vorhaben abhalten lassen. Der Wunsch, wieder in Deutschland zu leben, hängt auch mit der Sprache zusammen. Ist doch Hebräisch manchem so fremd wie Englisch. Eine Rückkehr nach Amerika, wohin einige der Unzufriedenen zuerst emigriert waren, bevor sie nach Israel kamen, wurde von keinem erwogen.
Das ist um so erstaunlicher, als in Amerika die weitestgehende Annäherung an einen menschenwürdigen Zustand für unsereinen erreicht worden war.
Amerika hatte ich unerwartet schnell intim kennengelernt. Mein aus der Bahn geworfener Lebenslauf nahm eine für mich überraschende Wendung. Die Konstellation, in die ich bald nach meiner Ankunft in New York hineingeraten war, gestattete mir eine so nahe Betrachtung des inneren Getriebes des Landes wie in keinem vorher. Dadurch, daß Sinclair Lewis und die prominente Journalistin Dorothy Thompson, damals ein Ehepaar, mich in ihren illustren Kreis aufnahmen, war ich, ehe ich mich's versah und ehe ich mich in den Straßen New Yorks auch nur halbwegs zurechtfand, an einen politischen und intellektuellen Verkehrsknotenpunkt gelangt. Über ein Stück, das ich mit der Thompson zu schreiben beschlossen hatte, gelangte ich bald in den inneren Kreis ihrer Mitarbeiter, ihrer Berater, deren einer ich wurde.

24. Kapitel

Die USA waren in den Krieg, der in Europa schon in vollem Gange war, noch nicht eingetreten. Die Bereitschaft, militärisch einzugreifen, um einen Hitlersieg, also einen Triumph des Faschismus über die Demokratie, zu verhindern, gewann jedoch zusehends an Boden. Nach dem ersten Weltkrieg war Amerika in seiner Majorität zur ursprünglichen Konzeption des Landes, der Isoliertheit von der übrigen Welt, deren Schicksal es glaubte nicht teilen zu müssen, zurückgekehrt. Noch vom ersten Weltkriege kriegsmüde, sah sich das Land nun vor die Notwendigkeit gestellt, seinen eingewurzelten traditionellen Widerwillen gegen eine Militarisierung nochmals zu überwinden. Der Durchschnittsamerikaner, der sein Zivilleben so ungern mit dem des Soldaten vertauscht, war durch die weltweite Wirtschaftskrise und die politischen Umstürze auf anderen Kontinenten aus seinem Behagen aufgescheucht. Die Erkenntnis, auf Gedeih und Verderb in die Weltunruhe einbezogen zu sein, wuchs unter Roosevelt, dem neuen Präsidenten, der im Faschismus die unmittelbarste aller Gefahren für die westliche Welt sah. Roosevelt hielt den Faschismus für eine Kräfteverschiebung innerhalb des Kapitalismus zu ungunsten der unteren und mittleren Schichten. Faschismus, meinten Roosevelt und die vielen anderen so Denkenden, entrechte den Mittelstand und die Arbeiterschaft und übertrage alle Macht den ohnehin schon mächtigen Händen der Mächtigen, deren Statthalter der Diktator ist. Die Geldmacht, in der Demokratie durch ihr entgegenwirkende freie Kräfte halbwegs gezügelt, wird im Faschismus zur Staatsmacht.

Das demokratische Amerika war von dem sich über viele Länder verbreitenden, bisher im Kriege siegreichen Faschismus beunruhigt, um so mehr, als auch im eigenen Lande extreme politische Kräfte Einfluß gewannen.
Während der zu Ende gehenden Ära der Präsidentschaft Hoovers hatten die amerikanischen Kommunisten Grund gehabt, auf eine radikale Wendung in ihrem Sinne zu hoffen. Es hatte den Anschein, als ob Amerika revolutionsreif geworden wäre, als ob das reichste Land der Erde seinen Reichtum nicht mehr hätte verwalten können, als ob tatsächlich der Kapitalismus über die einseitige Verteilung der Güter, über die aufgespeicherten Vermögen einiger weniger, straucheln sollte. Und es sah so aus, als ob die verkrachten Spekulanten nicht nur aus Verzweiflung über ihre Verluste aus den Wolkenkratzerfenstern gesprungen waren, sondern auch aus Angst vor dem Aufruhr im Lande. Die Schüsse, die damals in die streikenden, aufrührerischen Arbeitermassen gefeuert worden waren, schienen die Verzweiflungstat eines abgewirtschafteten Systems zu sein. Das wohlhabende Bürgertum und die Kleinbürger waren durch die Börsenkräche ausgepowert. Der neugewählte Präsident Roosevelt und sein »Brain-Trust«, ein von ihm gewählter Kreis von Gelehrten und Intellektuellen, griff mit radikalen wirtschaftlichen und sozialpolitischen Reformen durch. Die Banken rettete Roosevelt durch eine kühne Staatsgarantie.
Eine radikale Linke war von der geglückten Rettungsaktion des Kapitalismus enttäuscht, die radikale Rechte sah in dieser Planwirtschaft, »New Deal« genannt, den Beginn seines Endes. Der »New Deal« jedoch brachte Roosevelt das unbeirrbare Vertrauen und die Anhänglichkeit des Mittelstandes, der nichtmarxistischen Linken und des größten Teils der Intellektuellen, der Schriftsteller, Theater- und Filmleute und des besinnungsvollen fortschrittlichen Kapitalismus. Als der zuverlässigste Bundesgenosse Roosevelts erwiesen sich jedoch die Gewerkschaften, jene machtvollen, reichen, im Kapitalismus verankerten Institutionen, die, wenn auch gelegentlich in korrupte Machenschaften verwickelt, das Rückgrat der Lohnempfänger

wurden. Während in Deutschland Hitler, in Erfüllung seines der Schwerindustrie gegebenen Versprechens, die Gewerkschaften zertrümmerte, erstand ihnen in Amerika ein mächtiger Schirmherr.

Die Rooseveltsche Politik zog mich in ihrer Humanität und nur selten gestörten überlegenen Moral an. Zum überhaupt erstenmal schätzte, ja verehrte ich das Staatsoberhaupt des Landes, in dem ich lebte. Bis dahin hatte ich mich in unentwegter Opposition befunden. Jetzt, als reifer Mann, lebte ich zum erstenmal in völliger Übereinstimmung mit einer Regierung und mit der Majorität des Landes. In Roosevelts erbitterter Opposition gegen den Faschismus sah ich aus der Froschperspektive meines Privatlebens eine Rückkehrmöglichkeit in ein von Hitler befreites Deutschland. Der Präsidentschaft Roosevelts verdanke ich einen noch nie erlebten Zustand. Ich brauchte nicht mehr zu mäkeln und zu krakeelen, mich in aussichtsloser Opposition von einer politischen Enttäuschung zur anderen, von einer Furcht in die nächste durchzuschleppen. Was bisher ängstliches Geflüster einer Minorität gewesen war, wurde die vornehmlich unerschrockene Stimme einer Majorität, der ich angehörte. Und doch blieb ich unterirdisch angenabelt an meine Muttersprache, an meine Sprachheimat, die nicht mein Vaterland sein wollte. Amerika war mir tatsächlich zu einer »Neuen Welt« geworden, innerhalb deren der durch Hitler in mir aufgeschreckte Jude viel ursprungsbewußter und selbstsicherer wurde. Mich ermutigte der uneingeschüchterte Typus des amerikanischen Juden, der kindlich, ja oftmals penetrant stolz auf die Kraft und Macht seiner Wahlheimat ist, aber nur in den seltensten Fällen die Unkenntlichmachung seines Ursprungs auch nur versucht. Dem traditionellen Antisemitismus begegnet er mit selbstbewußten Gegenmaßnahmen. Alle Berufe sind ihm offen. Er ist Beamter, Businessman, Wissenschaftler, Minister, Schriftsteller, Musiker, Gangster und auch Mörder. In Europa gab es keinen jüdischen Gangster, geschweige denn Mörder. Mich störte das Bewußtsein dieser Unterlegenheit gegenüber den Nationen, bei denen wir gastweise leben durften. Man hatte uns zwar den Ritualmord unterschoben, das Töten als mystisches Gottesopfer angedichtet, das aggressive, das draufgängerische raubritterliche militante Töten aber, dafür sprach man uns den Mut ab. Auch den Kriegsmut. Mein Minderwertigkeitsgefühl schwand in Amerika. Und auch hier in Israel.

Mit welch imponierender Fülle von Brachialgewalt kann das Land sich ausweisen! Es steht darin keiner Nation nach. Schon in den ersten Tagen unseres Aufenthaltes las ich von einem jähzornigen Kaffeehausbesitzer in Tel Aviv, der seinem Nachbar, dem Inhaber eines Lebensmittelgeschäftes, im Verlauf eines Streites um den Eierpreis den Eiervorrat auf die Straße geworfen und dann, in einer Art Blutrausch, handgreiflich geworden, den Eierhändler erstochen hatte.

An dem Tag der Bluttat wehte der Chamsin, der morgenländische Föhn, dem abendländischen Münchner Föhn in seinen Wirkungen artverwandt. Ein unter Föhneinfluß rasender Münchner ist einem Chamsin-besessenen Tel Aviver zum Verwechseln ähnlich.

Am selben Tage hatte ich eine scharfe Kontroverse mit einem noch nicht rückassimilierten Babbittjuden, dessen Gehabe und Gerede meinen Kindheitszorn wieder erweckte. Hanna fühlte sicherlich, daß ich in der Nähe des Berges Sinai und Nazareths nicht so ungedämpft ausfallend hätte sein dürfen. Sie war arg verstimmt. Um mich zu entschuldigen, zeigte ich ihr am nächsten Tag den Zeitungsausschnitt über den messerstechenden Kaffeehausbesitzer. Welche Mäßigung meinerseits im Vergleich zu ihm, meinte ich.

Den nicht zu zähmenden Gewalttätigkeiten der aus den Dschungeln der europäischen Städte stammenden Erwerbsmilden, der Feilscher und Fälscher stehen die gewaltigen Taten der schwer zu zügelnden und dennoch disziplinierten Armee gegenüber. Wer auf die jüdischen Fußballer »Maccabi« im Wien meiner Knabenjahre und auf einen militanten Vater zurückschaut wie ich, ist über die kampfstarke und furiose Armee der Juden nicht ganz so überrascht wie die meisten

Beobachter der großen Umwelt. Man sieht sie überall in Israel, diese militanten Burschen, die einst die kolonialgewandten Engländer in Schrecken versetzten und die damalige ägyptische Armee zerrieben hatten. Man sieht sie in Lastautos, die jungen Soldaten und die uniformierten Mädchen Israels, wie sie hin und her transportiert werden.
Ich bin oft dem Vorwurf begegnet, die harttrainierte, verwegen kämpfende israelische Armee und die abwehrbereite Haltung der Juden wäre militaristisch, ja sogar faschistisch. Ist der Kampf bis aufs Messer für einen Boden unter den wundgewanderten Füßen wirklich vergleichbar den Eroberungs- und Raubkriegen und den Beutezügen des Faschismus? Ist diese israelische Armee wirklich nichts anderes als die Kriegsmeute der Welteroberer, wo doch die Waisen von Warschau und den übrigen europäischen Ghettos die Kerntruppe sind? Sie kämpfen nicht um einen Platz an der Sonne, nicht für eine besondere Staatsform, sondern für ihr Leben, für ihr Recht, nicht ermordet, nicht vergast, nicht in Gettos eingepfercht zu werden. Ich atme freier, seit ich diese Burschen und Mädchen gesehen habe, das Gewehr bei Fuß, das Lehrbuch in der Hand. Wer immer über mir waltet, erhalte sie!
Innerhalb dieses kleinen Staates Israel bildet die Jugend eine Welt für sich. Sie ist ein anderer Menschenschlag als ihre eingewanderten Väter. Abhanden gekommen sind die jüdische Geste und die Merkmale der Unterdrückung, und vor allem die gebeugte Haltung. Die jungen Israelis sind gerade gebaut und schön. Ich habe mich auf den Straßen immer wieder nach ihnen umgeschaut und mich über ihre völlige Desinteressiertheit für das, was unsere Generation angeht, heimlich gefreut. Der Erneuerungswille der Natur hat ein Stadium des Abstoppens, des Vergessens eingeschaltet. Das darf nicht gestört werden.

25. Kapitel

Kaum hatte ich die erste aufwühlende Begegnung mit meiner Herkunft überstanden, die atavistische Zugehörigkeit verspürt, spähte ich über den Kreis europäischer Juden, dessen Umfang, Bedeutung und Einfluß ich allzu bereit zu überschätzen geneigt war, hinaus. So traf ich, befremdet und befremdend, die dunkelhäutigen, aus Asien und Afrika eingewanderten Juden. Mir dämmerte allmählich, je mehr ich von ihnen sah und aus Statistiken über sie erfuhr, daß der weiße, aus Europa stammende Israeli in absehbarer Zukunft – sofern wir alle und die Israeli insbesondere eine haben – einem ähnlichen Problem gegenüberstehen wird wie die weißhäutigen Amerikaner, die von den dunkelhäutigen zahlenmäßig überholt und damit zu einer Minorität reduziert werden können. Der Rassenkampf zwischen Schwarz und Weiß lastet auf dem amerikanischen Leben und Gewissen, der Weißhäutige ist der Feind des Schwarzhäutigen. Die verschiedene Hautfarbe ist der ins Gesicht geschriebene Rassenunterschied.

Hier in Israel gibt es Schwarze und Weiße innerhalb ein und derselben Rasse, womit der Rassenunterschied eigentlich aufhört, einer zu sein.

Dieses Problem ist noch nicht in die Kibutzims eingedrungen. Merkwürdig altertümlich patriarchalisch ist die Atmosphäre dieser fast eigenstaatlichen winzigen Gemeinschaften. Die Kibutz-Insassen leben von ihrer Hände Arbeit. Sie verkaufen den Ertrag ihres Bodens, teilen die Einnahmen untereinander und tragen gemeinsam die Lasten. Alles ist selbst angefertigt oder aus gemeinsam Erspartem erworben. In einem Kibutz, von deutschen Juden gegründet und bewohnt, gab es einen Bibliotheksraum. Sogar ein winziges naturwissenschaftliches Museum, Schlaf- und Spielräume für herrlich gedeihende Kinder. Für Sekunden sah es dort aus wie in einem Dörfchen in Mecklenburg, in den nächsten wieder biblisch, alttestamentarisch. Besonders durch die sägenden und hämmernden Zimmerleute. War nicht Jesu irdischer Vater ein Zimmermann? Aber auch an die russischen Kolchosen mußte ich denken. In den Wohnhäuschen zeigte man mir alte Theaterprogramme aus Berlin, auch Bilder von mir waren da. Und manches, wie mir schien, deplacierte Autogramm mußte ich schreiben. Ich tat es mit einem Seitenblick auf die von alldem gerührte Hanna, die in sublimer Aufregung die Wochen in Israel verbrachte. Ein Othello-Bild von uns beiden – mit ihr als Desdemona – zeigte man uns. »Oh, meine holde Kriegerin«, schien Othello auf dem Bild zu sagen.

In einem einfachen, schönen Eßraum gab es für uns einen Imbiß. Dann gingen wir, still geworden, mit dem festen Wunsche wiederzukommen.

Während der Fahrt nach Safed, einem Gebirgsort, hing ich noch dem Geschehenen nach. Diese Menschen, die aus dem Wettstreit des Geschäftsweltlichen, dem Betriebstreiben und Ehrgeizgetriebe freiwillig ausgeschieden sind, haben etwas von Arbeitsmönchen an sich. In den Anlagen weht auch die Meditationsluft eines Klosters. Ich beobachtete, daß viel gearbeitet und viel geschwiegen wird. Aber es herrscht kein Schweigegebot. Es gibt auch kein Zölibat, überhaupt nichts Gelöbnishaftes. Aber viele Kinder dieser gekräftigten Menschen! Diese Kibutzim-Männer und -Frauen sind Doktor-Bauern, intellektuelle Bebauer, belesene Erdarbeiter.

Wir fuhren nach dem Gebirgsstädtchen Safed, nicht nur weil es sehenswert schön ist, sondern auch weil unerwarteterweise die verschollen geglaubte Tochter einer meiner Stiefschwestern dort wohnt.

Die Bewohner des wunderschönen Gebirgsorts, den wir jetzt erreichten, hatten von der Sonne zu Leder gegerbte Haut und muskulöse, kernige, älplerhafte Körper und entsprechende Kleidung. Die jüdischen Abkunftsverdunkler wollen sich oft durch äußerliche Verbauerung oder andere Vermummungen unkenntlich machen. Hier war eine echte Entwicklung zum Bäuerlichen möglich.

Einen burlesk konsequenten Akt einer solchen Abkunftsverdunkelung versuchte ein Schauspieler in Wien zu einer Zeit, in der Hitler schon in Deutschland die Vertreibung der Juden aus allen wissenschaftlichen und künstlerischen Stellen durchführte. Dieser Schauspieler verschwand eines Tages aus Wien. Man vermutete, er wäre in der Annahme, daß Hitler auch nach Österreich kommen werde, ins Ausland geflohen. Das hatte er aber keineswegs getan. Nach Monaten tauchte er unter einem anderen Namen, mit einem Vollbart, auf, der, wie alles an Haaren, die es an ihm gab, blond gefärbt war, zuerst in Berlin, und als ihm dort der Boden zu heiß wurde, als Dialekt sprechender Gebirgler aus den Tiroler Alpen in Wien. Dieser Urtiroler, hieß es bald in den Theatern und Cafés, wäre ein animalisches schauspielerisches Urtalent, völlig unangekränkelt von großstädtischer Zivilisation und Degeneration. Sogar der Gebrauch von Messer und Gabel wäre ihm fremd. Er trat auf und feierte einen Triumph. Die Presse geriet außer Rand und Band. Ein Stück urdeutscher Natur feierte Urständ. Gebirgsluft umwehte diesen Urälpler. Die Theaterwelt hoffte, er würde eines Tages den gurgelnden Tiroler Urlaut verlieren und dann der ideale, langgesuchte deutsche Männerdarsteller sein. Obwohl ihn Frauengunst hysterisch umtobte, mußte er stark bleiben, damit nicht die Spur des einstens am männlichen Sprößling vorgenommenen, religiös bedingten kleinen Schnittes entdeckt werde. Es hatte eine Zeit gegeben, da er sich noch keine Abstinenz auferlegen mußte und nur die Entdeckung durch den Ehemann seiner Liebespartnerin zu fürchten hatte. An dem damals Hintergangenen scheiterte nun der fast geglückte Verwandlungsbetrug. Das Gesicht des Verführers bleibt dem Ehemann in Erinnerung, längst nachdem die Ehefrau es vergessen hat. Der betrogene Betrüger floh mit wieder schwarz werdenden Haaren nach Amerika. Wie so viele wäre er halt gern geblieben.

Auch Halbjuden, auf ihre bessere Hälfte rechnend, hofften Gnade vor Hitler zu finden. Ich habe sie ihm nicht gegönnt. Wie glücklich mischt sich der Jude gerade mit dem Deutschen. Ich denke an Rilke, an Erich Engel, der sich durch die Nazi-Zeit durchwand. Auch Emil Jannings, der allerdings mit Catch-as-catch-can-Ehrbegriffen. Zuckmayer mußte weg, dieser Halbjude, der immer schon, lange vor Hitler, Vollarier sein wollte. Man hätte über seine jüdische Mutter hinweggesehen, aber er war der Autor des »Hauptmann von Köpenick«. Der wurde ihm nicht verziehen. Nun war ich der Initiator des Stückes mit einem erheblichen Ideen- und Handlungsbeitrag. Zu dieser Tatsache hatte Zuckmayer eine widerspruchsvolle Einstellung. Vor und nach Hitler bagatellisierte er meinen Beitrag und schmälerte ihn, wo er nur konnte. Als Hitler kam und Zuckmayer wegen des »Köpenick« ausgestoßen wurde, verfluchte er mich.

Der Gebirgsort Safed wäre einer Zuckmayerschen Landschaftsschilderung würdig. Luft, Erde, Himmel sind so schön, wie irgend etwas Schönes dieser schönen Welt schön sein kann. Die gebirglerische Stille, die hier herrscht, ist so, als ob renommierte Gebirgsstämme sie erschwiegen hätten. Der Stille ist es nicht anzumerken, in welcher Sprache geschwiegen wird. Hier im Lande Israel wird hebräisch geschwiegen, geschwiegen in der Sprache Jehovas, in der Sprache Moses' und Jesu. Das Schweigen, die Stille ist der Andacht nah benachbart. Die Menschen verlernen das Schweigen.

Der Lärm in der Welt ist zu groß geworden und wird immer größer und würde am größten sein beim Bersten der Welt. Darauf würde das Schweigen in allen Sprachen folgen.

Dabei war die Sprache als Verständigungsmittel unter den Menschen gedacht.

Mein Gespräch mit dem entdeckten Sprößling meiner vergasten Stiefschwester kam bald ins Stocken. Wir hatten uns auf bewegte Weise nichts zu sagen.

Maria auf dem Esel und Joseph folgend, so zeigen es die biblischen Bilder, und so glaubten wir es auf dem Rückweg, abends, im Scheinwerferlicht des Autos zu sehen. Auf dem Esel aber saß der arabische Ehemann, und, im Abstand, folgte das Eheweib.

Am Abend befanden wir uns in einem Kleidungs-Dilemma. Wir waren für die Nacht in einem Seestrandhotel am Mittelmeer einquartiert worden. Zum Abendessen im Hotel-Restaurant hätten wir uns umziehen müssen: Abendkleid und Smoking. So fashionabel war das Hotel. Außer uns war fast alles in evening-dress. Schöne, elegante israelische Frauen und Männer aus der Tel Aviver Hautevolee bewegten sich im modernsten Tanzschritt. Hanna hatte schon bei wichtigeren Gelegenheiten kein entsprechendes Kleid getragen. Im Laufe der Jahre habe ich ihr ein paar abgelistet, aber nie das für die Gelegenheit Richtige. Dabei sieht sie wunderschön in einem Abendkleid aus. Heute noch. Mein Smoking und das eine Abendkleid, das sie für die mehrwöchige Reise mitgenommen hatte, waren in Jerusalem geblieben. Ich hatte ihn mir von meinem ersten, recht beträchtlichen Filmhonorar von einem hochnäsigen, exklusiven Schneider in der Sackville-Street arbeiten lassen, bei dem ich mir durch Protektion Zutritt verschafft hatte. Heute ist der Smoking altmodisch und zu eng. In England habe ich seinerzeit viele Theaterabende in ihm verbracht. Jetzt, nachdem meine Erfahrung um die amerikanische und nachhitlerische deutsche Schauspielkunst bereichert ist, werfe ich einen zweiten Blick zurück auf das Londoner Theater.

Wir sahen viele Vorstellungen, die nun in eine vage Farblosigkeit zusammenfließen. Stört mich auf Deutschlands Bühnen die Gefühls-Hochstapelei, so schläferte mich in London die Gefühls-Tiefstapelei ein. Das »underacting« ist enervierend wie das »overacting«. Sie nennen die Ausdruckslosigkeit »restrained« und ernennen sie zur Tugend.

»Restrain« heißt zurückhalten. Eine ungestüme Leidenschaft, ein überreiches Ausdrucksvermögen, ein überschäumendes Gefühl muß zurückgehalten werden. Natürlich! Aber wenn Leidenschaftslosigkeit, Ausdrucksarmut, Gefühlskälte noch zurückgehalten werden, so ist das paradox und könnte als eine der Definitionen für den Begriff Komik dienen. Ein müder Gaul wird mit aller Kraft wie ein wildbewegtes, um sich schlagendes, noch nicht zugerittenes Pferd zurückgerissen. Die Leere wird als Überfülle gebändigt, die Lethargie gezügelt, ein Kerzenlichtlein von der Feuerwehr gelöscht. Die Bemühungen zu zähmen, was ohnedies schon zu zahm ist, sind in ihrer Widersprüchlichkeit fundamental komisch wie das Vergewaltigen einer willigen Beischläferin.

Laurence Olivier, dessen Publikum von den Intellektuellen bis zu den Dienstmädchen reicht, von den Erwachsenen bis zu den Halbwüchsigen, gab es damals noch nicht. Zu jener Zeit gab es auch noch keine zornigen jungen Männer in England. Olivier und sie sollen das englische Theater neu belebt haben. Das klassische Stück, vorwiegend Shakespeare, wurde damals, noch unbeeinflußt von Olivier und den jetzigen Regisseuren, mit den gleichen Melodien und Tonfällen der Theaterkonvention, wie sie in Deutschland üblich ist – nur etwas matter –, heruntergesungen.

Die Gesten und Bewegungen waren gleichfalls krampfverhemmt und nichtssagend. Der durchschnittliche Klassiker-Konfektionsstil ist die einzige mir bekannte internationale Verbundenheit.

Dem amerikanischen Theater fehlen Jahrhunderte europäischer Kunstentwicklung. Es übernahm den Stil des europäischen Theaters, als dieses schon völlig verweltlicht war. Es fehlt der Bühne der Neuen Welt der Unterbau der Frühstadien des Theaters, des Kultischen, der Mysterienspiele des frühen Christentums. Daher ist es ohne Tiefe und ohne Höhe; ein Theater der Tagessorgen; der Theaterbesuch ist ein Besuch bei Bekannten. Das Metaphysische, das über den Menschen Hinausgehende, die Auseinandersetzung mit dem nicht Realen war ihm bis vor kurzem versagt. Die düsteren Aspekte jedoch beginnen sich im amerikanischen Theater zu spiegeln.

Das amerikanische Theater ist dort am beschwingtesten, wo der Substanzmangel zum Gewinn wird; in der Komödie und im Musical. In ihm findet die stürmische, lustvolle, musikante rhythmenbesessene Heiterkeit des Landes ihren Widerhall.
Spricht man vom amerikanischen Theaterpublikum, so meint man vorwiegend das New Yorker; denn New York ist das die anderen Städte mit Aufführungen versorgende Theaterzentrum Amerikas. Das New Yorker Publikum repräsentiert das amerikanische. Die New Yorker Luft aber enthält einen Erregungsfaktor, der das Herz auf Hochtouren bringt. Diesem Hochdruck folgt eine Erschlaffung, die wiederum durch diese erdentfremdete Luft zwischen den Gesteinsmassen hochgepeitscht wird. Das Theater, Musicals, Komödie und Schauspiel, trägt dem Hochdruck und der Abspannung, dem beschleunigten und dem langsameren Pulsschlag, Rechnung.
Das amerikanische Theater ist nicht nur vom englischen, dessen Sprößling es ist, beeinflußt, sondern in ganz erstaunlicher Weise vom russischen, vorsowjetischen Theater. In der Dramenliteratur hauptsächlich von Tschechow, in der Darstellung von Stanislawskij. Stanislawskij ist der Mentor des ambitionierten Teiles des amerikanischen Theaters. Seine Bücher über Regie und Darstellung werden viel gelesen. Es wird mit kindlichem Ernst von einer Stanislawskij-Methode gesprochen. Sie wird auch praktisch angewendet. Das Abguckbare, Augenfällige, das leicht Eingängige wurde erlernt. Stanislawskijs Genie blieb unerlernbar. Ohne Genie kompromittierte die Nachahmung das Original, das ich in zwei Aufführungen des Moskauer Künstlertheaters im theaterverwöhnten, vorhitlerischen Berlin erlebt hatte und das uns in die Knie zwang.
Das Stanislawskij-Theater war nie vordergründig naturalistisch und nie einschichtig flächig. Es wurde nicht nur ein Sektor Leben und Schicksal gespielt, nicht nur der kleine begrenzte Ausschnitt des Milieus, den das Stück zeigte, dargestellt, sondern auch sozusagen die Biographie der handelnden Menschen, ihre Herkunft, ihre vor dem Stückanfang existierenden Zugehörigkeiten. Im »Kirschgarten« wurde eine abtretende Men-

schenklasse bis zu ihrer Wiege zurückverfolgt und die antretende ahnungsvoll gezeigt. Mein Gott, was habe ich nicht alles begriffen in »Die drei Schwestern«: die russische Welt, die Liebesverwobenheit der schwerblütigen Nitschewo-Leidensbereitschaft. Das alles war so beladen, so spezifisch russisch und umschloß uns doch alle. –

Nun sah ich, wie der Broadway sich an Stanislawskij vergriff. Welch kindliche Vermessenheit, eine Aufführung nach der Stanislawskij-Methode in vier Wochen zustande zu bringen! Stanislawskij formte, tönte, bildhauerte an jeder seiner Aufführungen etwa ein Jahr herum. Was kann in vier Wochen Nachahmerei zustande kommen! Plumper, Zigaretten paffender Pausen-Naturalismus, der nichts kommunizierte als das Seelenweh der, ach so beherrscht, Unglücklichen, mit den Händen in den realistischen Hosentaschen. Der Seelenzustand wuchs bei Stanislawskij an der dargestellten Stagnation der Menschen, deren Welt wegschrumpfte, Menschen, die vom unaufhaltbar Kommenden gekränkt, seelenverstimmt, dem historischen Geschehensprozeß den Rücken kehrten. Abtretende und antretende Zeiten, also Abstraktes, von der Theaterkonvention nicht erfaßbares, wurde spürbar gemacht, die Tragödie der zwischen den Zeiten stehenden, der Entschlußlosen und Anschlußlosen bloßgelegt.

In vier Wochen kann man keine Aufführung im Sinne Stanislawskijs zustande bringen. Auch nicht das Theater des reichsten und bisher mächtigsten Volkes der Welt. Das Theater des Hochkapitalismus, obwohl völlig kommerzialisiert, ist arm, spekulativ und wird nur fallweise finanziert und erzeugt Spekulationsware.

Es gibt keine staatliche oder städtische Subvention. Das amerikanische Theater liegt völlig in den Händen von theaterfremden Spekulanten, die mit ihrem Geldeinsatz auf Erfolg setzen und den Mißerfolg leicht verwinden können. Sie werden im New Yorker Theaterjargon »angels« genannt, auf deutsch: Engel. Alles, was Geld bringt, erscheint dem Amerikaner als Engel. Um eine Theaterproduktion auf die Beine zu stellen, bedarf es durchschnittlich einer größeren Anzahl solcher Himmelsboten. Diese »angels« entstammen der irdischen Geld-Oberkaste. Der Durchschnittsengel, von Wett- und Roulette-Impulsen animiert, betrachtet in der Premiere die Bühnenvorgänge wie der Gambler die rollende Roulette-Kugel am Kasino-Tisch. – Es gibt auch, durch Theaterinteresse und Mäzenatentum, gemilderte Spekulanten. Nicht selten ist der »angel« ein »sugar-daddy« – zu deutsch: ein Zucker-Pappi. Der New Yorker »sugar« entspricht der Berliner »Pinke« und der Wiener »Marie« und ist der Kosename für Geld. Sugar-Daddy ist der Souteneur kleiner Kosemädchen, die sich gern zur Bühne hinaufschlafen möchten und zumeist in die falschen Betten geraten.

Ich besprach einmal mit einem reichen New Yorker Businessman, der schon mehrmals Shows mitfinanziert hatte, also einem show-business-versierten Engel, meine Absicht, zu produzieren. Er war bereit, eine gewisse Summe zu investieren. Ich bat ihn, diese für die Produktion eines Stückes gedachte Summe auf drei Stücke zu verteilen. Hätte ich ihn und andere Engel für diesen Plan gewinnen können, dann hätte ich die Produktion dreier Stücke gesichert, was eine Art Produktionskontinuität ergeben hätte. Natürlich hätte sich der eventuelle Gewinn der Einzelaufführung durch den geringeren Einsatz verringert. Die Verlustreduktion einer auf drei Unternehmen verteilten Geldsumme schien mir, da ebenfalls verringert, verlockend.

Mit diesem Argument kam ich schlecht bei dem Engel an. Die geringere Verlustgefahr interessiere ihn gar nicht, sie langweile ihn, da nur der höhere Einsatz, den er, wie auf ein Pferd, auf Sieg setzte, ihn kitzle. Und nur wegen dieses Kitzels riskiere er Geld. –

Dieses Finanzierungssystem hat seine weitreichenden Folgen. Es reicht bis ins Konzipieren und Schreiben des Stückes hinein. Es war so gut wie unmöglich, eine Engelschar zu finden, die etwa ein personenreiches Stück oder eines mit vielen Dekorationen finanziert hätte. Ein Stück mit nur einer Dekoration und mit nur wenigen Rollen hatte von vornherein das Ohr der Theaterunternehmer. Infolgedessen verbog der Autor schon in seiner Vorstellung das Stück, und nur ein Minimum von Gestalten wurde von ihm bis zur Geburt ausgetragen, anderen schon vorher das Lebenslicht ausgeblasen.

Die Schauspieler und das gesamte technische Personal werden für den »run of the Show«, das heißt, für die Dauer der Aufführungsserie, mit einer Mindestgarantie engagiert, oder sie sind kurzfristig kündbar. Es kann passieren, daß ein Stück viele Jahre läuft, daß Schauspieler ihren Rollen entwachsen und durch jüngere, und gestorbene durch lebende ersetzt werden müssen. Das ist der seltene Glücksfall. Das viel häufigere Schicksal ist der Mißerfolg, der die Schauspieler und das gesamte technische Personal brotlos macht. Fünf Aufführungen sind in dem Fall das Minimum. In vereinzelten Fällen wurde die von Schließung bedrohte Vorstellung durch eine nochmalige Geldzufuhr über den toten Punkt gebracht und erreichte hohe Aufführungsziffern. In den meisten Fällen weigern sich jedoch die Engel, durch einen weiteren finanziellen Einsatz den Aufführungen über die prekäre Anlaufzeit hinwegzuhelfen. Sie schreiben den Verlust lieber ab und suchen andere finanzielle Abenteuer.

Schauspieler und technisches Personal können in einer Theatersaison von einem derartigen Desaster in das nächste steigen. Der Kampf zwischen Arbeitgeber und Arbeitnehmer wird gerade im Theater mit aller Schärfe ausgetragen. Die Vertrags- und Arbeitsbedingungen des Produzenten und seiner Engel sind – mit dem Blick auf den so häufigen Mißerfolg – notwendigerweise hart.

Das Gespenst des Mißerfolges, des »flop«, beherrscht die Vorbereitungszeit. Wenn auf den Proben mehr als eine einzige Birne brennt, müssen Beleuchter mit hohem Stundenlohn anwesend sein. Proben-Dekorationswände gibt es nicht. Man probiert auf leerer Bühne, auf deren Boden der Dekorationsgrundriß mit Kreide eingezeichnet ist. Andeutende Möbelstücke sind ganz spärlich vorhanden. Ein auch nur geringes Verschieben eines Tisches darf nur von einem Bühnenarbeiter mit hohem Stundenlohn vorgenommen werden. Wird viel provi-

sorisches Mobiliar gebraucht, steigert sich die Zahl der Bühnenarbeiter. Dafür sorgt ihre hart kämpfende Gewerkschaft. Um die Probenhonorare niedrig zu halten, darf man nur vier Wochen lang mit begrenzten Arbeitsstunden proben. Die klassenkämpferischen, ultimativen Bedingungen des Theaterpersonals sind eine gedankenlose Übertragung sozialistischer Errungenschaften, wie sie in den Fabriken sich berechtigterweise durchgesetzt haben, auf den so ganz anders gearteten Theaterbetrieb. Für ihn müßte eine seinem Wesen entsprechende Regelung gefunden werden. Durch die jetzt auch auf deutschen Bühnen herrschende leidet das Arbeitsprodukt: die künstlerische Leistung. Wenn das Ergebnis einer Sozialpolitik Qualitätsverminderung bedeutet, dann hat sie sich am Wesentlichen vergriffen. Das scheint mir mißverstandener Sozialismus zu sein – letzten Endes verhängnisvoll für den Arbeitnehmer und den uneinsichtigen Arbeitgeber. Beider Interessen müßten vor der Qualität haltmachen.
Oft wird die Show nicht in New York »kalt« erstaufgeführt, sondern »on the road« in einigen Provinzstädten ausprobiert. Da wird noch am Stück herumgebastelt. Diese Vorstellungen sind im Grunde ambulante, vom Publikum bezahlte Nachproben. Entweder hält man danach die Aufführung für New York reif oder sie »dies on the road«. Das heißt: sie stirbt unterwegs und kommt gar nicht nach New York.
Solch einen Tournee-Tod eines Stückes erlebte ich mit Hebbels »Herodes und Mariamne«. Die amerikanische Bearbeitung brachte das Stück um seinen Sinn. Das Duell zweier gleich starker Ehepartner war eliminiert und zu einer Gefühlsschablone vom bösen Gatten und einer schuldlos verfolgten, höchst königlichen Ehegattin reduziert. Ich spielte einen textangstschlotternden Herodes. Mariamne war die keineswegs makkabäerhafte »first Lady« der amerikanischen Bühne, die papageienhaft farbenfreudigen Kostüme stammten aus einem Modesalon. Die Dekoration war gleichfalls opulent.
Viel Geld war investiert worden. Mir wurde klar, daß Geld alle anderen Aspekte des Theaters drangsaliert, daß der Profit

die Theaterarbeit knechtet. Ich bin kein schwärmerischer Geldverächter. Ich verdiene es gern. Ich liebe den Verdienst durch das Verdienst. Die blindwütige Geldgier jedoch verödet, versimpelt das Theater und drosselt seine besten Regungen. Wenn nun gar noch das Stück kassenverzückt gezeugt wird und schon den Hollywood-Film tabugerecht in sich trägt, dann ist der totale Geldterror ebensowenig kunstfördernd wie jener der totalitären Staaten, die ihre Stücke propagandistisch vergewaltigen. Der poetisierende, philosophierende Thornton Wilder wollte sich ihm nicht beugen. Im bewußten oder unterbewußten Protest gegen ihn schrieb er sein Stück »Little Town« für die dekorationslose, leere Bühne. Die dadurch beträchtlich geminderten Produktionskosten ermöglichten eine verhältnismäßig lange Aufführungsserie. Von da ab setzte sich die dekorationslose Andeutungsbühne langsam als ein die Produktionskosten reduzierendes Mittel durch. Die kostspielige, lebensgetreue, naturalistische Bühnendekoration mußte gegenüber der bizarren, sich allmählich surrealistisch steigernden Andeutungsbühne den Rückzug antreten. Aus einer Sparmaßnahme wurde ein Stil.

Die ökonomisch so empfehlenswerte Stilbühne begann das Stückeschreiben zu beeinflussen. Gestattete sie doch den Wechsel von Schauplätzen ohne Kostenerhöhung und kam auf diese Weise einem echten künstlerischen Impuls mancher Dramatiker entgegen. Arthur Miller, Tennessee Williams, Thornton Wilder machten sich das in ihren Stücken zunutze. So entstand, wie ich höre – ich bin schon zehn westdeutsche Jahre weg von Amerika –, eine Erneuerung des New Yorker Theaters, eine starke Experimentierfreudigkeit. Der Regisseur – sagt man – habe an Bedeutung gewonnen. Das sogenannte »Off Broadway Theatre« – das abseits von dieser Theaterhauptstraße liegende – verschaffe sich immer mehr Geltung. Ein Aufschwung, eine Abkehr vom Herkömmlichen, Gewohnten, Gutbürgerlichen kündige sich an. Wie schön, wenn man bedenkt: die Bühne ist der Spiegel der Zeit. Wie gern möchte ich das mit eigenen Augen sehen! Wie gern möchte ich

New York wiedersehen, das ganze, große, herrliche, zukunftsträchtige Amerika, das erst auf dem Weg zu einem »way of life« ist und seinen Pubertätszustand für das endgültige Ergebnis der Mannesjahre hält. – Und die Musicals, diese brillanten und verwegenen Bühnenexzesse, die noch tollkühner geworden sein sollen, möchte ich genießen.
Bei einem Wiedersehen mit Amerika würde ich das jiddische Theater nicht auf mein Programm setzen. Damals besuchte ich es mit Erwin Piscator.

26. Kapitel

Der Theaterabend wurde zur doppelten Pein durch die Anwesenheit Piscators, des politischen, also freiwilligen, nicht jüdischen Emigranten aus Deutschland. Piscator, der Theatermann von originellem Können, stand auch in kompromißloser Opposition dem Nazisystem gegenüber, das ihn toleriert hätte, wäre er bereit gewesen, wie es so mancher Liberale und Linksmann war, auf Hitlers Fahne zu schwören. Zuckmayers Bereitschaft wurde brüskiert. Käthe Dorschs Intervention bei Göring scheiterte. Ich verdammte ihn keineswegs deswegen, mich erschütterte sogar diese durch keine moralische Erwägung gebändigte Rückkehrsehnsucht.
Gefeit gegen Nazi-Verlockungen blieben mit bewundernswerter Selbstverständlichkeit Leonhard Frank und Heinrich Mann. Thomas Mann, der einst, gleich Gerhart Hauptmann, politisch Verirrte, wuchs in der Emigration – als ob es erst einer solchen gigantischen deutschen Nationalschande bedurft hätte – zu seiner wahren Größe. Sie alle waren philosemitisch. Nicht so Brecht! Er lehnte es ab, ein Philosemit zu sein. Er hielt das für eine herablassende, begönnernde Haltung. Ihn langweilte die Judenfrage maßlos. Es war ganz schwer, mit ihm darüber ins Gespräch zu kommen. Er hielt sie für kein Thema. – Auch der unbeirrbar hitlerfeindliche evangelische Priester Tillich war unter uns Emigranten und dachte in der Rassenfrage wie Brecht.
Für diese freiwilligen Emigranten hatte ich große Bewunderung. Sie wurden mir zu einer moralischen Instanz. Ich war um unser Ansehen in den Augen dieser Männer ängstlich besorgt.

Für jeden kleinen Schieber und Gauner aus unseren so fürchterlich gelichteten Reihen fühlte ich mich verantwortlich. Bei jedem Vergehen eines Emigranten oder irgendeines Leidgenossen sonstwo in der Welt zuckte ich zusammen. – Natürlich auch bei jeder minderwertigen Kunstleistung.
Als Besucher des jiddischen Theaters zuckte ich dauernd und konvulsivisch zusammen. Stück und Aufführung waren von verletzender Scheußlichkeit. Bei so viel Gestöhn und Selbstmitleid, Klage- und Beschwerdegewinsel wurde ich kalt und hart. Der Zustand, in dem der Betroffene stand, wurde nicht dargestellt, sondern weinerlich dem Publikum beteuert, es gäbe einen solchen Zustand. Ein Beteuerungstheater, selbstgefällig im geölten Schmerz und selbstgerecht in der larmoyanten Entrüstung. Piscator hatte seine Mühe, mich nach der Vorstellung aufzurichten. Aus lauter Toleranz fand er es nicht so bestürzend abstoßend wie ich. Als ich dann später Brecht von diesem grausamen Theatererlebnis berichtete und von der Pein sprach, die ich Piscator gegenüber durchlitten hatte, sagte der nicht zu vergessende Bayer: »Wieso schämen Sie sich? Ich schäm' mich auch nicht vor Ihnen der Schlierseer wegen.«
Warum versagte ich mein Mitgefühl diesen mich darum so anschnorrenden jüdischen Schauspielern, wo ich doch, seit es Hitler gab, mich mit dem jüdischen Schicksal identifizierte? Die Antwort darauf erhielt ich erst Jahre später bei meiner Rückkehr nach Deutschland. Die ersten Vorstellungen, die ich im nachhitlerischen Theater erlebte, und die Erinnerung ans jiddische Theater erteilten mir eine unvergessene Lehre.
Von der Welt abgeschnitten sein, wie die jiddischen Zeloten, an ihr nicht teilnehmen und, wie jene, vom Gedanken- und Kulturaustausch sich hermetisch verschließen, das heißt im Getto leben. So isolierte Hitler Deutschland. Er wähnte, die Welt sei von ihm abgeschnitten und die Welt lebe im Getto. Diese Vorstellung war eine der Quellen, aus denen der Faschismus seinen Größenwahn bezog. Das pompöse, aufgeblähte und aufgedonnerte Theater wähnt seine Figuranten groß. Der Gegenpol dieser Selbstvergottung ist das Selbstmitleid. Das

weinerliche, schluchzende Mitleid mit sich selbst. Gerade dieses letzte Gefühlslaster wuchert wie ein Karzinom in der Abgeriegeltheit von der übrigen Welt, also vom großen Kreislauf, von der Weltzirkulation. Ob diese Abgeschiedenheit eine, wie im Hitlerland, selbstgewählte oder wie den Juden aufgezwungene ist, beide Spielarten erzeugen ähnliche Auswüchse. So war das von Hitler hinterlassene Theater – von wenigen Ausnahmen abgesehen – ein arisches Oi-joi-joi-Theater.

Das war der erste Eindruck. Später tauchten die Widerstandskämpfer gegen den Hitlerstil, wie Engel, Fehling, Gründgens, aus ihrer anfänglichen Verschollenheit wieder auf. Sie waren ein Trost. Die im Hitlerreich verbliebenen außerordentlichen Männer waren außerordentlich geblieben. Die Zufluchtsstätten des unterdrückten, vorhitlerischen Theaterstils im Dritten Reich waren – vertrauenswürdigen Berichten zufolge – das Theater von Gründgens und das von Hilpert. Aber wie verbissen sich diese beiden Bühnen auch gewehrt haben mögen, sie konnten nicht verhindern, daß der Zeitgeist das Theater penetrierte, daß es ihn spiegelte und abbildete. Das Theater, gefallsüchtig, wie es seiner Natur nach nun einmal ist, will unter allen Umständen gefallen und so stellte es sich, wahrscheinlich unbewußt, peu à peu, auf die Zeit ein. Der vorher gedrosselte Ungeist, nun vom Zeitgeist befreit, rächte sich am Geist. Er befahl, unter Zwang, seine Absetzung.

Mit dem Ruf »Deutschland erwache« wurde das schon überwunden geglaubte Heldengehabe des Hoftheaters wieder erweckt. Sein Stil taucht von da ab immer wieder neu etikettiert auf. Der Altersschwache, mit jeweils modernen Injektionen versehen, nannte sich abwechselnd Expressionismus, Neo-Expressionismus, abstraktes oder überhöhtes Theater. Ihn stützten auch die Krücken der äußeren Stilisierung. In surrealistischer, geographieloser Umgebung gebärdet sich das senile Hoftheater, völlig deplaciert, jugendlich modern. Die äußerliche Stilisierung, die der Dekoration überlassene, umgeht die wirkliche Modernisierung des Theaters, die weitgehend eine geistige Prozedur ist und nur zum geringen Teil eine Sache des

Dekors. Die geistige Durchdringung besonders des klassischen Stückes bewirkt einen entschlackten Sprech- und Körper-Ausdruck der Schauspieler, der wiederum erst die inneren Zusammenhänge des Stückes und seinen Zusammenhang mit unserer Zeit freilegt. Die Flucht vor diesem schweren Schaffensprozeß führt in die äußerliche Stilisierung, deren gesuchtester Unterschlupf der Expressionismus ist.

Der Expressionismus, der nach dem ersten Weltkrieg lavaartig ausbrach, war der Nachkomme des vor ihm herrschenden naturalistischen und realistischen Theaters, wie Brahm und Reinhardt sie jeweils entwickelt hatten. Der Sprößling, ein gewaltiger Schreihals, wandte sich gegen seine Väter, die ihn nährten. Hätte der nachreinhardtsche Expressionismus sich nicht der realistisch geschulten Schauspieler bedient, die imstande waren, seiner fegenden Exaltation unablässig reales Leben einzublasen, seinen gesteigerten Sprachaufbau zu durchnerven und seinen Tonorgien den Lebensodem des Alltags einzublasen, wäre ihm – jenem nachreinhardtschen Exhibitionismus – eine noch kürzere Lebensdauer beschieden gewesen. Der Expressionismus war und ist ein Durchbruch, eine wegweisende Explosion. Aber er ist so wenig eine Theaterform, wie die Revolution eine Staatsform ist. Eine Revolution soll den Weg zu einer neuen Staatsform frei machen, der Expressionismus ist der Pionier für einen neu deutenden Realismus.

Die Vorfahren des Neo-Expressionismus sind jedoch nicht mehr Brahm und Reinhardt, nicht mehr der Naturalismus des einen und der gesteigerte Realismus des andern, sondern der aufgebauschte Darstellungsstil der Hitlerjahre. Nicht Realismus wird gesteigert, sondern Exaltation und Ekstase werden überhöht. Das um die Freilegung des Geistigen bemühte, auf den Realismus gestützte Anschaulichkeitstheater der zwanziger Jahre, das ein getreueres Abbild des Zusammenlebens der Menschen zu bieten unternommen hatte, wurde verdrängt.

Leben simulierend macht das alte, auf neu hergerichtete Tamtam-Theater einen Höllenlärm, sucht paukenschlagend, über Sinn und Geist hinwegtobend, durch Radau, Bluff, Verwirrung und »Tempo-Tempo« seine Leblosigkeit im Überbetrieb zu verbergen. Der zeitermattete Zuschauer wird betäubt, geistiges Mitgehen ihm erspart, und so nascht der auf Schmerz, Lust und Wirtschaftswunder abonnierte Besucher im wiederaufgebauten Schnellimbißtheater seiner nagelneuen Stadt.

Der Neo-Expressionismus ist die Sünde wider den Geist. Seine schwerste Untat ist die Sprachverhunzung. Wieviel menschliches und wieviel musikalisches Sprechen in der Verssprache der Klassiker zulässig ist, ohne daß sie zur Gesangssprache wird, ist ein Grundproblem des in jeder Generation um Modernität bemühten Theaters. Der Realismus hat sich als Prüfstein, Fingerzeig und Kompaß in allen echten Bemühungen um die Erneuerung des Theaters erwiesen. Die Sprache des Realismus ist von geheimer Vershaftigkeit. Die Verssprache ist der realistische Niederschlag der halluzinierenden Phantasie, sein Rhythmus ihr Pulsschlag. Gerät nun der Vers in ein Zeitalter, das vom Geist, der Wissenschaft, der Technik dominiert wird, kann er sich deren Einwirkung nicht entziehen. Der Geist, bisher überdröhnt, will sich Gehör verschaffen. Zu lange unterdrückt, will er sich von allen ihn verleugnenden Melodien befreien. Im Aufruhr seiner Befreiung versündigt er sich manchmal am Sprachgefüge: ein entschuldbarer Übergriff des endlich Befreiten. Die nur gesangesfreudige Wiedergabe des Verses muß vor der geistigen Durchdringung zurückweichen, die Melodie vor der Sinngebung. Das Verssprechen muß transparent werden, damit die Zustände des dargestellten Menschen erkannt werden.

Der Neo-Expressionismus als Theaterstil muß überwunden werden, um zu dieser Art von Transparenz zu gelangen. Erst nach der Überwindung des alten Expressionismus konnten Fehling, Engel, Brecht und in seiner Weise auch Piscator ihre hintergründig realistischen, ins Metaphysische und ins Surreale vorstoßenden Inszenierungen schaffen. Fehlings Inszenierung des »Blauer Boll« von Barlach war der Sieg des magischen Realismus über den Expressionismus.

Der radikale Brecht ging zunächst zu radikal vor: sein Theater sollte völlig emotionsfrei werden. An Stelle des genießerischen Mitgefühls sollte der Genuß der Erkenntnis, des Lernens gesetzt werden. Brecht aber mußte einlenken, da er gegen das Naturrecht des Theaters verstoßen hatte. Der geglückteste Verrat an seiner einstigen Theorie war des gereiften Brecht Inszenierung von »Mutter Courage«. Die Darstellerin dieser Rolle – in München die unvergeßliche Therese Giehse, in Berlin hatte ich die Aufführung nicht gesehen – spielte unter Brechts Weisung eine Szene, in der die Mutter gerade eine geldbringende Ehe zugunsten ihrer zurückgebliebenen, stummen Tochter zurückgewiesen hatte, ohne die obligaten gefühlserpresserischen Töne, ohne mimische Mitleidsschnorrerei, erschütternd. Sie flößte ihrem frierenden Kind warme Suppe löffelweise ein. Das Gesicht der Giehse drückte nur die Befürchtung aus, einen Tropfen der kostbaren Nahrung zu verschütten. Sie achtete mit äußerster Konzentration darauf, daß der Löffel nicht erschüttert wurde, daß er den Mund des Kindes mit vollem Inhalt erreichte. Das Muttergefühl war in diese langsame Aktion eingegangen. Den Suppenbodensatz erspähte sie mit vor Eifer zusammengekniffenen Augen, kratzte ihn zusammen, führte ihn mit gespannter Behutsamkeit zum Munde ihres Kindes. Selbst beim Einflößen kam es zu keinem zärtlichen Betrachten der Tochter. Darauf entdeckte sie, daß doch etwas von der kargen Nahrung im Löffel geblieben war. Auch das wurde noch für das Kind gerettet. Dieser einfache Vorgang brachte mich an den Rand der Tränen. Er hatte biblische Größe. Was wurde da nicht alles dargestellt: Not, Mutterliebe, Krieg. Der Menschheit ganzer Jammer!

Es wurde dagegen der Einwand erhoben, das wäre eine naturalistische Darstellungsweise, weil nämlich wirkliche Geräte benutzt worden waren. Über solche Requisiten stolpert mancher stilsüchtige Betrachter von Beruf und versäumt den großen Vorgang.

Brecht inszenierte nach seiner Rückkehr nur die von ihm geschriebenen Stücke oder solche, die er sich durch Umschreiben zu eigen gemacht hatte. Das Brecht-Theater, nicht nur nach dem Dichter so benannt, sondern auch nach dem Regisseur, war also gänzlich auf ihn gestellt und durch ihn begrenzt. Brecht durfte Brecht unangefochten brechtisch spielen. Er galt als der berufenste Regie-Interpret seiner selbst. Von ein paar gelegentlichen Überfällen abgesehen, wurde er kaum mehr als Theatermann attackiert. Die Anerkennung der Welt verhalf ihm auch zu der des gespaltenen und mit Bezug auf ihn einigen Deutschlands. Der Westen huldigte erst zögernd, dann immer ungehemmter dem in schonungsvoller Ferne angesiedelten Dichter und Theatermann. Wegen seiner Ideologie, seines politischen Verhaltens, wurde er gelegentlich respektvollst gerügt. Da das herrschende Aufführungsprinzip der Klassiker und des klassischen Helden von ihm unangetastet blieb, konnte er in Eintracht mit West- und Ostdeutschland leben und unbescholten sterben.

Seine Absicht, Shakespeare und andere Klassiker zu inszenieren, verhinderte sein Tod. Brechts Vorhaben, dem tönernen Popanz, dem alles Irdische fremd ist, auf das tönende Maul zu schlagen, dem Hohlkopf das Denken beizubringen und den Pompschritt durch einen Tritt in den gravitätischen Hintern in Fortschritt zu verwandeln, blieb leider unausgeführt.

Im Klassiker – und Brecht wußte das – kann es keine Verfremdung geben, da die ohnehin weit zurückliegenden Vorgänge und Menschen aus der sowieso schon zu großen Entfernung näher an uns herangeholt werden müssen, damit wir in ihnen und ihrer Umwelt uns Nahverwandtes wahrnehmen können. Die Menschen im klassischen Drama sind zu weit entfernt Verwandte, um uns nahezugehen. Jene Menschen müssen aus der Abstraktion der Zeitferne in konkret anschauliche Nähe gebracht werden, um für uns Heutige begreifbare Gestalten zu sein. Ihre Sprache muß trotz des unantastbaren Gefüges ihrer Gebundenheit dem heutigen Ohr Orientierungssignale durch realistische Tonfälle vermitteln. Der Körperausdruck und die Gestik müssen den inneren Vorgang für uns Heutige verständlich optisch verdolmetschen und trotz ihrer Anpassung an die Sprachgebundenheit, an die Gewandung, an die Lebenssitten und -Utensilien den damaligen Alltag durch die Ausdrucksformen des heutigen kommunizieren. Erst, wenn diese verwandtschaftliche Einbezogenheit mit uns hergestellt ist, kann der Zuschauer zu dem Bessergeratenen oder noch nicht so heruntergekommenen Seinesgleichen von damals aufsehen.

Lebensumstände und Verhaltungsweise des Menschen haben sich im Laufe von Jahrhunderten zu den unsrigen entwickelt. Die Darstellung darf das Resultat dieser Entwicklung, nämlich das heutige Stadium jener Formen, nicht unterschlagen. Der Liebling der Götter ist keine Kreatur Gottes. Der menschgezeugte Mensch ist einer, auch wenn er aus der Zeit der Götter stammt. Daher handelt es sich beim Aufführen von Klassikern um das Vergegenwärtigen der Vergangenheit und nicht um das Entrücken der ohnehin entrückten Gestalten und ihrer Lebensumstände. Es muß eine Brücke geschlagen werden vom Damals zum Heute.

Über diese Brücke, auf uns zukommend, nähert sich der damalige Mensch dem heutigen. Einmal nahe gekommen, wird auch die Größe jenes Menschen mit heutigen Maßstäben gemessen. Von den tagtäglichen Gewohnheiten hebt sich das ungewöhnliche Leben ab. Der Held ist nicht unangefochten tugendhaft, erst die Auseinandersetzung zwischen gefährdeter Tugend und innerer Stärke ist dramatisches Leben. Die Tugend wird zum Laster, sowie sie mit überheblichem Heldenstolz den Zweifel an ihrer Existenz ausschließt. Der moralische Mensch unterscheidet sich vom unmoralischen nicht dadurch, daß er ohne Laster ist, sondern daß er Herr seiner Anfechtungen wird. Das übliche Bühnenheldengebaren sagt nichts über diesen Kampf aus. Es vermittelt nur eine fast geckenhafte Selbstzufriedenheit und Überheblichkeit eines sich so viel besser dünkenden, also dünkelhaften Menschen.

Der Held am Theater, soll er nicht ins Nebulose, ins Unfaßbare entrücken, muß sich immer wieder als realer Mitmensch legitimieren. Sein Verhalten wird sich in dem ausdrücken, was uns vertraut ist: im Essen, Trinken, Liegen, sogar im Gähnen. Daß es unsereiner auf der Bühne ist, der sich in des Lebens Wirrnissen und Gefahren beispielgebend benimmt, hebt ihn über sich selbst, hebt uns über uns hinaus; nicht das erhabene Gehabe, angesichts dessen der heutige Zuschauer ausrufen müßte: »Hab dich nicht so!«

Das authentische Verhalten des überdurchschnittlichen Menschen duldet keinen aufgetakelten Theaternimbus. Die eingeborene Autorität des für das Spielen des Außerordentlichen begabten Schauspielers drückt sich am unmittelbarsten durch ein unbetontes Gehaben aus. Ein Schauspieler, der erst die Stufen zum Thron, mit Zepter und Krone bewaffnet, erklimmen muß, um majestätisch zu wirken, gehört eigentlich zur Schar der Untertänigen. Nur der geborene Untertan reckt und spreizt sich, wenn er das Königliche im Menschen darzustellen hat. Wobei das Königliche im Menschen nicht immer in der Person des Königs zu suchen ist. Der die Beziehungen zwischen den Bühnengestalten ordnende Regisseur wird den Eindruck, den der außerordentliche Mensch erzeugen soll, nicht ausschließlich der Persönlichkeit des betreffenden Darstellers überlassen, sondern betonen, in welchem Maß die ihn umgebenden Gestalten von ihm beeindruckt sind.

27. Kapitel

Schon bei meinen ersten Arbeiten im nachhitlerischen Theater wurde der Gegensatz zwischen meiner Mentalität und der bestehenden evident. Weniger bei der Inszenierung meines eigenen Stückes, eines satirischen Lustspiels, als bei der Probenarbeit, die der Aufführung von Strindbergs »Vater« an den Münchner Kammerspielen vorausging. Die Schauspieler, an einen anderen Theaterstil gewöhnt, nämlich den, der Tragisches nicht darstellt, sondern wehleidig über dessen Existenz Klage führt, fanden in verhältnismäßig kurzer Zeit an meinem so gegensätzlichen Ausdruckstheater Gefallen. Maria Wimmer war vom ersten Probenmoment dafür gewonnen. Blech, anfangs zaghaft störrisch, erwies sich bald als vorbehaltloser Mitarbeiter. Der Erfolg der Premiere war ungewöhnlich groß. Ich zitiere hier Bruno E. Werner, der in seiner Rezension auf ganz erstaunliche Weise erkannte, was mich bewegt hatte, und mit anschaulicher Dezidiertheit den Unterschied zwischen meiner Aufführung und den vorangegangenen expressionistischen aufzeigte:

Aber die eigentliche Entdeckung des Abends ist der Regisseur Kortner. Er zog mit scharfer Logik aus seiner Bearbeitung die Konsequenz. Diese Laura, die mit ihrem Mann um den Besitz des Kindes kämpft, ist nicht mehr die Gespensterprojektion eines fast fratzenhaften Schemens, nicht die Verkörperung des Weiblich-Amoralischen, Urbösen, wie sie noch die Darstellung in der Phase des expressionistischen Theaters beherrschte. Sie ist eine Frau aus Fleisch und Blut. Man folgt Kortners Auffassung willig, wenn er dem Intelligenzmenschen, dem Rittmeister, der »um seinen Verstand kämpft«, hier das Weibliche nicht als das schlechthin Böse, sondern als das Ignorante, als das stupend Dumme entgegenstellt, um so mehr, als diese gefährliche Dummheit nur in der männlichen Welt Gültigkeit hat und in Wahrheit in sehr hintergründigen Sphären beheimatet ist, wo ganz andere und stärkere Mächte als die männliche Ratio herrschen.

Und hier öffnet der Regisseur Kortner wirklich einen Einblick in die Welt des Dämonischen. Wenn er den ersten Akt damit beschließen läßt, daß Laura und die Amme die Lampen verlöschen und daß beim Wutausbruch des Rittmeisters plötzlich stumm und bedrohlich in allen Türen die Frauen des Hauses stehen, so stockt dem Zuschauer der Atem, als stünde er an der Schwelle des Reiches der Mütter selbst.

Da ist ein Fenster im Hintergrund des hervorragenden Bühnenbildes von Znamenacek, das der Rittmeister immer wieder schließen muß, weil seine Frau es öffnet; und schließlich vor der großen Auseinandersetzung wehen von seinem Schreibtisch alle Zettel und Notizen durch das Zimmer. Die Frau bückt sich, und der Rittmeister kriecht auf dem Boden. Kann man die Entwürdigung des männlichen Logos in der Alltagswelt anschaulicher sichtbar machen?

Jeder Satz wird in Bewegung umgesetzt, der dramatische Vorgang im scheinbar Nebensächlichsten vorbereitet (so wenn die Amme zu Beginn des zweiten Aktes singend einen Rock des Hausherrn wie ein Kind im Arm wiegt). Die Pausen fallen gelegentlich gleich Fallbeilen zwischen den Worten, dazu dieses ewige Klavierklimpern im Haus; und in der großartigsten Szene sieht man die feindlichen Eheleute noch einmal fast zärtlich behutsam vereint als jenes einstige Liebespaar einer abgestorbenen Jugend. Zum Schluß dröhnen die Schritte des Rittmeisters aus dem Obergeschoß, und die unten Aufhorchenden jagen panisch durcheinander – ein Toter läuft durchs Haus. Das ist beispielhafte, meisterliche Regie. Man könnte ein Kolleg darüber halten.

Es gab bei dieser Aufführung keinen Schauspieler, keinen Tonfall, keine Gebärde, die nicht den Intentionen der Regie entsprach. Nie haben wir Maria Wimmer so überragend gesehen. Man kann ihre großen Kolleginnen aus Vergangenheit und Gegenwart beschwören: keine wird diese Laura vollendeter spielen. Hinter dem noch nicht verblühten Liebreiz: in der Stimme, im Hüftschwung, im ausgestreckten Finger, das aufreizend Putenhafte, das Geschäftige und zu-

gleich Träge, das aufreizend Likör eingießt, am Kragen nestelt, im Zimmer räumt und sich durch kein Wort des Mannes fixieren läßt. Und dahinter das Zähe, triumphierend Mächtige, das um seine irrationale Kraft weiß und im ersten Teil nur einmal die Stimme zum Schrei der Wut steigert: »Bücher! Bücher!« ... Dies alles sehr leise, pianissimo, ... ein großartiger Gegensatz zum Geschrei auf der deutschen Bühne der letzten fünfzehn Jahre.

In meiner Inszenierung der »Minna von Barnhelm« erfolgte meine erste Auseinandersetzung mit einem klassischen Stück und seinem Helden. Zum erstenmal setzte ich meine Ideen vom Spielen des Klassikers und des Heldens in die Tat um. Das Publikum akzeptierte meine Auffassung stürmisch. Ein Teil der Presse lobte die Inszenierung mit gleicher Emphase, ein anderer wandte sich in Empörung gegen sie. Darunter befand sich völlig unvermutet Bruno E. Werner. Er war durch meine Aufführung so verstört, daß er wähnte, ich hätte aus eigenem dem Original pazifistischen Text hinzugefügt. Bruno E. Werner mußte sich davon überzeugen, daß ich nichts dergleichen verbrochen hatte und daß die von ihm wahrgenommene textliche »Veränderung« des Stückes von den nun wieder gesprochenen Stellen herrührte, die unter dem Hitlerregime gestrichen worden waren. Es war eine Art von literarischer Wiedergutmachung, die ich vollzogen hatte und die ihn befremdete. Ein anderer Rezensent meinte sogar, ich könne kein Gefühl für einen deutschen Klassiker aufbringen; später nannte er mich – inzwischen hatte er meine Inszenierung von »Herodes und Mariamne«, in der ich auch den König spielte, gesehen – den »inneren und den äußeren Feind« des deutschen Theaters. Was war plötzlich geschehen? Warum war die Wiedersehensfreude manch eines Kritikers so schnell versiegt? – Ich hatte mich am Heiligsten vergriffen: an der Traumgestalt des »Helden«.
Als ich dann später dank Horwitz, dem damaligen Intendanten des Münchner Residenztheaters, eine Reihe von großen Klassikeraufführungen inszenierte, entbrannte eine heftig geführte Kontroverse über meine, vom Wege des Gewohnten abwei-

chende Darstellungsart. Es gab nur extreme Zustimmung und heftige Ablehnung. Das Publikum ignorierte die absprechenden Urteile und ließ sich von den zustimmenden in hellen Haufen ins Theater führen. In Berlin und in München.

Unter allen Einwänden gegen meine Inszenierungen war der gegen die Darstellung des Helden am leidenschaftlichsten. Wahrscheinlich hat die von mir inspirierte Darstellung gegen den herrschenden Begriff vom Heroischen verstoßen.

Bei der Interpretation einer Heldenfigur leitet mich die Erkenntnis, daß Heroismus keine selbständige und den Menschen ausfüllende Eigenschaft ist, sondern eine Verhaltungsweise, die von den Fähigkeiten des Menschen und den Lebensumständen, auf die sie stoßen, diktiert wird. Die Unbeirrbarkeit, mit welcher der Mensch seine überragende, überpersönliche, gemeinnützige Leistung durchzusetzen versucht, verlangt Kampfmaßnahmen, die der allgemeinen Vorstellung vom Heroismus entsprechen. Auch der Partisan, der die Leistung oder die Idee eines anderen als gesellschaftsfördernd erkennt, kämpft für deren Durchsetzung mit den gleichen Mitteln. Die außerordentlichen Fähigkeiten mobilisieren Kräfte für ihre Durchsetzung und erzeugen »heldisches Verhalten«. Der Held gehorcht dem Diktat seines Gewissens und verkriecht sich nicht vor dem etwaigen Einsatz seines Lebens.

Die Sache des Helden muß untersucht werden. Fällt er nämlich für eine schlechte Sache, die er für eine gute hält, ist er ein Dummkopf. Fällt er für sie und erkennt fallend, daß sie seines Einsatzes unwürdig war, ist er eine tragische Figur. Fällt er für eine gerechte Sache, überzeugt, daß nur sein Tod ihr dient und nicht sein Weiterleben, wie im Falle Galilei, dann ist er mein Mann.

Die wahllose Verherrlichung des blutvergießenden Helden ist blutrünstig. Es ist auch eine Frage der politischen Überzeugung, ob die heutige Bühne die Animierdame für skrupelloses, daher beschwingtes, Heldentum sein soll. Die Forderung, den Helden vor allem schwungvoll zu spielen, entstammt der Weigerung, die Gründe, die ihn zur heroischen Tat, die meistens eine Bluttat ist, auf ihre moralische Stichhaltigkeit, auf ihre Unausweichlichkeit zu prüfen. Der auf Schwung und Tirade bestehende Zuschauer will sich überrumpeln, seine moralischen Bedenken gar nicht erst aufkommen lassen, er will Wachs in den blutigen Heldenhänden sein. Dieser Zuschauer verkriecht sich vor der Verantwortung, die das prüfende Gewissen ihm auferlegen würde. Er will die Heldentat genießen, sich an ihr erregen, auch physisch.

Orgiastisch wird diese Hingabe an den Helden aber erst, wenn er auch physisch verführerisch ist. Darum besteht der lüsterne Zuschauer auf einem großgewachsenen, schönen gliedermächtigen Helden. Der athletische Heldenkörper legt den Betörten auf den Rücken. Die Heldenverehrerschaft will sich hingeben und nicht überzeugt werden. Der nur im Schwunge darzustellende Held sollte von der modernen Bühne disqualifiziert werden. Heldentum sollte nun endlich unter die Lupe genommen werden, gerade das Heldentum. Auf der Bühne und im Leben, überall und insbesondere hierzulande. Der lustbetonte Heldenverehrer wehrt sich gegen eine Darstellung seines geliebten heldischen Verführers, die Zweifel am verübten Heldentum wachrufen könnte und den so gern Verzückten zur Stellungnahme zwingen würde. Daher die Vehemenz der Ablehnung des so gearteten Betrachters gegen die ihn nicht bis zur Besinnungslosigkeit betörende, verführende, sein Bewußtsein ausschaltende Darstellung des Helden.

Der Held ist ein Gelegenheitsarbeiter und kein Akkordarbeiter. Held sein ist kein Beruf, der Held muß einen haben. Hat er keinen, so ist er arbeitslos. Arbeitslose Helden sind eine Gefahr. Held sein ist nicht abendfüllend. Denn es füllt auch keines vollsinnigen Menschen Tage aus. Der wahren Natur des Menschen mit heldischen Möglichkeiten kommt eine unverblendete mißtrauische Darstellung näher als eine idealisierende. Die idealisierende Darstellung entstammt einer Rekrutenhaltung dem Vorgesetzten gegenüber. Der Held ist für den Schauspieler und Regisseur kein militärischer Vorgesetzter. Die autorative Substanz des Heldenmenschen muß der unter-

suchungsrichterlichen Betrachtung des heutigen Theatermannes standhalten. In der Verhimmelung zu strahlen, ist läppisch. Die wahre Leuchtkraft des Menschen überstrahlt die dunklen Schatten der objektiven Gestaltung.
Nach dem Vakuum, das der Hitlerkrieg hinterlassen hatte, trat eine neue Generation junger groß werdender Schauspieler an. Ohne sie, die sich zu aufreibender, durch keine Krise zu erschütternder gemeinsamer Arbeit mit mir zusammenfanden, wäre der künstlerische Ertrag und der trotz der immer wieder ausbrechenden Anfeindungen mir beschiedene Erfolg nicht möglich gewesen. Hans Christian Blech, Gert Brüdern, der viel zu früh verstorbene Horst Caspar, Rolf Henninger, Erich Schellow, waren meine Helden; und die älteren, Curt Bois, Friedrich Domin, Ernst Ginsberg, Kurt Horwitz, Ernst Schröder, Kurt Stieler, Rudolf Vogel und, last not least, Heinz Rühmann, waren die unerschrockenen Heroen unserer Schwerarbeit. Was auch in meinen immer noch unbeschwichtigten Jahren noch kommen mag, ich bleibe ihnen für die gemeinsam verlebten Arbeitstage und die Theaterabende, die ihnen folgten, verbunden.

28. Kapitel

Nun ist Hitler schon lange tot, seine Folgen aber machen uns noch immer zu schaffen. Zur Zeit meiner New Yorker Theaterbesuche war er höchst lebendig, immer noch im Aufstieg, immer mehr Länder erobernd; und immer mehr geraubtes Hab und Gut dem Hausgebrauch zuführend. Des rasenden Hitlers Popularität und Anhang wuchs, aus manchen Mitläufern wurden Mitrasende. Die übrige Welt lebte in Schrecken. Nicht aber Churchill in England, nicht Roosevelt in Amerika, dessen Amtsperiode zu Ende ging. Amerika rüstete sich für eine neue Präsidentenwahl.

Neben Walter Lippmann war Dorothy Thompson damals journalistisch am einflußreichsten in USA. Der Typus der Dorothy Thompson, der Eleanor Roosevelt, der Claire Luce – und es gibt mehr dieser Art – ist ein Entwicklungsergebnis Amerikas und ein Eigengewächs des Landes. Amerikaner sind Emigrantenstämmlinge. Ihre Ahnen, die den Sprung hinüber wagten, ob Puritaner, Quäker, politisch Verfolgte, Arbeitslose oder Gangster, die den europäischen Tatort fliehen mußten, waren zumeist Männer ohne Anhang. Die wenigen Frauen, die sich hinüberzugehen entschlossen, hatten Seltenheitswert. Sie waren kein Gretchen, keine sentimentale Luise, sondern Frauenspersonen mit Mut und Unternehmungsgeist. Von den wenigen, die den Mut hatten, mit den Männern nach dem unerschlossenen Westen vorzudringen, blieben die nicht sehr widerstandskräftigen auf der Strecke. Oft allein gelassen, lernten sie mit Gewehr und Dolch hantieren. Die Auslese an Robustheit und Initiative, die überlebte, gedieh auf diesem

Erdteil mit weit mehr Sonnenbestrahlung, als in Europa unter demselben Breitengrad zu finden ist. Noch in den Gesichtern, in Haltung und Gang der heutigen amerikanischen Weltstädterin zeigen sich die Spuren ihrer Prärieabkunft.
Zuerst allein in New York, dieser gigantischen Stadt, gingen meine eingeschüchterten Augen voll Sehnsucht auf die Suche nach so etwas wie einem verlegenen oder gar schüchternen Ausdruck. Ich fand eher bei einem Mann als bei einer Frau einen Anflug von Unsicherheit.
Unter dem Einfluß der importierten europäischen Frau besinnen sich die Amerikanerinnen wieder auf ihre Weiblichkeit. Schließlich stammt das Wort Sex-Appeal aus der Neuen Welt. Von der Masse der amerikanischen Frauen, die den Prärietyp zur Stamm-Mutter haben, abgesehen, zeitigte er Ausnahmegestalten: moderne, amazonenhafte, im öffentlichen Leben stehende Kämpferinnen. »Freiheit« und »Unabhängigkeit« sind in Amerika so oft im Munde geführte Vokabeln, daß man sie schließlich nur noch mit Gereiztheit hören kann, doch wurde mir der Sinn dieser Worte durch die Haltung solcher Frauen am einleuchtendsten.
Mrs. Roosevelt ist die überragende unter ihnen: Die große Ehefrau eines großen Mannes, Mutter vieler Kinder, praktisch und erfahren in Haushaltsfragen und bekannt als Gastgeberin, tritt diese liberale Frau öffentlich und unermüdbar für ihre Überzeugung ein. Die Thompson und die Luce konnten ihre Positionen nur eine begrenzte Anzahl von Jahren halten. Mrs. Roosevelt behielt ihr Ansehen unverändert über den Tod ihres Mannes hinaus. Sie wird in den Augen der Öffentlichkeit bleiben, was sie ist, auch wenn sie nicht mehr ist.
Als ich Dorothy Thompson kennenlernte, war sie schon im Begriff, sich von Sinclair Lewis zu trennen. Der große Schriftsteller war ein Trinker. Seine Ausschreitungen verstörten und empörten sie. Ich habe diese Scheidung immer bedauert. Fanden andere Frauen Zärtlichkeiten und Geschenke unwiderstehlich, so war Dorothy seinen faszinierenden Formulierungen ausgeliefert. Sie war eine gute Erzählerin, wenn sie aber von

Sinclair Lewis sprach, ihn zitierte, war sie mitreißend. Wenn er kam – und er kam öfter auch nach der Scheidung –, wurde sie, die sonst lieber sprach, als daß sie andere sprechen ließ, seine Zuhörerin und war so am liebenswertesten. Unter seiner Zucht verbesserte sich ihr Schreibstil, wie sie selbst erzählte. Ihre Erziehung aber verdankte sie ihrem Vater, einem evangelischen Pfarrer. Er war ein reiner Tor und ein reiner Christ. Ihre Mutter starb, als Dorothy noch ein kleines Kind war. »Ich habe sie seither jeden Tag meines Lebens vermißt«, sagte sie einmal. Auch ihr Vater starb, als sie noch jung war. Sie stand früh auf eigenen Füßen. Was sie wurde, verdankte sie ihrer großen Intelligenz, ihrer schriftstellerischen Begabung und auch ihrer Schönheit. Sie hatte etwas von dem, was man in USA den »Self made man« nennt. Und diese so siegreichen, rücksichtslosen, moralisch so anfechtbaren Männer, von denen der Volksmund sagt, daß sie »über Leichen gehen«, samt allem, was wirtschaftspolitisch dazu gehört, solche Existenzen hatten sie entscheidend beeindruckt und von der christlichen Welt ihres Vaters abgelenkt. Sie nannte diese Männer »glorious bandits«, zu deutsch etwa: glorreiche Banditen. Ihre Überzeugung war der »free trade«, die durch keine staatsgelenkten Verfügungen gehemmte Aktionsfreiheit. Sie gehörte ins konservative Lager. Böse Zungen nannte sie reaktionär.

Dorothy Thompson hatte an der Nominierung Willkies als Kandidat der Republikaner – also Roosevelts Gegenkandidat – großen Anteil. Sie hing an Willkie, an der republikanischen Partei, an ihren Lebensprinzipien. In endlosen Debatten kämpften ihre liberalen Freunde, deren unerbittlichster und vehementester nach ihrer Meinung ich war, gegen schweren Widerstand. Wir glaubten Boden gewonnen zu haben, als ein Gespräch zwischen ihr und Willkie unsere Erfolge zunichte machte. Nachdem unser aller Argumente erschöpft waren, bat ich sie, sich zu fragen, wie sie wohl ihr Vater beraten hätte.

Am nächsten Tag kam sie mit einem Artikel in der »Herald Tribune« für Roosevelt heraus.

Frau Thompsons Stellung an der »Herald Tribune« wurde

wegen ihres gewandelten politischen Denkens und der Konsequenz, mit der sie daran festhielt, unhaltbar. Sie wechselte zur liberalen »New York Post« über und wurde Demokratin, im Grunde gegen ihr Naturell. Sie kämpfte jetzt unentwegt und mit unermüdlichem Einsatz für Roosevelt.
Dorothy Thompson war damals eine ungewöhnlich populäre Frau. Ihrem Zeitungsrat folgte die amerikanische Durchschnittswählerin. Ihre Pro-Roosevelt-Zeitungs-, Vortrags-, Radio- und Schallplattenkampagne, an der ich mich leidenschaftlich mit Rat und Tat beteiligen durfte, riß die Schwankenden zu Roosevelt hinüber. Er wurde wieder gewählt.
In Frau Thompsons Wohnung fanden sich am Abend der Wahl viele ihrer Freunde ein. Es wurde getrunken und gefeiert. Schließlich ging die Thompson ans Telefon, hob den Hörer ab und verlangte das Weiße Haus in Washington. Wenige Minuten später meldete es sich. Sie sagte: »This is Miss Thompson speaking. I want to talk to the President.« Ich möchte den Präsidenten sprechen. Und sie sprach ihn, wenige Sekunden später. Mir, dem Verkehr mit Staatsoberhäuptern ungewohnten Emigranten und Europäer, blieb untertänigst die Spucke weg. Sie gratulierte ihm, Roosevelt, zum Wahlsieg. Er dankte ihr für ihre große Bemühung um ihn, die sie ihre Stellung an der »Herald Tribune« gekostet hatte; schließlich sagte er: »You lost your job – I kept mine.« Sie verloren Ihren Posten – ich behielt meinen.
Damit war meine Aufgabe erfüllt. Ich empfahl Budislawsky, einen früheren Mitarbeiter der liberalen »Weltbühne«, einer Berliner Wochenzeitschrift, als meinen sie beratenden Nachfolger und ging mit meiner Familie nach Hollywood.
Von Brecht erhielt ich aus Europa ein alarmierendes Telegramm. Die siegreiche Armee Hitlers, die auch seine Gestapo-Schergen mit sich führte, rückte ihm auf den Leib. Er müsse fliehen und hätte kein Geld. Frau Thompson, mit ihrem tief eingeborenen, huldigenden und huldvollen Respekt vor dem Außerordentlichen, überwand ihre noch tiefer sitzende Ablehnung gegen alles Sozialistische oder Marxistische und half.

Ihr, und in einem bescheidenen Maße mir, gelang es, so viel Geld aufzubringen, daß Brecht mit seinen Angehörigen die Fluchtreise nach Amerika antreten konnte. Es war wirklich Rettung in der höchsten Not. Oskar Homolka, der immer wieder reich heiratende, Fritz Lang und auch ein paar vorurteilslose, begüterte Amerikaner steuerten bei. Die Brechts konnten in Hollywood in einer Art dürftigem Behagen leben. Später verbesserte sich seine Lage durch Gelegenheitsarbeiten beim Film und einen Story-Verkauf, so daß er sich ein Häuschen erstehen konnte, in dem er in fast gandhihafter Genügsamkeit ein asketisches, durch kleine Genüsse und keineswegs epische Abenteuer gewürztes Leben führte. Brecht enthielt sich jeder politischen Tätigkeit. Er war dem Gastland dankbar und verhielt sich loyal. Im Grunde kannte er ja auch keine andere politische Tätigkeit als das Schreiben seiner Stücke. Er nahm an keiner der Parties der Hollywood-Filmwelt teil, zum Unterschied von seinem sybaritischen Freund Hanns Eisler, der von Dinner zu Dinner alkohol-fröhlich trollte. Brecht führte ein gastliches Haus, in dem man auf harten Stühlen von seiner Frau Helene Weigel bereiteten Wiener Apfelstrudel aß. Es fanden sich für gewöhnlich ein: Otto Klemperer, manchmal, aber selten, Heinrich Mann, Leonhard Frank, gelegentlich Berthold Viertel mit seiner damaligen Frau Salka, Chaplin, Adorno, Homolka, Curt Bois, Laughton, eine Zeitlang Rudolf Forster, Lion Feuchtwanger, Hanna und ich. Immer saßen auch ein paar amerikanische Brecht-Verehrer dabei und versuchten, der deutschen Unterhaltung zu folgen. Es wurde viel debattiert. Das amerikanische Theater kam nicht gut dabei weg. Ich erinnere mich an Klemperers stumm-staunendes Gesicht, als Brecht sein Mißfallen darüber äußerte, daß Lohengrin von Elsa von Brabant verlange, sie solle ihn nicht befragen. Brecht war unbedingt für Befragen und gegen mystifizierende Geheimnistuerei.

Natürlich wurde die Kriegssituation diskutiert, der atemberaubende Vormarsch Hitlers lag lähmend über manchem unserer Abende. Jeder unserer Haushalte war mindestens einmal in der Woche der Schauplatz der oft wilden Meinungszusammenstöße. – Es gab auch länger anhaltende Spannungen. Da blieb dann einer wegen irgendeines anderen von unseren Abenden eine Zeitlang weg. Solche Spannungen ergaben sich sogar zwischen Brecht und mir. Er beklagte einmal die Unfähigkeit der Deutschen zu revoltieren und nannte sie »knechtselig«. Darüber gerieten wir aneinander. Ich war damals von einem geradezu exzessiven Enthusiasmus für das sogenannte andere, gute Deutschland erfaßt. Jahre später, nach meiner Rückkehr, lernte ich meinen Enthusiasmus zähmen.

In Hollywood sah ich auch Max Reinhardt wieder, der mit seiner Frau Helene Thimig in einer etwas ramponierten »splendid isolation« lebte. Er hatte immer noch ein österreichisches Diener-Ehepaar. Die Söhne Gottfried und Wolfgang, im amerikanischen Film verhältnismäßig erfolgreich tätig, sorgten dezent, mit Aufopferung, für ihren verehrten Vater, dem ein immer trauriger werdendes Alter nach einem Leben voll Ruhm und Tatkraft beschieden war.

Max Reinhardt kehrte dem, was sich in einer Welt des Grauens abspielte, seinen schloßherrlichen Rücken und zog sich in eine bürgerlich-herrschaftliche Hollywood-Villa zurück, mit dem Gefühl, in einer Köhlerhütte leben zu müssen. Dieser Raimundsche Verschwender erlitt ein bitterböses Schicksal: das Abgleiten von den Höhen des Lebens in die Vergessenheit. Er leitete eine Theaterschule in Hollywood, bei deren öffentlicher Darbietung, einer von ihm mit den Schülern inszenierten Aufführung von »Diener zweier Herren«, die den Filmgewaltigen zur Verfügung gestellten Sitze unbesetzt blieben. Nicht einmal deren Sekretärinnen kamen. Jene Filmgewaltigen hatten einst den Ozean gekreuzt, um eine Reinhardt-Aufführung bei den Salzburger Festspielen zu sehen, und sich darum gerissen, Reinhardts Gäste auf Schloß Leopoldskron zu sein. Armer Flottwell! Wir sahen die immer noch hinreißende Aufführung seiner Theaterschule. Sie blieb ohne Widerhall.

Jahre später in New York ereilte ihn nicht der Tod, sondern er wartete tückisch, bis alles in einem grausig langsamen Verfall gelähmt war: Zunge, Arme, Glieder. Nur die Augen sprachen noch, als seine Hände nicht mehr aufzuschreiben vermochten, was seine gelähmte Zunge nicht sprechen konnte.

In Europa, Jahre später, sah ich die Strehlersche Inszenierung von »Diener zweier Herren«. Obwohl beide Regisseure in ihrem Ausdrucksreichtum, in ihrer angewandten Menschenkenntnis, in ihrer Einfallsfülle, in ihrem nimmersatten Vervollkommnungstrieb einander ähnelten und obwohl keinem der beiden Außerordentlichen irgendeine dieser dem Außerordentlichen unweigerlich anhaftenden Eigenschaften fehlte, hatte der Zeitgeist der Vergangenheit den einen, der gegenwärtige den anderen der beiden großen Interpreten geformt. Dieser Umstand hatte zu eklatant konträren Ergebnissen geführt. Reinhardts Aufführung war von Genießertum und völlerischer Lebenstrunkenheit bis zum Bersten gefüllt. Ein Fanatiker der Lust bejahte jauchzend das geliebte Leben in einer schönen, unkritisch gesehenen Welt. Reinhardt war mit den Menschen auf der Bühne lustig und belustigt. Strehler machte sich über sie lustig. Er hält unverkennbar die Welt für ein Narrenhaus mit infantil schwatzhaften, ziel- und planlos herumlaufenden, aufeinander stoßenden Egozentrikern, Genuß suchenden, ihn nie findenden Egoisten und im Lebenslabyrinth herumkrabbelnden manischen Dümmlingen. Es ist, als ob sie, die einander nie zu Worte kommen lassen, immer wieder wie Kinder vom Thema abgelenkt werden und ihren eigensüchtigen Vorhaben nachstolpern. Eine die Rede begleitende Geste verleitet den Redenden zu einer Serie von Gesten, die zwar in einem äußeren physischen Zusammenhang mit der sie auslösenden Gebärde steht, aber längst nicht mehr sinnvoll, sondern sinnwidrig die Rede begleitet, die ihrerseits Geschnatter geworden ist. Die Gedankenlosigkeit, das emsige, denkfaule, sich und andere betäubende Treiben geistig unbeherrschter Triebe einer Verfallswelt stellt Strehler dar. Die Zuschauer wissen nicht, daß sie und ihre Welt gemeint sind; sie brüllen vor Lachen. Mir benahm es den Atem.

In einem alten Stück gelingt es Strehler zu zeigen, was die

modernsten Dramatiker wie Beckett und Ionesco darzustellen versuchen: den Verfall einer läppisch gewordenen Schnatter-, Betriebs- und Schießwelt.

In unserer typenreichen Emigration gab es außer Reinhardt noch einen ehemaligen Schloßherrn: Georg Marton. Der einst schwerverdienende Verleger hatte ein Jagdschloß in Österreich besessen. Er war Ungar von Geburt und Geschäftsauffassung. Jedenfalls war er der einzige in unserem Kreis, der in seinem österreichischen feudalen Vorleben in Tracht und Uniform während der Jagd und im Krieg auf Mensch und Tier zu schießen gelernt hatte. Er hatte nämlich den ersten Weltkrieg als österreichisch-ungarischer Offizier mitgemacht. Diese beiden Tätigkeiten – Krieg und Jagd – machten ihn zu einem Schieß- und Kriegsexperten in unserem Kreis. Marton gehörte zu den Menschen, die nie gar kein Geld hatten und bei dem keiner fragte, wieso nicht. Seine große Stunde kam, als Amerika nach Pearl Harbour den Krieg gegen Japan, Deutschland und seine Alliierten erklärte.

Das reichste Land der Erde stand am Tage der Kriegserklärung waffen- und wehrlos da. Dieser Zustand war zum Teil eine Folge der immensen Waffenlieferungen an die Alliierten: England, Frankreich und Rußland. Wir aus Deutschland und Österreich Stammenden, an große stehende Heere und einen immer paraten Kriegsapparat gewöhnt, erschraken über diesen umheimlichen Zustand totalen Unvorbereitetseins. Wir hatten den Eindruck, daß eine kriegsscheue, militärfeindliche Nation ihren Krieg amateurhaft improvisierte. Die einberufenen Soldaten hatten keine Gewehre, keine Tanks. Es wurde mit Besenstielen und lächerlichen Attrappen exerziert.

Hollywood, am Pazifischen Ozean liegend, schien den zu erwartenden Fliegerangriffen des in weiter Ferne, aber ihm gegenüberliegenden Japans hilflos ausgeliefert. Weit und breit sah man keine Abwehrflugzeuge. Allgemein wurde sogar das Fehlen einer Alarm-Sirene beklagt. Die einzige Abwehrmaßnahme bestand darin, daß bei hereinbrechender Dunkelheit die Jalousien heruntergelassen werden mußten und die Autos nicht

mit dem großen Scheinwerferlicht, sondern nur mit den kleinen Parklichtern entsprechend langsam fahren durften. Eine weitere Maßnahme war meine Ernennung zum Blockwart. Sie erregte in unseren Kreisen großes Aufsehen. Es wurde herumgerätselt, warum die Behörden gerade auf mich verfielen. Nichts in meiner Vergangenheit oder in meiner Mentalität konnte zur Aufklärung dieses Rätsels dienen. Mit einem Helm wurde mir auch eine gedruckte Dienstvorschrift ins Haus geschickt, laut welcher ich bei den zu erwartenden Fliegerangriffen nicht im Haus Schutz suchen durfte, sondern mich helmbedeckt auf die Straße zu begeben und in dem mir zugewiesenen Rayon dafür zu sorgen hatte, daß Zivilisten, vorzugsweise Frauen und Kinder, in den Häusern Schutz suchten. Im Falle von Panik wurde von meiner männlichen Reife gefordert, Trost und Mut zuzusprechen. Dazu wäre ich ja wohl imstande gewesen, aber die Tatsache, daß es bei Angriffen ansonsten keinerlei Abwehr- oder Schutzvorrichtungen gegeben hätte – außer einem Helm, der mir mit den Dienstvorschriften ins Haus geschickt worden war –, löste in unserm Kreis eine hektische Witzigkeit aus.
Wochenlang wurde mein Mannesmut nicht auf die Probe gestellt. Der Helm lag müßig herum – bis eines Tages die inzwischen installierte Abwehrsirene ertönte. Der Helm war verhältnismäßig bald gefunden. Als ich, mit ihm auf dem Kopf, pflichtgemäß und besonnen aus dem Hause ging, sah ich ein Gedränge in den sonst menschenleeren Straßen. Abgesehen vom Stadtzentrum, gibt es in Wohngegenden fast keine Fußgänger; nur Autofahrer. Erst das vor dem Betreten der Straßen warnende Sirenengeheul vermochte die Leute aus den Häusern zu locken. Meine Warnungen machten trotz meines Helms keinen Eindruck. Die Leute ließen sich von mir einfach nicht stören. Sie beobachteten voller Spannung zwei Flugzeuge hoch oben im wolkenlosen Himmel. Es stellte sich heraus, daß es zwei amerikanische Flugzeuge waren, vor denen die Sirenen gewarnt hatten. – Die Presse schwieg taktvoll über diesen Vorfall.

Ich glaube, es war das erste Mal, daß meine ungestüm heranwachsende Tochter von mir beeindruckt wurde. Sie hatte für uns Emigranten nicht viel übrig. Wir waren alle bekümmerte Männer, die voneinander behaupteten, einmal etwas Besonderes gewesen zu sein. Dieser Vergangenheit gegenüber legte sie eine gewisse Skepsis an den Tag. Als eine französische Schauspielerin einmal von ihr wissen wollte, ob sie die Tochter vom Schauspieler Kortner sei, bejahte sie ohne Hochgefühl. Als die Französin nun sagte: »Weißt du auch, daß dein Vater ein großer Schauspieler ist?«, war meine Tochter verdutzt und überrascht, wie mir mein Sohn Peter, Zeuge dieses Vorfalls, berichtete. Dann fragte sie ihn, ob er sich Vater als Star vorstellen könne.

Sie nicht. Der um fünf Jahre ältere Peter konnte es sich vorstellen. Er hatte wohl noch eine Spur meiner deutschen Vergangenheit mitbekommen. Er war von seinem Vater und seiner Mutter, trotz unserer keineswegs glanzvollen Position in Hollywoods Filmwelt, beeindruckt. Er blickte mit einer gewissen Sorge auf die mir zugewiesene Kriegstätigkeit; kaum anders Hanna, die trotz Krieg und schwierigen Berufsverhältnissen sich wieder ein eigenes Heim, ein Häuschen wünschte.

Wir hatten gerade unsere New Yorker Wohnung aufgelöst, vorher die in London aufgegeben und die in Berlin fluchtartig verlassen. Ich hielt den Ankauf eines Häuschens jetzt, da häuserzerstörende Bombenangriffe zu erwarten waren, für ungünstig. Hanna sah das ein. Für sie ist das eigene Haus, wie klein es auch sein mag, mehr als eine Wohnstätte. Es ist ein eigner Schützengraben im Lebenskrieg.

Wir merkten nichts von irgendwelchen Abwehr-Vorkehrungen in Hollywood und Los Angeles. Hatte man die Westküste abgestrichen? Da griff Marton ein. Er gründete eine Art Heimwehr, hauptsächlich aus älteren, gebeugten Emigranten, und exerzierte mit diesen 30 bis 40 Männern auf einer unbebauten Wiese. Zum Unterschied von den amerikanischen Truppen, die mit Besenstielen und sonstigem Hausgerät ihre ersten Gewehrübungen machten, hatte Martons Heimwehr richtige, wenn

auch alte Gewehre. Sie wurden von einem Antiquitätenhändler der Truppe leihweise zur Verfügung gestellt. Dieser Antiquitätenhändler war ein noch wohlhabender Wiener Kaffeehausgast. Er war in Sprache und Aussehen so wienerisch, daß mein Kennerauge nicht den Juden in ihm erkannte. Ich erfuhr es erst in einem Gespräch mit ihm. Er war mit Mizzi verheiratet, einer glaubensfrommen Katholikin. Dieser alternde Mann war von panischen Todesängsten befallen.
»Haben Sie auch so eine Scheißangst vorm Sterben?« fragte er.
Worauf ich erwiderte, ich sei von dieser Gewißheit auch nicht erbaut.
Poldi jammerte weiter: »Sehn S', jetzt stehn ma do, zwa noch rüstige Männer und vielleicht morgen san ma schon zwa jüdische Leichen. Mitten in der Nacht packt mich die Angst. Was haben wir net schon alles dagegen versucht, die Mizzi und ich. Wir sind in ihre Kirchen gegangen und haben gebetet. Nix hat's genutzt. Dann sind wir in die Synagogen gegangen und haben dort gebetet. Alles umsonst.«
»Sie sind Wiener«, sagte ich, »Ihnen fehlt das Kaffeehaus. Gehen Sie unter Leute, nach Los Angeles.«
»Einmal war ich dort«, rief er erbittert. »Aber nie wieder. Da graust's mir. Dort trifft man ja auf Schritt und Tritt Schwarze. Und die hass' ich. Ich will keine Schwarzen sehen«, schrie der von Hitler aus Rassengründen vertriebene Jude.
Als ich ihn auf diesen Widerspruch aufmerksam machte, meinte er:
»Wir sind Weiße und keine Schwarzen. Deshalb hat der Hitler unrecht!«
Bald darauf forderte der Rassenfanatiker seine Gewehre zurück. Dem Martonschen Hausregiment hatten sich ein paar Neger beigesellt. Dieser Umstand allein aber war nicht der einzige Grund für die Auflösung der Marton-Truppe.
Amerikas Industrie war auf Krieg umgeschaltet worden und produzierte Waffen in einem Ausmaß und Tempo, daß uns die ironisierende Kritik wegblieb. Da offenbarte sich Kraft, Entschlossenheit, ein Reichtum an Material, Talent und Organi-

sations-Begabung in so gigantischem Maße, daß mir Klein-Europäer die Bewunderung noch heute in den Knochen steckt. Marton wurde von Roosevelts Streitmacht überrollt, Marton liquidierte. Der Name Eisenhower tauchte auf.

Die Armee wuchs und wuchs, und eines Tages gehörte auch unser Peter zu ihr. Ein schwerer Tag war es für uns, als er Abschied nahm, um in die Militär-Baracken von Denver zu fahren. Dort würde er abgerichtet werden. Ach, meine Hanna war so blaß.

Ihr Sohn ein amerikanischer Soldat, ihre Mutter, ihre Schwestern, ihre Tante, die Kollwitz, in Deutschland! Es war zu viel für uns. Denn uns ging Deutschland nicht aus dem Kopf.

Ich hing und hing daran. Ich war gespalten wie heute Deutschland. Wir bangten um Deutschland und wußten, die Welt mußte von Hitler befreit werden, wenn wir und unsere Kinder leben sollten.

Inzwischen war meine Mutter nach Amerika gekommen. Sie, die einst eine Übersiedlung von ihrem Wiener Stadtteil in einen andern als eine Zumutung zurückgewiesen hatte, fand alles, was ihr in Amerika geboten wurde, grausig. Zunächst waren sie und ihre liebenswerte Betreuerin Hansi Hesch in einem reizenden, jedoch unwienerischen Häuschen in Connecticut untergebracht. Hansi sah zum Fenster hinaus in die Spätsommerlandschaft. »Ist das nicht schön!« rief sie aus. »Wohl verrückt geworden!« brummte meine entwurzelte Mutter. – Bald darauf starb sie.

Es geschieht heute oft in Deutschland, daß meine Gedanken und mein Gedenken zurück nach Amerika schweifen. Ich bin diesem Land durch seine großzügige, unbedenkliche Gastfreundschaft, für seine ausgeübte, wenn auch oft von Quertreibern angeschossene, jedoch gesetzlich verankerte Vorurteilslosigkeit mit meinen besten Regungen bleibend verbunden. Meine exbürgerliche Anhänglichkeit hört nicht auf, aus der Ferne die Geschicke jenes Landes zu verfolgen.

29. Kapitel

Selbst hier in Israel, mit seinem bezwingenden urväterlichen Appell an mich, den vaganten, weitschweifenden, grauhaarigen, weltbürgerlichen Sohn, beschäftigt mich Amerika. Das liegt wohl auch zum großen Teil daran, daß mein Sohn nun völlig mit diesem Lande verwachsen ist und daß so vieles hier mich an Amerika mahnt. Überall sieht man von amerikanischen Juden gestiftete, dem allgemeinen Nutzen dienende Gebäude, und man hört das breite, vertraut jüdelnde Yankee-Englisch an benachbarten Restaurationstischen.
Für den nächsten Morgen war der Besuch von Nazareth vorgesehen, dem legendären Aufenthaltsort des Weltverbesserers, des duldenden, demütigen, waffen- und aufstandsfeindlichen Revolutionärs, der nur vom Geist aus die menschliche Gesellschaft um und um kehren wollte und der noch immer, nach zweitausend Jahren, am Anfang seines Beginnens steht. Dieser transzendentale Revolutionär ist heute wie nie zuvor von den irdischen Revolutionären herausgefordert.
Schon Robespierre, einer ihrer Erzväter, der Blutmessias, warf Christus den Fehdehandschuh hin, indem er ausrief: ». . . Was sehen wir nur immer nach dem Einen? Wahrlich, der Menschensohn wird in uns allen gekreuzigt, wir ringen alle im Gethsemanegarten im blutigen Schweiße, aber es erlöst keiner den anderen mit seinen Wunden.«
Heute hat die irdische Revolution Hunderte Millionen Anhänger, deren Ziel klar ist. Die transzendentale Revolution hat ebenfalls immer noch Hunderte Millionen Anhänger, deren Existenz mit der ideologischen Essenz der Lehre in Einklang

zu bringen, sich die moderne Religionsphilosophie bemüht. In der inneren Unaufrichtigkeit, meint der Theologe Paul Tillich, liegt die Schwäche der vermeintlich noch christlichen Welt. Sie ist in einem ideologischen Dilemma. Blutig bekämpft sie die irdische Revolution, wenn und wo es sein muß, und sie verstellt und verbaut der christlichen Erneuerung im Sinne und im Geiste des transzendentalen Revolutionärs den Weg durch ihren way of life, den sie meint, wenn sie sagt, sie kämpfe für den Glauben. Darum ringt Tillich um eine neue Sinndeutung, eine Modifizierung der Heilslehre, für den sich dem Christentum immer mehr entfremdenden Weltmenschen, der seinem Gewissenskonflikt entweichen will, indem er sein Gewissen durch das äußerliche Festhalten am religiösen und kirchlichen Ritual betäubt.

Der heute in Amerika sehr beachtete Paul Tillich kam öfter in unser Haus in Hollywood. Ich hörte ihm mit geradezu kindlicher Aufmerksamkeit zu wie jenem Priester, der mich in meinen erregten Knabenjahren beschwichtigte. Er, der katholische Gemeindegeistliche unseres Bezirkes, hatte nicht das Format Tillichs, aber er war aus demselben Holz geschnitzt.

Obwohl ich durchs Heilige Land nach Nazareth fahre, nehme ich's nicht wahr. Ich fahre, mit offenen Augen rückblickend durch die Kindheitsvorstellung vom Gelobten Land, in dem Milch und Honig fließt. Meine Knabenphantasie, diese Worte wörtlich nehmend, sah Milch- und Honig-Flüsse und -Bäche, sah eine fleischlose Landschaft, der ich nichts abzugewinnen vermochte. Auch über die Bezeichnung »Gelobtes Land« zerbrach ich mir den Kopf. »Gelobt« nahm ich auch wörtlich, im Gegensatz zu getadelt. Sind doch Lob und Tadel so wichtige Begriffe in der Kindeswelt. Daran hat sich für den Theatermann nichts geändert. Warum wird das Land gelobt? Und nicht getadelt? Wird es gelobt, weil sich die biblische Geschichte dort abspielte, und welches ist das getadelte Land? Wohl eines ohne biblische Geschichte. – Ich, alter Mann, amüsiere mich über diesen meinen Kindheitswirrwarr. Dann verdüsterte sich das Bild. Mir wurde beklommen zumute. Ich wußte nicht gleich, warum...

Im mosaischen Religionsunterricht, der uns Buben, getrennt von den Christen, einmal in der Woche gegeben wurde, gab es Christus nicht. Jesus blieb unerwähnt. Ihn kannte ich nur vom Hörensagen. Ich vermutete, daß er eine Art Rivale von Moses war. Ich favorisierte Moses leidenschaftlich. Christus, so schien es mir, war verantwortlich für die Existenz der uns feindlichen Christen. Völlig verblüfft war ich, als ich erfuhr, daß Christus, der das Christentum gründete, kein Christ, sondern Jude war. Ich hatte »Christ« für das absolut unvereinbar feindliche Gegenteil von »Jud« gehalten. Das war wohl meinen ganz frühen Erfahrungen zuzuschreiben. Christus Jude! Das war die kaum faßbare Sensation meiner Kindheit. Da so viele seiner Anhänger judenfeindlich sind – so viel hatte ich schon zu spüren bekommen –, konnte ich mir nicht vorstellen, daß Jesus Jude war. Ich hatte, bei voller Unkenntnis seiner Lehre und seines Lebens, durchaus folgerichtig in ihm, dem Objekt ihrer Anbetung, den Begründer des Judenhasses gesehen.
Das Verhalten der Anhänger Christi muß also so gewesen sein, daß ich diesen falschen Schluß ziehen konnte. Kein Wunder, daß ich ihm feindlich gegenüberstand, daß ich den Verkünder der Gnade für gnadenlos gehalten hatte. Mir wurde keine andere Belehrung zuteil. Der vom Tode Auferstandene wurde in unseren Kreisen totgeschwiegen. Und nur weniges sickerte über die Tabu-Grenze zu mir durch. Im geheimen jedoch beschäftigte er meine Phantasie wie etwas Verbotenes. Er übte auf mich die Faszination des Unerlaubten, der Sünde aus. Ja, er hatte für mich den Reiz des Bösen. Nicht meine Schuld! Meine kindliche Einstellung beweist nur die grobe Verletzung seiner Lehre durch die Christenwelt meiner Kindheit. Auch daß er Gottes Sohn sein soll, nahm mich gegen ihn ein. Als Kind beschäftigte ich mich in ganz unverhältnismäßiger Weise mit dieser Frage, die keine sein darf.
Als Erwachsener habe ich mich mit ihr nicht mehr auseinandergesetzt. Damals aber folgerte ich: Wenn Christus, der in meinen Kinderaugen der Begründer der Feindschaft zwischen Christen und Juden war, Gottes Sohn ist, dann ist womöglich auch

Gott unser Feind; ich setzte himmlische Harmonie zwischen Gott-Vater und seinem Gott-Sohne voraus. Nun aber waren wir, laut mosaischem Religionsunterricht, das von Gott auserwählte Volk. Also kann doch um Gottes willen Gott uns nicht hassen. Handelte Jesus hinter dem Rücken seines Gott-Vaters? Der Verdacht bestand bei mir. Die Aufklärung erfolgte dramatisch. Als ich in Wien als etwa Zehnjähriger in die Volksschule ging, gab es in den katholischen Schulen verhältnismäßig wenig jüdische Kinder. Ich war ein schlechter und fauler Schüler. Das verschaffte mir ein gewisses Ansehen. Zudem war ich ein ungestümer Fußballspieler und oft erfolgreicher Raufer. Außerdem stand ich unter dem Schutz meiner beiden Vettern, in deren Fußballruhm ich mich sonnte. So bekam ich wenig vom Antisemitismus zu spüren. Daß er im Zunehmen begriffen war, entging mir völlig. War doch mein Vater Armenrat der Stadt Wien geworden, was als ein Akt der Toleranz angesehen wurde. Dieses Ehrenamt verlieh der Bürgermeister, Doktor Karl Lueger, von dem der Ausspruch stammt: »Wer a Jud' ist, bestimm' ich!«
Später erkannte ich: dieser Lueger gab sich österreichisch-gemütlich. Er verstand es, den Eindruck des nur äußerlich brutalen Gegners, in dessen Brust unüberhörbar das goldne Wiener Herz schlug, zu erzeugen. Tatsächlich war er für die Verschärfung der antisemitischen Bewegung verantwortlich. Das aufsteigende, erfolgreiche jüdische Bürgertum fiel zum Teil auf seine Scheintoleranz herein und bagatellisierte besserwisserisch die antisemitischen Brandreden des Lueger, der christlich-sozialen Abgeordneten und die antisemitischen Studentenkrawalle, die den numerus clausus an der Universität erzwingen wollten. Wie konnten die nach bürgerlicher Sicherheit lechzenden immer wieder Vertriebenen in ihrem Wohlstand ahnen, daß es wieder nur eine kurze Rast und eine vorgetäuschte Stabilität werden würde, daß Adolf Hitler seinen Lehrmeister Lueger eines Tages in den Schatten stellen würde, als das Volk, das den Platz an der Sonne wollte, sich von ihm ins Dunkel führen ließ, bis es ihm schwarz vor den Augen wurde.

In der Frühzeit meiner Angst vor der feindlichen Umwelt hatte ich mich in die meines Glaubens verkrochen und mich in den Mystizismus der Bibelwelt eingesponnen. Ich wollte auf der Kanzel im Tempel stehen und gegen die Sündhaftigkeit der Welt predigen. Ich kannte das Dichterwort noch nicht. Nur das Wort Gottes. Ein eingeborener, sonst noch themenloser Sprach- und Sprechtrieb ließ nicht von Gott ab.
Aus diesem an Verstiegenheit grenzenden Glaubenseifer fand ich langsam auf die Erde zurück, nämlich auf den Fußballplatz. Dort vereinigte meine Glaubensgegner und mich unsere Hingabe an den Fußball. Ich war auf dem besten Wege, mir als Fußballer die Illusion zu erstürmen, daß jedes von mir geschossene Goal das Tor zur Mitwelt mir immer weiter öffnete, bis die Erkenntnis wie der Blitz bei mir einschlug und mein Kinder-Luftschloß so in Brand steckte, daß die Flammen die verborgenen Ecken der mich umgebenden Welt grell erleuchteten. Aus dem verschlafenen Buben wurde ein aufgeschreckter, entsetzter Junge, der dem grauenhaft Bösen in die Augen gesehen hatte und sich nie wieder beruhigen konnte.
In Ungarn und in der österreichischen Provinz hatte es, nicht lange vor meinen Kindertagen, die femehaften, mittelalterlich barbarischen Ritualmord-Prozesse gegeben, über die offen zu reden in den bürgerlich jüdischen Häusern immer noch nicht geduldet wurde. Ab und zu fing ich geflüsterte Gesprächsfetzen auf, konnte mir aber keinen Reim daraus machen. Liebesgeschichten, Geldverlegenheiten, Schwangerschaften in meinem Umkreis waren ja auch tabu. Diese Prozesse gehörten eben dazu.
Wir hatten eines Nachmittags auf einer Wiese Fußball gespielt. Die beiden Mannschaften bestanden aus etwa zehn- bis zwölfjährigen Buben ohne Unterschied der Konfession. Wir waren verschwitzt und, uneingedenk der mütterlichen Warnung, in diesem Zustand nichts Kaltes zu trinken, gingen wir, Ferdl vom nachbarlichen Milchgeschäft und ich, zum nächsten Sodawasserstandl, um Soda mit Himbeer zu trinken. Wahrscheinlich inspirierte den Ferdl die rötliche Flüssigkeit zu seiner

Frage: »Sag a mal, hast du eigentlich auch schon Christenblut gekostet?« Zunächst begriff ich die Frage nicht. »Na ja«, meinte er, mit einem eigentlich gemütlichen Ton, »ihr Juden trinkt's dös ja.« Die Leut' erzählten sich das, fügte er hinzu, deutlich von keinem Schauer erfaßt. Wahrscheinlich redete er das nur nach, ohne sich des Grauenhaften bewußt zu sein. Er hatte etwas von den Ritualmordprozessen läuten gehört und glaubte an die im Zusammenhang mit ihnen systematisch verbreitete Lüge vom rituellen Menschenopfer, an den Propagandafeldzug der christlich-sozialen Partei Österreichs und Ungarns.

Es dauerte eine ganze Weile, bis das Gehörte bei mir einsickerte. Erst in der Nacht wurde mir die Kehle von dem Gehörten zugeschnürt. Ich fing an, daran zu würgen, und je mehr ich davon herunterwürgte, desto mehr breitete es sich in mir aus und vergiftete mich. Alles, was ich raunen und flüstern gehört hatte, tauchte auf und fügte sich zu einem Ganzen.

Am nächsten Morgen, übernächtig und von einem aufsteigenden, nicht zu verscheuchenden Gedanken gequält, wich ich meinen Eltern aus, und ohne Frühstück schlich ich mich in die Schule. Um zehn Uhr, in der Eßpause, vom Hunger überwältigt, kaufte ich mir beim Eßstand des Schuldieners belegte Brote und Soda – ohne Himbeer. Vor dem roten Saft hatte sich ein Grauen entwickelt. Ich ließ es mir schmecken, denn der Schuldiener und seine die Eßwaren verkaufende Frau waren ja keine Juden. So weit war ich. Dann machte ich mich an Ferdl heran, der mir die ominöse Frage tags zuvor gestellt hatte. Ich forschte ihn über die Ritualmordprozesse aus. Mein vergiftetes Gemüt nahm alles, was er mir erzählte, wahllos auf. Woher hätte ich denn das Unterscheidungsvermögen nehmen sollen, das nötig gewesen wäre, um das gehässige, mühselig zusammengeschwindelte Material einer verbrecherischen Anklage zu durchschauen, die ihren Ursprung im trübsten Judenhaß hatte und sich das Ziel setzte, den dumpf-abergläubischen Nächstenhaß des christlich-sozialen Kleinbürgers bis zum Pogrom zu schüren. Zunächst schluckte ich das, was eine hundsföttische

Staatsanwaltschaft als zulässig erachtet hatte: die Ermordung eines Menschen aus rituellen Gründen war das zur Last gelegte Verbrechen.

Derartige Menschenopfer hatten die Römer den Christen im Zusammenhang mit dem Abendmahl in blindwütigem Verfolgungswahn vorgeworfen. Im zwanzigsten Jahrhundert stellten Christen Juden unter solche Blutanklage, deren Haltlosigkeit immer wieder erwiesen worden war. Was bei solchen Prozessen an den Tag kam, war der vor nichts zurückschrekkende Blutdurst der verfolgenden Antisemiten. Angesichts der immer wieder erwiesenen Unschuld der eines solchen Verbrechens Angeklagten verstummten die Beschuldigungen nicht. Es gelang nicht, dieses geflüsterte und geraunte Mordgerücht auszumerzen. Das komplicenhafte laissez aller der Behörden und der Kirchen, mitverantwortlich für diese Schändlichkeit, wurde nie zur Verantwortung gezogen. Die Öffentlichkeit erfuhr zwar von der Haltlosigkeit solcher Anklagen, aber die nichtöffentliche grandguignol-süchtige Unterwelt des Kleinbürgers stillte ihren Durst nach dem Blut des Andersgläubigen, anders Aussehenden, fremdartig Mitlebenden mit dem in Umlauf gesetzten Schauergeschichten vom christenblut-trinkenden Juden. Sie wurden den Stammtischhockern mit dem Bier und der Blutwurst serviert. Von Mund zu Mund gehend, wurden die Gruselmärchen verwegener, schürender und ähnelten immer mehr einem in Fortsetzungen geflüsterten Schauerroman, einem Gratisnervenkitzel in der stupiden Gähnöde des Kleinbürgertums.

Natürlich gab es auch eine Menschenwelt in Österreich-Ungarn, die sich dem Verseuchungsunflat entgegenzustemmen versuchte. Es gab ein aufgeklärtes humanes Bürgertum und mitunter Aristokraten mit einer sie geradezu adelnden Haltung und Zivilcourage. Der aufkommende Sozialismus suchte dem Menschenhaß der christlich-sozialen Partei seine Nächstenliebe programmatisch entgegenzusetzen. Der deutsche Sozialistenführer August Bebel nannte den Antisemitismus den Sozialismus des dummen Kerls. Aber so viele Veterinäre konnte es

nicht geben, um die Verbreitung der Maul- und Klauenseuche der Verviehten aufzuhalten.
Ich selbst wurde ein Opfer dieser Kampagne. Mein unaufhaltsam hochkommender Verdacht machte sogar vor meinem Vater nicht halt. Gehörte auch er zu den Finsterlingen, die dem Schauer-Ritual ergeben sind? Er aß doch das Osterbrot Mazzo, das, wie mir gesteckt wurde, mit einem Zusatz von Christenblut – Blut eines aus mystisch-mythischen Gründen dem Jehova geopferten Christen – in unterirdischen Gewölben bereitet wird. Wir alle haben davon gegessen, jedes Jahr zum Osterfest. Ich auch. Gott weiß, wo noch Christenblut hineingetropft wurde! Folgerichtig weigerte ich mich nunmehr zu essen. Nur Brot, das nicht im Hause, sondern von einem christlichen Bäcker gebacken wurde, aß ich. Meine Nerven fieberten, und ich schwieg verstockt. Und als eines Tages rote Rüben serviert wurden, fiel ich in Ohnmacht.
Erst viele Tage danach gelang es meinem Vater, mich zum Reden zu bringen. Meine Mutter – zwar bestürzt – war aber doch mehr als Hausfrau gekränkt. Die Verdächtigung ihres Haushalts traf sie am meisten. Trotz ihrer Beteuerungen aß ich nichts im Hause Bereitetes. Ich hatte Angst einzuschlafen, denn im Traum quälten mich gräßliche Bilder, die merkwürdigerweise 55 Jahre später, während einer schweren Bronchitis-Fieberperiode, alpdruckartig wiederkehrten.
Mein Vater versank in tiefe Nachdenklichkeit. Er hatte begriffen, wie gefährdet ich war, wie mein Entsetzen die Nerven zerfetzte, wie nicht überlebbar das Erfahrene sich zu erweisen drohte.
Zu den wenigen Freunden und Bekannten meines Vaters gehörte jener geistliche Herr, der schon lange Zeit der für mich erstaunlichste und seltsamste Besucher in meines Vaters Geschäft gewesen war. Die Freundschaft mit diesem katholischen Priester war auf merkwürdige Weise zustande gekommen. Mein Vater konnte Hebräisch sprechen, lesen und schreiben, ein bei einem mitteleuropäischen Juden damals außergewöhnliches Wissen. Die Ostjuden sprachen Jiddisch, aber nicht

Hebräisch, das als heilige Schrift im täglichen Umgang nicht profaniert werden durfte. Noch heute, im Staate Israel, wird das Hebräische als Landessprache von dem orthodoxen Teil der Bevölkerung bekämpft.
Mein Vater fand in seinem ganzen Bekanntenkreis niemanden, mit dem er Hebräisch hätte sprechen können. Ähnlich erging es jenem geistlichen Herrn. – Er hatte eines Tages seine Uhr zur Reparatur ins Geschäft meines Vaters gebracht. Bei der Gelegenheit entdeckten sie einander als hebräische Gesprächspartner. Jeder angehende katholische Priester muß eine gewisse Kenntnis der hebräischen Sprache erwerben. Die des mit meinem Vater befreundeten geistlichen Herrn ging über das geforderte Maß weit hinaus. So wurde er ein regelmäßiger Besucher in Vaters Laden. Wenn er da war – und er blieb oft Stunden –, kümmerte sich mein Vater nicht ums Geschäft, Kunden empfand er als Störer der ihn faszinierenden Gespräche. Meine mehr dem Praktischen zugewandte Mutter sah das nicht gern.
Ich, damals noch immer mißtrauisch, betrachtete diese Freundschaft mit scheelen Augen. Die katholische Welt war die andere, die fremde, die unbekannte. Meine Unkenntnis machte mich intolerant.
Seit meinem Zusammenbruch häuften sich die Besuche des geistlichen Herrn. Offenbar beriet sich mein Vater mit ihm. Meine Mutter zog den Hausarzt zu Rate. Er verschrieb kalte Umschläge für meinen heißen Kopf und ein Abführmittel gegen meine Appetitlosigkeit. Beides aber brachte mir keine Erleichterung.
Mein Vater aber führte ein Gespräch zwischen seinem Freund, dem geistlichen Herrn, und mir herbei. Er sagte eingangs, er finde es wichtig und gut, daß ich ein solches Erlebnis so schwer nehme. Normalerweise müsse er seine Gemeinde ermahnen, ja sogar aufrütteln, geistig-sittliche Probleme überhaupt zu sehen, und nicht die Augen davor zu schließen. – Die von ihm damals gebrauchten Worte sind natürlich längst versunken, Sinn und Inhalt aber geblieben.

In der Nebelsprache der Erinnerung höre ich den Priester aus der Äonenferne der Kindheit sagen: »Ich bin schon fürs Fasten, aber auch fürs Essen.« – Er war etwas schmerbäuchig. – »Und so gut wie bei deiner Mutter ißt man selten.« Damit brachte er mir in Erinnerung, daß er bei uns schon ein paarmal gegessen hatte. Er wollte gesagt haben, wie bedenkenlos er als katholischer Priester der Zubereitung in unserer Küche gegenüberstand. Er sorgte gut für meine Seele, der andersgläubige Seelsorger. Dann schlug er vor, beim Schwartz Mittag zu essen. Meiner Mutter Küche in Ehren, meinte er, bei Schwartz esse man strenger rituell als bei meiner Mutter. Er habe eine Vorliebe für streng koschere Küche. So gingen wir zu dritt, er, mein Vater und ich, und ließen meine wieder etwas beleidigte Mutter zurück.

Beim bärtigen Wirt Schwartz, der ihn wie einen Bekannten begrüßte, bestellte der Geistliche sich »Gedünstetes Rindfleisch und rote Rüben«. »Mir dasselbe«, sagte mein Vater.

»Und du?« fragte mein Pfarrer. »Mir auch«, antwortete ich nach einigem Zögern. Von seiner Absicht, die ich durchschaute, war ich angetan. Ich war erlöst als Mensch, Jude und Fresser. Daß ich Vielfraß so lange nicht essen konnte, daran läßt sich meine Seelenqual ermessen.

Im Juni 1958 wurde »König Lear« vom Kölner Rundfunk als Hörspiel aufgenommen. Ich spielte den Lear. Da machte ich mir wohl diese Kindheitserfahrung zunutze. Der zur Völlerei neigende Lear kommt von der Jagd zurück und verlangt heißhungrig nach Essen. Dann folgt die stürmisch-tragische Auseinandersetzung mit seiner Tochter. Ich bat, das Essen, das nach altem Bühnenbrauch über der leidenschaftlichen Szene in Vergessenheit gerät, doch zu servieren, um zu zeigen, daß mein tiefverwundeter Lear nun nichts mehr vom Essen wissen wollte und das Geschirr am Boden zerschmetterte. Physischer Ausdruck für einen psychischen Vorgang. Ein das Essen verweigernder Fresser – eine echte Seelenäußerung, überzeugender als jedes gehobene Geraunze. –

Wohl auf den Rat des geistlichen Herrn schlug mir mein Vater vor, ihn auf den allwöchentlichen Besuchen bei den Gemeindearmen zu begleiten. Er ging dahin als Armenrat der Gemeinde Wien, um die Unterstützungswürdigkeit der Bedürftigen zu prüfen. Mein Vater war offenbar von der Vorstellung ausgegangen, daß die Zuneigung und das Vertrauen der durchwegs christlichen Bittsteller zu ihm auch meines, das so schwer gelitten hatte, endgültig und völlig wiederherstellen werde. Auch die Gemeinde Wien würde, wenn auch nur der geringste Verdacht vorläge, ihn nicht mit diesem Ehrenposten betraut haben. Diese von ihm erhoffte Wirkung stellte sich auch ein. Eine andere, nicht vorgesehene, überrumpelte mich.

Armut hatte ich bis dahin nur aus der mildernden Ferne gesehen. Das nun geschaute Elend griff nach meinem jungen, weichen Herzen und wollte es nicht mehr loslassen. Meine noch schlummernden sozialen Instinkte wurden wachgerüttelt. Als ich auch noch erfuhr, daß Tausende so menschenunwürdig lebten, hatte meine sicherlich auf der Lauer liegende Empörungsbereitschaft den alles andere in den Schatten stellenden großen Anlaß gefunden. Wie konnten Christenmenschen ihre Brüder so darben lassen! Auch die Geringfügigkeit des Almosens, seine beschämende Unzulänglichkeit, empörten meine heiße Knaben-Rechtlichkeit. Der Anblick der abgemagerten, krätzigen, rachitischen, viel zu vielen Kinder ließ mich aufschluchzen. Die christlichen Ankläger von gestern wurden Angeklagte ohne Ankläger und offenbar ohne irdischen Richter. Am Abend schloß ich in mein Nachtgebet meinen Vater und meine Mutter wieder ein und die armen, elenden Christenmenschen.

30. Kapitel

Man mußte mich darauf aufmerksam machen, daß der Wagen gehalten hatte. So vergangenheits- und gegenwartsverheddert, noch völlig Österreich- und Deutschland-beklommen, betrat ich die Höhle, in der Jesus Christus sich Jahre seines Lebens verborgen hatte. Wir wurden still. Unser nimmermüder Erklärer informierte uns, daß die Forscher meinen, es könne auch eine andere Höhle gewesen sein. Mir, dem vorläufig nur physisch Anwesenden, war das – offen gesagt – bedeutungslos. Ich ermahnte meine Sinne, zunächst noch vergebens, an dem Besuch dieser Höhle doch teilzunehmen und mich nicht im Stich zu lassen. Wenn sie nicht bald zur Stelle sein würden, brächten sie mich um den von mir erwarteten genußvoll tiefen Eindruck, um das Erschauern vor Erlauchtem. – Unser Informant setzte seine Belehrung mit respektvoll gedämpfter Stimme fort. Ich versuchte, den Sinn des Gehörten nicht aufzunehmen, degradierte das Gerede des Übereifrigen zu behelligendem Lärm. – Das mag viele Minuten gedauert haben.

Nun flüsterte Hanna mir, der ich schon den Zusammenhang mit dem, worauf sie sich bezog, vergessen hatte, zu: »Es kann nur diese Höhle gewesen sein.« Sie beschaute die Gesteinswände, die gar nicht höhlenartig dunkel, sondern weißlich sind. Von ihnen also holte sie sich ihren festen Glauben, daß dies die echte Höhle sei. Da ist keine Logik in ihrer Überzeugung, nur Glaube. Hanna ist auf eigentümliche Weise gläubig. Obwohl Halbjüdin, ist sie ihrem Wesen nach christlich. Das hat sie von ihrem jüdischen Vater, mehr als von ihrer christlichen Mutter. Dem Ansturm mancher unserer orthodox-atheistischen Freunde hielt sie auf eine oft humorvoll unbeirrbare Weise stand. Manchmal, eigentlich nur ganz selten, glaube ich, ihre Christlichkeit ist auch ein Tribut an ihr Aussehen. Für sie ist das Buch der Bücher, das beide Testamente, das Alte und das Neue, enthält, eine Einheit geblieben; eine unteilbare Einheit. Und für sie sind die beiden Bekenntnisse nicht nur im Buch eins geblieben: auch in ihrem Fühlen, Trachten und Handeln. Das erst macht sie zur wahren Christin. Sie ist manchmal so christlich, daß sie jüdisch fühlt. Ich habe sie nie beten sehen. Wenn sie's doch tut, dann ganz insgeheim. Zuzutrauen wär's ihr. Sie hat eben auch ihre Abgründe. Ganz erforscht habe ich sie noch nicht. Sie gibt nicht alles preis, zu manchem habe ich keinen Zutritt. Ich habe aber Grund zu glauben, daß es im wesentlichen nur das Gebet sein könnte, mit dem sie mich hintergeht.

Mir sind seine Tröstungen nicht beschieden. Der direkte Appell des Betenden, um etwas Bittenden, scheint mir geradezu blasphemisch. Auch das gesprochene Wort, der Stimmklang und die Melodie der Prediger in den Kirchen und Synagogen, dringen nicht zu mir. Da verschließe ich mich absichtslos. Ich bin heute ein gebetloser seltener Gast in der Synagoge und in der Kirche. Das kindliche Ich wird immer noch vom gesungenen und dann vestummenden Totengebet am Jaum-ha-kipur, dem großen Bußtag der Juden, ergriffen. Auch beim Anhören der lateinischen Kirchengesänge.

Ich bin ein von Zweifeln Hinundhergeworfener. Ich glaube, ich gehöre zu den Glauben-Suchern, an die Tillich sich richtet. Er wendet sich ausdrücklich nicht an die mit einem wohlausgestatteten, gebrauchsfertigen Glauben, sondern an die Fragenden, an die Aufgestörten, nicht an die Glaubenssatten, an die Gleichgültigen, an die Allzu-Gewissen, die keine Frage mehr nach den Letzten Dingen haben. – Mein erwachsenes Ich liest mit geistiger Erregung und Altersergriffenheit, was Einstein darüber sagt. Dieser Weltraumpionier und Durchforscher des Transzendentalen, der Arithmetiker des Kosmos und Geometer der Himmelssphären, lebte ohne Glaubensbekennt-

nis: aus dem jüdischen war er ausgetreten und keinem hat er sich mehr angeschlossen. Am Ende seines Lebens aber schrieb er: »Bei allem Tappen, Stolpern und Suchen im Universum« folge er »der Spur einer Intelligenz weit jenseits der Reichweite seiner eigenen«. Dazu gibt's keine Musik. Das schrieb die allerhöchste Form Mensch am Ende seiner Tage.
Man kann Israel nicht anschauen wie etwa den Lago Maggiore, dessen Anblick Sorgen glättet und beglückt. Die Hügel hierzulande haben Hintergründe, hinter die Bergsteiger nicht kommen. Sie fordern den Aufstieg über den Gipfel hinaus ins noch nicht Gewußte.
Wir fuhren noch weiter nach Acro. Ich bin eigentlich des Sehens müde. Im Wagen döse und denke ich so vor mich hin, wie gut mein Vater in dieses Land gepaßt hätte, wie schade, daß er die Staatsgründung Israels nicht erlebt hat. Er war mit allem ausgestattet, was zu einem israelischen Staatsbürger gehört. Er hätte nicht einmal Hebräisch zu lernen brauchen. Er konnte es.
Und schon war ich wieder bei seinem katholischen Priesterfreund. »Kein guter Christ glaubt diese Ritualmord-Märchen; nur die Judenhasser«, sagte er damals, als er sich wieder eingefunden hatte. Ich war ins Geschäft meines Vaters gegangen, in der Hoffnung, ihn dort zu treffen. »Warum werden wir Juden gehaßt?« fragte ich, so schrecklich frühreif für diese Frage und für die Antwort, die ich bekam. Der Priester meinte, die Vertriebenen wären nun über die Erde verstreut, und sie wandern, nirgends lang geduldet, von Land zu Land. Wo und wann immer ein Unheil das Land ihres Aufenthalts heimsuche, sei es Hungersnot, Krieg, Wirtschaftskrisen, würden sie als die Zugewanderten wieder zum Auswandern gezwungen oder durch Pogrome dezimiert.
Natürlich hat sich in die Erinnerung an die priesterliche Belehrung das inzwischen Erlebte und Erlittene gemischt und meldet sich auch zum Wort. Der korporative Haß gegen eine fremde Menschengruppe stamme aus der animalischen Angst, daß einem noch etwas weggegessen werde, nachdem der Brot-

neid und der Existenzkampf unter den Einheimischen schon erbittert genug seien. Der Eindringling, der aus Bedrohtheit mehr und besser arbeiten müsse, dadurch seine Leistungskraft stärke und so überlegen werde, errege Haß und Abwehr. Die latent im Menschen vorhandene primitive Rassen-Animosität lauere nur auf ein Stichwort, um offensiv zu werden. Doch wolle sich der Haß seine niedrigen Motive nicht eingestehen und tarne sie durch höhere. Er versuche, die Diskriminierten auch noch zu inkriminieren. Daher die Bemühung, ein möglichst an der Gesamtheit begangenes Vergehen dem Verhaßten anzudichten, das ihm, dem Hassenden, die moralische Überlegenheit seines Nächstenhasses sichere und ihn ethisch fundiere. Denn um sich gegen das Gebot »Liebe Deinen Nächsten wie dich selbst« zu vergehen, müsse die absolute Liebesunwürdigkeit des Nächsten bewiesen werden.

Um den heimatlos gewordenen, überall Unterschlupf suchenden Juden mit sittlicher Überlegenheit hassen und verfolgen zu können und die niedrigen, wahren Motive zu verbergen, wird auf die Kreuzigung Jesu zurückgegriffen. Sie wird dem gesamten jüdischen Volk zur Last gelegt. Mit ebensoviel Recht schrien die fanatisierten Neger zur Zeit der Massaker auf San Domingo, mit einem Bilde des Gekreuzigten herumlaufend: »Die Weißen haben ihn getötet. Tötet alle Weißen!«, belehrte mich der Priester. Und nun hörte ich zum erstenmal aus berufenem Munde etwas über das Leben Jesu:

Die Umwelt, in die Jesus hineingeboren wurde, waren »die Armen und Verlorenen«, die Am-ha-arez im Lande Israel.

Als Johannes der Täufer wegen seiner aufrührerischen Reden ins Gefängnis kam, setzte Jesus dessen öffentliches Wirken fort, worüber es zum Bruch mit den Pharisäern kam. Jesus, der anfänglich als Rabbi in der Synagoge gesprochen hatte, ging dann, als erster, zum Volk. Er predigte auf dem Berge und auf dem See, vom Kahn aus. Die jüdischen Volksmassen jubelten ihm zu. Die Gegner wurden drohender, die römischen und die jüdischen. Als er, auf dem Esel reitend, als Messias in Jerusalem einzog und die Wechsler und Fälscher aus dem Tempel trieb,

machte er sich die Einflußreichen im Lande zum Feinde. Da sie aber die Empörung des jüdischen Volkes, das an Jesus hing, fürchteten, verhafteten sie ihn heimlich. Verurteilt aber wurde er vom Hohen Rat wegen Gotteslästerung. Der gegen ihn aufgewiegelte Volkshaufen vor dem Palast war nicht das jüdische Volk. Im Sinne des Alten Testamentes, der herrschenden Gottesauffassung, hatte er sich vergangen, als er auf die Frage: »Bist du der Messias, der Sohn des Hochgelobten?« antwortete: »Ich bin es.« Dieser schwere Verstoß gegen die jüdische Auffassung von einem einzigen Gott, von dem man sich nicht einmal ein Abbild machen durfte, war nur die Handhabe, um sich des gefährlich werdenden Revolutionärs zu entledigen. Das Volk Israel aber, die große Masse der Am-ha-arez, vergötterte ihn und glaubte an seine Göttlichkeit.
Und dieses ihn so liebende Volk und seine Nachkommen werden bis zum heutigen Tag der Kreuzigung Christi für schuldig erklärt. Wann erfolgt nach dem Gebot der Nächstenliebe, nach der uns von Jesus vorgelebten Vergebung der Sünden, die Verjährung für ein nicht begangenes Verbrechen? Wann wird dafür Nachlaß gewährt?
Das Volk der Bibel mit dem Verbrechen der Kreuzigung Jesu zu belasten, ist ein Justizmord ohne Präzedenzfall in der Geschichte der Menschheit. Durch die Aufhalsung dieser Kollektivschuld wurden die Juden auf einen Leidensweg gezwungen, dessen vorläufige, letzte Station die Gaskammern Hitlers waren.
Deutschland hat sich gegen die ihm angedrohte Verhängung einer Gesamtschuld an den von der Hitlerbande begangenen Verbrechen aufgebäumt und ist wenige Jahre nach der größten Untat, von Menschen an Menschen verübt, von der Anklage, kollektiv schuldig zu sein, mit Recht befreit worden. Aber den Kindern Israels hängt der rechtswidrige Kollektivschuldspruch an der Hinrichtung Christi seit zweitausend Jahren an.
1940 erzählte mir der bekannte amerikanische Theatermann Jed Harris, wie ihm, dem Sechsjährigen, von einem andern New Yorker Jungen »Christkiller«, Christusmörder, nach-

gerufen worden war. Und ich, als Zehnjähriger, Tage nach dem Gespräch mit dem Priester, begann zu begreifen, daß ich für die Kreuzigung Christi verantwortlich gemacht wurde.
Das Vertrauen in meine Umwelt war untergraben, mein Rechtssinn, ja mein kindlicher Glaube an einen gerechten Gott verletzt, zerfetzt.
»Man darf nicht verzweifeln, Fritzleben. Der Messias ist eben noch nicht gekommen«, tröstete mich mein Vater.
»Werden die Römer auch noch immer verfolgt wegen der Kreuzigung?« wollte ich wissen.
»Nein, mein Kind«, antwortete mein durch diese Frage verdutzter Vater.
»Warum nicht?« fragte ich.
»Weil sie inzwischen Christen geworden sind, also dem rechten Glauben – wie die Christen sagen – beigetreten sind.«
»Aber die Christen leben doch nicht alle nach der Lehre Christi.«
Mein Vater schwieg eine Weile. Dann wich er aus: »Und dann sind die Römer kein landloses Volk, keine Vertriebenen.«
»Predigt dein Freund das, was er mir gesagt hat, auch von der Kanzel?« fragte ich.
»Nein«, war die Antwort.
»Warum nicht?« forschte ich weiter.
»Er kann auch nicht, wie er will«, verteidigte mein Vater seinen Freund.
»Warum nicht?« bohrte ich.
»Er hat Vorgesetzte, denen er gehorchen muß.«
»Was für Vorgesetzte?« fragte ich im Verfolg meines kindlichen Verhörs.
Nun begann mein Vater in seiner um Toleranz und Einsicht bemühten Weise mir die Hierarchie, den Aufbau des Kirchenstaates zu erklären: Vom Gemeinde-Geistlichen, wie sein Freund einer war, über Bischöfe, Erzbischöfe, Kardinäle, bis zum Papst, die, wie mein Vater mit anderen Worten langwierig erklärte, von ihren ecclesiastischen und weltlichen Pflichten bedrängt, nicht immer den rechten Weg gehen.
»Was ist eigentlich der Papst?« fragte ich wißbegierig.

»Der Papst ist der allerhöchste Priester. Er ist der Vertreter Gottes auf Erden«, erläuterte mein Vater etwas zaghaft. Damit hatte das Gespräch ein vorläufiges Ende erreicht, denn mein Vater mußte sich doch auch schließlich seinen irdischen Geschäften zuwenden.

Allein geblieben, versank ich in tiefes, anstrengendes Nachdenken. (Diese ersten systematischen Denkversuche hatte ich nicht ohne eine gewisse Selbstzufriedenheit gepflegt und gehegt.) Daß der Papst der Vertreter Gottes auf Erden war, wollte mir nicht aus dem Sinn. Es war die Bezeichnung »Vertreter« und meine Vorstellung vom Amte des höchsten Priesters, mit dem sie in Zusammenhang gebracht worden war, was mir so viel Kopfzerbrechen bereitete. Das Wort »Vertreter« war mir bis dahin auf einem völlig anderen Gebiet begegnet. Vertreter wurden die Agenten der Uhren- und Juwelen-Engrossisten genannt, die in die Detailgeschäfte, also auch zu meinem Vater, kamen, um Waren anzubieten. Mit diesen, vom Vertreter des Engrossisten erstandenen Waren, wurde das Lager aufgefüllt. Nun hörte ich, der Papst sei ein Vertreter. Das verwirrte mich völlig. Nach langem Grübeln fiel mir ein Besuch ein, den mein Vater einem Uhren- und Juwelen-Engros-Haus gemacht und bei dem er mich mitgenommen hatte. Aus irgendeinem, mir nicht mehr erinnerlichen Grund wollte er den Chef des Hauses sprechen, was ihm nicht gelang. »Den kriegt man nie zu sehen«, murrte mein Vater. »Ich habe ihn gekannt, wie er noch neben die Schuh' ging – und jetzt thront er über den Wolken – der Mamser –« ein von ihm oft gebrauchtes wienerisch-jüdisches Schimpfwort. Mein Vater mußte mit dem Prokuristen vorliebnehmen. Auf meine Frage erklärte er mir, ein Prokurist sei der höchste Vertreter des Chefs. Er sagte nicht »Chef«, denn das war im Wiener Geschäftsjargon ungebräuchlich. Den Chef nannte man den Herrn. »Ich möchte den Herrn sprechen«, sagte man, wenn man den Chef meinte. Also der Prokurist war der höchste Vertreter des Chefs, auf wienerisch des Herrn.

Als ich mich damals bis zu dieser Episode zurückgetastet hatte,

kam es wie eine Erleuchtung über mich: der Papst war der Prokurist Gottes, seines Herrn, den man ja auch nie zu sehen kriegt und der über den Wolken thront. Für mich aber muß er eines Tages, wenn ich erwachsen sein werde, zu sprechen sein. Denn ich habe ihm die für mich brennend wichtige Frage vorzutragen: Warum wird unsere Schuldlosigkeit nicht von der Kanzel und vom Katheder verkündet? Warum werden Verleumdung und Lüge, die unschuldige Menschen elend machen, unwidersprochen gelassen? Was sind das für irdische Gründe, die eine so heilige Pflichterfüllung verhindern?
Als ich dann als Fünfundsechzigjähriger auf dem Weg nach Israel in Rom war, dachte ich wieder an diese Fragen, die ich dem Papst vorlegen wollte. Sie waren immer noch aktuell. Ich hätte auch zu gerne aus seinem Munde die Gründe gehört, die Papst Pius XII. veranlaßt hatten, mit Hitler ein Konkordat abzuschließen. Das muß doch ein diesseitiger Anlaß gewesen sein und gewiß kein im Himmel beschlossener. So viele Fragen hätte ich an den Vertreter Gottes auf Erden zu richten!
Am Pult des Hoteleingangs in Rom ist ein kleines Schild angebracht, auf dem steht in deutsch, englisch und französisch zu lesen: »Audienzen beim Heiligen Vater vermittelt der Hotelportier.« – Das war ernüchternd! Denn, wenn es so leicht ist, zum Papst zu gelangen, wie viele wird er empfangen müssen, da ja Eintrittsgeld und Vermittlung erschwinglich sind. Bei solchem Massenbesuch würde mir ja doch keine Gelegenheit zu einem längeren Gespräch gegeben werden können. So gab ich meine Absicht auf.
Der Betrieb im Vatikan ist so verwirrend groß, die Fülle seiner Aufgaben überwältigend, kann der Vertreter Gottes alles im Sinne des Herrn verwalten? – Und so schied ich von Rom mit dem kindlichen Wunsch, der Herr selber möge erscheinen und nach dem Rechten sehen.

31. Kapitel

An diesen Aufenthalt in Rom mußte ich denken, als wir nach Acro fuhren. Seit diese Stadt aufgehört hat, Hafen zu sein, hat sie sich, im Gegensatz zu den neubebauten Plätzen, kaum verändert. So hat ihr archäologisch interessierter Bürgermeister ein leicht zu erschließendes Feld für seine Forschungen. Er gräbt, findet, zeigt, erzählt und kann nicht genug erzählen, völlig verständnislos für die begrenzte Aufnahmefähigkeit des durch die Hitze geschwächten Zuhörers. Dieser Mann ist ganz und gar kein Beispiel dafür, daß Leiden das Erbteil unseres Stammes sei, sondern ein lebendiger Beweis für die allheilende Wohltat einer nicht Profit bringenden Beschäftigung, deren Betriebsquellen Lust und Befähigung sind. Der Bürgermeister zeigte uns die Ausgrabungsarbeiten, die gerade vorgenommen wurden. Wir stiegen in einen unterhalb eines orientalischen Hauses gelegenen, von den Kreuzrittern im zwölften Jahrhundert erbauten gotischen Saal. Unser Begleiter wies auf die von deutschen Gebäuden dieser Periode abweichenden Proportionen hin, meinte, daß das Bewußtsein des ungeheuren asiatischen Raumes die Erbauer sich mehr ausbreiten und nicht nur in die Höhe streben ließ, wie in dem schon damals zusammengedrängten Rheingebiet, aus dem sie gekommen waren. Dieser deutsch-gotische Saal im Orient erschien unseren Augen fremdartig und doch vertraut.

Der dem Föhn ähnliche Wind, Chamsin genannt – so erzählte man uns –, hat einst den Kreuzrittern, die sich in Palästina befestigt und angesiedelt hatten, ein Ende bereitet. An einem glühenden Tag, an dem der Chamsin wehte, kämpften sie um die hoch und herrlich gelegene Stadt Safed, schwer beweglich mit ihren gewaltigen Rüstungen und Schildern und den behangenen Pferden. Sie standen gegen die Sarazenen, die, leicht bekleidet und nur mit einem kurzen Säbel versehen, kein Opfer des unheilvollen Windes und ihnen überlegen waren. Die Kreuzritter wurden niedergemetzelt.

Als wir aus dem dunklen, kühlen Saal hinaufgestiegen waren, sahen wir im Sonnenlicht jemanden stehen, schmal und lang. Ich kannte dies Gesicht aus den Zeitungen. Es war Robert Oppenheimer. Kein Düsenflugzeug könnte einen so in Sekundenschnelle über Zeit und Entfernung in eine andere Welt versetzen, wie dieser Moment es tat. Das eigene Gesicht zog sich zusammen angesichts der Konzentration in den Zügen dieses Mannes. Die für normale Sterbliche unkontrollierbaren Höhen dieses Verstandes mögen bei denen, die ihn mißtrauisch belauerten, eine Beunruhigung ausgelöst haben, als stünden sie einer Heeresmacht von unbekannter Größe gegenüber.

In einem Interview hatte er festgestellt, kein Wissenschaftler, falls er seinen Beruf ernsthaft und gewissenhaft auffasse, könne glauben, daß die Erweiterung menschlichen Wissens von Schaden sein könne. Fortschritt und neue Erkenntnisse dürfe er nicht für sich behalten und ihre Mitteilung nicht verweigern aus Angst vor dem, was die Welt draus machen werde. Er empfahl den Amerikanern und Russen eine gemeinsame Kontrolle über die Atomwaffen. Falls Amerika und Rußland in gemeinsamer Arbeit zusammenfänden, wäre das Haupthindernis einer Weltföderation überwunden. Man solle auf diesem Feld nicht auf nationaler Souveränität bestehen. Die tödlichste Gefahr für die Menschheit liege in einem atomaren Wettrüsten.

Das war im Jahr 1945. Diese Stellungnahme führte zur Verdächtigung seiner Loyalität als amerikanischer Staatsbürger und schließlich zu seiner Absetzung. Erst kürzlich rehabilitiert, aber noch nicht wieder eingesetzt, ist ihm noch immer nicht volle Genugtuung erwiesen worden.

Vor diesem Wandel in Amerikas politischem Denken war ich

amerikanischer Staatsbürger geworden. Es tat wohl, vollgültiger Bürger des mächtigsten Landes zu werden, das mit den Alliierten auf dem sicheren Weg zum Sieg, das heißt zur Vernichtung des der Majorität der Deutschen aufgezwungenen Systems, war.

In jenes von Hitler befreite Deutschland wollte ich zurückkehren. Ich sah keinen Widerspruch darin, daß ich es als amerikanischer Staatsbürger tun wollte. Ich hatte in Deutschland auch vor Hitler als Ausländer, nämlich als Österreicher, gelebt. Und Österreicher blieb ich bis zu dem sonderbaren, merkwürdig eindrucksstarken Tage, an dem ich Amerikaner wurde. Da ich nie die deutsche Staatsbürgerschaft erworben hatte, war ich auch nicht, wie meine deutschen Emigranten-Freunde, ausgebürgert worden. – Eigentlich hätte die österreichische Nazipartei – dieser mächtige, einflußreiche Bestandteil des Hitlersystems – für meine Ausbürgerung sorgen müssen. Aber nein! Meine Heimat, die mich keiner Aufmerksamkeit und keiner Beachtung würdig findet, brachte mich, als sie von den österreichischen Nazis beherrscht war, um diese Ehrung. Wenn ich also in Deutschland als österreichischer Schauspieler beglückend intensiv am deutschen Theaterleben hatte teilnehmen dürfen, warum sollte das nicht als USA-Bürger ebenso möglich sein?

Meine Rückkehrabsicht stieß auf die Verdammung der vielen Ankläger gegen Deutschland. Jener erbarmungslos gewordenen Getretenen, Geflohenen, um Vergaste und Ermordete grimmig Trauernden. Meine anders geartete Einstellung zu Deutschland beruhte, von meinem Wunschtraum abgesehen, auf der Erkenntnis, daß jedes Volk unter gewissen sozialen und historisch bestimmten Umständen gleichfalls so entarten könne und ähnlich bestialisch handeln würde. Länder und Völker, auf die ich in meinem Plädoyer hinwies, lieferten für diese Behauptung reichliches Beweismaterial. Aus ihrer Vergangenheit, wenn nicht gar aus ihrer Gegenwart oder auch aus den sich schon abzeichnenden Zügen ihrer blutigen Zukunft.

Ich war und bin überzeugt davon, daß es keine deutsche

Kollektivschuld gibt, jedoch eine Kollektivschuld der machthabenden Kreise in Deutschland, England, Frankreich und Amerika durch die fast komplicenhafte Duldung des hitlerischen Aufstiegs, seiner Machtergreifung und seiner Raubzüge. Diesem Komplicentum wurde in Amerika durch Roosevelt und in England durch Churchill ein Ende bereitet. Als die Hitlerarmee Sowjetrußland angriff, akzeptierte Churchill, der Erzfeind des Marxismus, die historische Realität eines kommunistischen Bundesgenossen.
Roosevelts Umstellung auf diese Gegebenheiten wirkte weniger sensationell, da er, als erster, die Sowjetunion bereits anerkannt hatte.
Ich, der ich die Verarmung und Verelendung Österreichs und Deutschlands während des ersten Weltkrieges mitgemacht hatte, sah nun mit staunendem Amüsement die Beschränkungen, die der amerikanischen Bevölkerung auferlegt wurden: Die Auto-Industrie, da kriegsbeschäftigt, lieferte eine Zeitlang keine neuen Automodelle. Der Amerikaner fuhr das für ihn längst verjährte Modell des vorigen Jahres. Benzin, Reifen waren zwar rationiert, aber in Hülle und Fülle vorhanden und unschwer erhältlich. Eine wirkliche Einschränkung der Lebensmittel gab es nicht. Eine Rationierung der Butter wurde angeordnet und nicht ernst genommen. Daß aus Gründen der Stoffersparnis Pyjamas keine Kragen und die Herrenbeinkleider keine Umschläge haben durften, war eine mit Würde getragene Kriegslast. Die Damenmode blieb von solcher Bedrückung verschont. Tennisplätze und Swimming-pools durften nachts nicht mehr durch Scheinwerfer beleuchtet werden. Auch diese Drangsalierung nahmen die Besitzer von Tennisplätzen und Swimming-pools mit Anstand hin. Die Gesamtbevölkerung war von der Verordnung betroffen, daß nicht mehr, wie vor dem Krieg, der Laib Brot bereits zu dünnen Scheiben zerschnitten und luftdicht verpackt werden durfte. Der kriegsgeplagte amerikanische Zivilist mußte nun das üppig vorhandene Brot selbst schneiden. Die Zahl der Verwundeten und Gefallenen blieb lange unverhältnismäßig klein – verglichen

mit den schaurigen Verlusten der anderen Kriegführenden. Amerika, obwohl schon aktiv am Kriege teilnehmend, blieb anfangs vorwiegend der Finanzier und Waffenlieferant seiner Bundesgenossen, denen sich auch Sowjetrußland und das schon damals halb kommunistische China beigesellt hatten. Die Emigranten lebten unbehelligt und so gut wie in völliger Gleichberechtigung mit der amerikanischen Umwelt. Die aus Deutschland Stammenden durften während des ersten Kriegsjahres abends nicht ausgehen. Dieses Verbot wurde bald nicht eingehalten und nie kontrolliert.

In Hollywood, wo sich das Gros der Schriftsteller- und Schauspieler-Emigranten aufhielt, fanden wir Betätigung. Nicht nach Verdienst und Können. Es war eher eine roulettetischhafte Verteilung des Berufsglücks. Für das Vorwärtskommen im amerikanischen Film war die gesellschaftliche Eignung zunächst ausschlaggebender als Begabung. Tennis- und Kartenspieler oder sonst unterhaltsame Partygäste waren die Privilegierten. Das gesellschaftliche Leben in Hollywood spielte sich kastenartig ab. In der Regel verkehrten nur Gleichhochbezahlte miteinander. Jemand, der tausend Dollar Wochenlohn hatte, war von den Gesellschaftsabenden derer, die höhere Bezüge hatten, so gut wie ausgeschlossen. Die Höchstbezahlten bildeten eine exklusive Geldaristokratie. »Reich und reich gesellt sich gern«, meinte Brecht. Ein Aufstieg in das gesellschaftliche Leben der nächsthöheren Gehaltsgruppe wurde durch Erfolg und die damit verbundene Gehaltserhöhung möglich. Umgekehrt folgte dem Mißerfolg der Ausschluß auf dem Fuß. Entlassung und längere Engagementlosigkeit machten einen zum Paria.

Der große Schauspieler Curt Götz, der später als wir Deutschland den Rücken gekehrt hatte, war nun nach Hollywood gekommen. Da ihm ein guter Ruf auch als Bühnenschriftsteller vorausging, wurde er von der Metro engagiert, ein Drehbuch zu schreiben. Der charmante Götz freundete sich bald mit seinem Producer an, nahm an dessen Parties teil, und bald waren beide in eine freundschaftliche Beziehung zueinander geraten. Und auch ihre Hunde. Götz besaß eine schöne, liebebedürftige Hündin, der Producer den in jeder Beziehung entsprechenden, ebenbürtigen männlichen Partner. Die beiden Hundebesitzer hatten lange und bis dahin vergeblich auf solch eine rassenmäßig einwandfreie Begattungsmöglichkeit gewartet. Nun war sie da! Dieser Umstand intensivierte die freundschaftliche Beziehung zwischen den Götzens und der Producer-Familie. Die Hunde sollten sich erst kennenlernen, dann anfreunden und später, nachdem die Hündin emotionell und physisch soweit wäre, Erfüllung finden. Die dann zu erwartenden Sprößlinge würden zwischen den Hundebesitzern aufgeteilt werden, wobei die Stellung des Producers ihm einen größeren Anteil sicherte.

Der Flirt zwischen dem künftigen Paar begann. Der Hund des Producers wurde im Cadillac zu Götzens gefahren. Immer brachte der Chauffeur Geschenke für das Weibchen mit: Hundekuchen, kleine Steaks, einen besonders schönen Halskragen – und Blumen für Frau Götz. Götzens Hündin erwiderte die Besuche und revanchierte sich für die Aufmerksamkeiten. Die Hunde entbrannten leidenschaftlich füreinander.

Inzwischen hatte Götz das Drehbuch fertiggeschrieben und dem Chef zur Begutachtung vorgelegt. Dieser obersten Instanz mißfiel das Buch. Der zeitlich begrenzte Vertrag wurde nicht erneuert. Götz war unten durch. Nun, das war für das erfolgverwöhnte Paar ein Schock. Am schwersten getroffen aber war die inzwischen läufig gewordene, schmachtende, sich verzehrende Hündin. Die Besuche ihres Freiers wurden abrupt abgebrochen. Er erschien nicht mehr. Alles Telefonieren der mit der Hündin mitfühlenden Frau Götz konnte den Producer nicht bewegen, seinem Hund zu gestatten, so weitgehende Beziehungen mit der Hündin eines Autors einzugehen, dessen Drehbuch das Mißfallen des Boß erregt hatte und der entlassen worden war. Die Hündin eines Joblosen kam für den Hund eines Producers nicht mehr in Betracht. – So wirkt sich Mißerfolg in Hollywood aus. Arme Hündin! Sie wurde ganz melancholisch und blieb kinderlos.

Ich ließ manche Aufstiegschance ungenützt. Ben Hecht, einer der höchstbezahlten, schillernd und gleisnerisch begabten Hollywood-Autoren, hatte Gefallen an meinen filmschriftstellerischen Versuchen gefunden und protegierte mich, nicht allzu eindringlich, sozusagen mit der linken Hand. Seine Rechte hielt die allzu flinke Feder oder zählte die damit erschriebenen, märchenhaft hohen Summen, wenn sie nicht gerade die beim Kartenspiel gemachten Gewinne einstrich. Obwohl auf eine hitzig nationalistische Weise Jude, war er ein politischer Gegner des judenfreundlichen und hitlerfeindlichen Roosevelt. Als Jude haßte er Hitler, als großverdienender Amerikaner den New Deal, der die hohen Einkommen hoch besteuerte. Ben Hecht interessierte sich für ein Stück, das ich geschrieben hatte und das in seiner Tendenz, in seiner Welt- und Menschenbetrachtung, liberal und reaktionsfeindlich war. Obwohl alles im Stück seinen Anschauungen widersprach, beschloß er, gemeinsam mit mir eine amerikanische Fassung herzustellen. Er witterte Erfolg, und sein Gewissen hielt sich an die Anprangerung der hitlerischen Judenverfolgung im Stück. Im Verlauf der Arbeit versuchte er jedoch, dem Stück eine antideutsche Färbung zu geben. Darüber kam es zum Zerwürfnis. Die vorwiegend durch Hechts Namen begründete Hoffnung, daß das Stück aufgeführt und verfilmt werden würde, brach zusammen. Später in Deutschland wollte Brecht das Stück in seinem Theater im Osten spielen. Brecht und Hecht hatten es umarbeiten wollen. Jeder in seinem Sinne. Eines Tages werde ich selber versuchen, das gewiß fehlerhafte Stück zu kurieren.
»Donauwellen«, ein Lustspiel, meine zweite Bühnenarbeit, wurde in München uraufgeführt und besonders günstig aufgenommen, dann aber von den Besatzungsmächten wegen der satirischen Beleuchtung ihrer Haltung untersagt. Die Hauptfigur dieser Komödie ist ein Mitläufer. Da ich ihn naiv-genießerisch, amüsant-egoistisch, durchschnittlich, charakterschwach zeigte, ihn aber nicht zum Helden mit dem goldenen Herzen machte, gilt das in Wiener Theaterkreisen bekannte Stück als antiösterreichisch. Natürlich ist es das nicht.

Ben Hecht hatte am Anfang unserer Zusammenarbeit, also vor unserem Zerwürfnis, Hanna und mich zu einem Abend der Großen eingeladen. Eine derartige, wenigen beschiedene Gelegenheit bot die Chance, Aufmerksamkeit und Gunst der Filmmächtigen zu erringen. Es gibt Beispiele von Karrieren, die an solchen Glücksabenden begonnen haben. Wie hatte ich mir vorgenommen, mich bei den Filmmächtigen »richtig« zu verhalten und die goldene Gelegenheit beim Schopf zu packen!

Als wir uns zum Essen setzten, entnahm ich aus dem verlegenen Gebaren der Hausfrau und durch den Umstand, daß eiligst noch zwei Gedecke herangebracht wurden, daß wir – Hanna und ich – vergessen worden waren. Da der Tisch nicht ohne viel Aufhebens umgedeckt werden konnte, sondern unsere Gedecke möglichst unauffällig zwischen die der vorhandenen Prominenten geklemmt wurden, saßen wir zusammengedrängt. Das drückte auf die Stimmung. Ein Witzbold übertrieb beim Essen gestisch das Eingeklemmtsein. Der Hausherr erzählte vor Verlegenheit zum zweitenmal dieselbe lange Geschichte. Dann stockte die Unterhaltung. Ich bemühte mich, das Gespräch in Gang zu bringen, aber meine harmlose Bemerkung über die Art des zu erwartenden Friedens ging fehl und erhöhte das Unbehagen. Zu dem Zeitpunkt war nämlich Hitlers Siegeszug zum Stehen gebracht worden. Seine Niederlage war gewiß, der endgültige Sieg der Alliierten nur mehr eine Frage der Zeit. Die Reaktion der Gäste auf meine Äußerung machte mir klar, daß die Freude über den bevorstehenden Triumph einen bitteren Beigeschmack für sie hatte: zu den Siegern gehörte nämlich auch Sowjet-Rußland. Hitler und Mussolini würden zwar verschwinden, aber Stalin blieb ihnen erhalten. In der Hitze des Krieges schien an diese Aspekte des Sieges nicht gedacht worden zu sein. Wahrscheinlich hatte man derartige Gedanken verdrängt oder ich war bis dahin nicht in die Kreise gekommen, in denen solche Siegesfurcht laut wurde.

Als sich nach dem Dinner gar herausstellte, ich sei noch dazu kein Kartenspieler, war ich völlig erledigt. In Hollywood ziehen sich – ganz wie in England – die Herren nach dem Essen zum Kartenspiel zurück, während die Damen unter sich bleiben. Ich, der Nichtspieler, mußte strafweise ihnen Gesellschaft leisten, die nichts mit mir anzufangen wußten und ich nichts mit ihnen. Ich lastete schwer auf ihrer Unterhaltung, die bald verstummte. Hanna litt sichtbar. Schließlich beschlossen die Damen, um der Pein ein Ende zu bereiten, ins Kino zu gehen. Hanna ging mit einem gequälten Gesicht mit. Ich blieb allein. Dann stahl ich mich aus dem Haus – und fuhr zu Brecht, wo meine kabarettistische Darstellung des erlebten Abends zwar Heiterkeit, aber auch Beklommenheit auslöste.

32. Kapitel

Was diese Großmogule des Films politisch äußerten, wurde bald die Meinung eines Teils von Amerika.

Das politische Klima änderte sich. Es wehte ein sich zusehends verschärfender Rechtswind. Der von Krankheit zermürbte Roosevelt hatte die Zügel schleifen lassen. Die reaktionäre Rechte rückte nach rechts und bekam Tuchfühlung mit dem Faschismus, dessen Vernichtung in Deutschland bevorstand. Die »America-firster« – so nannten sich die sich rasch konsolidierenden amerikanischen Faschisten – gebärdeten sich pazifistisch und behaupteten, sie wären fortschrittlich, die militanten Liberalen hingegen, deren Kriegsziel der Tod des Faschismus war, rückschrittlich.

Sicherlich muß es – so entschied ich für mich – einen Krieg geben gegen einen, der den Begriff des Friedens überhaupt aufhebt, der aus dem Frieden Krieg macht; gegen einen, in dessen Frieden man nicht leben kann und darf, gegen einen, dessen Gefallenen-Listen im Frieden denen im Kriege gleichkommen. Krieg gegen den Friedensverbrecher! Gegen den, der aus dem Frieden einen Kriegszustand gemacht hat, einen Mordfrieden mit Friedensgreueln. Gegen einen solchen Krieg im Frieden Krieg zu führen ist der durch Waffen ausgedrückte Wille zum Frieden. Es ist der temporäre Krieg gegen den Dauerkrieg. Wenn man den Krieg gegen Hitler für berechtigt hält, spricht man also nicht der Idee des Krieges schlechthin das Wort.

Aber selbst diese Argumente für einen solchen Krieg müssen verstummen angesichts der nuklearen Waffen, angesichts der

Tatsache, daß es nach Ausrottung der Menschheit keine Menschenrechte mehr gibt. Hiroshima bewies das.
Der Krieg ging zu Ende, der Faschismus war aber nicht tot. In Amerika wurden willkürlicherweise Ausschüsse eingesetzt, die Linksverdächtige vorluden.
Sie wurden »investigated«, untersucht, und, wenn »schuldig« befunden, mit Berufsboykott bedacht. Diese Comitees wüteten besonders in Hollywood, das als kommunistische Zentrale verdächtigt wurde. Budislawsky, den die Thompson durch meine Empfehlung als Mitarbeiter, gewissermaßen als meinen Nachfolger, engagiert hatte, überwarf sich mit ihr. Sie trennten sich. Er rückte nach links, sie nach rechts. Zuckmayer siedelte sich in ihrer Nähe in New England an. Die Thompson rückte noch mehr nach rechts. Sie, in deren Haus ich Chaim Waitzmann, den späteren ersten Präsidenten des Staates Israel, getroffen hatte, der gekommen war, um ihr persönlich für ihre Unterstützung und Bemühung um diese Staatsgründung Dank zu sagen, sprach nun den judenfeindlichen Arabern das Wort. Hatte Dorothy Thompson die Einreise Brechts ermöglicht, so rückte sie, rechtsrückend, nun öffentlich von ihm ab. Ihr Verhalten war für die Wandlung im Lande typisch. Sicherlich hatte sie sich dafür verantworten müssen, Brecht die Einreise nach Amerika ermöglicht zu haben. Auch wir, die wir Brechts Flucht aus Finnland mitfinanziert hatten, wurden untersucht. Ich konnte mit gutem Gewissen aussagen, daß Brecht kein politischer Agent war, sondern ein revolutionärer Dichter. In den Schubladen der F.B.I., der politischen Polizei, lagen einige seiner Gedichte. Sie wurden mir gezeigt. Nun, ich meinte, ein politischer Agent schreibe keine Gedichte, in denen er seine revolutionäre Überzeugung zum Ausdruck bringt. Ein Agent verberge sie. Als ich gedrängt wurde, über die Art unserer politischen Unterhaltung etwas auszusagen, erzählte ich von einem Gespräch, das kurz zuvor zwischen Brecht und mir stattgefunden hatte. Ich arbeitete damals an einem Garibaldi-Film, der geplant war. Die einschlägige Lektüre unterrichtete mich über die rückständigen sozialen

Verhältnisse in Italien. Ich erfuhr über Bordelle in großen italienischen Hafenstädten, die von Schiffsleuten und Matrosen derartig überlaufen waren, daß es nicht ungewöhnlich war, wenn ein Mädchen über hundert Besucher am Tag zu bedienen hatte. Ich drückte mein Entsetzen darüber aus. Brecht meinte: »Über hundert, sagt ihr Liberalen, ist unmenschlich. Nicht mehr als achtzig!« Radikaleres hätte ich von Brecht nicht gehört. Der amerikanische Beamte war amüsiert.

Bei solchen faschistischen Verfolgungen setzt unweigerlich auch die Jagd auf die Genies ein. Die Hetze gegen Robert Oppenheimer wurde verstärkt. Sein Beschützer Roosevelt war tot. Brecht wurde vor die Zentrale des untersuchenden Comitees nach Washington geladen. Er verteidigte sich erfolgreich und in bester Haltung – mit einem Minimum an Englisch. Er hatte sich auch tatsächlich in Amerika jeder politischen Tätigkeit enthalten – Brecht hielt es sodann für ratsam, stehenden Fußes nach der Schweiz zu übersiedeln.

Charlie Chaplin wurde als russenfreundlich und wegen seines linksgerichteten Verkehrs schwer attackiert. Natürlich war der Multimillionär Chaplin kein Kommunist. Er war ein um sein Geld recht besorgter Unternehmer und ein über die Ungerechtigkeit in der Welt empörtes Genie. Das geht zusammen.

Ich lernte ihn kennen und gewann den Eindruck, daß der kleine Tramp, den er gedichtet und gespielt hatte, zum großen Teil er selber war; daß jedoch auch der von ihm geschaffene Millionär in seinen Filmen, der dem armen Schlemihl nur gelegentlich ein Freund ist, im allgemeinen aber von ihm nichts wissen will, ein beträchtlicher Teil des Chaplinschen Wesens ist. Chaplin kämpft den Kampf zwischen links und rechts in sich selber. Darin ist er vielen von uns nicht unähnlich. Er stellt diesen seinen eigenen Zwiespalt in seinen Filmen dar. Er verteilt ihn auf zwei Personen. Seine Identität mit dem Millionär verleugnet er auf der Leinwand, so wie der Millionär den Tramp, wenn nüchtern, verleugnet. Auf der Leinwand bekennt sich Chaplin ausschließlich zu dem armen Tramp. Im Leben ist er vielfach der Millionär, der von den Ärmsten nichts wissen will. Manchmal aber gebärdet er sich auch im Leben wie sein Tramp. Diese »Schizophrenie« wird in seiner Kunst eine geniale Einheit. Aber der Faschismus stellt solche Betrachtungen nicht an. Er geht gegen die Phantasiewelt des Genies vor, indem er ihm persönlich auf den Leib rückt. So reifte Chaplins Entschluß, Amerika zu verlassen.

Auch Thomas Mann fühlte sich bedroht. Man wagte sich an diesen großen deutschen Schriftsteller von Weltruf nur sachte heran. Es dauerte Jahre, bis Thomas Mann dem Druck wich und nach Europa ging. Heinrich Mann, der Halbvergessene, der unvergeßlich sein sollte, starb in Amerika, bevor er seinen Entschluß, dem Land den Rücken zu kehren, ausführen konnte.

Zwei Jahre hatte ich warten müssen, bis ich die Erlaubnis bekam, nach dem ausgebombten, ausgehungerten Deutschland zurückzukehren.

Was ich in Hollywood beruflich zu leisten Gelegenheit hatte, war sowenig bemerkenswert, daß ich darüber zu erzählen gern versäume. Finanziell war Hollywood nicht unergiebig gewesen. Ich konnte Hannas Wunsch erfüllen und uns ein nettes Haus kaufen, das wir langsam mit schönen alten Möbeln einrichteten. Hanna konnte sich schwer von dem Bungalow trennen, an dem sie hing. Auch sie wollte zurück.

Ich sollte vorfahren, und erst, wenn ich in Europa zu bleiben entschlossen war, würde sie das Häuschen verkaufen. Meine Tochter würde besuchsweise mitkommen. Mein Sohn aber wollte drüben bleiben. Die Unbeirrbarkeit seines Entschlusses tat wohl und weh. – Ich rüstete mich zur Reise. Die Emigranten standen kopf. Ich verkrachte mich noch schnell mit manchen der unversöhnlichen Hasser.

Sie fanden dann später den Weg ins deutsche Wirtschaftswunderland und kamen besser damit zurecht als ich, der ich mit so viel Erwartung gekommen war.

Hier in Israel nahm ich mich in ein Verhör, um festzustellen, wie ich nun nach über zehn westdeutschen Jahren zu diesem vierten Deutschen Reich stehe, das so viel Züge der ihm vorangegangenen aufweist.

Die ermutigenden und die abschreckenden Erlebnisse halten sich die Waage. Kaum hatten die am Boden liegenden, halb verhungerten Deutschen die Besinnung wiedererlangt, befanden sie sich in einem Schlaraffenland, wurden wie Hänsel und Gretel überfüttert und – wiederbewaffnet. Aber der Militarismus will nicht ins Kraut schießen. Nur langsam gedeiht er in einer übersatten Bevölkerung, deren Hauptsorge es ist, den Zustand des Genießens zu erhalten. Nicht daran rühren ist die Devise! Nur keine Veränderung! Weder zum Guten noch zum Bösen! Die politische Ruhe aber ist eher Stagnation als Ausgeglichenheit. Das maßlose Leben und das bedingte Lebenlassen beruhen auf dem Wirtschaftswunder. Seine Gesichertheit ist die Lebensgarantie der in diesem Lande immer noch gefährdeten Minorität, der ich angehöre. Bestürzende Fälle wie der des dem Lehrerstand angehörigen Zind wirbeln Staub auf. Eine nicht zu korrumpierende Kerntruppe aus vielen Lagern zwingt die Justiz durchzugreifen. Es geschieht mit noch nicht ganz gefestigter Hand. – Das sich nun schon oft wiederholende jährliche Nach-Belsen-Pilgern von Tausenden von jungen Leuten zur Erinnerungsstätte der Anne Frank bedeutet eine große Ermutigung. Das das Schicksal des Mädchens schildernde Theaterstück bietet zwei Stunden stummer Einkehr.

Das unbewußte Unbehagen, meinesgleichen an irgendeiner Berufsspitze zu sehen, ist trotz aller öffentlichen Zustimmung immer fühlbar. Der auf mich entfallende Arbeitsertrag ist beträchtlich. Der Erfolg, der mir gerade in den letzten drei Jahren zuteil wurde, war groß, und doch erscheint er meinem Neo-Verfolgungswahn gefährdet.

Ich nehme einen mir geradezu nicht ganz zukommenden leidenschaftlichen Anteil an der Wiedervereinigung. Sie ist das offizielle politische Leitmotiv, Gespaltensein jedoch der inoffizielle Regierungsrütlischwur. Mir wurde von einem den höchsten Spaltungskreisen nahestehenden fanatischen Spaltungserhalter der tiefere Sinn und das hohe Glück der Spaltung erklärt: Ein vereinigtes Deutschland würde wieder aufrüsten und aggressiv werden. Das war vor einigen Jahren. Nun, da Westdeutschland aufzurüsten im Begriffe ist und ohne atomare Waffen nicht länger sein will, müssen die Durchführungshandlanger aus den ehemaligen Nazikreisen und aus der schwärzesten Reaktion bezogen werden. Der ursprünglich der Wiederaufrüstung opponierende »Ohne-mich«-Standpunkt besteht noch in dem verstandesbewußten großen Teil der Bevölkerung und vor allem in der von der Politik der Stärke lebensbedrohten Jugend, deren Halbstärke lange nicht so fragwürdig ist wie die Politik der Stärke. Diese halbstarke Jugend schafft sich ihre eigene Tracht, die Gegenuniform zu der des Militärs. Der Kopfsprung der Kopflosen ins Leben auf der Flucht vor Drill und Tod. Manche dieser Jungen, noch unverpflichtet, keinem Banner folgend, lassen sich Bärte wachsen und blicken so auf ihr eigenes väterliches Spiegelbild vertrauensvoller als auf ihre vergangenheitsbelasteten Väter. Der väterliche Rat zählt nicht. Seine Autorität ist ramponiert.

Das Gefühl, in guter Hut zu sein, dieser in der Heimat und Wahlheimat mir fremd gebliebene Zustand des Geborgenseins, diese das Gefühl von Heimat vermittelnde Atmosphäre landesväterlicher Wärme wie im Amerika des Roosevelt, lernte ich nur dort in der Fremde kennen; sie endete mit Roosevelts Leben offenbar für immer. Selbst hier in Israel stellt sich diese Beruhigung nicht ein. Elath ist der jüngste aller Orte auf dem ururalten Boden. Die Wüste war schon uralt, als, aus Ägypten kommend, die Juden sie durchzogen, und sie hat sich seitdem nicht gerührt. So wie damals sieht sie heute noch aus, und wenn es irgendwo eine Oase gab, dann hat die Wüste sie begraben. Ihr Sandgestein ist verwittert. Nie gesehene Töne nehmen im wechselnden Tageslicht noch erregende Verfärbungen an. Aber kein Wachstum. Nichts regt sich. Die Erde verjüngt sich nicht, wo keine Vegetation ist.

Eingezwängt zwischen Arabien und Jordanien bauten die Israelis am Ende des Golfs von Aquaba, einem Arm des Toten Meers, den winzigen Ort Elath. Von ihm aus gelangen die Schiffe in den Indischen Ozean.

Das nervöse Flugzeug darf vom schnurgeraden Pfad nur knapp abweichen. Denn unter ihm liegen zur Linken und zur Rechten seine kalten Kriegsfeinde, die Gott daran hindern wollen, sein Wort einzulösen. Heute weiß ich: das Gelobte Land ist das den Juden durch Gelöbnis zugesprochene und durch die Balfour-Deklaration von den Menschen zuerkannte Land. Lord Balfour, Churchill, dieser Recht- und Unrecht-Fanatiker, und Chaim Waitzmann waren die Schirmherren jenes document humain.

Man steigt aus dem Flugzeug in eine Hitze, die einem Hören und Sehen lähmt. Der junge, strahlende, diese Temperatur gewohnte Israeli brennt bei der Hitze noch darauf, uns alles, aber auch alles zu zeigen und zu erklären.

1948, bei der Grenzregelung aus Anlaß der Staatsbildung Israels, wurde der Negev den Israelis zugesprochen. Wo heute ein Ort ist, war damals nichts als Sand. Zwei Jahre später konnte das erste Haus gebaut werden. Die Menschen dort sind hartgesottene Pioniere. Vor zwei Jahren gab es noch kein Krankenhaus. Die Frauen wurden zu ihrer Entbindung nach Tel Aviv geflogen. Wasser ist so knapp, daß eine primitive Kühlung der Häuser durch Berieseln der Jalousien oft abgestellt werden muß. Heute hat der Ort ein Krankenhaus. Bei einer Einwohnerzahl von siebentausend genügen acht Betten in der trockenen, heißen, gesunden Luft. Zudem ist der Ort durch den Negev, den Wüstenstrich, isoliert und nimmt nicht teil an Grippe oder anderen Epidemien, die in den Städten auftreten. Hier sind Möglichkeiten für einen Luftkurort, denn die klimatischen Bedingungen sind wie die Ägyptens. Das Wasser des Golfs von Aquaba ist von durchsichtiger Bläue, und der Anblick der zerklüfteten Wüstenberge gibt der Phantasie Nahrung. Nicht weit von Elath wurden die Tonkrüge mit den Bibelschriften in Höhlen gefunden.

Eine Vorstellung am Kammertheater in Tel Aviv, ein von jungen Leuten geleitetes Theater, hatte etwas von dem Pioniertum des Wüstenstädtchens Elath. Die Aufführung spiegelte die imponierende Haltung des ungesichertsten aller Länder wider.

Das Stück, das wir dort sahen, obwohl von Liebe und persönlichen Kalamitäten handelnd, zeigte junge Menschen, die über jene die Zügellosigkeit bändigende Zurückhaltung verfügen, welche gestattet, die Kräfte einem überpersönlichen Ziel unterzuordnen. Der Star dieses Theaters ist eine Deutsche, die aus einem Wiedergutmachungsdrang nach Israel ging. Sie ist eine populäre und verehrte Schauspielerin, deren Hebräisch vorbildlich sei, sagte man mir. Das Kammer-Theater ist mit keiner europäischen Vergangenheit belastet wie die Tel Aviver »Habimah«. Dieses aus dem östlichen Europa stammende Theater ist gettogeboren und noch nicht Ausdruck des jungen Staates geworden, dessen Sinn und Bedeutung in der Absage an das Getto liegt, ein Prozeß, der sich, von allen Gefahren uneingeschüchtert, vollzieht. Die Habimah, unnachahmbar und bezwingend als kultisches Theater, erlebte ihren Höhepunkt mit der Aufführung des »Dybuck«. Stück und Aufführung wurzeln im Wunderglauben, im Metaphysischen.
Der junge Staat Israel, zwar Sammelplatz aller durch die jüdische Religion Verbundenen, ist der Schauplatz eines großen Kulturkampfes, der zwischen den Fortschrittlichen und der nach der Staatsmacht strebenden Orthodoxie ausgefochten wird. Die Gewerkschaften, die als Unternehmer und daher auch als Arbeitgeber großen wirtschaftlichen und auch kulturellen Einfluß gewonnen haben, sind zwar zum Teil noch religiös verankert, aber nicht reaktionär und nicht, wie die Bigotten, von Gott wie vom Teufel besessen.
Bei einer Feier nach der Vorstellung des Brecht-Stückes »Die Gesichte der Simone Machard« saß ich zwischen Schauspielern, denen die Freude an ihrem Vorhandensein, Wissensdurst und Talent anzusehen war. Zwischen ihnen ein großes Gesicht: das der Rovina, weltbekannt durch ihre Leistung im »Dybuck«.
Und nun fliegen wir vom israelischen Flughafen Ludd wieder nach Deutschland, nach München.
Am schwersten wurde mir der Abschied von Professor Hermann Zondek. Vor 1933 waren wir einander nähergekommen. Der behandelnde Arzt und sein Patient litten am gleichen

Kummer: Deutschland. Damals betreute dieser große, schon im Entwurf Gottes als Helfer gedachte Arzt den wahrscheinlich auch an Deutschland krankenden Stresemann und den schon damals kranken päpstlichen Nuntius Pacelli, später Papst Pius XII. – Als ich Zondek in Jerusalem wiedersah, war ich noch Rekonvaleszent. Seine milde, ja fromme Menschlichkeit war eine gute Medizin. Er hat ein überragendes Wissen und die schlichte, humorige Autorität eines kaum mehr geltungsbedürftigen weisen Mannes und eine aufgeheiterte Melancholie. Beim Abschied warf er mir eine Kußhand zu und hielt dabei die Hände sekundenlang zu einer Segensgeste still.

33. Kapitel

Wie lebt es sich für unsereinen in der heutigen, nachhitlerischen Bundesrepublik, die noch kein nichthitlerischer Staat geworden ist? »Wie wollen Sie wissen, ob nicht einer, mit dem Sie verkehren, ein Nazi war?« wurde ich vertraulich von Neuankommenden oder nur durchreisenden Mißtrauischen und sehr oft in Israel gefragt. Nun, ich muß gestehen, ich weiß es nicht. Es kommt auch gar nicht darauf an, ob einer ein Nazi war oder nicht. Die Wahrscheinlichkeit, daß der gerade Gemeinte einer war, ist überwiegend groß. Oft ist er es nicht mehr oder ist es schon wieder. Einer, der ein Nazi war, muß nicht notwendigerweise mit Leib und Seele dabeigewesen sein. Warum soll er gerade Hitler gegenüber ehrlich gewesen sein? Daß er dem Hitler die Untreue bewahrte, die er keinem sonst entzieht, macht ihn aber noch nicht zu einem Demokraten, eher zu einem Wirtschaftsführer, Staatsmann oder Heerführer. Womit natürlich nicht gesagt sein soll, daß alle diese Herren keine echten Nazis waren. Ich will niemandem nahetreten, viele unter ihnen waren es ganz gewiß. Dann gibt es die Nachhole-Nazis. Das sind Männer, die unter Hitler stumm und aktionslos beiseite standen, so daß es nicht unliebsam auffiel. Keine Antinazis, eher Nicht-Nazis, A-Nazis waren sie. Sie hatten sich von der den Hitler ablösenden Demokratie hohen Lohn für diese Haltung versprochen. Er blieb in vielen Fällen aus und fiel gar manches Mal den als verläßlich ausgewiesenen echten Nazis zu. Das wurmt den A-Nazi, und er wird ein Nachhole-Nazi. Der A-Nazi darf nicht mit dem Atom-Nazi verwechselt werden. Der Atom-Nazi steckt wie der Strauß den Kopf in den Sand

vor der Gefahr, die durch das Sammeln von Atombomben heraufbeschworen wird. Diese eigentümliche Haltung nimmt der Strauß ein, der einzige unter den Vögeln, der sich, in flagranti überführbar, sinnwidrig und unbelehrbar benimmt. Die federführenden Straußanhänger müssen nicht unbedingt Nazis gewesen sein. Unter ihnen gibt's welche, die es nie waren, die sogar vor ihnen fliehen mußten. Es handelt sich um damals aus Rassegründen nicht zugelassene jüdische Nazis, meistens Schnorrer, die davon leben, dem Überkapitalismus in Zeitschriften das Wort zu reden. Von einer gewissen hohen Vermögensgrenze aufwärts findet man auch unter den jüdischen Geldbesessenen Nazis. Diese Abart trifft man am häufigsten in Amerika. Sie gehören zur Straußgruppe. In Amerika unter den Fittichen eines anderen Strauß, des Lewis Strauß.
Hierzulande gibt es noch den legendären Anti-Nazi, das ist oft einer, der rechtzeitig und vorbeugend für eine solche Legende zu sorgen gewußt hat. Obwohl nicht Antisemit, vermeidet er den Verkehr mit Juden. Wenn einer sich heute unverhüllt zu einem markanten Juden bekennt, sagen die andern, er benutze ihn als Alibi. Die Haltung ist mutig. Denn durch sie bekundet der Mann, er will nicht den Nazis zugerechnet werden. Gleichviel, ob einer ein Nazi war, will er jetzt keiner mehr sein, wo es wieder ganz opportun ist, einer zu sein. Ich drücke ihm die Freundeshand.
Die Mehrzahl der wahren Anti-Nazis ist tot: eine schrecklich und erhebend große Zahl. Ihr Todesmut gibt einem Lebensmut. Die überlebt haben, kämpfen hart und zäh. Ihnen wächst eine nazi-entrückte Jugend von künftigen Mitkämpfern zu. Es ist nicht ausgeschlossen, daß die Zukunft ihnen gehört – trotz all der Nazi-Arten, denen sich auch der »Neo-Nazi« zugesellt. Das ist der alte Nazi auf jung. Er ist führerlos, schöpft aus der Vergangenheit und bucht die Zukunft.
Wir sind zurück, in unserer Wohnung. Sie liegt in einem der neuen Häuser des wiederaufgebauten München.
Die Zertrümmerung der deutschen Städte schmerzte wie die Siege Hitlers. Unter diesem Widerstreit hatte ich gestöhnt, bis

Hitler krepiert war. »Der Hund ist tot«, sagt Richmond beim Tod Richards III. Die Nachricht hörte ich in Los Angeles am Radio in meinem Auto. Ich weiß nicht mehr, wie mein Wagen mitten im Verkehr zum Stehen gekommen war. Ich wurde von einem Verkehrspolizisten schroff zum Weiterfahren aufgefordert. Bald darauf mußte ich parken: ich war knieweich geworden. Nach zwei nicht ganz realen Jahren flog ich nach New York, von dort nach Antwerpen, dann nach Zürich, und schließlich fuhr ich mit einem amerikanischen Militärzug nach Berlin. In all den Städten fand ich Telegramme meiner Frau vor, die mich beschwor, einen inzwischen eingegangenen Antrag, eine große Rolle in New York zu spielen, anzunehmen, zurückzukommen und meine Heimkehr nach Deutschland zu verschieben. Ich flog und fuhr stur unaufhaltbar weiter. Als ich bei der Gepäckaufgabe das Ziel der Reise angeben mußte, krümmte ich mich buchstäblich vor Erregung. Schließlich kam ich auf einem Vorort-Stadt-Bahnhof im Überbleibsel von Berlin an.
Ich ging, mit Blei in den Füßen, durch die Schuttstadt, wurde vielfach erkannt und bestaunt. Daß einer freiwillig in diese Hungerhölle gekommen war, erregte Kopfschütteln.
Als ich zum erstenmal ins Theater ging – es war das Kurfürstendamm-Theater –, begrüßte mich das Publikum mit Applaus. Wahrscheinlich aus Dankbarkeit für den Trost, der für die Menschen darin lag, daß einer zurückgekommen war, um mit ihnen zu leben. Mir wurden die Augen feucht. Die Vorstellung, die ich bis zum Ende über mich ergehen lassen mußte, war unfaßbar scheußlich. Ich blieb aus Artigkeit sitzen. Eigentlich wollte ich kurz nach Aufgehen des Vorhangs weglaufen, bis nach Amerika zurück. Eine dummdreiste Schmiere, ein verwilderter Humor, eine menschenfremde Bühnenlustigkeit beleidigten Augen, Ohren, Herz und Hirn. Über der heruntergekommenen, liederlichen, verluderten, besorgniserregenden Komik verging mir noch Tage danach das Lachen. Viel zu lachen gab's auch sonst nicht. Die Begegnungen mit alten Bekannten waren unfrei. Selbst das Wiedersehen mit Erich Engel, zu dem ich mich schließlich durchgefragt hatte, war

beklommen, und die Gesprächsthemen stellten sich nur langsam ein.

Ich hatte, als ich von Amerika wegfuhr, systematisch und wohl auch durch die Aufregung ziemlich an Gewicht verloren. Ich, der ich zur Fülle neige, war in meiner schlanksten Form. Hier in Berlin erschien ich mir falstaffisch dick und fett. Ich ahnte und merkte, daß meine Fülle, die es nur in der Relation zu den für die Eroberer beschämend abgemagerten Berlinern gab, provokativ wirken mußte. Ich war auch viel zu gut angezogen. Auch nur relativ. Alles das behelligte mich. Ich sah mich mit den Augen der Betrachter: ein herausgefressener Amerikaner, der keine Ahnung von den durchgestandenen Höllenqualen haben kann. Ich bemerkte, und zunächst schien es mir unverständlich, daß das meinesgleichen Zugefügte im Bewußtsein der Mehrzahl derer, denen ich begegnete, keine Rolle spielte. Erwähnte ich – in einem Verteidigungsversuch, denn die Rolle des schicksalsverwöhnten Juden lag mir nicht –, daß allein in meiner Familie elf Verwandte vergast worden waren, so war die Reaktion darauf kondolenzartig höflich. Ich kämpfte um die Anerkennung meiner Gleichberechtigung am Unglück, am erlittenen Elend. Ich wollte ausdrücken: Wir, die wir da miteinander verlegen herumstottern und mit unserem jeweils erlittenen Elend gewissermaßen wetteifern, wären doch – ob Arier oder Jude – jetzt wieder Christ *und* Jude, Überlebende ein und derselben Katastrophe. Und unser Überleben wäre etwas gemeinsam Erlebtes, wie auch das Erlittene. Ich schien mit dieser Argumentation nicht viel Glück zu haben. Die meisten verharrten im Gefühl, kein Leid reiche an ihres heran. Wahrscheinlich brauchten sie das Bewußtsein des am schwersten erlittenen Unrechts zur Beruhigung des Unterbewußtseins.

Ein zähes Unbehagen lastete auf mir in jenen ersten Wochen in Berlin. Als Amerikaner aß ich besser, hatte reichlich Tabak und andere Vergünstigungen. Ich verschenkte das meiste zur Besänftigung meines Unterbewußtseins.

Erich Engel nahm in meinem Badezimmer heimlich das erste

warme Bad seit einem Jahr. Seine Enkelkinder lernten durch mich Eiscreme, Bananen und Orangen kennen. Als Dank weigerte sich die Jüngste, auf der Toilette Zeitungspapier, auf dem ich gerade abgebildet war, als Klosettpapier zu benutzen. Fehling konnte ich Zigarren, der Gorvin Schokolade, dem schwerkranken Wegener warme Unterwäsche bringen. Fehling revanchierte sich mit einer Aufführung von Sartres »Fliegen«, die zwar grundfalsch, aber weltstädtisch, also berlinisch war und die mir vor allem die Bekanntschaft mit der Gorvin vermittelte. Sie schien mir wie ein weiblicher Moissi. Allmählich kroch aus den Ruinen Altberliner Großtalent hervor. Gustaf Gründgens tauchte wieder auf, Heinz Rühmann, Hans Albers.

Zum Theaterspielen kam ich aber noch nicht. Es fügte sich nicht. Ich bekam Schwierigkeiten mit den Amerikanern wegen Fraternisierens mit den Deutschen – und zum Fraternisieren war ich doch zurückgekommen. In die Nähe des Abgeschobenwerdens geriet ich, als ich Barlog, den jetzigen Intendanten des Berliner Schillertheaters, aus den ihn brutalisierenden Händen eines angetrunkenen GIs befreite. Auflehnung gegen die Besatzungsmacht zugunsten des Feindes – wir waren noch im Kriegszustand – lautete das Delikt. Meine uneingeschüchterte, beredte Renitenz gegen alles Militärische obsiegte. Ich war den amerikanischen Verwaltungsoffizieren eine befremdliche, schwer zu rubrizierende Zivilerscheinung. »Who is that guy?« fragte molestiert solch ein Militärbeamter bei dem Anblick des rätselhaften, für einen Zivilisten viel zu wohlgenährten Mannes in der damaligen Hungerstadt, der obendrein mit einem deutschen Akzent Englisch sprach. Die Begrüßungsartikel mit den vielen Fotografien in den Zeitungen gaben Auskunft, verschafften mir Geltung und liehen meiner Drohung Nachdruck, ich würde diese skandalöse Behandlung eines Deutschen durch einen betrunkenen GI dem State Department und der Weltpresse mitteilen. Auch die Theater- und Filmabteilung griff zu meinen Gunsten ein, und schließlich kam ich mit den Besatzungsleuten gut aus.

Pommer, der allmächtige Filmmann der zwanziger Jahre, nun

beamteter amerikanischer Leiter der Abteilung für Film, brachte die Produktion eines Filmes, mit amerikanischer Finanzhilfe, zustande, der sich gegen den schon damals da und dort auflebenden Neofaschismus und den zum Teil noch unbeseitigten Antisemitismus wenden sollte. Ich lieferte die Idee und schrieb das Drehbuch; die »von Baky und König-Filmgesellschaft« engagierte mich für die Hauptrolle und Hanna, die inzwischen eingetroffen war, als meine Partnerin.
Die Spannung zwischen den sich emsig verfeindenden, Wochen vorher noch alliierten Russen und Amerikanern entartete in die unselige Blockade West-Berlins durch die Sowjets. Über die Luftbrücke versahen die Alliierten die Westberliner mit dem unerläßlich Notwendigen. Es blieb alles knapp bemessen. So gab es nicht genug Elektrizität, um unseren Film, der inzwischen »Der Ruf« betitelt wurde, in Berlin zu drehen. Wir mußten nach München fliegen. Der Gedanke, in München auch nur ein paar Wochen leben zu müssen, flößte mir tiefes Unbehagen ein. München war Hitlers Lieblingsstadt, in ihr hatte er sein Braunes Haus gebaut, welches das schwarze Zentrum des Landes gewesen war, wie zuzeiten das Weiße Haus in Washington das helle der Welt ist.
In den ersten Wochen sah ich zunächst in den vielen Trachten nur Leute, die unsereinem nach dem Leben trachten. Ich habe noch eine Kindheitsangst vor Männern in Jäger-, Bauern- und Gebirgler-Trachten. Ich fühle immer noch Mißbehagen angesichts von Gruppenkleidung, die sich von der übrigen absetzt, einen Unterschied fingiert oder unterstreicht. Trachten haben etwas Separatistisches, Klüngel- und Clanhaftes. Ich finde Trost und Beruhigung in der die Unterschiede aufhebenden, Nationen verbindenden internationalen Zivilisten-Uniform des modernen Städters.
Mir wurde von der Filmfirma ein Auto zur Verfügung gestellt mit einem Chauffeur. Das war mein erster Freund. Dieser alte Münchner entpuppte sich als Untergrund- und Widerstandskämpfer. Nachdem er Zutrauen zu mir gefaßt hatte, wurde er redselig. Es dauerte eine Weile, bis ich mich durch sein Sprach-

gestrüpp durchgefunden hatte und erkannte, daß ich auf den Ausgangsstand der deutschen Sprache gestoßen war. So muß sie im Teutoburger Wald geklungen haben. So gurgelnd muß gegrollt, so krachend muß dort gelacht worden sein. So wie hier Bier, muß damals dort der Met getrunken worden sein. So mußte auch die Gangart gewirkt haben: eine um männliche Gewichtigkeit schlampig bemühte Wurschtigkeit. Durch diesen Mann lernte ich ein bayerisches bockiges Widerstandstum kennen, das mich aufhorchen ließ. Bald lernte ich noch ein paar solcher bayerischen Widerstandsböcke kennen. Aber auch vernagelte Sturköpfe. Und Gestalten, denen ich nicht traute, begegnete ich.

Ein Wirt in der Münchner Umgebung, dessen Lokal bessere Tage gesehen hatte, erkannte mich, als ich eintrat, und wir kamen ins Gespräch. Das Lokal war zum Treffpunkt von Schwarzhändlern geworden. An einem Tisch saßen zwei: ein Ostjude, deutlich als solcher an Gestikulation und Tonfall erkennbar, und sein Geschäftspartner, wie mir der Wirt erklärte, ein Nazi; auch durch Gestikulation und Tonfall als solcher erkennbar. Ich saß in Hörweite des intensiven Gesprächs der beiden. Obwohl mir als österreichischem Juden sowohl Jüdeln als auch die süddeutsche Mundart vertraut sind, konnte ich weder den einen noch den andern verstehen. Untereinander aber verstanden sich die durch Geschäftsinteressen nun verbundenen Todfeinde. Der Wirt kommentierte und erläuterte die Szene: »Da sitzen 's jetzt beieinander. Was haben die Nazi scho gemacht? Die Juden haben s' aussag'schmissen. Was kann i dafür?! Aber jetzt lass'n sie s' wieder eini. Wie kumm i dazua?« Er wollte sagen, wie käme er dazu, daß sich die Schwarzhändler in seinem einst besserklassigen Lokal zusammenfänden. Seine vom Unterbewußtsein dirigierte Äußerung war als Fehlleistung enthüllend.

Damals kamen wir auch sonst in München viel herum. Wir wurden oft zu Gast gebeten, sogar von Leuten der ramponierten oberen Gesellschaftsschichten. Wir waren in Kreisen eingeladen, von denen wir längst wieder nicht mehr eingeladen werden.

Die Kunde vom widerstandskräftigen Verhalten meines Todfreundes Albers, den ich in Tutzing besuchte, war bis nach Hollywood gedrungen. Aus Gesprächen mit ihm erkannte ich, daß sich seine Abneigung gegen den Diktator Hitler auch auf den Publikumsliebling Hitler bezog. Er fand sich von ihm auf diesem Gebiet in den Schatten gestellt. Den Kampf Hitler-Albers um das Dienstmädchen gewann Hitler. Sieger blieb Albers.

Dann kam unsere Tochter über Zürich nach München zu Besuch. Sie tauchte im Faschingstreiben unter und kam nach Tagen mit dem Entschluß wieder, hier zu bleiben. Sie brachte mir die ersten Grüße von Walter Kiaulehn, damals noch nicht Kritiker. Er hatte mein Stück »Donauwellen« gelesen und war voller Zustimmung. Das gefiel mir an dem Mann. Das war die Basis für die bis heute währende, viel beargwöhnte Beziehung, die deshalb so haltbar zu sein scheint, weil sie auf heftiger, tiefgehender Meinungsverschiedenheit auf allen wesentlichen Gebieten aufgebaut ist. Ich bin aber lieber mit einem so brillanten Kopf uneinig als mit einem langweiligen einig. Er seinerseits erklärt, er schreibe über mich als Kritiker so gut, nicht weil er mit mir persönlich verkehre, vielmehr verkehre er mit mir, weil er mich so gut finde. Er meint natürlich meine Leistung, nicht meine Güte. Um seine Objektivität unter Beweis zu stellen, lobt er nun blindwütig, wo ich tadeln würde. Das ist eine von ihm bestrittene Unterstellung meinerseits. Geistreiche Leute muß man heutzutage nehmen, woher sie auch kommen mögen. Und wenn sie aus Kritikerkreisen sind. Sei's drum! Kiaulehn war, wie gesagt, keiner, als ich ihn kennenlernte. Als er es dann wurde, hätte ich, um den Gerüchtemachern keinen Stoff zu bieten, meinen Beruf aufgeben oder Kiaulehn sein Amt nicht antreten dürfen. Soviel Mannesstolz brachten wir nicht auf. Wir stritten heimlich weiter, des öfteren von der »Abendzeitung« – einem wichtigen, unerschrockenen Wächter der Demokratie und nimmersatten Berichterstatter für das, was jemand, gewöhnlich ein namhafter Niemand, wann wo gegessen und gedreht hat – »in flagranti« erwischt.

Es gibt noch andere Zeitungsleute, mit denen ich heimlich zusammenkomme. Da sie von der Öffentlichkeit unentdeckt blieben, will ich sie hier nicht durch Erwähnen kompromittieren.
Im alten Berlin stritt ich mit Herbert Ihering, einem führenden Kritiker der damals noch ganzen, ungeteilten, aber meinungszerspaltenen Weltstadt. Solche immerwährenden Gespräche und Auseinandersetzungen sind befruchtend und stimulierend für die sich zum gelegentlichen Waffenstillstand treffenden Berufsgegner. Wenn Einigkeit drohte, würde es langweilig werden. Das konnte im Verkehr mit Ihering lange Zeit nicht passieren, denn vor seiner Reife sah er in einem äußerlichen Stil und in unserem Expressionismus ein Dogma der Bühne. So was kann mit dem völlig undogmatischen Kiaulehn nicht passieren. Für ihn ist der Realismus schon Stil, und das mit Recht, denn alles, was von der Bühne projiziert wird, ist wie durch ein Vergrößerungsglas gesehenes, vergrößertes Leben. Gerade als Einigkeit zwischen uns drohte, tauchte das sogenannte absurde Theaterstück auf, das unsere beiden streitbaren Impulse neu entfachte.
Hans Habe teilt Kiaulehns Ablehnung und Abscheu vor dem gefürchteten Zerrspiegel. Auch die nur bedingte und dürftige Anerkennung für Brecht haben sie gemeinsam. Habe ist wie Kiaulehn äußerst konservativ. Darum sind sie auch verkracht. Habes ausdrucksreiches Deutsch findet immer mehr Ausdruckswertes. Mich rührt an ihm die Verteidigung seines vielgeschmähten Vaters, den er insgeheim nicht in jeder Hinsicht für verteidigungswert hält. Er wird von Leuten, deren dunkler Punkt nicht ihr Vater, sondern ihre eigene Vergangenheit und Gegenwart ist, wegen seines Vaters angegriffen. Er arbeitet unverdrossen und unermüdlich weiter und ist unverrückbar gegen den Atomkrieg.
Das alles spielt sich in München ab. Das alles verhindert das Verlassen dieser Stadt, in die ich eigentlich nur für ein paar Filmarbeitswochen gekommen war. Der Föhn entnervt auch die Entschlußkraft, die man zum Übersiedeln braucht. Ich bin

nicht der einzige Zugereiste, der an dieser Stadt hängt, an ihr hängengeblieben ist, aus ihren alten schmalen Gassen schwer hinausfindet. Sie sind mir merkwürdig vertraut, die schmalen Gassen mit den alten niedrigen Häusern: sie erinnern mich an die Wiener Gassen meiner Kindheit. Die Häuser waren vielfach zerbombt, sie sind wiederaufgebaut, wie sie waren, und die Gassen blieben meistens eng wie vorher. Der Verkehr, immer anschwellender, zwängt sich durch. München ist ängstlich bemüht, nicht weltstädtisch auszusehen, es will eine Landeshauptstadt bleiben. München hat das Gegenteil von Größenwahn. Einen Kleinseinwahn. Das Weltstädtische erzwingt sich aber seinen Weg. In diesem widerspruchsvollen Gebilde sind wir geblieben, habe ich zum erstenmal nach dem Exil wieder Theater gespielt, meine ersten Inszenierungen gemacht. Wir haben uns niedergelassen und tun nun so, als ob wir zu Hause wären.

Überraschenderweise fühlt man sich als Jude hier weniger gefährdet als anderswo. Das kommt wohl daher, daß man als solcher nur an zweiter Stelle Objekt einer mürrischen, nicht sehr aktiven und oft auch aussetzenden grantigen Ablehnung ist. Den ersten Platz halten die Preußen. Manchmal fühlt man sich als Jude zum Schutze der Preußen aufgerufen. Sogar der kauzige, listige, humorige, wortprägerische Blasius verlor während eines »Spazierganges« – so heißen seine Zeitungsbeiträge – einmal seinen kauzigen Verstand und fiel über die Preußen her. Auch mit der modernen Malerei lebt dieser Pazifist auf Kriegsfuß.

Karl Valentin war vor lauter Menschenverachtung ohne jedes Vorurteil gegen irgendeine Gruppe. Er fand sie wohl alle narrisch und genarrt. Hier ein Beispiel seiner Einstellung: »Es ist kein Wunder«, sagte er, »daß im Krieg überall so ein Benzinmangel herrscht. Die Deutschen steigen auf mit ihren Flugzeugen, fliegen den ganzen Weg bis nach England, und dort schmeißen sie ihre Bomben hinunter und zertrümmern die Häuser. Dann steigen die Engländer mit ihren Flugzeugen auf, fliegen den ganzen Weg nach Deutschland, schmeißen ihre

Bomben und zertrümmern die deutschen Städte. Kein Wunder, daß man dabei so viel Benzin verbraucht. Viel Benzin würde gespart, wenn die Deutschen über Deutschland aufsteigen täten und mit ihren Bomben ihre eigenen Städte zertrümmern würden und die Engländer über England aufsteigen täten und ihrerseits ihre Städte selber zerbomben täten. Wieviel Benzin würde da gespart werden! Und das Resultat wäre dasselbe.«
Das ist nicht überbietbar! Dieses kauzige Genie geht als Geist noch immer um in dieser Stadt mit der närrisch machenden Luft, die sogar aus Kleinbürgern Käuze werden läßt, komische, lächerliche, rabiat zornige, unausstehliche, und nur höchst selten blindwütige Fanatiker. Leben und leben lassen ist die Devise, selber aber möglichst besser. Damit läßt sich's leben.
Von Berlin bin ich immer wieder magisch angezogen, fahre immer wieder hin, um dort zu arbeiten. Dann fahre ich wieder ganz gerne nach München zurück, um hier zu arbeiten. Und dann wieder noch lieber nach Berlin und sehr gerne wieder nach München, und dann am liebsten wieder nach Berlin, und insgeheim, als Berufsloser, immer wieder nach Wien. Solange es eben noch geht.
Ich wünsche diesen Städten und allen anderen ausnahmslos, daß sie mich lange, lange überleben. Unzerbombt!